KB200313

司馬遷 史記 3

史記 世家 上

丁範鎭 (성균관대학교 중문학과 교수) 외 옮김

까치

역자 소개

정범진(丁範鎭)

1935년 경상북도 영주 출생

성균관대학교 중국문학과 졸업

中華民國 國立臺灣師範大學 中國文學硏究所 졸업(문학 석사)

성균관대학교 대학원 중어중문학과 졸업(문학 박사)

한국중어중문학회 회장 역임, 한국중국학회 회장 역임

성균관대학교 교수와 총장 역임

중국 산동대학교 명예교수, 대만정치대학 명예문학박사

한-우크라이나 친선협회 회장

저서 『중국문학입문』, 『중국문학사』, 『唐代소설연구』 외

역서 『중국소설사략』, 『唐代전기소설선』, 『두보시 300수』 외

© 정범진, 1994

史記 3— 世家 上

저자 / 司馬遷

역자 / 丁範鎭 외

발행처 / 까치글방

발행인 / 박종만

주소 / 서울시 마포구 월드컵로 31(합정동 426-7)

전화 / 02·735·8998, 736·7768

팩시밀리 / 02·723·4591

홈페이지 / www.kachibooks.co.kr

전자우편 / kachisa@unitel.co.kr

등록번호 / 1-528

등록일 / 1977. 8. 5

초판 1쇄 발행일 / 1994. 7. 10

　　　8쇄 발행일 / 2015. 7. 30

값 / 뒤표지에 쓰여 있음

ISBN 89-7291-056-2 94910

　　　89-7291-055-4 (전2권)

　　　89-7291-053-8 (전7권)

머리말

금년 3월 「본기(本紀)」를 세상에 내놓은 데 이어 이제 「세가(世家)」의 상, 하 두 권을 선보이게 되었다.

『사기(史記)』 가운데서 「본기」가 중국 고대 오제(五帝) 시대로부터 한 무제 (漢武帝) 시대에 이르기까지의 역대 제왕들의 세계(世系)와 그들의 인품, 통치 능력, 업적, 인사 등을 연대순으로 서술해놓은 부분이라면, 이 「세가」는 춘추 전국 시대 이래로 주(周) 왕실의 중앙집권 체제가 무너지고 각지의 봉국(封國) 을 세습한 제후들이 발호하던 봉건시대를 배경으로 이들의 세계(世系), 위인(爲 人), 통치능력, 인사, 업적을 중심으로 한 국가의 상황 그리고 다른 제후국들 과의 관계, 특히 그들 상호간의 친선, 알력, 경계, 전쟁 등 총체적인 흥망성쇠 에 관한 사적들을 국가에 따라 나누어 서술해놓은 부분이라고 하겠다.

그런데 이중에서 특히 공자(孔子)와 진섭(陳涉) 두 사람은 이들이 제후나 왕 이 아니었음에도 불구하고 각별히 「세가」에 들어 있는 것은 사마천(司馬遷)이 이들의 역사상에 끼친 영향을 고려한 까닭이다. 즉 공자의 후세에 미친 학문적 업적과, 진섭의 농민 의거가 정치에 미친 영향을 각각 높히 평가하였던 것으로 볼 수 있다.

『사기』의 어느 부분이나 다 그렇지만 그것은 다만 역사서로만 그치는 것이 아 니라 전분야에 걸친 학문과 인류생활의 모든 것이 다 집약되어 있기 때문에 종 합적인 고전으로 높이 평가되어왔다.

이번에도 여러 젊은 학인(學人)들이 번역에 함께 참여하였다. 이들의 노고에 감사하며, 아울러 방대한 출판작업에 진력하고 있는 도서출판 까치의 박종만 (朴鍾萬) 사장 이하 여러분께도 심심한 감사의 말씀을 드린다.

1994년 5월 28일

옥천산방(玉泉山房)에서 정범진(丁範鎭) 識

역자 소개

「吳太伯世家」 張秀烈 성균관대학교 중어중문학과 졸업, 같은 대학원 석사, 國立臺灣師範大學 박사. 현재 경원대학교 교수

「齊太公世家」 任炳權 성균관대학교 중어중문학과 졸업, 같은 대학원 석사·박사. 현재 성균관대학교·서경대학교 강사

「魯周公世家」 權錫煥 성균관대학교 중어중문학과 졸업, 같은 대학원 석사·박사, 香港中文大學 연구교수. 현재 성균관대학교 강사

「燕召公世家」
「管蔡世家」 全廣鎭 성균관대학교 중어중문학과 졸업, 國立臺灣師範大學 석사, 國立臺灣大學 박사. 현재 경희대학교 교수
「陳杞世家」
「衞康叔世家」

「宋微子世家」 沈禹英 성균관대학교 중어중문학과 졸업, 國立政治大學 석사·박사. 현재 상명여자대학교 교수

「晉世家」 鄭相泓 성균관대학교 중어중문학과 졸업, 같은 대학원 석사, 같은 대학원 박사과정 수료. 현재 성균관대학교 강사

「楚世家」 鄭在亮 성균관대학교 중어중문학과 졸업, 臺灣輔仁大學 석사, 성균관대학교 대학원 박사과정 수료. 현재 성균관대학교·경원대학교 강사

「越王句踐世家」 劉永基 성균관대학교 영문학과 졸업, 서울대학교 대학원 언어학과 석사, 성균관대학교 대학원 중어중문학과 박사. 현재 北京사회과학원 방문연구원

「鄭世家」 李埰文 명지대학교 중어중문학과 졸업, 같은 대학원 석사, 성균관대학교 대학원 박사과정. 현재 명지대학교 강사

차례 上

머리말

차례 下

권31 「오태백세가(吳太伯世家¹⁾)」 제1

오 태백(吳太伯)²⁾과 그의 동생 중옹(仲雍)³⁾은 모두 주 태왕(周太王)⁴⁾의 아들이며, 왕(王) 계력(季歷)⁵⁾의 형이다. 계력은 현명하였으며, 더욱이 그에게는 덕성과 지혜로 지극히 훌륭한 희창(姬昌)⁶⁾이라는 아들이 있었다. 태왕이 계력을 옹립하고 장차 희창에게 왕위를 전해주려고 하자, 태백과 중옹 두 사람은 형만(荊蠻)⁷⁾ 지방으로 도망가서 몸에 문신을 새기고 머리를 잘라 임금이 될 수 없다는 것을 표시함으로써 계력을 피하였다. 계력이 과연 왕위에 오르니 그가 바로 왕계(王季)이고, 희창이 바로 문왕(文王)이다. 태백은 형만으로 도망가서 스스로 왕위에 올라 구오(句吳)⁸⁾라고 칭하였다. 형만 사람들은 그를 앙모(仰慕)하여 그를 따르는 자가 1,000여 호(戶)가 되었으며 그를 오 태백에 옹립하였다.

태백이 죽은 뒤 아들이 없어 동생 중옹이 왕위에 오르니 그가 바로 오 중옹(吳仲雍)이다. 중옹이 죽은 뒤 그 아들 계간(季簡)이 왕위에 올랐고, 계간이 죽은 뒤에는 아들 숙달(叔達)이 왕위에 올랐다. 숙달이 죽은 뒤에 다시 주장(周章)이 왕위를 이었다. 이때에 주 무왕(周武王)은 은

---

1) 世家:紀傳體 史書의 編撰體例의 일종으로, 제후의 세습이나 封國에 대한 사적이 주요 서술 내용이지만, 역사적으로 특별히 중요한 인물의 전기도 포함되어 있다.

2) 吳 太伯:'泰伯'이라고도 하는 周 太王의 큰아들. 吳는 '句吳'라고도 하는데, 약 기원전 12세기에 세워졌으며 영토는 지금의 江蘇省의 대부분과 安徽省, 浙江省의 일부분에 걸쳐 있었고, 기원전 473년에 越나라에 의해서 멸망하였다.

3) 仲雍:'虞仲' 또는 '吳仲'이라고도 하는 周 太王의 둘째 아들. 伯, 仲, 叔, 季는 형제의 서열을 구분할 때 사용하였다.

4) 周 太王:고대 周族의 領袖인 古公亶父를 가리킨다. 그는 周나라의 개국 시조로 后稷의 12대손이라고 한다. 武王이 商나라를 멸한 뒤 太王으로 追尊되었다.

5) 季歷:周 太王의 셋째 아들로, 武王이 商나라를 멸한 뒤 王季로 추존되었다.

6) 姬昌:후에 周 文王이 되었다.

7) 荊蠻:周나라 사람들의 楚나라에 대한 泛稱. 西周 때 吳 지역은 楚나라에 속하지 않았다. 여기서는 戰國時代 楚나라의 영토를 말하는 것으로, 지금의 江蘇省 蘇州 지방을 가리킨다.

8) 句吳:'勾吳'라고도 하며 周나라를 말한다.

8

(殷)나라를 멸망시키고 태백과 중옹의 후손을 찾다가 주장을 찾게 되었다. 그때 주장은 이미 오나라의 군주가 되어 있었으므로 그를 오(吳)나라에 봉하였다. 그리고 주장의 동생 우중(虞仲)을 주 왕실의 도성(都城) 북쪽에 위치한 옛 하(夏)나라의 도읍지에 봉하여 우(虞)나라를 세우게 함으로써, 우중은 비로소 제후의 반열에 오르게 되었다.

주장이 세상을 떠난 뒤 아들 웅수(熊遂)가 왕위에 올랐다. 웅수가 세상을 떠난 뒤에는 그 아들 가상(柯相)이 왕위에 올랐다. 가상이 세상을 떠난 뒤 그 아들 강구이(彊鳩夷)가 왕위에 올랐다. 강구이가 죽은 뒤에는 여교의오(餘橋疑吾)가 왕위에 올랐다. 여교의오가 죽은 뒤에는 가로(柯盧)가 왕위에 올랐다. 가로가 죽은 뒤에는 주요(周繇)가 왕위에 올랐다. 주요가 죽은 뒤에는 굴우(屈羽)가 왕위에 올랐다. 굴우가 죽은 뒤에는 이오(夷吾)가 왕위에 올랐다. 이오가 죽은 뒤에는 금거(禽處)가 왕위에 올랐다. 금거가 죽은 뒤에는 전(轉)이 왕위에 올랐다. 전이 죽은 뒤에는 파고(頗高)가 왕위에 올랐다. 파고가 죽은 뒤에는 구비(句卑)가 왕위에 올랐다. 이 시기에 진 헌공(晉獻公)은 주 왕실 도성의 북쪽에 있던 우공(虞公)을 멸망시킴으로써 진나라가 괵(虢)나라를 공격할 수 있는 통로를 개척하였다. 구비가 죽은 후에 거제(去齊)가 왕위를 이었으며 거제가 세상을 떠난 뒤에 아들 수몽(壽夢)[9]이 왕위에 올랐다. 수몽이 즉위한 후에 오나라는 점점 강대해지기 시작하였고 스스로 왕이라고 칭하였다.

태백이 오나라를 세운 이래로 5대(五代)[10]째가 되어 주 무왕이 은나라를 멸망시키고 그의 후손에게 두 개의 나라를 봉해주었다. 하나는 우(虞)나라로 중원(中原) 지역에 자리잡고 있었고, 하나는 오(吳)나라로 이만(夷蠻) 지역에 자리잡고 있었다. 12대가 지나 진(晉)나라가 중원 지역에 있던 우나라를 멸망시켰다. 중원 지역의 우나라가 멸망한 지 2대가 지나서 이만 지역의 오나라가 흥성하였다. 태백에서 수몽까지는 모두 19대가 있었다.

오왕 수몽 2년에 국외로 도망갔던 초(楚)나라의 대부 신공 무신(申公巫臣)[11]이 초나라 장수 자반(子反)을 원망하여 진(晉)나라로 망명하였다

9) 壽夢 : 기원전 585년부터 기원전 561년까지 재위하였다.
10) 五代 : 즉 太伯, 仲雍, 季簡, 叔達, 周章의 오대를 가리킨다.

가, 진나라의 사신으로 오나라에 가서 오나라 사람들에게 전쟁하는 법과 전차(戰車) 모는 법을 가르쳐주었고, 그의 아들[12]로 하여금 오나라의 행인(行人)[13]의 직책을 맡게 하였다. 오나라는 이로써 중원의 각국과 왕래하기 시작하였다. 오나라가 초나라를 공격하였다. 16년에 초 공왕(楚共王)이 오나라를 정벌하여 형산(衡山)[14]에 이르렀다.

25년에 오왕 수몽이 세상을 떠났다. 수몽에게는 네 아들이 있었는데 맏아들은 이름이 제번(諸樊)이었고, 둘째는 여제(餘祭), 셋째는 여말(餘眛), 넷째는 계찰(季札)이었다. 계찰이 현명하고 재능이 있어서 수몽은 그에게 왕위를 물려주려고 하였으나, 계찰이 적절하지 못하다고 사양하자 맏아들 제번을 옹립하여 대리로 행정업무를 집행하게 하고 국가권력을 장악하게 하였다.

오왕 제번[15] 원년(元年)에 제번은 이미 탈상을 하고 왕위를 계찰에게 물려주려고 하였다. 계찰은 사양하며 "조 선공(曹宣公)이 죽었을 때, 각국 제후와 조나라 국민들은 새로운 왕인 조 성공(曹成公)[16]이 불의(不義)하다고 여겨 자장(子藏)[17]을 옹립하려고 하였으나, 자장은 조나라를 떠남으로써 조 성공이 계속 왕위에 머물러 있게 하였습니다. 군자(君子)가 말하기를 '자장은 능히 절개를 지킬 수 있었다'라고 하였습니다. 당신은 합법적인 계승인인데 누가 감히 당신을 거역하겠습니까! 나라를 다스리는 것은 저의 뜻이 아닙니다. 제가 비록 재능이 없지만 자장의 절개를 따르기를 원합니다"라고 말하였다. 그러나 오나라 사람들이 단호하게 계찰을 왕위에 세우려고 하자 계찰은 가족을 떠나서 밭을 갈며 거절의 뜻을 분명히 하니, 비로소 더 이상 그에게 강요하지 않았다. 가을에 오나라가

11) 申公 巫臣：巫臣의 원래 姓은 屈인데, 일찍이 申縣의 尹(즉 縣令)을 지냈고 楚나라에서는 현령을 公이라고 하였기 때문에 申公 巫臣이라고 불렀다.
12) 즉 狐庸을 가리킨다.
13) 行人：賓客의 접대를 관리하는 관직 이름.
14) 衡山：옛 산 이름. 일설에는 지금의 浙江省 吳興縣 남쪽에 위치한 산이라고 하고, 일설에는 지금의 安徽省 當塗縣 동북쪽에 위치한 산이라고 한다. 지금의 南嶽 衡山은 아니다.
15) 諸樊：기원전 560년부터 기원전 548년까지 재위하였다.
16) 曹 成公：曹 宣公의 庶子 負芻를 말하며, 宣公의 太子를 죽이고 자기가 왕이 되었다.
17) 子藏：역시 曹 宣公의 庶子(일설에는 宣公의 동생이라고도 한다)로 負芻의 庶兄. 負芻가 태자를 죽이는 것을 보고 宋나라로 도망하였다.

초나라를 정벌하였는데 초나라가 오나라 군대를 물리쳤다. 4년에 진 평공
(晉平公)이 즉위하였다.

13년에 오왕 제번이 세상을 떠나며 동생 여제에게 왕위를 물려준다는
유언을 남겼는데, 이것은 형이 동생에게 서열에 의해서 차례대로 왕위를
물려주어 반드시 계찰에게 이르도록 하려는 것으로, 그렇게 하는 것이 선
왕(先王) 수몽의 유지(遺志)를 받드는 것이라고 생각하였기 때문이었다.
또 형제들도 계찰의 높은 인격과 굳은 절개를 칭찬하며 모두 차례로 집권
하고 왕위를 넘겨주어 계찰에게까지 차례가 오도록 하였다. 계찰이 연릉
(延陵)[18]에 봉해졌기 때문에 그를 연릉계자(延陵季子)라고 부른다.

오왕 여제(餘祭)[19] 3년에 제(齊)나라의 대부(大夫) 경봉(慶封)[20]이 죄
를 짓고 제나라에서 오나라로 도망을 왔다. 오왕은 그에게 주방현(朱方
縣)[21]을 식읍(食邑)으로 내리고, 또 딸을 그에게 출가시켜 그가 제나라
에 있을 때보다 더욱 부유하게 해주었다.

4년에 오나라가 계찰을 노(魯)나라에 사신으로 파견하였는데, 계찰이
주(周) 왕실의 음악을 청해 들었다.[22] 노나라 악사(樂師)들이 그를 위해
서 「주남(周南)」과 「소남(召南)」[23]을 노래하자, 계찰이 듣고 말하기를
"아름답다. 기초를 다지기 시작하였으나[24] 아직 높은 경지에는 이르지 못
하였다. 그러나 백성들의 근면하고 원망하지 않는 목소리를 잘 나타냈다"
라고 하였다. 다음에 「패풍(邶風)」, 「용풍(鄘風)」, 「위풍(衛風)」[25]을 노
래하자, "아름답다. 음조가 심원하며 근심으로 차 있으나 곤궁하지는 않

18) 延陵 : 읍 이름. 지금의 江蘇省 常州市.
19) 餘祭 : 기원전 547년부터 기원전 531년까지 재위하였다.
20) 慶封(?-기원전 532년) : 崔杼가 齊 莊公을 죽이고 景公을 옹립한 후 慶封과 崔杼
가 左相과 右相을 맡았는데, 후에 慶封이 崔杼를 죽이고 권력을 독차지하려고 하자,
景公과 대신들이 합세하여 慶封을 죽이려고 해서 吳나라로 망명하였다가, 나중에 楚
靈王이 吳나라를 정벌하였을 때 잡혀서 滅族당하였다. 권32 「齊太公世家」 참조.
21) 朱方縣 : 지금의 江蘇省 丹徒縣 경계에 옛 성이 있다.
22) 일찍이 周 成王이 魯나라에 天子의 음악을 하사하였으므로 魯나라에서 周樂을 감
상할 수 있었다.
23) 「周南」, 「召南」 : 周, 召는 周公, 召公 최초의 封地를 가리킨다. 후에 長江, 漢
水, 汝水 일대가 周나라에 예속되어 周公, 召公이 관할하였으므로 이 일대를 周南,
召南이라고 칭하였고, 또한 이 일대에서 채집한 樂歌 역시 「周南」, 「召南」이라고 하
였다.
24) 「周南」과 「召南」이 文王의 敎化를 실현하는 기초였음을 뜻한다.
25) 「邶風」, 「鄘風」, 「衛風」 : 邶, 鄘, 衛 세 나라에서 채집한 樂歌를 가리킨다. 이

다. 내가 듣기로는 위 강숙(衛康叔)²⁶)과 무공(武公)²⁷)의 덕행이 이와 같다고 하는데 이는 아마도 위(衛)나라의 악곡일 것이다"라고 하였다. 「왕풍(王風)」²⁸)을 노래하자, "아름답다. 근심 속에서도 두려움이 없으니 이는 아마도 주(周) 왕실이 동천(東遷)한 이후의 악곡일 것이다"라고 하였다. 「정풍(鄭風)」²⁹)을 노래하자, "정서가 매우 쇠약하니 백성이 감당하지 못함을 설명하고 있다. 정나라가 아마 제일 먼저 망하지 않았겠는가?"라고 하였다. 「제풍(齊風)」³⁰)을 노래하자, "아름답다. 웅대하여 대국(大國)의 기상이 있다. 마치 동해(東海)를 상징하는 것 같으니 아마도 태공(太公)의 국가일 것이다. 그 앞날을 헤아릴 수는 없다"라고 하였다. 「빈풍(豳風)」³¹)을 노래하자, "아름답다. 기풍이 넓고 크며, 즐거워하면서도 지나치지 않으니 아마도 주공(周公)이 동쪽을 정벌할 때의 음악일 것이다"라고 하였다. 「진풍(秦風)」³²)을 노래하자, "이것을 중국의 음악이라고 말할 수 있다. 능히 중국화한다면 웅대해져서 지극한 경지에 이를 것이니, 이는 아마도 주 왕실 옛터의 음악일 것이다"라고 하였다. 「위풍(魏風)」³³)을 노래하자, "아름답다. 가락의 고저가 완만하고, 호방하면서

세 나라는 같은 지역에 있었으며, 또한 원래 商나라 紂王의 首都 지역이었다. 邶는 周 武王이 紂王의 아들 武庚을 封한 곳으로, 都城은 지금의 河南省 湯陰縣 동남쪽에 위치하였다. 鄘은 周 武王의 동생 管叔의 봉지로, 都城은 지금의 河南省 汲縣 북쪽에 위치하였다. 이 두 나라는 오래지 않아 衛나라에 병합되었다. 衛는 周 武王의 동생 康叔의 봉지로, 都城은 지금의 河南省 淇縣에 위치하였다.

26) 衛 康叔 : 衛나라의 시조로 康(지금의 河南省 禹縣 서북쪽)에 봉해졌기 때문에 康叔이라고 하였다. 周公이 武庚을 멸한 후 商나라의 故都 사방을 그에게 주어 國號를 衛라고 하였다. 권37 「衛康叔世家」 참조.

27) 武公 : 康叔의 9代孫, 즉 衛 武公을 말한다. 康叔과 武公 모두 衛나라의 賢君이라고 전해진다.

28) 「王風」 : 王城 일대에서 채집한 樂歌. 王城은 周 平王이 東遷한 후의 西周의 東都로 당시에는 雒邑이라고 하였으며, 옛 성은 지금의 河南省 洛陽市 서쪽에 위치하였다.

29) 「鄭風」 : 鄭나라에서 채집한 樂歌. 鄭나라의 都城은 지금의 河南省 新鄭縣에 위치하였다.

30) 「齊風」 : 齊나라에서 채집한 樂歌. 齊나라의 都城은 臨淄(지금의 山東省 淄博市 동북쪽)였다.

31) 「豳風」 : 豳 지방에서 채집한 樂歌. 豳은 원래 周의 옛 읍이며, 옛 성은 지금의 陝西省 旬邑縣 서쪽에 위치하였다.

32) 「秦風」 : 秦나라에서 채집한 樂歌. 秦나라는 陝西省, 甘肅省 일대에 위치한 나라였다.

33) 「魏風」 : 魏나라에서 채집한 樂歌. 魏나라의 都城 安邑은 지금의 山西省 夏縣에

12

도 부드럽고, 간략하면서도 쉽게 행하니, 덕(德)으로써 이처럼 나라를 다스린다면 현명한 군주가 될 수 있을 것이다"라고 하였다. 「당풍(唐風)」[34]을 노래하자, "근심이 깊다. 아마도 도당씨(陶唐氏)[35]의 유풍(遺風)이 있기 때문일 것이다. 그렇지 않다면 어찌하여 근심이 이렇게 깊을 수 있겠는가? 미덕(美德)을 가진 자의 후손이 아니라면 누가 능히 이와 같을 수 있겠는가!"라고 하였다. 「진풍(陳風)」[36]을 노래하자, "나라에 임금이 없으니 어찌 오래갈 수 있겠는가?"라고 말하고, 「회풍(鄶風)」[37] 이하의 음악에 대해서는 더 이상 논평하지 않았다.[38] 「소아(小雅)」[39]를 노래하자, "아름답다. 애조를 띠고 있으나 반역할 마음은 없고 원망을 하면서도 직접 말하지 않았으니, 아마도 주 왕조의 덕행이 쇠미하였을 때의 음악일 것이다. 아직 선왕의 유민(遺民)이 있기 때문일 것이다"라고 하였다. 「대아(大雅)」[40]를 노래하자, "광대하다. 화목하다. 소리가 완곡하면서도 강건하니 아마도 문왕(文王)의 덕행 때문일 것이다"라고 하였다. 「송(頌)」[41]을 노래하자, "음악의 극치에 도달하였다. 곧으면서도 오만하지 않고 굽은 듯하면서도 굴복하지 않고, 가까이하면서도 핍박하지 않고 멀리하면서도 마음이 떠나 있지 않고, 변화가 있으나 사악하거나 문란하지 않고 반복해도 싫증나지 않고, 구슬프나 근심하지 않고 즐거워도 방종하지 않고, 사용해도 모자라지 않고 광대해도 드러나지 않고, 은혜를 베풀어도 낭비하지 않고 구하더라도 욕심을 드러내지 않고, 멈추더라도 아

위치하였다.

34) 「唐風」: 唐나라에서 채집한 樂歌. 唐은 원래 晉나라의 始祖 叔虞의 封國으로 都城은 지금의 山西省 翼城縣 서쪽에 위치하였다.

35) 陶唐氏: 전설 속의 古代 帝王인 唐 堯를 말한다.

36) 「陳風」: 陳나라에서 채집한 樂歌. 陳나라의 영토는 지금의 河南省 동부와 安徽省 일부에 걸쳐 있었으며, 수도 宛丘는 지금의 河南省 淮陽縣에 위치하였다.

37) 「鄶風」: 鄶나라에서 채집한 樂歌. 鄶나라의 都城은 지금의 河南省 密縣 동북쪽에 위치하였다.

38) 「鄶風」, 「曹風」은 鄶와 曹 나라가 작고 詩도 적었으므로 논평하지 않았던 것이다.

39) 「小雅」: 『詩經』 속의 작품으로 총 74편이 있으며, 대부분 西周 후기와 東周 초기 士大夫들의 작품들이다.

40) 「大雅」: 『詩經』 속의 작품으로 총 31편이 있으며, 대부분 西周 왕실귀족의 음악이다.

41) 「頌」: 『詩經』 속의 작품으로 「周頌」, 「魯頌」, 「商頌」 세 가지의 총 40편이 있다. 귀족을 찬양한 작품으로, 일부분은 귀족이 제사 때 사용한 樂歌이다.

주 정체하지는 않고 활발하지만 방탕하지 않다. 오성(五聲)[42]이 조화를 이루고 팔풍(八風)[43]이 조화를 이루어 음절에 법도가 있으며 선율에 규칙이 있으니, 이러한 것들은 성현의 음악에 모두 공통적으로 들어 있다"라고 하였다. "상소(象箾),"[44] "남약(南籥)"[45]의 춤을 보고, "아름답다. 그러나 또한 여한(餘恨)이 있다"라고 하였다. "대무(大武)"[46]의 춤을 보고, "아름답다. 주 왕조의 흥성이 바로 이와 같은 것이다"라고 하였다. "소호(韶護)"[47]의 춤을 보고, "그렇게 위대한 성인도 덕행의 부족함을 느끼는 것 같다. 성인이 된다는 것은 정말 쉽지 않다!"라고 하였다. "대하(大夏)"[48]의 춤을 보고, "아름답다. 힘들여 일하고도 스스로 은덕이 있다고 여기지 않으니 우(禹)가 아니면 누가 능히 그렇게 하겠는가?"라고 하였다. "초소(招箾)"[49]의 춤을 보고, "덕행이 지극한 곳에 이르렀다. 위대하다. 마치 하늘처럼 감싸지 않는 것이 없고 땅처럼 담지 않는 것이 없는 것과 같다. 덕행이 극에 다다랐으니 더 이상 보탤 수가 없다. 여기까지 보고 이미 만족하였으니 다른 음악이 있더라도 나는 감히 더 이상 보기를 청하지 않겠다"라고 하였다.

계찰이 노나라를 떠나 다시 제나라에 사신으로 갔다. 그가 안평중(晏平仲)[50]에게 권고하기를, "당신은 빨리 봉읍(封邑)과 정권을 돌려주시오. 봉읍과 정권이 없어야만 비로소 재난을 피할 수 있을 것이오. 제나라의 정권은 장차 귀속될 곳이 있을 것이니 귀속되지 않으면 재난이 그치지 않을 것이오"라고 하였다. 안자(晏子)는 진 환자(陳桓子)를 통해서 정권과

---

42) 五聲 : 五音이라고도 하며, 고대 음악의 다섯 가지 기본 음계인 宮, 商, 角, 徵, 羽를 말한다.
43) 八風 : 즉 八音. 金, 石, 絲, 竹, 匏, 土, 革, 木으로 만든 여덟 가지 악기의 소리를 말한다.
44) "象箾" : 武功을 모방한 舞曲. 箾는 춤추는 사람이 손에 쥐는 막대를 말한다.
45) "南籥" : 文德을 선양한 舞曲. 籥은 管樂器로 춤을 출 때 도구로 사용할 수 있다.
46) "大武" : 약칭하여 "武"라고 하는 周代 六舞의 하나. 周公의 작품이라고 전하며, 周 武王이 紂王을 정벌할 때의 武功을 표현하고 찬양한 舞曲을 말한다.
47) "韶護" : "韶濩," "大護(濩)"라고도 하는 周代 六舞의 하나. 商代에 商 湯王이 桀王을 정벌한 공훈을 찬양한 舞曲이다.
48) "大夏" : 周代 六舞의 하나로 夏나라의 禹임금을 찬양한 舞曲이라고 전해진다.
49) "招箾" : "韶簫"라고도 하는 周代 六舞의 하나로, 虞舜시대의 舞曲이라고 전해진다.
50) 晏平仲(?-기원전 500년) : 즉 晏嬰을 가리킨다. 夷維(지금의 山東省 高密縣) 사람. 齊 靈公, 莊公, 景公 3대에 걸쳐 宰相을 지냈다.

14

봉읍을 돌려줌으로써 난씨(欒氏)와 고씨(高氏)가 일으킨 재난51)을 피할 수 있었다.

계찰이 제나라를 떠나 정(鄭)나라에 사신으로 갔다. 자산(子産)52)을 보니 마치 옛날부터 아는 사람 같아서 자산에게 "정나라 집권자53)의 사치로 재난이 곧 닥쳐서 반드시 정권이 당신에게 돌아올 것이니, 당신은 국가의 예법에 따라 신중히 국정을 처리해야 하오. 그렇지 않으면 정나라는 장차 몰락할 것이오"라고 말하였다. 그리고는 정나라를 떠나 위(衛)나라로 갔다. 거원(蘧瑗), 사구(史狗), 사추(史鰌), 공자(公子) 형(荊), 공숙발(公叔發), 공자 조(朝)에게 "위나라에는 군자가 많으니 재앙이 없을 것이다"라고 하였다.

계찰이 위나라에서 진(晉)나라로 가서 숙읍(宿邑)54)에 거처를 마련하려다 종소리를 듣고는 "이상하다! 내가 듣기로 말재주가 있으나 덕행이 없으면 반드시 살육을 당한다고 하였다. 그런데 당신55)은 왕에게 죄를 짓고도 아직 이곳에 머물러 있고, 두려워해도 부족한데 아직도 향락을 누리고 있는가? 당신이 이곳에 있는 것은 마치 제비가 장막 위에 둥지를 튼 것과 같다. 왕56)의 관을 아직 안장(安葬)도 하지 않았는데 어찌 즐길 수 있는가?"라고 말하고 곧 그곳을 떠났다. 손문자(孫文子)57)는 이 말을 듣고 평생 동안 음악을 듣지 않았다.

진(晉)나라에 도착해서 조문자(趙文子), 한선자(韓宣子), 위헌자(魏獻子)58)에게 "진나라의 정권은 장차 당신들 세 가문(家門)에 집중될 것이

51) 齊 景公 14년 齊나라 大夫 欒施, 高强의 두 집안이 서로를 공격하였는데, 陳 桓子의 조정으로 비로소 멈추었다.
52) 子産 : 즉 公孫僑를 말한다. 그는 鄭나라 귀족으로 鄭 簡公 12년(기원전 544년)에 卿의 직책에 있으면서 적극적으로 개혁을 실행하여 鄭나라의 정치에 커다란 영향을 미쳤다.
53) 鄭나라 大夫 良霄(伯有)를 가리킨다.
54) 宿邑 : 衛나라 大夫 孫文子의 食邑으로 옛 성은 지금의 河南省 濮陽縣 북쪽에 위치하였다.
55) 孫文子를 가리킨다.
56) 衛 獻公을 가리킨다.
57) 孫文子 : 즉 衛나라 大夫 孫林父를 말한다. 그는 무력으로 衛 獻公을 왕위에서 물러나 齊나라로 도망가게 하고 衛 殤公을 옹립하였으나, 12년 후 또 殤公을 가두고 晉나라에게 獻公을 복귀시키기를 요구하였다. 권37「衛康叔世家」참조.
58) 趙文子는 趙武, 韓宣子는 韓起, 魏獻子는 魏仲舒로서 세 사람 모두 晉나라의 大臣이다.

오”라고 하였다. 그가 진나라를 떠날 때 숙향(叔向)[59)에게 “당신은 노력하시오! 왕이 사치하나 오히려 어진 신하가 많고 대부들이 모두 부유하니 정권은 장차 세 가문에게 돌아갈 것이오. 당신은 사람됨이 정직하니 반드시 스스로 재앙을 면하도록 방법을 강구해야 하오”라고 말하였다.

계찰이 처음 사신으로 떠났을 때 오나라의 북쪽으로 올라가는 도중에 서군(徐君)[60)을 알현하게 되었다. 서군은 계찰의 보검(寶劍)을 좋아하였으나 감히 입 밖으로 드러낼 수 없었다. 계찰은 속으로 그의 뜻을 알았으나, 사신으로 중원 각 나라를 돌아다녀야 하였기 때문에 검을 그에게 증정하지는 않았다. 돌아오는 길에 서(徐)나라에 도착해보니 서군은 이미 죽었다. 이에 계찰은 자신의 보검을 풀어 나무에 걸어놓고 떠났다. 옆에서 따르는 이가 “서군은 이미 죽었는데 또 누구에게 주는 것입니까?”라고 묻자, 계찰이 “그렇게 말하지 말아라. 나는 처음에 이미 마음속으로 그에게 주기로 결정을 하였는데, 그가 죽었다고 해서 내가 어찌 나의 뜻을 바꿀 수 있겠는가?”라고 대답하였다.

7년에 초나라의 공자(公子) 위(圍)[61)가 초왕 협오(夾敖)[62)를 시해하고 대신 왕이 되었으니, 그가 바로 초 영왕(楚靈王)이다. 10년에 초 영왕이 제후들을 회합해서 오나라의 주방(朱方) 지방을 공격하여 제나라에서 망명해온 경봉을 살해하였다. 오나라도 초나라를 공격해서 3개의 성읍을 빼앗고 돌아왔다. 11년에 초나라가 오나라의 우루(雩婁)[63)까지 쳐들어왔다. 12년에 초나라가 또 쳐들어와 간계(乾谿)[64)에 주둔하다가 오나라에게 패해서 철수하였다.

17년에 오왕 여제가 죽고 동생 여말(餘眛)[65)이 왕위에 올랐다. 오왕 여말 2년에 초나라 공자 기질(棄疾)[66)이 초 영왕을 살해하고 스스로 왕

---

59) 叔向 : 羊舌肸의 字. 太傅를 지냈다.
60) 徐는 周初에 徐戎이 세운 나라로 기원전 512년에 吳나라에 의해서 멸망되었다. 옛 성은 지금의 江蘇省 泗洪縣에 위치하였다.
61) 圍 : 楚 共王의 庶子이며 康王의 동생.
62) 夾敖 : 康王의 아들.
63) 雩婁 : 지명. 지금의 河南省 商城縣 동북쪽에 위치하였다.
64) 乾谿 : 楚나라 동쪽 국경의 지명으로 지금의 安徽省 亳縣 동남쪽에 위치하였다.
65) 餘眛 : 기원전 530년부터 기원전 527년까지 재위하였다.
66) 棄疾 : 楚 靈王의 동생으로, 즉위 후 平王이 되었다.

16

이 되었다.

4년에 오왕 여말이 세상을 떠나면서 동생 계찰에게 왕위를 물려주려고
하였으나 계찰은 사양하고 도망갔다. 이때 오나라 사람들은 "선왕께서 형
이 죽으면 동생이 왕위를 이어받으라고 유언하셨으니 반드시 계찰에게 왕
위를 전해주어야 하지만, 계찰이 현재 도망가서 왕위에 오르려고 하지 않
으니 여말이 마지막 계승자이다. 그러나 이미 그가 죽었으니 그의 아들이
왕위를 이어받아야 마땅하다"라고 말하였다. 이에 여말의 아들 요(僚)[67]
를 왕으로 옹립하였다.

오왕 요(僚) 2년에 공자(公子) 광(光)[68]이 초나라를 공격하였다가 싸
움에서 지고 선왕이 타던 배를 잃었다. 공자 광은 두려워서 몰래 초나라
군대의 진지로 들어가서 다시 배를 탈취해왔다.

5년에 초나라로부터 오자서(伍子胥)[69]가 도망와서 투신하니 공자 광은
손님의 예로써 그를 맞이하였다. 공자 광은 오왕 제번의 아들로, 항상
"선친의 형제가 4명인데 왕위는 마땅히 계찰에게까지 전해져야 한다. 계
찰이 만약에 왕위를 계승하지 않겠다면 선친께서 제일 먼저 왕위에 올랐
으니, 마땅히 내가 왕이 되어야 한다"라고 말하곤 하였다. 그래서 그는
암암리에 현명하고 재능 있는 사람들을 초빙해서 그들을 왕 요를 습격하
는 데 이용하려고 하였다.

8년에 오나라는 공자 광을 파견해서 초나라를 공격하여 초나라 군대를
무찌르고 이전의 초나라 태자 건(建)의 어머니[70]를 거소(居巢)[71]에서 모
셔왔다. 돌아오는 길에 북쪽으로 쳐들어가 진(陳), 채(蔡) 두 나라의 군
대를 물리쳤다. 9년에 공자 광은 초나라로 쳐들어가서 거소(居巢), 종리
(鍾離)[72] 두 곳을 함락시켰다. 당초 초나라 변경(邊境) 마을 비량(卑
梁)[73]의 소녀와 오나라 변경 마을의 여자들은 뽕잎을 따는 일로 다투었는
데, 이 때문에 두 집안이 모두 분노해서 서로를 공격하였다. 두 나라의

---

67) 僚 : 기원전 526년부터 기원전 515년까지 재위하였다.
68) 光 : 諸樊의 長子로 후에 吳王 闔廬가 되었다.
69) 伍子胥 : 그의 부친(伍奢)과 형(伍尙)이 楚 平王에게 살해되어 吳나라로 도망하였
    으며, 吳나라에서 그에게 申地를 封邑으로 내렸기 때문에 申胥라고도 한다.
70) 즉 楚 平王의 王后 蔡姬를 말한다.
71) 居巢 : 읍 이름. 옛 성은 지금의 安徽省 巢縣에 위치하였다.
72) 鍾離 : 읍 이름. 옛 성은 지금의 安徽省 鳳陽縣 동북쪽에 위치하였다.
73) 卑梁 : 읍 이름. 옛 성은 지금의 安徽省 天長縣 서북쪽에 위치하였다.

변경을 다스리던 장관들도 이 일을 듣고 역시 분노해 서로 공격하였는데 오나라의 변경 지방이 멸망하게 되었다. 이에 오왕이 분노해서 곧 군대를 파견하여 초나라로 쳐들어가 이 두 마을을 점령하고 돌아왔다.

오자서가 처음 오나라에 투신하였을 때 초나라를 공격하는 것의 이로운 점을 오왕 요에게 간(諫)하자, 공자 광은 "오자서의 부친과 형이 초왕에게 살해당해서 그는 자신의 복수를 하려는 것일 뿐이지, 오나라에 좋은 점이 있다고는 볼 수 없다"라고 말하였다. 이때에 오자서는 비로소 공자 광이 다른 마음을 품고 있다는 것을 알고는, 곧 전제(專諸)라고 하는 용사(勇士)를 광에게 추천하였다. 광은 매우 기뻐하여 손님의 예로써 오자서를 접대하였다. 오자서는 교외에 은거하여 밭을 갈며 전제의 거사(擧事)를 기다렸다.

12년 겨울에 초 평왕(楚平王)이 세상을 떠났다. 13년 봄에 오왕은 초나라가 상(喪)을 치르는 틈을 타서, 공자 개여(蓋餘), 촉용(燭庸)[74]에게 군사를 이끌고 초나라의 육(六)[75]과 첨(灊)[76]을 포위하게 하였다. 그리고 계찰을 진나라에 파견하여 제후들의 동정을 살피게 하였다. 초나라는 군사를 보내어 오나라 군대의 퇴로를 차단하니 오나라 군대는 돌아올 수 없었다. 이때, 오나라 공자 광은 "이 시기를 놓칠 수 없다"라고 하고는, 전제에게 "이때를 놓치면 언제 다시 기회가 올 수 있겠는가? 나는 왕위의 진정한 계승자로 이치대로 하자면 마땅히 내가 왕위에 올라야 하는 것이니 나는 이 기회에 왕위에 오르려고 한다. 계찰이 돌아온다고 해도 나를 폐하지는 않을 것이다"라고 말하였다. 이에 전제는 "오왕 요를 죽일 수 있습니다. 그의 모친은 이미 늙었고 아들은 아직 어리며 두 명의 공자는 병사를 이끌고 초나라를 공격하러 갔다가 초나라 군대에 의하여 퇴로가 끊겼습니다. 지금 오왕은 밖에서는 초나라의 포위를 받고 조정내에서는 강직하고 정직한 신하가 없으니 우리를 대항할 방법이 없을 것입니다"라고 말하자, 공자 광은 "우리는 일심동체이다. 모든 것을 그대에게 부탁한다"라고 하였다. 4월 병자일(丙子日)에 공자 광은 지하실에 무장한 용사들을 매복시켜놓고 왕 요에게 술을 마시자고 청하였다. 왕 요는 병사를

---

74) 蓋餘, 燭庸 : 두 사람 모두 王 僚의 동생이다.
75) 六 : 읍 이름. 옛 성은 지금의 安徽省 六安市 동북쪽에 위치하였다.
76) 灊 : 읍 이름. 옛 성은 지금의 安徽省 霍山縣 동북쪽에 위치하였다.

18

파견해서 왕궁에서 공자 광의 집에 이르는 길에 배치해놓았고, 대문, 계단, 내문(內門), 좌석에까지 모두 왕 요의 친병으로 하여금 손에 짧은 칼을 들고 호위하게 하였다. 공자 광은 발을 다친 것으로 가장하여 지하실로 피하고 전제로 하여금 구운 생선의 뱃속에다 비수(匕首)를 숨겨서 상에 올리게 하였다. 전제는 생선의 뱃속에서 비수를 꺼내 곧장 왕 요를 찔렀고, 왕 요의 친병들이 짧은 칼로 전제의 가슴을 찔렀으나 결국 왕 요는 살해되었다. 공자 광은 마침내 오왕의 자리를 차지하였으니 그가 바로 오왕 합려(闔廬)[77]이다. 합려는 전제의 아들을 국경(國卿)[78]으로 기용하였다.

계찰이 돌아와서 말하기를, "만약에 선왕의 제사가 계속되고 백성의 주인이 계속 이어지며 사직에 계속 공양한다면 그가 바로 나의 왕이다. 내가 감히 누구를 원망하겠는가? 죽은 사람을 애통해하고 살아 있는 사람을 섬김으로써 천명(天命)의 안배에 순응하고자 한다. 내가 일으킨 변란이 아니라면 누구를 왕으로 세우든 그에게 복종하는 것이 바로 선인들이 세운 법도이다"라고 하였다. 그리고 계찰은 왕 요의 무덤 앞에 가서 자신이 진나라에 사신으로 갔던 경과를 보고하고 눈물을 흘린 후, 다시 자신의 자리에 돌아와 새 왕의 명령을 기다렸다. 오나라 공자 촉용과 개여 두 사람은 병사를 이끌고 초나라에서 전쟁을 하다가 포위당하였는데, 공자 광이 왕 요를 살해하고 스스로 왕이 되었다는 소식을 듣고 곧 병사를 이끌고 초나라에 투항하였다. 초나라는 그들에게 서(舒)[79]를 내려주었다.

오왕 합려 원년에 오자서를 발탁하고 그를 행인(行人)으로 삼아 국가 대사에 참여시켰다. 초나라가 백주리(伯州犁)[80]를 죽이자 그의 손자 백비(伯嚭)는 오나라로 도망갔으며, 오나라는 그를 대부로 삼았다.

3년에 오왕 합려와 오자서, 백비는 군사를 거느리고 초나라로 쳐들어가 서읍을 공격하여 함락시키고 오나라에서 도망간 두 공자를 살해하였다. 공자 광은 영도(郢都)[81]로 쳐들어가려고 하였으나 장군 손무(孫武)[82]가

---

77) 闔廬 : 기원전 514년부터 기원전 496년까지 재위하였다.
78) 卿은 고대의 天子 제후 소속의 고관 대신에 대한 호칭이다.
79) 舒 : 읍 이름. 옛 성은 지금의 安徽省 舒城縣 동남쪽에 위치하였다.
80) 伯州犁 : 원래는 晉나라 사람이었으나, 楚나라로 도망가 太宰를 역임하였고, 후에 楚 靈王에게 살해되었다.

"백성들이 너무 피곤해하여 지금은 어려우니 기회를 기다립시다"라고 하며 만류하였다. 4년에 초나라를 공격해서 육읍과 첨읍을 점령하였다. 5년에는 월나라를 공격해서 승리하였다. 6년에 초나라가 자상(子常)[83]을 파견해서 오나라를 공격하자, 오나라 군대는 초나라 군대를 맞이하여 예장(豫章)[84]에서 크게 물리치고 초나라의 거소를 점령하고 돌아왔다.

9년에 오왕 합려는 오자서와 손무에게 "처음에 그대들이 영도를 공격할수 없다고 하였는데 지금 공격하면 어떻겠는가?"라고 묻자, 두 사람은 "초나라의 장군 자상은 탐욕스러워 당(唐)[85]나라와 채(蔡)[86]나라 모두그를 원망합니다. 왕께서 꼭 대대적으로 공격하고 싶으시다면 반드시 당나라와 채나라의 지지를 얻어야 가능합니다"라고 대답하였다. 그래서 합려는 그들의 의견대로 전국의 군대를 동원하여 당나라, 채나라와 함께 서쪽으로 초나라를 정벌하러 가서 한강(漢江)에 도착하였다. 초나라도 군사를 동원하여 오나라 군대에 저항하여 쌍방이 한강의 양쪽 언덕에 전투대형으로 대치하였다. 오왕 합려의 동생 부개(夫槪)는 전투를 시작하려고 하였으나 합려가 이에 동의하지 않았다. 이에 부개가 "왕께서는 이미저에게 군사를 맡기셨고, 부대가 승리를 거둘 수 있는 유리한 위치에 있는데 또 무엇을 기다리십니까?"라고 말하고는 그의 부하 5,000명을 거느리고 초나라 군대를 습격하니, 초나라는 대패해서 도망갔고, 오왕도 부대를 거느리고 뒤를 쫓아왔다. 영도에 도착해서 다섯 번 싸웠으나 다섯 번모두 초나라 군대가 졌다. 초 소왕(楚昭王)[87]은 영도를 빠져나와 운현(鄖縣)[88]으로 도망갔으나, 운현 현령(縣令)의 동생[89]이 그를 살해하려고

---

81) 郢都:楚나라의 수도. 옛 성은 지금의 湖北省 江陵縣 서북쪽 紀南城에 위치하였다.
82) 孫武:원래는 齊나라 사람으로 당시 吳의 將帥로 있었으며, 그의 저서『孫子』13은 중국 고대의 가장 뛰어난 兵書이다.
83) 子常:囊瓦의 字. 당시 令尹의 벼슬에 있었다.
84) 豫章:고대 지역의 명칭으로 여러 가지 설이 있으나 대체로 지금의 漢江 以東, 長江 以北, 淮河 以南 지역을 가리킨다. 일설에는 지금의 安徽省 合肥市 일대, 또는지금의 安徽省 壽縣 일대를 가리킨다고 한다. 漢 高祖 6년부터 江南의 置郡을 豫章이라고 불렀다.
85) 唐:나라 이름. 당시의 왕은 成公이었고 都城은 지금의 湖北省 隨縣 서북쪽에 위치하였다.
86) 蔡:나라 이름. 당시의 왕은 昭侯였으며, 蔡나라의 都城 下蔡는 지금의 安徽省 鳳台縣에 위치하였다.
87) 楚 昭王:기원전 515년부터 기원전 489년까지 재위하였다.

해서 현령과 함께 수(隨)⁹⁰⁾나라로 도망갔다. 이로써 오나라 군대는 영도를 점령하였고, 오자서와 백비는 초 평왕의 시체를 채찍질함으로써 부모의 복수를 하였다.

10년 봄에 월(越)나라는 오왕이 영도에 있으므로 국내가 비었다는 것을 알고 오나라로 쳐들어왔다. 오나라는 다른 지역의 군대를 보내서 월나라를 공격하였다. 초나라는 진(秦)나라에 위급함을 고하니 진나라에서 군대를 보내 초나라를 구원하고자 오나라 군대를 공격하니 오나라 군대가 패하였다. 합려의 동생 부개는 진나라와 월나라가 차례로 오나라 군대를 물리치고 오왕이 초나라에 남아서 떠나지 않는 것을 보고, 곧 오나라로 돌아가 스스로 오왕이 되었다. 합려가 이 일을 듣고 군사를 거느리고 돌아와 부개를 공격하니, 부개는 패하여 초나라로 도망갔다. 초 소왕은 이 기회를 이용하여 9월에 다시 영도에 돌아가 부개를 당계(堂谿)⁹¹⁾에 봉하고 그를 당계씨(堂谿氏)라고 칭하였다. 11년에 오왕이 태자 부차(夫差)⁹²⁾를 보내어 초나라를 공격하여 번(番)⁹³⁾을 점령하자, 초왕은 두려워 영도를 떠나 약(鄀)⁹⁴⁾으로 천도(遷都)하였다.

15년에 공자(孔子)가 노(魯)나라 재상의 직무를 대행하였다.

19년 여름에 오나라가 월나라로 쳐들어가자, 월왕 구천(句踐)⁹⁵⁾이 취리(檇李)⁹⁶⁾에서 오나라 군대를 맞이해서 싸웠다. 월나라에서는 죽음을 각오한 병사들을 오나라 군대의 진영 앞으로 보내어, 세 줄로 열을 세우고는 큰소리로 고함을 지르게 한 뒤 스스로 목을 베어 죽게 하였다. 오나라 군대가 이러한 장면을 보는 사이에 월나라는 오나라 군대를 공격해서

88) 鄖縣 : 鄖은 원래 고대의 나라 이름이나, 당시에는 이미 楚나라에 의해서 멸망당하였고 楚나라의 하나의 縣이 되어 있었다. 옛 성은 지금의 湖北省 安陸縣에 위치하였다. 일설에는 지금의 湖北省 鄖縣이라고 한다.
89) 이때 縣令의 이름은 鬪辛이고, 동생은 鬪懷였다.
90) 隨 : 나라 이름. 지금의 湖北省 隨縣 일대에 위치하였다.
91) 堂谿 : 棠谿라고도 한다. 지금의 河南省 西平縣 서남쪽에 위치하였다.
92) 夫差 : 闔廬의 아들. 기원전 495년부터 기원전 473년까지 재위하였다.
93) 番 : 지금의 江西省 波陽縣. 일설에는 지금의 安徽省 鳳台縣 서북쪽에 있었다고 한다.
94) 鄀 : 읍 이름. 즉 鄀郢을 가리킨다. 옛 성은 지금의 湖北省 宜城縣 동남쪽에 위치하였다.
95) 句踐 : 勾踐이라고도 한다. 기원전 497년부터 기원전 465년까지 재위하였다.
96) 檇李 : 읍 이름. 醉李라고도 한다. 옛 성은 지금의 浙江省 嘉興縣 남쪽에 위치하였다.

고소(姑蘇)⁹⁷⁾에서 크게 이겼으며, 오왕 합려의 발가락에 상처를 입혔다. 오나라 군대가 7리(里)를 후퇴하였다. 오왕은 결국 상처가 재발해서 죽었으며, 합려는 사자(使者)를 파견해서 태자 부차를 왕으로 세웠다. 사자가 그에게 "태자께서는 당신의 아버지를 죽인 것을 잊을 수 있겠습니까?"라고 묻자, 부차는 "어찌 잊을 수 있겠습니까?"라고 대답하였다. 3년째가 되어 그는 월나라에 복수하였다.

  오왕 부차 원년에 대부 백비를 태재(太宰)⁹⁸⁾로 삼았다. 오왕은 군사들에게 활쏘기를 훈련시키며 항상 월나라에 복수하는 것을 목표로 삼았다. 2년에 오왕은 잘 훈련된 병사들을 모두 출동시켜 월나라를 정벌하여 부초(夫椒)⁹⁹⁾에서 월군을 무찌르고 고소에서의 일전(一戰)의 빚을 갚았다. 월왕 구천은 갑옷을 입은 병사 5,000명을 거느리고 회계산(會稽山)¹⁰⁰⁾으로 물러나, 대부 문종(文種)¹⁰¹⁾을 보내 오나라 군대의 태재 백비를 통해서 오왕에게 화친을 구하게 하였고, 모든 월나라의 남녀를 노예로 받아줄 것을 청하였다. 오왕이 그에 응하기로 하자 오자서가 간하기를, "예전에 유과지(有過氏)¹⁰²⁾가 짐관(斟灌)¹⁰³⁾을 멸망시키고 짐심(斟尋)¹⁰⁴⁾을 공격해서 하(夏)의 제상(帝相)¹⁰⁵⁾을 멸망시켰습니다. 제상의 왕비 후민(后緡)¹⁰⁶⁾은 마침 임신중이었는데, 유잉국(有仍國)¹⁰⁷⁾으로 도망가서 소강

---

97) 姑蘇 : 지금의 江蘇省 蘇州市 서쪽에 위치하였다.
98) 太宰 : 왕의 국가 통치를 보좌하는 관직 이름으로, 冢宰라고도 부르는데 後代의 丞相과 유사하였다.
99) 夫椒 : 산 이름. 지금의 浙江省 紹興縣 북쪽에 위치하였다. 일설에는 지금의 江蘇省 吳縣 서남쪽의 太湖 가운데에 있었다고 한다.
100) 會稽山 : 산 이름. 지금의 浙江省 紹興縣 동남쪽 13里에 위치하였다.
101) 文種 : 楚나라 郢 사람. 나중에 句踐의 핍박으로 인하여 자살하였다.
102) 有過氏 : 고대의 나라 이름. 寒浞의 아들 澆의 封國이라고 전해지는데, 都城은 지금의 山東省 掖縣 서북쪽에 위치하였다.
103) 斟灌 : 夏나라와 同姓의 제후국 이름. 都城은 지금의 山東省 壽光縣 동쪽에 위치하였다.
104) 斟尋 : 夏帝 太康의 國都로 나중에 同姓의 제후국으로 봉해졌다. 都城은 지금의 山東省 濰縣 서남쪽에 위치하였다.
105) 帝相 : 夏啓의 後孫. 나라를 잃은 후에 斟灌, 斟尋에 의탁하였으나 寒浞, 澆에게 살해되었다.
106) 后緡 : 有仍氏의 딸로 姓이 緡이다.
107) 有仍國 : 나라 이름. 都城은 지금의 山東省 濟寧縣에 위치하였다.

22

(少康)을 낳았고, 소강은 유잉국의 목정(牧正)[108]을 맡았습니다. 유과지가 다시 소강을 살해하려고 하자 소강은 유우국(有虞國)[109]으로 도망갔습니다. 유우국은 하(夏)의 은덕을 생각해서 두 딸을 그에게 시집 보내고 그에게 윤읍(綸邑)[110]을 하사하였고 그로 하여금 10방리(方里)의 토지와 500명을 거느리게 하였습니다. 후에 그는 하의 유민들을 불러들이고 하의 법제(法制)를 정돈하였습니다. 그는 사람을 파견하여 상대방을 유혹한 뒤 결국은 유과지를 멸망시키고 하우(夏禹)의 업적을 회복하였습니다. 또한 제사를 지낼 때 하늘과 함께 하의 선조(先祖)도 함께 모심으로써[111] 원래의 통치 권력을 회복하였습니다. 지금 오나라는 유과지와는 비교할 수 없이 강하나 구천도 소강과 비교하면 훨씬 강합니다. 지금 때를 맞추어 그를 제거하지 않고 그냥 놓아둔다면 나중에는 더욱 처리하기 어렵지 않겠습니까? 더욱이 구천은 사람됨이 능히 곤란을 잘 견뎌내니 지금 그를 제거하지 않으면 후에 반드시 후회할 것입니다"라고 하였다. 오왕은 그의 말을 받아들이지 않고 태재 백비의 말대로 강화(講和)하기로 최종 응낙을 하였고, 월나라와 조약을 맺은 뒤 군사를 철수시켰다.

7년에 오왕 부차는, 제 경공(齊景公)이 죽자 대신들이 정권을 다투며,[112] 새로운 왕[113]은 나이가 어리다는 소식을 듣고 군사를 일으켜 북쪽으로 제나라를 정벌하려고 하였다. 오자서가 간하여 말하기를, "월왕 구천은 음식을 먹을 때 맛있는 것은 먹지 않고 옷을 입을 때 비단 옷을 입지 않으며 죽은 자가 있으면 조문하고 병든 자가 있으면 위문하여 장차 그의 백성들을 동원하려고 합니다. 이러한 인물이 죽지 않는다면 반드시 오나라의 후환이 될 것입니다. 지금 우리가 가장 경계해야 하는 것은 월나라인데, 왕께서 먼저 그를 제거하지 않고 온 힘을 기울여 제나라를 공격한다면 그것은 터무니없는 일입니다"라고 하였다. 오왕은 이를 듣지 않고 제나라로 쳐들어가 애릉(艾陵)[114]에서 제나라 군대를 무찔렀다. 증읍

---

108) 牧正 : 목축을 주관하는 관직 이름.
109) 有虞國 : 나라 이름. 虞舜의 後代라고 전하며, 都城은 지금의 河南省 虞城縣 서남쪽에 위치하였다.
110) 綸邑 : 虞의 읍 이름. 옛 성은 지금의 河南省 虞城縣 동남쪽에 위치하였다.
111) 고대의 예절에 의하면 하늘에 제사 지낼 때, 개국 시조도 함께 제사 지냈다.
112) 자세한 것은 권32 「齊太公世家」 참조.
113) 즉 晏孺子(姜荼)를 가리킨다. 후에 齊나라의 田乞에게 살해되었으므로 단지 1년 동안 재위하였다.

(繪邑)[115]에 도착해서 노 애공(魯哀公)을 불러 제사용 가축(소, 양, 돼지) 각 100마리씩을 요구하였다. 노나라의 계강자(季康子)가 자공(子貢)[116]을 파견해서 주(周) 왕조의 예법[117]으로써 태재 백비를 설복시켜 겨우 그것을 그만두게 하였다. 이로 인해서 점령하였던 제, 노 두 나라의 남쪽 국경 지방의 토지를 남겨두었다. 9년에 추(騶)[118]나라를 위해서 노나라를 정벌하러 가서 노나라와 조약을 맺은 후 돌아왔다. 10년에 돌아오는 길에 제나라를 공격하였다. 11년에 또 북으로 제나라를 공격하였다.

월왕 구천이 그의 부하들을 이끌고 오왕을 알현하고 많은 값진 예물들을 바치자 오왕은 매우 기뻐하였다. 단지 오자서만이 걱정하여 "이는 오나라를 포기하는 것입니다"라고 말하였고, 또 "월나라는 가장 경계해야 할 나라입니다. 지금 제나라로부터 얻은 성과는 마치 자갈밭을 얻은 것과 같이 아무 쓸모가 없습니다. 더욱이 「반경지고(盤庚之誥)」[119]에 보면 '화근(禍根)은 절대로 남기지 않는다'라는 말이 있습니다. 상(商) 왕조는 이 원칙을 따랐기 때문에 흥성한 것입니다"라고 간하였다. 그러나 오왕은 이를 듣지 않고 오자서를 제나라에 파견하였는데, 오자서는 자신의 아들을 제나라의 포식(鮑息)에게 부탁하고 돌아와 오왕에게 경과를 보고하였다. 오왕은 이 일을 듣고 대노(大怒)해서 오자서에게 촉루(屬鏤)라는 보검을 주어 자살하게 하였다. 죽음에 이르러 오자서는 "나의 무덤 위에 가래나무를 심고 그것이 자라면 관을 짜도록 하라. 그리고 나의 눈을 뽑아서 오나라의 동문(東門)에 걸어 월나라가 오나라를 멸망시키는 것을 볼 수 있게 하라"라고 말하였다.

제나라의 포씨(鮑氏)[120]가 제 도공(齊悼公)을 살해하자[121] 오왕이 이 소식을 듣고 진영(陳營)의 문 밖에서 3일을 통곡하고는 해상(海上)으로

---

114) 艾陵 : 齊나라의 읍 이름. 옛 성은 지금의 山東省 泰安市 동남쪽에 위치하였다.
115) 繪邑 : 읍 이름. 옛 성은 지금의 山東省 棗莊市 동쪽에 위치하였다.
116) 子貢 : 衛나라 사람으로 姓은 端木이고 이름은 賜이다. 口才가 뛰어나고 경영에 능한 孔子의 제자로서, 권67 「仲尼弟子列傳」에 상세히 나와 있다.
117) 周나라의 예법에 의하면, 제사를 지낼 때 필요한 가축이 天子는 12마리, 公은 9마리, 伯은 7마리, 男은 5마리로 되어 있다. 그런데 지금 吳나라가 100마리를 요구하니 이는 너무나 부당한 것이다.
118) 騶 : 나라 이름. 옛 성은 지금의 山東省 鄒縣에 위치하였다.
119) 「盤庚之誥」: 『尙書』 「盤庚」 편을 가리킨다.
120) 鮑氏 : 鮑牧의 徒黨을 가리킨다.
121) 권32 「齊太公世家」 참조.

24

제나라를 공격하였다. 제나라 사람들은 오나라 군대를 무찔렀고 오왕은 군대를 철수하여 돌아왔다.

13년에 오왕이 노나라, 위(衛)나라의 왕을 소환하여 탁고(橐皐) [122] 에서 회맹(會盟)하였다.

14년 봄에 오왕은 북상(北上)하여 황지(黃池) [123] 에서 제후들과 회합을 가지고, 중국을 제패하여 주 왕실을 보전하려고 하였다. 6월 병자일(丙子日)에 월왕 구천이 오나라를 공격하였다. 을유일(乙酉日)에 월나라 군대 5,000명이 오나라와 교전해서 병술일(丙戌日)에 오나라 태자 우(友)를 포로로 잡았다. 정해일(丁亥日)에는 오나라 수도에 진입하였다. 오나라 사람이 오왕 부차에게 패전의 소식을 보고하자 부차는 이 소식이 제후들에게 알려지는 것을 꺼려하였다. 그런데 어떤 사람이 그 소식을 누설하자 오왕은 노해서 군영(軍營)의 장막 안에서 7명을 살해하였다. 7월 신축일(辛丑日)에 오왕은 진 정공(晉定公)과 맹주(盟主)를 다투었다. 오왕이 "주나라의 왕족 중 내가 제일 위이다"라고 하자, 진 정공은 "희성(姬姓) 제후 중 내가 패주이다"라고 말하였다. 정공의 가신 조앙(趙鞅) [124] 이 화를 내고 오왕을 공격할 준비를 하자 비로소 진 정공이 맹주가 되었다. 오왕은 맹약을 맺고 진 정공과 헤어져 장차 송나라를 침략하려고 하였는데, 태재 백비가 "싸워 이길 수는 있으나 점유할 수는 없습니다"라고 말하자 군대를 이끌고 돌아왔다. 오나라는 태자를 잃었고 국내는 텅 비었으며 오왕이 바깥에 오래 머물러 병사들이 모두 너무 지쳐 있었으므로, 값비싼 재물로써 월나라와 화친을 맺었다.

15년에 제나라 전상(田常) [125] 이 제 간공(齊簡公) [126] 을 시해하였다.

18년에 월나라는 더욱 강대해졌다. 월왕 구천은 군대를 이끌고 입택(笠澤) [127] 에서 오나라 군대를 무찔렀다. 초나라는 진(陳)나라를 멸망시켰다.

---

122) 橐皐 : 읍 이름. 옛 성은 지금의 安徽省 巢縣 서북쪽에 위치하였다.
123) 黃池 : 즉 黃亭을 가리킨다. 지금의 河南省 封邱縣 서남쪽에 위치하였다.
124) 趙鞅 : 晉나라의 正卿, 즉 越簡子를 말한다. 正父 또는 趙孟이라고 한다.
125) 田常 : 齊나라의 相國으로 본명은 恒이다. 田氏는 원래 陳氏였기 때문에 陳恒 또는 陳成子라고도 한다.
126) 齊 簡公 : 齊 景公의 아들 姜壬을 말한다.
127) 笠澤 : 물 이름. 일설에는 지금의 太湖라고 하고, 일설에는 太湖 東岸의 小湖(지금의 江蘇省 吳江縣 근처)라고도 하며, 일설에는 지금의 吳淞江을 가리킨다고 한다.

20년에 월왕 구천은 다시 오나라를 정벌하였다. 21년에 오나라의 수도, 즉 고소를 포위하였다. 23년 11월 정묘일(丁卯日)에 월나라는 오나라를 크게 이겼다. 월왕 구천이 오왕 부차에게 100호(戶)의 민가(民家)를 주어 용동(甬東)[128]으로 가서 살게 하려고 하자, 오왕은 "나는 늙어서 왕을 섬길 수가 없소. 나는 오자서의 의견을 받아들이지 않아 스스로 이 지경에 빠진 것을 후회하오"라고 말하고는, 곧 칼로 목을 찔러 자살하였다. 월나라는 오나라를 멸망시키고 태재 백비를 불충(不忠)하다고 하여 죽이고 돌아갔다.

태사공(太史公)은 말하였다.

"공자(孔子)는 '태백(太伯)은 최고의 덕행을 가지고 있다고 말할 수 있다. 왕위를 세 번이나 양보하여, 백성들은 그를 어떻게 찬양해야 하는지를 몰랐다'[129]라고 하였다. 내가 『춘추(春秋)』[130]를 읽고 비로소 중원의 우(虞)나라와 형만(荊蠻)의 오나라가 형제 나라라는 것을 알았다. 연릉계자(延陵季子)의 인덕지심(仁德之心)과 도의(道義)의 끝없는 경지를 앙모(仰慕)한다. 조그마한 흔적을 보면 곧 사물의 청백함과 혼탁함을 알 수 있는 것이다. 오호라, 어찌 그를 견문이 넓고 학식이 매우 풍부한 군자가 아니라고 하겠는가!"

---

128) 甬東 : 지명. 甬句東이라고도 한다. 지금의 浙江省 舟山島이다.
129) 『論語』「泰伯」에서 나온 말.
130) 『春秋』 : 東周시대 魯나라의 編年體 史書.

권32 「제태공세가(齊¹⁾太公世家)」제2

태공망(太公望) 여상(呂尙)²⁾은 동해(東海)³⁾ 근처 사람으로, 그의 선조는 일찍이 사악(四嶽)⁴⁾이 되어 우(禹)임금이 물과 땅을 정리하는 것을 도와 크게 공을 세웠다. 그들은 우(虞)와 하(夏) 시대에 여(呂) 또는 신(申)⁵⁾ 땅에 봉해졌으며 성(姓)은 강씨(姜氏)였다. 하(夏)와 상(商) 왕조 때에는 그 방계의 자손이 신과 여 땅에 봉해지기도 하였고, 또 평민이 되기도 하였는데, 상(尙)은 그 후예로서, 본래의 성은 강씨였지만 그 봉지(封地)를 성으로 하여 여상(呂尙)이라고 부른 것이다.

여상은 곤궁하고 연로하였던 듯한데⁶⁾ 낚시질로 주 서백(周西伯)에게

1) 齊 : 기원전 11세기에 처음 건국되었으며, 姓은 姜이었다. 영토는 지금의 山東省 북부였다가 나중에 山東省 동부까지 확장되었다. 수도는 營丘(나중에 臨淄, 臨菑라고 불렸는데, 이곳은 지금의 山東省 淄博市 동북쪽에 옛 성이 있다)에 두었다. 기원전 386년에 대신 田氏에게 찬탈당하였다.

2) 太公望 呂尙 : 그에게는 많은 호칭이 사용되었는데, 周 文王 때에는 太公望이라고 하였고, 武王 때에는 師尙父라고 불렸으며, 후세에는 姜太公, 姜子牙, 姜牙, 呂尙, 呂牙, 呂望 등으로 불렸다.

太公望은 '太公의 희망, 太公이 바라던 이'로 풀 수 있으며, 師尙父는 '師인 尙父'(尙은 이름, 父는 연장자에 대한 경칭)의 뜻으로 풀 수 있는데, 이에 대해서는 "師는 太師이다. 尙父는 존숭할 만하고 아버지로 모실 만하다라는 말이다(師, 太師也. 尙父, 可尙可父)"(『詩經』 「大明」의 「毛傳」)와 "師로 모시고, 받들어 모시고, 아버지로 모시었다. 그래서 師尙父라고 불렀다(師之, 尙之, 父之, 故曰師尙父)"(『詩經』 「大明」의 疏에 인용된 劉向의 "別錄")라는 설명이 있다. 姜은 그의 본래의 姓이고, 呂는 봉지를 따른 나중의 姓이다(어떤 이는 '姓姜氏呂'라고 한다). 唐 司馬貞은 『史記索隱』에서 '牙'를 字, '尙'을 이름으로 보았고, 또 '牙'가 이름이라는 譙周의 말을 인용하였다(『大漢和辭典』에는 '子牙'를 字라고 하였다).

3) 東海 : 대략 지금의 江蘇, 山東 바닷가 일대를 말한다.

4) 四嶽 : 堯舜 때에 사계절을 관장하는 벼슬로서 方嶽巡狩의 일을 주관하였다고 한다. 일설에는 사방의 부락을 관장하던 수령이었다고도 한다.

5) 呂는 나라 이름이다. 炎帝의 후예, 伯夷의 자손이 四嶽을 관장하는 데 공을 세워 呂에 봉해졌다고 전한다. 지금의 河南省 南陽市 서쪽에 옛 성이 있다. 申도 나라 이름으로, 炎帝의 후예, 伯夷의 자손이라고 한다. 지금의 河南省 南陽市에 옛 성이 있다.

6) 당시 太公은 나이 72세였다고 한다.

28

접근하려고 하였다. [7] 서백(西伯)이 사냥을 나가려고 하다가 점을 쳤는데, 점괘가 나오기를 "잡을 것은 용도 이무기[螭][8]도 아니고, 호랑이도 곰[羆][9]도 아니다. 잡을 것은 패왕의 보필이다"라고 하였다. 이리하여 주 서백이 사냥을 나갔다가 과연 위수(渭水)[10] 북쪽에서 여상을 만났는데, 그와 이야기를 나누고는 크게 기뻐하며 이렇게 말하였다.

> 우리 선대(先代)의 태공(太公)[11] 때부터 이르기를 "장차 성인(聖人)이 주 (周)나라에 올 것이며, 주나라는 그로 하여 일어날 것이다"라고 하였습니다. 선생이 진정 그분이 아닙니까? 우리 태공께서 선생을 기다린 지가 오래되었습니다.

이리하여 그를 '태공망(太公望)'이라고 부르며 수레에 함께 타고 돌아와서 사(師)[12]가 되게 하였다.

어떤 이의 말로는, 태공은 박학다식하여 상 주왕(商紂王)[13]을 섬겼으나 주왕이 포악무도하자 떠나버렸으며, 제후들에게 유세하였지만 알아주는 이를 만나지 못하였다가 마침내 서쪽으로 가서 주 서백에게 의지하게 된 것이라고 한다. 어떤 이의 말은 또 이러하다. 여상은 처사(處士)[14]로서 바닷가에 숨어 살았는데, 주 서백이 유리(羑里)[15]에 구금되자 평소에 여상을 알고 있던 산의생(散宜生)과 굉요(閎夭)[16]가 그를 불러냈다. 여상도 "내가 듣기에 서백은 현명하고 또 어른을 잘 모신다고 하니, 어찌 그에게 가지 않겠는가?"라고 하였다고 한다. 이들 세 사람은 서백을 위

---

7) 周 西伯은 周 文王 姬昌을 말하는데, 그는 商 말기에 周族의 수령이었다. '접근하다'의 원문은 "奸"으로 '干'과 통하여, 이것은 '구하다, 원하다'의 뜻이다.
8) 螭 : '蛟'와 같다. 전설상의 용과 비슷한 동물을 말한다.
9) 羆 : 人熊이라고 속칭한다.
10) 渭水 : 지금의 渭河로, 陝西省 중부에 있다.
11) 원문 "先君太公"을 『史記注譯』에서는 "先代의 太公"이라고 하였고, 『白話語譯史記』에서는 "돌아가신 아버님 太公"이라고 해석하였다. 이 글에서 姜太公을 지칭하는 '太公'과는 다른 인물이다.
12) 師 : 『史記注譯』에서는 '군대를 통솔하는 장관'으로 보았으나 『白話語譯史記』, 『史記』(平凡社 版)에는 '帥'로 『白話史記』에는 '國師'로 풀이하였다.
13) 商 紂王 : 商 왕조의 마지막 왕. 권3 「殷本紀」 참조.
14) 處士 : 재주와 덕을 지녔지만 벼슬을 하지 않고 은거하는 사람.
15) 羑里 : 지금의 河南省 湯陰縣 북쪽에 옛 터가 있다.
16) 散宜生, 閎夭 : 西周 초기의 大臣. 太公望과 함께 周 文王을 보필하였으며, 나중에는 武王을 도와 商나라를 멸망시켰다.

하여 미녀와 보물을 구해서 주왕에게 서백의 죄값으로 바쳤다. 이리하여 서백은 구금에서 풀려나 주나라로 돌아올 수 있었다는 것이다. 이처럼 전설에 따라 여상이 주나라를 섬기게 된 경위를 달리 말하지만, 그 요점은 다같이 그가 주나라의 문왕(文王)과 무왕(武王)의 사(師)가 되었다는 것이다.

주 서백 희창(姬昌)은 유리에서 벗어나 돌아오자 여상과 은밀히 계획을 세우고 덕행을 닦아 상(商)나라의 정권을 넘어뜨렸는데, 그 일들은 주로 용병술과 기묘한 계책을 펴는 것들이었다. 따라서 후세에 용병술과 주나라의 권모(權謀)를 말하는 이들은 모두 태공(太公)을 그 주모자로 존중하였다. 주 서백이 공평한 정치를 하며, 우(虞)나라와 예(芮)나라의 분쟁[17]을 해결하자 시인들이 서백을 '천명을 받은 문왕(文王)'이라고 칭송하였다. 문왕이 숭(崇), 밀수(密須), 견이(犬夷)[18] 등의 나라들을 정벌하고, 풍읍(豐邑)[19]을 크게 건설하고, 천하의 3분의 2를 주나라에 귀순하게 한 것들은 대부분이 태공의 계책에 의한 것이었다.

문왕이 죽고 나자 무왕이 즉위하였다. 그후 9년에 무왕은 문왕의 유업을 잇고자 하여 동쪽으로 정벌을 나가서 제후들이 자신에게 모이는가의 여부를 시험해보았다. 군대가 출동하기에 앞서 사상보(師尙父)[20]가 왼손에는 황금 장식의 도끼[21]를, 오른손에는 모우(旄牛) 꼬리 장식을 한 흰색의 군기[22]를 들고 출정선서를 하였다.

---

17) 虞는 姬姓의 나라로 지금의 山西省 平陸縣 북부에 都城이 있었다. 芮도 역시 姬姓의 나라로 지금의 陝西省 大荔縣 동남쪽에 都城이 있었다. 일설에는 芮나라가 지금의 山西省 芮城縣 서쪽에 있었다고도 한다. 周 文王 때에 이 두 나라가 농토를 두고 다투었는데 文王이 그 분쟁을 해결하고 모두 周나라에 귀순하게 하였다.
18) 崇은 지금의 陝西省 鄠縣 동쪽에 都城이 있던 나라이다. 密須는 일명 '密'로 불린 나라로, 지금의 甘肅省 靈台縣 서남쪽에, 또는 일설에 의하면 지금의 河南省 密縣 동쪽에 都城이 있었다. 犬夷는 '犬戎'이라고도 불린 부족으로, 周 초기에 지금의 陝西省 彬縣, 岐山 일대에서 활동하였다.
19) 豐邑 : 西周의 도읍지로 지금의 陝西省 西安市 서남쪽에 옛 성이 있다.
20) 師尙父 : 武王이 사용한 呂尙의 호칭. '師尙父'의 의미는 앞의 〈주 2〉 참조.
21) 황금 장식의 도끼, 즉 "黃鉞"는 고대에 제왕의 표시로서, 정벌의 전권을 부여받은 대신에게 특별히 하사하여 권위를 표시하였다.
22) 꼭대기를 旄牛의 흰 꼬리로 장식한 軍旗를 말한다. '旄牛'는 중국 서남쪽 지역에서 나는 소의 일종인 야크(yak, 일명 犛牛, 氂牛)를 가리키는데, 이것은 또 羌族의 한 부족 이름(旄牛部)과 그 거주지(旄牛縣) 이름으로도 사용되었다.

외뿔소여, 외뿔소여. 23)
너희 무리를 모두 모으라!
너희에게 배의 노를 맡기건대
늦게 닿은 자는 벨 것이다!

이리하여 정벌군이 맹진(盟津)에 닿았을 때, 미리 기약하지 않고도 모여든 제후가 800이나 되었다. 모든 제후들은 말하였다. "주왕(紂王)을 칠 수 있습니다." 무왕은 "아직 안 된다"라고 말하고 군대를 돌려 돌아와서, 태공과 함께 이것을 「태서(太誓)」24)로 썼다.

2년 뒤에 주왕(紂王)이 왕자 비간(比干) 25)을 죽이고 기자(箕子) 26)를 구금하였다. 무왕이 주왕을 치기에 앞서 거북점을 쳤는데 점괘가 불길하였고 폭풍우가 내렸다. 여러 대신들이 모두 두려워하였으나 태공만은 강력히 권하여 무왕은 마침내 출정하였다. 무왕 11년 정월 갑자일에 목야(牧野) 27)에서 출정선서를 하고 상(商)의 주왕을 치니, 주왕의 군대가 무너졌다. 주왕이 도망쳐 녹대(鹿臺) 28)로 올라가자, 무왕은 끝내 추격하여 주왕을 베었다. 다음날, 무왕은 토지신의 제단 앞에 서고, 여러 대신들은 맑은 물을 받들고, 위 강숙(衛康叔) 희봉(姬封) 29)은 채색의 자리를 펴고, 사상보는 제물의 짐승을 끌고, 사관(史官) 일(佚)은 죽간(竹簡)에 쓴 축문을 읽음으로써 신(神)에게 주왕의 죄를 징벌한 것을 아뢰었다. 그리고 녹대의 돈과 거교(鉅橋) 30)의 식량을 풀어 가난한 백성들을 구제하

---

23) 원문은 "蒼兕"로서 관직의 이름이다. 돌진을 잘하는 외뿔소를 배의 노를 담당하는 관직의 이름에 써서 그 직분을 다할 것을 경계한 것이다.
24) 「太誓」:『尙書』의 편명. 「泰誓」라고도 한다.
25) 比干:殷 말기 紂王의 숙부(일설에는 庶兄이라고 한다)로 少師의 벼슬을 하였으며, 여러 차례 紂王에게 諫言하자 紂王은 그의 심장을 갈라서 죽였다고 전해진다. 箕子, 微子와 함께 殷의 '세 어진 이,' 즉 三仁이라고 일컬어진다.
26) 箕子:殷 말기 紂王의 諸父(같은 宗族의 伯叔父)라고도 하고 일설에는 庶兄이라고도 한다. 太師의 벼슬을 하였으며, 紂王에게 여러 차례 諫言하였다가 구금당하였다고 전해진다.
27) 牧野:옛 地名. 지금의 河南省 淇縣 서남쪽.
28) 鹿臺:商의 紂王이 지어 재물을 쌓아두었던 臺의 이름. 지금의 河南省 淇縣에 옛 터가 있다. 周 武王이 紂王을 치자 紂王의 병사들은 鹿臺로 올라가 스스로 불에 타 죽었다.
29) 衛 康叔 姬封:周 武王의 동생. 권31 「吳太伯世家」의 〈주 26〉 참조.
30) 鉅橋:商代의 식량 창고가 있던 곳으로 지금의 河北省 曲周縣 동북쪽에 옛 터가 있다.

였고, 비간의 묘를 높이 쌓고 기자의 구금을 풀었다. 또한 구정(九鼎)[31]을 주나라의 도읍으로 옮겼고, 주나라의 정치를 정비하여 온 천하를 일신시켰다. 이러한 여러 일들이 대부분 사상보의 계책에 의한 것이었다.

이리하여 무왕은 상나라를 평정하고 천하의 왕이 되었으며 사상보를 제(齊)의 영구(營丘)[32]에 봉하였다. 사상보가 봉국(封國)에 부임할 때에 도중에 묵으면서 가는 것이 매우 느렸다. 여관의 주인이 이것을 보고 말하였다. "내가 듣기에 시기를 얻기는 어려워도 잃기는 쉽다고 하였습니다. 손님은 잠자는 것이 매우 편안하니 마치 봉국에 부임하는 이가 아닌 것 같군요." 태공은 이 말을 듣고서 야밤에 입는 옷을 입은 채로 행진하여 여명에 봉국에 닿았다. 이때 내후(萊侯)가 침공해와서 태공과 영구(營丘)를 놓고 다투었다. 영구는 내(萊)[33]나라 가까이에 있었고, 내(萊)나라 사람들은 이족(夷族)이었는데, 상나라의 주왕(紂王)의 정치가 혼란스러웠던 데다 주(周) 왕조가 이제 막 성립하여 먼 나라들까지는 안정시키지 못하는 것을 틈타서 태공과 영토를 다툰 것이었다.

태공은 봉국에 도착하자 정치를 가다듬었고, 그곳의 풍속을 따랐으며, 의례를 간소하게 하였으며, 상공업(商工業)을 장려하였고, 어업생산을 편리하게 하였다. 그러자 많은 사람들이 제(齊)나라에 귀순하여 제나라는 큰 나라가 되었다. 주 성왕(周成王)이 아직 어렸던 때에 관숙(管叔)과 채숙(蔡叔)[34]이 난을 일으키고 회이(淮夷)[35]가 주 왕실에 반역하자, 주 왕실은 소강공(召康公)[36]을 파견하여 태공에게 이렇게 명령하였다.

---

31) 九鼎 : 고대에 국가의 정권을 상징하여 나라에 전한 보물. 夏의 禹임금이 九州의 금을 모아 아홉 개의 鼎(세 발 달린 솥)을 주조하여 九州를 상징하였다고 전한다.
32) 營丘 : 齊나라의 都城으로 나중에 臨淄로 개명하였다. 지금의 山東省 淄博市 동북쪽에 옛 성이 있다.
33) 萊 : 나라 이름으로 萊夷를 말한다. 지금의 山東省 黃縣 동남쪽에 도성이 있었으며, 나중에 齊나라에 멸망당하여 齊나라의 邑이 되었다.
34) 管叔, 蔡叔 : 周 武王의 두 동생, 즉 成王의 두 숙부를 말한다. 管(지금의 河南省 鄭州市에 옛 성이 있다)과 蔡(지금의 河南省 上蔡縣에 옛 성이 있다)에 봉해져서 얻은 이름이다.
35) 淮夷 : 夏, 商, 周 三代의 시기에 淮河 하류 일대에 분포한 부족 이름.
36) 召康公 : 姬奭을 가리킨다. 周代 燕나라의 시조이다. 封邑이 召(지금의 陝西省 岐山 서남쪽)이어서 召公 또는 召伯이라고 불렀다. 成王 때에 太保가 되어 周公 旦과 陝州(지금의 河南省 陝縣)를 기준으로 나누어 다스렸는데 召公은 陝州 서쪽을 맡았다.

동쪽으로는 바다에, 서쪽으로는 황하에, 남쪽으로는 목릉(穆陵)³⁷⁾에, 북쪽으로는 무체(無棣)³⁸⁾에 이르는 땅에서, 다섯 등급의 제후와 구주(九州)의 백(伯) 등의 잘못을 너희 제나라가 모두 징벌하여도 좋다.

제나라는 이리하여 징벌의 권한을 가지게 되어 큰 나라가 되었고 영구에 도읍을 두었다.

태공이 대략 100여 세에 죽자, 아들 정공(丁公) 여급(呂伋)이 즉위하였고, 정공이 죽자 그 아들 을공(乙公) 득(得)이 즉위하였고, 을공이 죽자 그 아들 계공(癸公) 자모(慈母)가 즉위하였으며, 계공이 죽자 그 아들 애공(哀公) 불신(不辰)이 즉위하였다.

애공 때에 기후(紀侯)³⁹⁾가 주(周)의 왕에게 애공을 참소하였다. 왕은 애공에게 팽(烹)⁴⁰⁾의 형벌을 내리고 그 동생 정(靜)을 세웠는데, 그가 호공(胡公)이다. 호공은 도읍을 박고(薄姑)⁴¹⁾로 옮겼는데, 이때는 주 이왕(周夷王)의 시기였다.

애공과 같은 어머니 소생의 막내 동생인 강산(姜山)이 호공을 원망하여, 그 무리와 함께 영구의 사람들을 이끌고 호공을 습격하여 죽이고 스스로 즉위하였는데 그가 헌공(獻公)이다. 헌공은 즉위한 그해에 호공의 아들들을 모두 쫓아냈고 뒤이어 수도를 박고에서 임치(臨菑)로 옮겼다.

9년에 헌공이 죽고 아들 무공(武公)⁴²⁾ 수(壽)가 즉위하였다. 무공 9년에 주 여왕(周厲王)이 도망쳐나와 체(彘) 땅에 머물렀다.⁴³⁾ 10년에는 주 왕실이 혼란해져서 대신들이 정권을 행사하면서 '공화(共和)'라고 이름하였다.⁴⁴⁾ 20년에 비로소 주 선왕(周宣王)이 즉위하였다.

---

37) 穆陵 : 읍 이름. 지금의 山東省 臨朐縣 남쪽에 옛 성이 있다.
38) 無棣 : 읍 이름. 지금의 山東省 無棣縣 북쪽에 옛 성이 있다.
39) 紀侯 : 紀나라의 侯를 가리킨다. 紀는 나라 이름으로, 지금의 山東省 壽光縣 남쪽에 옛 성이 있다.
40) 烹 : 사람을 솥에 삶아 죽인 고대의 가혹한 형벌을 말한다.
41) 薄姑 : 나라 이름. 지금의 山東省 博興縣 동남쪽에 옛 성이 있다.
42) 武公 : 기원전 850년에서 기원전 825년까지 재위하였다.
43) 彘 : 지명. 지금의 山西省 霍縣 동북쪽에 옛 성이 있다.
44) 周 厲王 때에 노예와 자유민들이 크게 폭동을 일으켜 厲王이 도망친 후 宣王이 집정하기까지의 14년을 共和라고 부른다. 共和라는 이름에 두 가지 설명이 있는데, 하나는 召公과 周公의 두 재상이 공동으로 집정하여 共和라고 하였다는 것이고, 다른 하나는 共伯인 和가 정사를 대신하였으므로 共和라고 하였다는 것이다.

무공이 즉위한 지 26년 만에 죽고 아들 여공(厲公)⁴⁵⁾ 무기(無忌)가 즉
위하였는데, 여공은 포악한 정치를 하였다. 죽은 호공의 아들이 다시 제
나라의 수도에 들어오자 제나라 사람들은 그를 옹립하려고 그와 함께 여
공을 쳐서 죽였는데, 호공의 아들도 이 싸움에서 죽었다. 그러자 제나라
사람들은 여공의 아들 적(赤)을 임금으로 세웠는데 그가 문공(文公)⁴⁶⁾이
다. 문공은 여공을 죽인 사람 70명을 사형에 처하였다.

문공이 즉위한 지 20년 만에 죽자 아들 성공(成公)⁴⁷⁾ 탈(脫)이 즉위하
였다. 성공이 즉위한 지 9년 만에 죽자 그 아들 장공(莊公)⁴⁸⁾ 구(購)가
즉위하였다.

장공 24년, 견융(犬戎)이 주 유왕(周幽王)을 죽이자⁴⁹⁾ 주 왕실은 동쪽
으로 낙읍(雒邑)⁵⁰⁾에 천도하였으며, 진(秦)이 이때 처음으로 제후의 열
에 끼었다. 56년에 진(晉)나라 사람들이 임금 소후(昭侯)를 시해하였다.

64년에 장공이 죽자 아들 희공(釐公)⁵¹⁾ 녹보(祿甫)가 즉위하였다

희공 9년에 비로소 노 은공(魯隱公)⁵²⁾이 즉위하였다. 19년에 노 환공
(魯桓公)이 형 은공을 시해하고 스스로 즉위하여 임금이 되었다.

25년, 북융(北戎)⁵³⁾이 제나라를 침공하자, 정(鄭)나라가 태자 홀(忽)
을 보내와서 제나라를 도와주었다. 제나라 왕이 그에게 딸을 시집 보내려
고 하였으나, 홀은 "정나라는 작고 제나라는 크니, 내게 알맞은 짝이 아
닙니다"라고 하며 사양하였다.

---

45)   厲公 : 기원전 824년에서 기원전 816년까지 재위하였다.
46)   文公 : 기원전 815년에서 기원전 804년까지 재위하였다.
47)   成公 : 기원전 803년에서 기원전 795년까지 재위하였다.
48)   莊公 : 기원전 794년에서 기원전 731년까지 재위하였다.
49)   犬戎은 戎人의 한 갈래인 부족의 이름이다. 商周시기에 渭水, 涇水 유역(지금의
      陝西省 경내)에서 유목을 하였다. 周 幽王의 이름은 姬宮湦이다. 기원전 781년에서
      기원전 771년까지 재위하였다. 그는 虢石父를 執政에 임용하여 심한 착취로 인민을
      유랑하게 하였다. 幽王이 褒姒를 총애하여 申后와 태자 宜臼를 폐해버리자, 申侯가
      犬戎과 연합하여 周를 공격하여 幽王을 驪山 아래에서 죽여 西周가 멸망하였다. 권4
      「周本紀」 참조.
50)   雒邑 : 洛邑을 말한다. 雒은 '洛'과 통용된다. 지금의 河南省 洛陽市 서쪽에 옛 성
      이 있다.
51)   釐公 : 기원전 730년에서 기원전 698년까지 재위하였다. 釐는 '僖'자와 통하여 諡
      號에 사용되었다.
52)   魯 隱公 : 姬息. 기원전 722년에서 기원전 712년까지 재위하였다.
53)   北戎 : 山戎으로도 부른다. 춘추시대에 지금의 河北省 북부에 분포한 부족 이름.

34

32년, 희공의 같은 어머니 소생의 동생인 이중년(夷仲年)이 죽었다. 희공이 이중년의 아들 공손무지(公孫無知)를 사랑하여 그 녹봉과 의복[54] 등의 봉양을 태자와 동등하게 하도록 명령하였다.

33년에 희공이 죽자 태자 제아(諸兒)가 즉위하였는데, 그가 양공(襄公)이다. [55]

양공(襄公) 원년, 양공은 일찍이 태자였을 때 무지(無知)와 싸운 적이 있었는데, 즉위하자 곧 무지의 녹봉과 의복 등의 봉양을 없애버렸다. 무지는 이에 원한을 품었다.

4년, 노 환공(魯桓公)이 그 부인과 함께 제나라에 왔다. 제 양공은 전에 노부인(魯夫人)[56]과 사통한 적이 있었다. 노부인은 양공의 여동생으로, 희공 때에 노 환공에게 시집 가서 그의 부인이 되었는데, 환공과 함께 제나라에 오자 양공이 다시 그녀와 사통하였다. 노 환공이 그것을 알고 부인에게 화를 냈고 부인은 그것을 제 양공에게 알렸다. 제 양공은 노 환공과 함께 술을 마시며 그를 몹시 취하게 만든 다음 역사(力士) 팽생(彭生)을 시켜 환공을 안아 수레에 실으면서 갈비뼈를 부러뜨려 죽이도록 하였다. 노 환공은 수레에서 내려졌을 때 이미 죽어 있었다. 노나라에서 이 일을 비난하자 제 양공은 팽생을 죽여 노나라에 사과하였다.

8년에 기(紀)[57]나라를 치자 기나라가 도읍을 옮겼다.

12년, 당초에 양공은 대부(大夫) 연칭(連稱), 관지보(管至父)를 규구(葵丘)[58]에 파견하여 국경 수비를 하게 하였는데, 그 기간은 오이가 날 때[59]에 갔다가 오이가 날 때에 교대하는 것이었었다. 그들이 수비를 간 지 1년이 되어 오이가 날 때가 지났는데도 양공은 교대 군사를 보내지 않았다. 어떤 사람이 그들을 위해서 교대시켜줄 것을 청하였으나 양공은 허락하지 않았다. 두 사람은 이에 분노하여 무지를 통하여 반란을 도모하였다. 연칭에게는 궁녀로 있으면서 총애를 받지 못한 사촌 누이동생이 있었

54) 원문은 "秩服"으로 '秩'은 祿俸을 말하며, '服'은 衣服, 車馬, 宮室 등을 포함하여 말한다.
55) 襄公 : 기원전 697년에서 기원전 686년까지 재위하였다.
56) 魯夫人 : 齊 襄公의 배다른 어머니 소생의 여동생으로 이름은 文姜이다.
57) 紀 : 지금의 山東省 壽光縣 남쪽에 옛 성이 있는 나라 이름.
58) 葵丘 : 齊나라의 읍 이름. 지금의 山東省 淄博市 경계에 옛 성이 있다.
59) 원문은 "瓜時"이다. 즉 오이가 익는 7월에 갔다가 다음해 7월에 교대하도록 한 것이다.

는데, 연칭은 그녀를 시켜 양공의 약점을 살피게 하며 말하였다. "일이 성공하면 너는 무지의 부인이 된다."겨울이 되어 12월에 양공은 고분(姑棼)⁶⁰⁾에 놀러 나갔다가 내쳐 패구(沛丘)⁶¹⁾에까지 사냥을 나갔다. 양공이 멧돼지를 발견하였는데 종자(從者)가 "팽생입니다"라고 말하였다. 양공이 노하여 멧돼지를 쏘아 맞추니, 멧돼지가 사람처럼 서서 울부짖었다. 양공이 이에 놀라 수레에서 떨어져 발을 다치고 신발을 잃어버렸다. 양공은 궁으로 돌아온 뒤 신발을 책임지는 역인(役人) 불(茀)에게 300대의 채찍질을 하였다. 양공이 다쳤다는 소식을 들은 무지, 연칭, 관지보 등이 그들의 무리를 이끌고 궁을 습격하려는 중에 왕궁에서 나오던 불과 마주쳤다. 불이 말하였다. "궁을 들이쳐 놀라게 하는 것을 잠시 멈추시지요. 궁 사람들을 놀라게 했다가는 들어가기가 쉽지 않습니다."무지가 믿지 않자 불이 양공에게 맞은 상처를 보여주었다. 그제서야 그 말을 믿은 그들은 궁 밖에서 기다리고 불을 먼저 들여보냈다. 불은 먼저 들어가 즉시 양공을 문 틈에 숨겼다. 한참이 지나자 무지 등은 두려워 견디지 못하고 궁 안으로 들이쳤다. 불은 궁중의 호위병 및 양공의 총신(寵臣)들과 함께 무지 등에게 반격하였으나 이기지 못하고 모두 죽었다. 무지가 궁에 들어가 양공을 찾으려고 하였으나 찾아내지 못하던 중, 누군가가 문 틈에 발이 있는 것을 발견하였다. 문을 젖혀보니 바로 양공이었다. 무지는 곧 그를 죽이고 스스로 즉위하여 제의 임금이 되었다.

환공(桓公)⁶²⁾ 원년 봄, 제의 임금 무지가 옹림(雍林)⁶³⁾에 놀러 갔다. 옹림의 사람 중에 일찍이 무지에게 원한을 품었던 이들이 있었는데 그가 놀러 온 것을 틈타 습격하여 죽인 다음 제의 대부에게 말하였다. "무지가 양공을 시해하고 스스로 즉위하였기에 저희가 삼가 처단하였습니다. 대부께서 새로이 공자(公子)들 가운데서 합당한 이를 세우시면, 저희는 명령을 받들겠습니다."

60) 姑棼: '薄姑'로도 불린 齊나라의 지명. 지금의 山東省 博興縣 동남쪽에 있었다.
61) 沛丘: '淇丘', '具丘'로도 불리는 지명으로 지금의 山東省 博興縣 동남쪽(薄姑의 동남쪽)에 있었다.
62) 桓公: 이름은 姜小白이다. 기원전 685년에서 기원전 643년까지 재위하였다. 춘추시대의 첫번째 覇主이다.
63) 雍林: 齊나라의 臨淄城의 西門을 雍門이라고 하니, 雍林은 臨淄의 근교에 있었던 지명인 듯하다. "雍廩"이라고 쓴 판본도 있는데, 이는 渠丘大夫를 가리키는 사람 이름이다. 雍林 역시 사람을 가리키는 것으로 풀 수도 있다.

당초에 양공이 노 환공을 술에 취하게 하여 죽이고 그 부인과 사통하였으며, 부당한 처벌로 죽이는 일이 잦았고, 여색에 빠졌으며, 여러 차례 대신들을 속이는 등의 행위를 하자, 여러 동생들은 그 재앙이 자신들에게 미칠까 두려워하였다. 이 때문에 둘째 왕자인 규(糾)는 노(魯)나라로 도망쳤는데, 그 어머니는 노후(魯侯)의 딸이었고, 관중(管仲)[64]과 소홀(召忽)이 그를 보좌하고 있었다. 그 다음 동생 소백(小白)은 거(莒)[65]나라로 도망쳤는데, 포숙(鮑叔)[66]이 그를 보좌하고 있었다. 소백의 어머니는 위공(衛公)의 딸로서 희공(釐公)의 총애를 받았다. 소백은 어려서부터 대부 고혜(高傒)를 좋아하였는데, 옹림의 사람들이 무지를 죽이고 임금 세우는 일을 의논하게 되자 고혜와 국의중(國懿仲)은 먼저 거나라에 있는 소백을 몰래 불러들였다. 노나라도 무지가 죽었다는 것을 듣고 군사를 풀어 공자 규를 보내는 한편 관중에게 따로 병사를 이끌고 가서 거나라로 통하는 길을 막게 하였다. 관중이 화살로 소백을 쏘아 맞추었다. 소백이 허리띠의 쇠 부분을 맞고서 죽은 시늉을 하였는데, 관중은 사람을 시켜 말을 달려가 노나라에 보고하게 하였다. 노나라는 공자 규를 호송하는 행군을 좀 늦추어 6일 만에 제나라에 닿았다. 그런데 이때는 공자 소백이 이미 들어와서 고혜가 그를 임금으로 세운 뒤였으니, 그가 바로 환공(桓公)이다.

환공은 허리띠 쇠를 맞고서 죽은 시늉을 하여 관중이 오판하도록 한 다음 장막을 친 마차를 타고 내달려갔으며, 또 안에서는 고혜와 국의중의 호응이 있었다. 이 때문에 그는 먼저 들어가 즉위할 수 있었고 또 군대를 풀어 노나라의 군대를 막을 수 있었다. 그해 가을, 노나라와 간시(乾時)[67]에서 싸웠는데, 노나라의 군대가 패주하자 제나라는 노나라 군대의 귀로를 차단하였다. 제 환공은 노나라에 글을 보내어 이렇게 말하였다.

공자 규는 형제라 차마 죽이지 못하겠으니 노후(魯侯) 스스로 그를 죽이기 바란다. 소홀과 관중은 나와는 원수지간이니 내 직접 그들을 잡아 죽여 젓

---

64) 管仲(?-기원전 645년) : 이름이 夷吾이고, 字가 仲인 齊나라의 潁上 사람이다. 齊 桓公이 五霸의 우두머리가 되는 것을 도왔다. 권62 「管晏列傳」 참조.
65) 莒 : 지금의 山東省 莒縣에 都城이 있었던 나라 이름.
66) 鮑叔 : 齊나라의 大夫 鮑叔牙를 가리킨다. 사람의 됨됨이를 잘 알아보는 것으로 유명하였다.
67) 乾時 : 齊나라의 지명. 지금의 山東省 益都縣 지역에 있었다.

갈을 담아[68] 기분을 풀려고 한다. 그렇게 하지 않으면 곧 노나라 수도를 포위하겠다.

노나라 사람들은 이를 걱정하여 곧 공자 규를 생독(笙瀆)에서 죽였다. 소홀은 자살하였고 관중은 구금되기를 청하였다. 환공이 즉위하여 곧 군대를 보내 노나라를 칠 때에는 관중을 죽이려는 마음이 있었다. 그런데 포숙아가 이렇게 말하였다.

저는 다행히도 임금을 섬기게 되었는데 임금께서 마침내 즉위하셨습니다. 임금께서는 이미 높이 되시어 저로서는 더 높여드릴 수가 없습니다. 임금께서 장차 제나라를 다스리시려고 한다면야 고혜와 저 포숙아로 충분할 것입니다. 그렇지만 임금께서 이제 패왕(覇王)이 되려고 하신다면 관이오(管夷吾) 없이는 안 됩니다. 관이오가 사는 나라는 그 위세가 커지게 될 것이니, 그를 놓치면 안 됩니다.

이리하여 환공은 그의 말을 따르기로 하였다. 그래서 관중을 잡아 죽여 기분을 풀려는 것으로 가장하였으나, 실제로는 그를 등용하려는 것이었다. 관중도 그것을 알고 일부러 구금되어 돌아가기를 청하였던 것이다. 포숙아는 관중을 영접하여 당부(堂阜)[69]에 이른 다음에 관중의 족쇄와 수갑을 풀어주고, 목욕재계하여 복을 빈 다음 환공을 뵙게 하였다. 환공은 관중을 두터이 예우하며 대부(大夫)로 삼아 정치를 맡겼다.

환공은 관중을 얻고 나서 포숙, 습붕(隰朋), 고혜 등과 함께 제나라의 정치를 가다듬었다. 다섯 가구를 기초로 하는 군대조직[70]을 시행하고, 화폐 주조와 어로(漁撈), 제염(製鹽) 등의 이용후생의 조치를 하며,[71] 빈궁한 자들을 구제하고 능력 있는 현사(賢士)들을 등용하고 우대하니, 제나라의 사람들은 모두 기뻐하였다.

환공 2년에 담(郯)[72]나라를 쳐서 멸망시키니 담의 임금은 거(莒)나라

---

68) 원문은 "醢"이다. 사람을 썰어 살코기로 젓갈을 담그는 혹형을 가리킨다.
69) 堂阜 : 지명. 지금의 山東省 蒙陰縣 서북쪽에 있었다.
70) 다섯 가구를 맨 밑의 기층조직으로 하는, 軍과 民을 결합시킨 일종의 군사행정 제도. 평상시에는 다섯 가구가 한 軌를 이루었고 軌長을 두었으며, 전시에는 한 가구에 한 명씩 병정 다섯이 하나의 伍를 이루되 軌長이 伍長을 겸하였다.
71) 원문의 "設輕重魚鹽之利"의 '輕重'은 화폐를 가리키며, '設輕重之利'는 화폐를 주조하여 물산의 유통을 통제하였다는 것을 말한다.
72) 郯 : 나라 이름. 지금의 山東省 郯城縣 동북쪽에 都城이 있었다.

로 도망쳤다. 전날 환공이 도망치던 때에 담나라를 지나갔는데 담나라가 무례히 굴었기 때문에 그들을 친 것이었다.

5년, 노(魯)나라를 쳐서 노나라 장수의 군대를 깨뜨렸다. 노 장공(魯莊公)이 수(遂)[73]를 바쳐 화평을 청하자 환공이 이를 허락하여 가(柯)[74]에서 노후(魯侯)와 회맹(會盟)하게 되었다. 노후가 맹세하려고 할 때 조말(曹沫)[75]이 단(壇) 위에서 비수로 환공을 위협하며 말하였다. "빼앗은 노나라 땅을 반환하시오!" 환공은 그렇게 하겠다고 하였다. 그러고 나서야 조말은 비수를 치우고 북쪽을 바라보며 신하의 자리에 섰다. 환공은 후회가 되어 노나라의 땅을 반환하지 않고 조말을 죽이려고 하였다. 그러자 관중이 말하였다. "협박당해 승낙하였다가 약속을 저버리고 그를 죽인다면, 작은 기분풀이가 될 뿐입니다. 그러나 그것으로 제후들에게 신의를 저버렸음을 보이게 되고 그러면 천하의 지지를 잃게 될 것이니, 그럴 수 없는 일입니다." 이리하여 제나라는 곧 조말이 세 번의 싸움에서 잃은 땅을 노나라에 돌려주었다. 제후들이 이 소식을 듣고 모두 제나라를 믿고 의지하려고 하였다. 7년, 제후들이 견(甄)[76]에서 환공을 회견하였고 이리하여 환공이 처음으로 패권을 잡았다.

14년, 진 여공(陳厲公)의 아들로 시호가 경중(敬仲)인 진완(陳完)[77]이 제나라로 도망쳐왔다. 제 환공은 그를 경(卿)으로 등용하려고 하였으나 그가 사양하므로 공정(工正)[78]으로 삼았다. 그가 바로 전성자 상(田成子常)[79]의 선조이다.

23년, 산융(山戎)[80]이 연(燕)나라를 치자 연나라가 제나라에 위급함을

73) 遂: 魯나라의 읍 이름. 지금의 山東省 寧陽縣 북쪽에 옛 성이 있다.
74) 柯: 齊나라의 읍 이름. 지금의 山東省 東阿縣 서남쪽에 옛 성이 있다.
75) 曹沫: 원문은 "曹沫"이지만 권86 「刺客列傳」의 표기를 따른다. 『左傳』, 『穀梁傳』에는 "曹劌"로, 『呂氏春秋』에는 "曹翽"로 쓰여 있다.
76) 甄: 衞나라의 읍 이름. 지금의 山東省 甄城縣 서북쪽에 옛 성이 있다.
77) 陳完: 陳나라에 내란이 일어나자 齊나라로 도망쳐 齊나라의 大夫가 되었는데, 그 후손이 점차 강대해져서 田和에 이르러서는 마침내 齊나라의 정권을 빼앗기에 이르렀다. 권46 「田敬仲完世家」 참조.
78) 工正: 百工의 長官.
79) 田成子常: 成子는 號, 常은 이름으로, 陳成子를 가리킨다. 춘추시대 말기 齊나라의 대신으로 齊 簡公 4년(기원전 481년)에 簡公을 죽여 平公을 옹립하고 相國이 된 후, 公族의 강자들을 다 죽이고 封邑을 확대하였으며, 이때부터 田氏가 齊나라의 정권을 전횡하게 되었다.

알렸다. 제 환공은 연나라를 구원하여 산융을 쳐서 고죽(孤竹)[81]에까지
이른 다음에 돌아왔다. 연 장공(燕莊公)이 환공을 전송하다가 제나라의
경내에까지 들어오게 되었다. 이에 환공이 말하였다. "천자가 아니면 제
후가 영토 밖에까지 나가 전송하지 아니한다. 나는 연나라에 대해서 예의
를 갖추지 않을 수 없다."이리하여 도랑을 파서 경계로 하고[82] 장공이
온 곳까지의 땅을 연나라에 주었다. 그리고 장공에게 옛 소공(召公)의 덕
정(德政)을 다시 펼 것과, 옛 주나라 성왕(成王)과 강왕(康王) 때와 같
이 주 왕실에 공물을 바칠 것을 명령하였다. 제후들이 이것을 듣고 모두
제나라를 따랐다.

27년의 일이다. 노 민공(魯湣公)[83]의 어머니 애강(哀姜)은 환공의 여
동생이었는데, 노나라의 공자 경보(慶父)[84]와 간음하였다. 경보가 민공
을 시해하자 애강은 경보를 옹립하려고 하였는데 노나라 사람들은 따로
희공(釐公)을 옹립하였다. 제 환공은 애강을 소환하여 죽였다.

28년, 위 문공(衛文公)이 적(狄)[85]나라 사람들의 침략을 당하여 제나
라에 위급함을 알렸다. 제나라는 제후들을 이끌고 초구(楚丘)[86]에 성을
쌓고 위(衛)의 임금을 옹립하였다.

29년, 환공이 부인 채희(蔡姬)와 배 위에서 장난을 쳤다. 물에 익숙한
채희가 배를 흔드니 환공이 두려워하며 제지하였지만, 채희는 그치지 않
았다. 환공은 배에서 내린 다음 화를 내며 채희를 친정으로 돌려보냈는데
관계를 끊지는 않았다. 채후(蔡侯) 역시 화가 나서 채희를 재가(再嫁)시
켰다. 환공은 그것을 분노하여 군대를 일으켜 채나라로 쳐들어갔다.

---

80) 山戎: '北戎'이라고도 하는 북방민족을 가리킨다. 지금의 河北省 동부에 거주하
며, 춘추시대에 齊, 鄭, 燕 등의 나라와 경계가 닿아 있었다.
81) 孤竹: 옛 나라 이름. 지금의 河北省 盧龍縣 동쪽에 옛 성이 있다.
82) 원문은 "分溝"로『現代語譯史記』에는 "개천으로 경계를 나누어"라고 되어 있다.
여기에서는『史記註譯』을 따랐다.
83) 魯 湣公: '湣'은 '閔'과 통하는데, 이것은 諡號에 쓰이는 글자이다.
84) 慶父: 魯 桓公의 庶子, 莊公의 庶弟. 莊公이 죽은 뒤 연이어 두 임금을 죽이고
莒나라에 도망쳤다가 나중에 魯나라로 인도되는 도중에 목매어 자살하였다. 권33
「魯周公世家」참조.
85) 狄: 춘추시대 이전에 오랫동안 齊, 魯, 晉, 衛, 宋, 邢 등의 나라 사이에서 활동
하며 여러 나라와 빈번한 접촉을 하였던 部族의 이름으로, '翟'으로도 쓴다.
86) 楚丘: 지금의 河南省 滑縣에 옛 성이 있다. 衛나라의 都城은 원래 朝歌(지금의
河南省 淇縣)에 있었는데 이곳으로 옮긴 것이다.

30년 봄, 제 환공이 제후들을 이끌고 채나라를 치니, 채나라가 무너졌다. 그리고 초나라를 쳤다. 초 성왕(楚成王)이 군대를 일으켜와서 물었다. "무슨 연고로 내 땅을 밟았소?" 관중이 (환공을 대신하여) 이렇게 대답하였다.

전에 소강공(召康公)이 우리의 선대 임금인 태공(太公)에게 "다섯 등급의 제후와 구주(九州)의 백(伯) 등의 잘못을 너희 제나라가 징벌하여 주 왕실을 보좌하라"라고 하셨소. 그리고 우리 선대 임금에게 동쪽으로는 바다에, 서쪽으로는 황하에, 남쪽으로는 목릉(穆陵)에, 북쪽으로는 무체(無棣)에 이르는 땅을 밟게 하셨소. 초나라의 공물인 포모(包茅)[87]가 들어오지 않아 왕의 제사가 제대로 갖추어지지 않으므로 질책하러 온 것이오. 또 소왕(昭王)[88]이 남쪽으로 순수(巡狩)하러 갔다가 돌아오지 아니하셨기에 그것을 문책하러 왔소.

초왕이 이렇게 말하였다.

공물이 들어가지 않은 일은 있으니 그것은 과인의 잘못이오. 이후 어찌 감히 바치지 않을 수 있겠소? 소왕이 순수하러 나갔다가 돌아오지 못한 것은 한수(漢水)가에 가서 물어보시오.

제나라의 군대가 형(陘)[89] 땅에 진주(進駐)[90]하였다. 여름이 되어 초왕이 굴완(屈完)을 시켜 군대를 이끌고 제나라에 대항하게 하자, 제나라의 군대는 소릉(召陵)[91]으로 물러났다. 환공이 굴완에게 제나라 군대의 수가 많음을 뽐내자, 굴완은 이렇게 말하였다.

임금께서 도의를 따져서 행동하신다면 가능할 것입니다. 그러나 만약 그러지 않으신다면 초나라는 방성(方城)[92]의 이어진 봉우리를 성으로 하고 양

---

87) 包茅 : 楚나라의 특산물로서 '苞茅'로도 쓴다. 고대에 제사 때에 술을 걸러 찌꺼기를 제거하는 데 사용한 띠의 묶음을 말한다.
88) 昭王 : 周 昭王을 말한다. '邵王'으로도 쓴다. 이름은 瑕이다. 남쪽을 巡狩하는 도중 漢江을 건너다가 익사하였다.
89) 陘 : 楚나라의 지명. 지금의 河南省 郾省縣 지역.
90) 원문은 "進次"로서 '次'는 행군하다가 한 곳에 사흘 이상 머무는 것이다. 『左傳』에 의하면 '군대가 하루 묵는 것을 舍, 이틀 묵는 것을 信, 信를 초과하는 것을 次'라고 한다.
91) 召陵 : 楚나라의 읍 이름. 지금의 河南省 郾城縣 동쪽에 옛 성이 있다.
92) 方城 : 山 이름 또는 城 이름. 『現代語譯史記』에는 춘추시대 楚 땅(지금의 河南

　자강(揚子江)과 한수(漢水)를 해자(垓子)로 삼아 대항할 터이니, 임금께서 어떻게 전진할 수 있으시겠습니까?

　이리하여 환공은 굴완과 맹약을 맺고 물러갔다. 환공이 진(陳)나라를 경유하였는데 진나라의 원도도(袁濤涂)가 제나라의 군대를 속여서 동쪽으로 에돌아가도록 하였다가 발각되었다. 가을이 되어 제나라는 진(陳)나라를 쳤다. 이해에 진(晉)나라에서 태자 신생(申生)이 피살되었다.

　35년 여름, 제후들을 규구(葵丘)[93]에서 회맹하게 하였다. 주 양왕(周襄王)이 재공(宰孔)[94]을 보내 환공에게 문왕과 무왕께 제사 지낸 고기와 주홍색의 화살[95] 및 큰 수레[96]를 하사하면서 엎드려 절하지 말도록 명하였다. 환공은 이에 응낙하려다가 관중이 안 된다고 말하자 내려가서 엎드려 절하고 하사품을 받았다. 가을, 다시 제후들을 규구에 회맹하게 하였는데, 환공은 더욱 교만한 기색을 띠었다. 주 왕실은 재공을 회맹에 보냈다. 제후들 속에는 이반하는 자들이 꽤 있었다. 진 헌공(晉獻公)은 병이 나서 늦게 오다가 재공과 마주쳤는데 재공이 "제후(齊侯)는 교만해졌소, 가지 마시오"라고 하자 이에 따랐다. 이해에 진 헌공이 죽고 대부 이극(里克)이 공자 해제(奚齊)와 탁자(卓子)를 죽였다. 진 목공(秦穆公)이 부인과의 관계[97]로 인하여 공자 이오(夷吾)[98]를 진(晉)에 들여보내 임금이 되게 하려고 하였다. 이때 제 환공도 진(晉)의 변란을 토벌하기 위해서 고량(高梁)[99]에 이른 다음 습붕(隰朋)을 보내 새 임금을 옹립한 뒤에 돌아갔다.[100]

省 葉縣 남쪽)에 있던 산으로 되어 있고, 『史記注譯』에는 지금의 河南省 方城縣 북부에서 沁陽縣 동북부에 이르는, 춘추시대 楚나라가 쌓은 장성으로 되어 있다.
93)　葵丘 : 宋나라의 읍 이름. 지금의 河南省 蘭考縣 경내에 옛 성이 있다. 앞의 〈주 58〉의 齊나라의 葵丘와는 다른 곳이다.
94)　宰孔 : 周 王室의 太宰인 周孔 姬孔을 가리킨다. 『現代語譯史記』에는 太宰인 "孔氏"로 되어 있다.
95)　고대에는 天子가 큰 공이 있는 제후에게 주홍색 화살을 하사하여 征伐을 전담하게 하였다.
96)　원문은 "大路"이다. '路'는 輅와 통한다. 賈逵는 '제후가 朝會에 나갈 때 쓰는 수레로, 金路라고 부른다'라고 하였다.
97)　그의 부인은 穆姬로서 孔子 夷吾의 배다른 누나이다.
98)　夷吾 : 晉 獻公의 아들로 驪姬 등의 危害를 피해서 梁나라에 망명중이었다. 그는 管夷吾, 즉 管仲과는 다른 사람이다.
99)　高梁 : 晉나라의 땅 이름. 지금의 山西省 臨汾縣 동북부에 있었다.
100)　秦과 齊 나라가 함께 公子 夷吾를 晉 惠公으로 세웠다.

이때에는 주 왕실은 쇠약해지고, 제 (齊), 초 (楚), 진 (晉)의 나라들만
이 강성하였다. 진 (晉)나라는 처음으로 회맹에 참여하였던 데다가 헌공
이 죽고 나서는 국내가 혼란해졌다. 진 목공은 나라가 멀고 외져서 중원
(中原) 국가들의 회맹에 참여하지 않았다. 초 성왕은 이제 막 형만 (荊
蠻)¹⁰¹⁾의 땅을 복속하여 이적 (夷狄)의 나라라고 자처하였다. 오직 제
(齊)나라만이 중원 각국의 회맹을 주재하였고 환공이 자신의 덕 (德)¹⁰²⁾을
잘 선양하였기 때문에 제후들이 복종하며 회맹하였다. 이에 환공은 이렇
게 공언하였다.

> 과인은 남쪽을 정벌하여 소릉 (召陵)에까지 이르러 웅산 (熊山)¹⁰³⁾을 바라
> 보았고, 북쪽으로 산융 (山戎), 이지 (離枝),¹⁰⁴⁾ 고죽 (孤竹)을 정벌하였으
> 며, 서쪽으로 대하 (大夏)¹⁰⁵⁾를 정벌하여 유사 (流沙)¹⁰⁶⁾를 경유하였고, 말
> 발굽을 싸고 수레를 매달면서¹⁰⁷⁾ 태행산 (太行山)¹⁰⁸⁾에 올라 비이산 (卑耳
> 山)¹⁰⁹⁾에 이른 다음에 돌아왔소. 제후들 가운데 아무도 과인의 명령을 거
> 스르지 못하였으니, 과인은 전쟁을 위한 회맹 셋¹¹⁰⁾과, 평화를 위한 회맹
> 여섯¹¹¹⁾으로 제후들을 아홉 번 규합하였고 천하의 주 왕실의 일을 한 번

---

101) 荊蠻 : 고대에 中原 지역에서 楚나라의 揚子江 남쪽 땅의 주민을 넓게 부른 이
　　　름. 권31「吳太伯世家」의 〈주 7〉 참조.
102) 원문은 "桓公能宣其德"이다. '其德'을 『現代語譯史記』에는 '覇者로서의 德'으로
　　　보았고, 『史記注譯』에는 '周 王室의 威德'으로 보았는데 여기서는 전자를 따랐다.
103) 熊山 : 熊耳山으로도 부른다. 지금의 河南省 서부 盧氏縣과 洛寧縣 남쪽.
104) 離枝 : 나라 이름. 令友로도 불리며, 지금의 河北省 遷安縣 서쪽에 있었다.
105) 大夏 : 땅 이름. 지금의 山西省 남쪽. 『白話史記』에서는 "甘肅省 臨洮縣 서북
　　　쪽"이라고 하고, 『現代語譯史記』에서는 "중앙 아시아의 박트리아 (Bactria)"라고 하
　　　는데, 『史記正義』의 "大夏는 幷州의 晉陽을 말한다 (大夏, 幷州晉陽是也)"에 의거하
　　　면, 그리고 역사적으로 볼 때 齊 桓公이 秦의 서쪽까지 간 적이 없는 것에 의거하면
　　　『史記注譯』의 설이 타당하다.
106) 流沙 : 고대에 중국 서북방의 사막 지역을 부르던 이름으로, 보통 甘肅省, 新疆
　　　省 등의 일부 지역을 지칭한다. 여기서는 流沙를 『管子』「小匡」의 "서쪽으로 流沙의
　　　西虞를 복속하니 秦과 西戎이 비로소 순종하였다 (西服流沙西虞, 而秦戎始從)"에 근
　　　거하여 西虞 (나라 이름)가 있었던 지금의 山西省 平陸縣 지역으로 보았다.
107) 원문은 "束馬懸車"이다. 산길이 험준하여 말의 발굽을 싸고 수레를 줄로 묶고
　　　끌어 미끌어져내리는 것을 방지한 것을 말한다.
108) 太行山 : 山西, 河北, 河南의 세 省을 잇는 산.
109) 卑耳山 : 山西省 平陸縣 서북쪽의 辟耳山을 가리킨다.
110) 전쟁을 위해서 거행하는, 兵車를 쓰는 會盟 세 차례를 말한다. 즉 魯 莊公 13년
　　　(기원전 681년)에 宋의 난을 평정한 것, 僖公 4년 (기원전 656년)에 蔡와 楚를 친
　　　것, 僖公 6년 (기원전 654년)에 鄭을 치며 新城을 포위하였던 것을 가리킨다.

바로잡았소.[112] 옛날 하, 상, 주 삼대(三代)의 왕들이 천명(天命)을 받든 것과 이 일들이 무엇이 다르오? 과인도 옛날의 제왕들처럼 태산(泰山)에서 하늘에 제사를 받들고, 양보산(梁父山)에서 땅에 제사를 받들려고 하오.[113]

관중이 이를 굳이 만류하였으나 듣지 않다가, 먼 지방에서 진기한 보물들이 이르고 나서야 봉선(封禪)을 할 수 있는 것이라고 설득하니 환공은 그제서야 중지하였다.

38년, 주 양왕(周襄王)의 동생 희대(姬帶)가 융(戎), 적(翟)[114]의 사람들과 공모하여 주나라를 쳤다. 제(齊)나라는 관중을 보내 융과 주 왕실을 화해시키도록 하였다. 주 양왕이 관중을 상경(上卿)의 예로 접견하려고 하자 관중은 엎드려 절하며 "저는 신하의 신하[115]인데 어찌 감히 그러겠습니까!"라고 하였다. 이와 같이 세 번을 사양한 다음에야 하경(下卿)의 예를 받아들여 주 양왕을 알현하였다. 39년, 주 양왕의 동생 희대가 제나라로 도망쳐왔다. 제나라는 중손(仲孫)을 보내어 왕에게 희대 대신 사죄를 청하였다. 주 양왕은 화를 내며 듣지 않았다.

41년, 진 목공(秦穆公)이 진 혜공(晉惠公)을 사로잡았다가 다시 돌려보내주었다. 이해에 관중과 습붕이 모두 죽었다. 관중이 병이 나자 환공이 물었다. "뭇 신하들 가운데 재상을 시킬 만한 이는 누구인가?" 관중

---

111) 평화를 위해서 거행하는, 兵車를 쓰지 않는 會盟을 말한다. 즉 魯 莊公 14년(기원전 680년)에 鄄(衛나라의 읍, 山東省 鄄城縣)에서, 15년에 다시 鄄에서, 16년에 幽(宋나라 땅)에서, 僖公 5년에 首止(河南省 睢縣 동남쪽)에서, 8년에 洮(曹나라 땅, 山東省 鄄城縣 서쪽)에서, 9년에 葵丘에서 회맹하였던 것을 말한다.

112) 원문은 "九合諸侯, 一匡天下"이다. 『史記正義』에서는 '九'와 '一'을 실제 사건의 수라고 여겨서, 앞의 두 주석에서 든 아홉 회합을 '九合諸侯'라고 하였고, 그리고 洮의 會盟에서 周 襄王을 太子로 정한 일을 '一匡天下'라고 하였는데, 『史記注譯』도 이를 따랐다. 그런데 '九'와 '一'을 실제의 수로 보지 않는 견해도 있다. 즉 『論語集注』에서는 『春秋傳』에 '糾'로 쓰인 것을 들어 '糾合'이라고 하였고, 『白話史記』에서도 이를 따랐으며, 『白話史記』와 『現代語譯史記』에서는 '一匡天下'를 '천하의 난을 다스렸다'로 풀이하였다. '九合諸侯'는 『左傳』 「襄 11」, 『論語』 「憲問」, 『荀子』 「王覇」, 『管子』 「小匡」 등에도 나온다.

113) 원문은 "封泰山, 禪梁父"이다. 泰山 위에 단을 쌓고 하늘에 제사하고, 梁父山에서 단을 청소하고 땅에 제사하는 帝王의 의식을 가리킨다. 梁父山은 泰山 남쪽 기슭의 작은 산으로, 지금의 山東省 新泰縣 서쪽에 있다.

114) 戎과 翟은 部族 이름으로, '翟'은 '狄'과 통한다.

115) 원문은 "陪臣"으로 '陪'는 二重, 겹침'의 뜻이 있다. 제후의 大夫가 天子에게, 大夫의 家臣이 제후에게 자신을 지칭하는 말로 쓰인다.

이 말하였다. "임금보다 더 신하를 잘 알 사람은 없지요." 환공이 물었
다. "역아(易牙)[116]는 어떤가?" "제 자식을 죽여 임금에 영합하였으니
인정에 어긋납니다. 안 됩니다." 환공이 다시 물었다. "개방(開方)[117]은
어떤가?" "부모를 배반하고 임금에게 영합하였으니 인정에 어긋납니다.
가까이 두기 어렵습니다." 환공이 다시 물었다. "수도(豎刀)[118]는 어떤
가?" "제 생식기를 갈라 임금에게 영합하였으니 인정에 어긋납니다. 친
애하기 어렵습니다." 관중이 죽고 나자 환공은 관중의 말을 따르지 않고
이 세 사람을 가까이 두어 중용하였고, 이리하여 이들 세 사람이 정권을
전횡하게 되었다.

42년, 융(戎)이 주나라를 치자 주나라는 제나라에 위급함을 알렸다.
제나라는 제후들에게 명하여 각기 군사를 보내서 주 왕실을 수비하게 하
였다. 이해에 진(晉)나라의 공자 중이(重耳)[119]가 제나라에 오자 환공이
그에게 딸을 시집 보냈다.

43년의 일이다. 원래 제 환공에게는 부인이 왕희(王姬), 서희(徐姬),
채희(蔡姬) 이렇게 셋이 있었는데, 모두 아들이 없었다. 환공은 여색을
좋아해서 총애한 희첩(姬妾)이 많았다. 부인과 같은 예우를 받는 자[120]가
여섯 명이 있었는데, 큰 위희[長衛姬]는 공자 무궤(無詭)를 낳았고, 작은
위희[少衛姬]는 혜공 원(惠公元)을 낳았고, 정희(鄭姬)는 효공 소(孝公
昭)를 낳았고, 갈영(葛嬴)은 소공 반(昭公潘)을 낳았고, 밀희(蜜姬)는
의공 상인(懿公商人)을 낳았고, 송화자(宋華子)는 공자 옹(公子雍)을 낳
았다.[121] 환공과 관중은 효공(孝公)을 송 양공(宋襄公)에게 위탁하며 태
자로 세웠다. 옹무(雍巫)[122]는 위공희(衛共姬)[123]의 총애를 받았는데,

---

116) 易牙 : 齊 桓公의 寵臣으로 음식을 관장하던 관리 출신이다. 狄牙로도 쓴다. 雍
사람이고 이름이 巫여서 雍巫로도 부른다. 음식맛을 잘 내고 아첨에 능해서, 일찍이
제 아들을 삶은 국을 桓公에게 바쳤다고 한다.
117) 開方 : 齊 桓公의 寵臣. 衛 懿公의 아들로서, 모친을 떠나 15년 동안 외지에 있
으면서 한번도 돌아가지 않았다.
118) 豎刀 : 齊 桓公의 近臣인 內官을 말한다. '刀'를 '刁, 貂'로도 쓴다.
119) 重耳 : 晉 獻公의 아들로 驪姬의 危害를 피해서 망명중이었으며, 나중에 晉 文
公(재위 기간은 기원전 636년에서 기원전 628년까지이다)이 되었다.
120) 원문은 "如夫人"으로, '부인과 같다'라는 뜻의 칭호이다.
121) 如夫人들 가운데 長衛姬는 姬姓인 衛公의 큰딸이고, 少衛姬는 姬姓인 衛公의 작
은딸이며, 宋華子는 宋나라 華氏의 딸이다.

내관인 수도를 통하여 환공에게 많은 예물을 바쳐 환공에게도 총애를 받았다. 환공은 그들에게 무궤를 태자로 세울 것을 응낙하였다.[124] 관중이 죽고 나자 다섯 공자[125]가 모두 태자가 되려고 하였다. 그해 겨울 10월 을해일(乙亥日)에 환공이 죽었다. 역아는 궁중에 들어가서 수도와 함께 궁중의 총신(寵臣)[126]들에 의지하여 여러 대부들을 죽이고 공자 무궤를 임금으로 옹립하였다. 태자인 소(昭)는 송나라로 도망쳤다.

환공이 병이 났을 때 다섯 공자는 각자 당파를 이루어 계위(繼位)를 다투다가, 환공이 숨을 거두자 마침내는 서로 공격하기에 이르렀다. 이 때문에 궁중이 비어 감히 나서서 시신을 입관시킬 사람이 없었다. 환공의 시신이 침상에서 67일이나 있게 되자 시체의 구더기가 문 밖에까지 기어 나왔다. 12월 을해일에 무궤가 즉위하고 나서야 입관과 부고(訃告)를 하였고, 신사일(辛巳日) 밤에 대렴(大殮)을 하고 빈소에 안치하였다.

환공에게는 10여 명의 아들이 있었는데 나중에 왕위에 오른 자가 모두 다섯 명이었다. 무궤는 즉위 30개월 만에 죽어 시호가 없었고, 그 다음에 차례로 효공(孝公), 소공(昭公), 의공(懿公), 혜공(惠公)이 즉위하였다.

효공 원년 3월, 송 양공이 제후의 군대를 이끌고 제나라의 태자 소(昭)를 돌려보내면서 제를 공격하였다. 제나라 사람들은 이를 두려워하여 임금 무궤를 살해하였다. 제나라 사람들이 태자 소를 옹립하려고 하자 네 공자의 무리가 태자를 공격하였다. 태자는 송나라로 도망쳐 송나라가 제나라 네 공자의 사람들과 싸웠다. 5월, 송나라가 제 나라 네 공자의 군대를 쳐부수고 태자 소를 옹립하였으니, 그가 바로 효공(孝公)[127]이다. 송나라는 환공과 관중이 그들에게 태자를 맡겼기 때문에 제나라에 와서 네 공자를 토벌한 것이었다. 이러한 변란 때문에 8월에야 제 환공을 안장하

---

122) 雍巫 : 易牙의 다른 이름.
123) 衛共姬는 곧 長衛姬를 가리킨다.
124) 易牙가 長衛姬를 위해서 無詭를 태자로 세울 것을 청하였다(『史記集解』에 인용된 杜預의 말).
125) 위의 여섯 명 중 雍을 제외한 다섯 공자를 가리킨다.
126) 원문의 "內寵"을 위에서는 '총애받는 姬妾'으로, 여기서는 '宮中의 寵臣'으로 풀이하였다. 服虔은 '內'를 '나인'으로, '內寵'을 '如夫人者六人'으로 보았으며, 杜預는 '內寵'을 권력 있고 총애를 받는 內官으로 보았다. 『現代語譯史記』에서는 '內寵'을 '衛共姬'로 풀이하였다.
127) 孝公 : 기원전 642년에서 기원전 633년까지 재위하였다.

게 되었다.

6년 봄, 제나라가 송나라를 쳤는데, 이는 그들이 제나라에서의 동맹에 오지 않았기 때문이었다. [128] 여름, 송 양공이 죽었다. 7년, 진 문공(晉文公)이 즉위하였다.

10년, 효공이 죽었다. 효공의 동생 반(潘)이 위(衛)의 공자 개방(開方) [129]을 통하여 효공의 아들을 죽이고 스스로 즉위하니, 그가 소공(昭公) [130]이다. 소공은 환공의 아들로서 그의 어머니는 갈영(葛嬴)이다.

소공 원년, 진 문공(晉文公)이 초나라를 성복(城濮) [131]에서 쳐부수고 제후를 천토(踐土) [132]에 모은 다음, 주 왕실에 알현하였다. 천자는 진 문공에게 백(伯) [133]이라고 칭하게 하였다. 6년, 적(翟)나라 사람들이 제나라에 침입하였다. 진 문공이 죽었고, 진(秦)나라의 군대가 효산(殽山) [134]에서 진(晉)나라의 복병에게 패배하였다. 12년, 진 목공(秦穆公)이 죽었다.

19년 5월, 소공이 죽고 그 아들 사(舍)가 즉위하였다. 사의 어머니는 소공에게 총애받지 못하였으므로 제나라 사람들이 사를 두려워하지 않았다. 소공의 동생 상인(商人)이 환공이 죽고 왕위를 다투었다가 뜻을 이루지 못한 이래로 은밀히 현사(賢士)들과 사귀며 백성들을 사랑하자 백성들이 그를 좋아하였다. 소공이 죽어 아들 사가 즉위하였으나 외롭고 미약한 것을 보고, 상인은 곧 10월에 무리와 함께 소공의 묘에 가서 임금 사를 죽였다. 이리하여 상인이 스스로 즉위하니 그가 의공(懿公) [135]이다. 의공은 환공의 아들로 그의 어머니는 밀희(蜜姬)이다.

의공 4년 봄, 옛날 의공이 공자였던 때에 병융(丙戎)의 아버지와 사냥을 갔다가 포획물을 두고 다투다가 진 일이 있었는데, 의공은 임금이 되자 그의 발을 자르고 [136] 아들 병융에게는 마부 노릇 [137]을 하게 하였다.

---

128) 齊 孝公 2년에 제후들이 桓公의 덕을 기려 齊나라에서 회맹하였는데 宋 襄公은 여기에 참가하지 않았다.
129) 衛 公子 開方은 그때 齊나라의 大夫를 지내고 있었다.
130) 昭公 : 기원전 632년에서 기원전 613년까지 재위하였다.
131) 城濮 : 衛나라의 땅 이름. 지금의 山東省 鄄城縣 서남쪽의 臨濮集.
132) 踐土 : 鄭나라의 땅 이름. 지금의 河南省 原陽縣 서남부.
133) 伯 : 覇와 통한다.
134) 殽山 : 河南省 洛寧縣 서북쪽의 산.
135) 懿公 : 기원전 612년에서 기원전 609년까지 재위하였다.

또 용직(庸職)이라는 사람의 부인이 미인이었는데, 의공은 그녀를 궁중에 들여오고 용직에게는 참승(驂乘)[138]을 하게 하였다. 5월, 의공이 신지(申池)[139]에 놀러 나갔는데, 그를 모시던 두 사람이 목욕하면서 서로 장난을 쳤다. 용직이 병융에게 "발 잘린 자의 아들!"이라고 하자, 병융이 용직에게 "아내를 빼앗긴 자!"라고 하였다. 두 사람은 서로의 말에 매우 마음이 상하여 이내 의공을 원망하게 되었다. 두 사람은 모의를 하고 의공과 함께 대나무 숲으로 놀러 가서, 마차 위에서 의공을 죽인 다음 대밭에 버려두고 도망쳤다.

의공은 즉위한 뒤로 교만해져 백성들이 따르지 않았다. 그래서 제나라 사람들은 그의 아들을 버리고 위(衛)나라에서 공자 원(元)을 맞이하여 옹립하였는데, 그가 혜공(惠公)[140]이다. 혜공은 환공의 아들이었으며, 그의 어머니는 위공(衛公)의 딸로 작은 위희〔少衛姬〕라고 불렸으며, 제나라의 내란을 피하여 위나라에 있었던 것이다.

혜공 2년, 장적(長翟)[141] 사람들이 내침하였는데, 왕자 성보(城父)가 그들을 쳐서 수령을 죽이고[142] 그 수급(首級)[143]을 북문(北門)에 묻었다. 진(晉)나라의 조천(趙穿)이 임금 영공(靈公)을 시해하였다.

10년, 혜공이 죽고 아들인 경공(頃公)[144] 무야(無野)가 즉위하였다. 이에 앞서 최저(崔杼)는 혜공의 총애를 받았는데, 혜공이 죽고 나자 고씨(高氏), 국씨(國氏)[145]의 두 일족이 그들의 핍박을 두려워하여 그들을 내쫓았다. 최저는 위(衛)나라로 도망쳤다.

경공 원년, 초 장왕(楚莊王)이 강대해져 진(陳)나라를 정벌하였다. 2

---

136) 丙戌의 아버지는 이때 이미 죽었으므로 묘를 파내어 그 발을 잘랐다.
137) 원문은 "僕"인데, '僕, 御也'라는 주석(『史記集解』에 인용된 賈逵의 설명)에 의하면 '마부 노릇'을 하게 한 것으로 볼 수 있으며, 『史記注譯』과 『左傳譯文』 「文公 18」도 이를 따랐다.
138) 驂乘: 수레의 오른쪽에 함께 타 모시고 호위하는 사람.
139) 申池: 申門이라고 불리는 齊南城 西門의 밖에 있는 못을 가리킨다(杜預의 說). 일설에는 齊나라의 해변에 있는 못이라고 한다(左思의 「齊都賦」 注).
140) 惠公: 기원전 608년에서 기원전 599년까지 재위하였다.
141) 長翟: 狄族 가운데 몸집이 큰 한 支派를 말한다.
142) 王子 城父는 齊나라의 大夫로서, 長翟의 수령 榮如를 사로잡았다.
143) 首級: 秦나라의 법에서는 敵의 머리 하나를 베어오면 한 계급 올려주었는데, 이 때문에 敵의 머리를 首級이라고 부르게 되었다.
144) 頃公: 기원전 598년에서 기원전 582년까지 재위하였다.
145) 高氏, 國氏: 齊나라에서 대대로 卿을 지낸 두 큰 氏族.

년, 초 장왕이 정(鄭)나라를 포위 공격하여 정백(鄭伯)이 투항하자 얼마 후 다시 정백의 나라를 복원시켜주었다.

6년 봄, 진(晉)나라가 각극(郤克)[146]을 제나라에 사신으로 보냈는데 경공이 어머니 태부인(太夫人)으로 하여금 장막 안에서 곱추인 그를 구경 하게 하였다. 각극이 올라오자 태부인은 그를 보고 소리내어 웃었다. 각 극은 "이 치욕을 갚지 않고는 다시 황하를 건너지 않겠다!"라고 말하였 다. 각극은 귀국하여 제나라를 치겠다고 청하였으나 진후(晉侯)가 허락 하지 않았다. 제나라의 사자(使者)가 진(晉)나라에 왔는데, 각극은 제나 라의 사자 네 명을 하내(河內)[147]에서 붙잡아 죽였다. 8년, 진(晉)나라 가 제나라를 쳐서, 제나라가 공자 강(強)을 진나라에 인질로 보내고 나서 진나라가 군대를 철수시켰다. 10년 봄, 제나라가 노(魯)나라와 위(衛)나 라를 정벌하였다. 노, 위 두 나라의 대부들이 진(晉)나라에 가서 군대를 요청하였는데, 모두 각극을 통해서 하였다. 진(晉)나라는 각극에게 병거 (兵車) 800량[148]으로 중군(中軍)을 지휘하게 하고, 사섭(士燮)이 상군 (上軍)을, 난서(欒書)가 하군(下軍)을 이끌게 하여, 노, 위 두 나라를 구원하기 위해서 제나라를 공격하였다. 6월 임신일(壬申日)에 제후(齊 侯)의 군대와 미계산(靡筓山)[149] 아래서 마주쳐서, 계유일(癸酉日)에 안 (鞍)[150] 땅에 진(陣)을 쳤다. 제나라의 대부 방추보(逢丑父)가 제 경공 (齊頃公)의 병거(兵車) 오른쪽에 서서 호위하였다.[151] 경공이 "돌격해들 어가자, 진(晉)나라 군대를 쳐부수고 회식을 하자"라고 하였다. 각극이 제(齊)나라 군대의 화살에 맞아 피가 신발에까지 흘렀다. 각극이 군진 (軍陣)의 영채(營寨)로 돌아가려고 하자 어자(御者)[152]가 말하였다.

---

146) 郤克 : 晉나라의 大夫. 그는 곱추였다.
147) 河內 : 춘추전국 시기에 황하 이북의 지역을 지칭한 이름. 또는 河南省의 황하 이북 지역을 말한다.
148) 兵車 800輛이면 병사가 6만 명이다(『史記集解』에 인용된 賈逵의 설명).
149) 靡筓山 : 지금의 山東省 濟南市 동북쪽에 있는 華不注山을 말한다. 일설에는 歷 山이라고도 하는데, 千佛山으로도 불리며 山東省 濟南市 동남쪽에 있다.
150) 鞍 : 지금의 山東省 濟南市 경계의 지명.
151) 원문은 "右"이다. '右'는 '車右'로도 쓰며, 兵車를 탈 때 主將의 오른쪽에 서서 호위하는 무사를 말한다.
152) 御者 : 兵車를 달리는 이. 그는 主將이 탄 兵車에서는 맨 왼쪽, 일반의 兵車에서 는 가운데 앉았다.

저는 처음 쳐들어가던 때에 두 번을 다쳤으나 감히 아프다는 말을 못 하였습니다. 사졸(士卒)들을 놀라게 할까 두려우니 장군께서 좀 참으시지요.

이리하여 다시 싸움에 들어갔다. 싸우는 중에 제나라 군대가 위급해지자, 방추보는 경공이 사로잡힐까 걱정되어 서로 자리를 바꾸어 섰다. 경공이 오른쪽의 호위무사 자리에 서 있다가 병거(兵車)가 나무에 걸려 멈추어 섰다. 진(晉)의 부장(部將) 한궐(韓厥)이 경공의 병거 앞에 엎드려 "저희 임금께서 소신(小臣)을 시켜 노나라와 위나라를 구원하라고 하셨습니다"라고 하면서 조롱하였다. 미리 자리를 바꾸었던 방추보가 제나라 군주인 체하며 경공에게 내려가서 마실 물을 가져오라고 하여 경공을 도망칠 수 있게 하였다. 이에 경공은 도망쳐 나와 제나라 군대로 돌아갔다. 진나라의 각극이 방추보를 죽이려고 하자 방추보가 말하였다. "임금의 죽음을 대신하려고 한 이가 살육을 당하고 만다면, 이 뒤의 신하된 자들은 제나라 임금에게 충성하는 이가 없을 것입니다." 각극은 그를 풀어주었고, 방추보는 결국 제나라로 도망쳐오게 되었다. 이리하여 진나라 군대는 제나라 군대를 추격하여 마릉(馬陵)[153]에까지 이르렀다. 제 경공이 보물을 바쳐 사죄하기를 요청하였으나 들어주지 않고, 기어이 '각극을 비웃은 소동숙(蕭桐叔)의 딸'[154]을 내놓으라고 하였으며, "제나라의 논밭의 큰 길을 동서로 향하게 하라"[155]라고 하였다. 제나라 사람들이 이렇게 대답하였다.

동숙의 딸은 제나라 임금의 어머니이다. 제나라 임금의 어머니는 다시 그대 진(晉)나라 임금의 어머니와도 같은데, 그대들은 그분을 어떻게 처치할 것인가? 게다가 그대들은 정의의 이름을 들고 정벌을 나왔으면서 포악한 행위로 끝을 맺으려고 하니 그래도 되는 것인가?

진나라 군대는 이에 제나라의 요청을 받아들였고, 제나라로 하여금 노와 위 두 나라에게서 빼앗은 땅을 돌려주게 하였다.

---

153)　馬陵 : 齊나라의 읍인 馬陘을 말한다. 지금의 山東省 益都縣 서남쪽에 옛 성이 있다.
154)　원문은 "蕭桐叔子"이다. 蕭나라 임금 桐叔의 딸로서 齊 頃公의 어머니를 돌려서 말한 것이다. 賈逵는 '子'가 蕭나라의 姓이라고 말하였다(즉 '蕭桐叔에게서 온 子氏'라고 풀이하였다).
155)　서쪽의 晉나라 戰車가 齊나라로 進軍하기 좋게 하라는 것이다.

50

11년, 진(晉)나라가 처음으로 6경(六卿)을 두었고, 안(鞍) 땅에서의 전공(戰功)에 포상을 하였다. 제 경공은 진(晉)나라에 가서 진 경공(晉景公)을 왕(王)으로 높여 배알하려고[156] 하였으나 진 경공이 감히 받아들이지 아니하여 그냥 돌아왔다. 제나라로 돌아온 경공(頃公)은 원유(苑囿)[157]에 대한 금제(禁制)를 풀고, 조세를 경감하고, 외롭고 병든 이들을 돕고, 창고를 비워 백성들을 구제하여, 백성들이 크게 기뻐하였다. 그는 또 제후들에게도 두터운 예로 대하였다. 경공이 죽을 때까지 백성들이 좋아하며 따랐고 제후들도 침범하지 않았다.

17년, 경공이 죽고 그 아들 영공(靈公)[158] 환(環)이 즉위하였다.

영공 9년, 진(晉)나라 난서(欒書)가 임금 여공(厲公)을 죽였다. 10년, 진 도공(晉悼公)이 제나라를 쳐서, 영공이 공자 광(光)을 진나라의 인질로 보냈다. 19년, 공자 광을 태자로 세워 고후(高厚)에게 그를 보좌하게 하였고, 제후와 종리(鍾離)[159]에서 회맹하게 하였다. 27년, 진(晉)나라가 중항헌자(中行獻子)[160]를 시켜서 제나라를 쳤다. 제나라 군대가 무너지자 영공은 임치(臨菑)로 도망쳐 들어갔다. 안영(晏嬰)[161]이 도망치는 영공을 제지하였으나 영공이 듣지 않았다. 안영이 말하였다. "임금께서는 너무 용기가 없군요!" 이리하여 진(晉)나라 군대가 임치를 포위하니, 제나라 군대는 임치성을 지킬 뿐 감히 나와 싸우지 못하였다. 진나라 군대는 임치성의 외성(外城)을 불태우고 철수하였다.

28년의 일이다. 원래 영공은 노나라의 공녀(公女)를 아내로 맞아 낳은 아들 광(光)을 태자로 삼았다. 그후 영공은 다시 중희(仲姬)와 융희(戎姬)를 두었다. 특히 융희가 영공의 총애를 받았는데, 중희는 공자 아

---

156) 원문은 "尊王"이다. 周王을 배알할 때 쓰는 예절로 晉君을 대하려고 한 것이다.
157) 苑囿 : 꽃나무를 가꾸고 짐승을 길러 王侯의 놀이와 사냥에 쓴 정원.
158) 靈公 : 기원전 581년에서 기원전 554년까지 재위하였다.
159) 鍾離 : 『括地志』에 의하면 "鍾離의 옛 성이 沂州 承縣 경계"에 있었는데, 이는 곧 지금의 山東省 棗莊市 남쪽이다.
160) 荀林父의 손자 荀偃을 가리킨다. 中行은 춘추시대 晉나라가 北狄을 막기 위해서 설치한 군대조직 三行의 하나인데, 荀林父가 中行을 지휘하는 벼슬을 맡은 뒤로 그들의 姓을 中行으로 바꾸었다.
161) 晏嬰(?-기원전 500년) : 字가 平仲인 齊나라의 대신이다. 권62「管晏列傳」참조.

(牙)를 낳자 그를 융희에게 맡겼다. 융희가 아를 태자로 삼기를 청하니 영공이 이를 허락하였다. 중희가 말하였다. "안 됩니다. 광이 태자가 되어 이미 제후의 열에 들었습니다.[162] 이제 아무 연고 없이 그를 폐하면, 임금께서는 반드시 후회하게 될 것입니다." 영공이 말하였다. "내가 결정하면 그만이야." 이리하여 태자 광을 동쪽 변방으로 보내버리고 고후로 하여금 아를 태자로 보좌하도록 하였다. 영공의 병이 중해지자 최저가 원래의 태자 광을 맞이하여 임금으로 옹립하니, 이가 장공(莊公)이다. 장공은 융희를 죽였다. 5월 임진일(壬辰日)에 영공이 죽자 장공이 즉위하여, 태자 아를 구두(句竇)[163]의 언덕에서 붙잡아 살해하였다. 8월, 최저가 고후를 죽였다. 진(晉)나라가 제나라의 내란 소식을 듣고 제나라를 정벌하여 고당(高唐)[164]에까지 이르렀다.

장공 3년, 진(晉)나라의 대부 난영(欒盈)이 제나라로 도망쳐오자 장공이 그를 융숭히 대접하였다. 안영과 전문자(田文子)가 간언하며 제지하였으나 장공은 듣지 않았다. 4년, 제 장공이 난영을 시켜 몰래 진(晉)나라의 곡옥(曲沃)[165]에 들어가 안에서 호응하게 하고, 군대를 딸려보내 태행산(太行山)을 올라 맹문산(孟門山)[166]으로 들어가게 하였다. 난영은 패배하였고, 제나라 군대는 귀환하면서 조가(朝歌)[167]를 빼앗았다.

6년의 일이다. 원래 대부 당공(棠公)의 처(妻)[168]가 미모였는데 당공이 죽자 최저가 그녀를 맞아들였다. 장공은 그녀와 사통하여 자주 최저의 집에 갔으며, 최저의 관(冠)을 가져다가 다른 사람에게 주기까지 하였다. 그의 시종까지도 "안 됩니다"라고 말하였다. 분노한 최저는 장공이 진(晉)나라를 칠 때 진나라와 공모하여 장공을 습격하려고 하였으나 기회를 잡지 못하고 있었다. 또 장공은 환관 가거(賈擧)를 채찍질하여 벌준

---

162) 제후의 열에 들었다는 것은 그가 靈公을 따라 제후의 會盟과 정벌에 참가한 것을 가리킨다.
163) 句竇 : 옛 읍 이름. 지금의 山東省 荷澤縣 북쪽에 옛 성이 있다.
164) 高唐 : 齊나라의 읍 이름. 옛 성이 지금의 山東省 高唐縣 동북쪽에 있다.
165) 曲沃 : 晉나라의 읍 이름. 지금의 山西省 聞喜縣 동북쪽에 옛 성이 있다.
166) 孟門山 : 晉나라의 중요한 관문이었던 산의 이름이다. 지금의 河南省 輝縣 서쪽에 있다.
167) 朝歌 : 원래 衛나라의 읍이었다가 나중에 晉나라에 귀속되었다. 지금의 河南省 淇縣에 옛 성이 있다.
168) 齊나라 棠邑(지금의 山東省 聊城縣 서북쪽) 大夫의 아내를 말한다. 東郭女, 東郭姜, 棠姜이라고도 부르는데, 崔杼의 家臣인 東郭偃의 누나이다.

적이 있었는데, 가거는 여전히 장공의 시종을 하게 되어 그 역시 최저를 위해서 장공을 해칠 기회를 엿보며 원한을 갚으려고 하였다. 5월, 거자(莒子)169)가 제후(齊侯)를 만나러 왔는데, 제후가 갑술일(甲戌日)에 연회를 열어 그를 접대하였다. 최저가 병을 핑계삼아 일을 돌보지 않았다. 을해일(乙亥日)에 장공이 최저에게 가서 문병하고는 최저의 처를 찾았다. 최저의 처는 내실로 들어가 최저와 함께 안에서 문을 잠그고 나오지 않았다. 장공은 기둥을 안고 노래를 하였다.170) 환관 가거가 장공을 수행하는 관원들을 대문 밖에 막아두고 들어와 대문을 잠그자 최저의 부하들이 무기를 들고 안에서 나왔다. 장공이 대(臺) 위로 올라가서 화해171)를 청하였으나 그들은 들어주지 않았다. 천지신명에 맹세할 것을 청하였으나 들어주지 않았다. 다시 종묘에서 자살하겠다고 청하였으나 그것 역시 들어주지 않았다. 모두들 "임금의 신하 최저는 병이 위독하여 친히 명령을 들을 수 없습니다. 게다가 여기는 임금의 궁전과 가까워서,172) 최저의 신하인 저희들은 앞다투어 음란한 자를 붙잡을 뿐이고 다른 명령은 모릅니다"라고 하였다. 장공이 담을 넘으려고 하자 화살이 허벅지에 꽂혔다. 장공이 거꾸로 떨어져내리자 곧 시해하였다. 안영이 최저의 집 문 밖에서 말하였다.173) "임금이 사직을 위해서 죽으면 신하도 그를 따라 죽고, 임금이 사직을 위해서 도망치면 신하도 그를 따라 도망친다. 만약 임금이 사적인 일로 죽거나 도망친 것이라면 그의 총신(寵臣)이 아닌 바에야 누가 그런 책임을 지겠는가!"174) 문이 열리자 안영은 안으로 들어가서 장공의 시신에 머리를 얹고 곡(哭)을 한 다음 예법에 따라 세 번 뛰고 나서175) 밖으로 나왔다. 사람들이 최저에게 "그를 죽여야 한다"라고 말하였지만, 최저는 말하였다. "백성들이 우러러보는 사람이니, 그를 놓아주면

---

169) 莒子 : 莒나라의 君. 子는 봉건제의 벼슬인 公, 侯, 伯, 子, 男 중 넷째 등급에 해당된다.
170) 崔杼의 처를 불러내기 위함이다.
171) 원문의 "解"가 『白話史記』와 『現代語譯史記』에는 '포위를 풀다, 석방하다'로 되어 있으나, 여기서는 『史記注譯』을 따라 '화해하다'로 보았다.
172) 服虔은 '음란한 자가 莊公의 이름을 거짓 칭할 수도 있다'라고 풀이하였다.
173) 變故의 소식을 듣고 온 것이다(賈逵).
174) 晏嬰 자신은 莊公의 寵臣이 아니므로 그를 위해서 몸을 바칠 이유가 없다는 것이다.
175) 원문은 "三踊"으로 이것은 애통한 마음을 표시하는 예법이다.

민심을 얻을 수가 있다."

정축일(丁丑日)에 최저가 장공의 이복 동생 저구(杵臼)를 옹립하니, 그가 경공(景公)[176]이다. 경공의 어머니는 노(魯)나라 숙손선백(叔孫宣伯)의 딸이다. 경공은 즉위하자 최저를 우상(右相)으로, 경봉(慶封)[177]을 좌상(左相)으로 삼았다. 두 재상은 변란이 일어날 것을 염려하여 도성의 인사들에게 "최씨(崔氏)와 경씨(慶氏)를 돕지 않는 자는 죽는다!"라는 맹세를 하게 하였다. 안영은 하늘을 우러러 "안영이 무엇을 쟁취하려고 하지 않는 것은 다만 임금께 충성하고 사직에 이익이 되는 사람만을 따르려고 하기 때문이다"[178]라고 말하며, 맹세를 하려고 들지 않았다. 경봉이 안영을 죽이려고 하였지만, 최저는 "충신입니다, 풀어줍시다"라고 하였다. 제나라의 태사(太史)[179]가 "최저가 장공을 시해하였다"라고 기록하자, 최저가 그를 죽였다. 그 동생이 다시 똑같이 쓰자 최저가 또 그를 죽였다. 그 막내 동생이 다시 똑같이 쓰자 최저는 어쩔 수 없이 놓아주고 말았다.

경공 원년, 당초에 최저는 아들 최성(崔成)과 최강(崔彊)을 두었다가 그들의 어머니가 죽자 당공의 처였던 동곽녀(東郭女)를 아내로 맞아 다시 아들 최명(崔明)을 낳았다. 동곽녀는 전남편의 아들 당무구(棠無咎)와 그녀의 동생 동곽언(東郭偃)을 시켜 최저의 가신(家臣)이 되게 하였다. 최성이 죄를 범하자 두 가신은 당장 그 죄를 묻고, 최명을 사자(嗣子)[180]로 세웠다. 최성이 최읍(崔邑)[181]으로 물러가 여생을 보내기를 청하여 최저가 그것을 허락하였는데, 두 가신이 그에 따르지 않으며 말하였다. "최

---

176) 景公 : 기원전 547년에서 기원전 490년까지 재위하였다.
177) 慶封 : 齊나라의 大夫로, 나중에 楚 靈王에게 죽임을 당하였다. 권31 「吳太伯世家」의 〈주 20〉 참조.
178) 원문은 "嬰所不獲唯忠於君利社稷者是從!"이다. 여기에서는 『史記注譯』의 해석을 따랐다. 『左傳』의 注疏에 따르면 맹세의 말 아래 "有如上帝"라는 구절이 빠졌으며, 또 晏嬰이 일부러 맹세의 말을 바꾸어 맹세하지 않으려는 것을 표시하였다고 한다. 『白話語譯史記』에서는 "나 晏嬰은 무슨 일이 있어도, 오로지 임금께 충성하고 사직에 이로운 자를 따를 것이다"라고 하였고, 『白話史記』에서는 "나 晏嬰이 임금께 충성하고 사직에 이로운 이를 따르지 않는다면, 하늘이 나의 거울이 될 것이다"라고 하였다.
179) 太史 : 夏, 商, 周 三代에 史官과 曆官의 長을 맡은 벼슬 이름.
180) 嗣子 : 원문은 "太子"이다. 여기에서는 代를 이을 아들을 뜻한다.
181) 崔邑 : 崔杼의 封邑인 齊나라의 땅 이름이다. 지금의 山東省 濟陽縣 동북쪽.

읍은 최씨의 종묘가 있는 읍이니, 그럴 수 없습니다." 최성과 최강은 화가 나서 경봉에게 이것을 하소연하였다. 경봉은 최저와 사이가 벌어져 있어서 최씨들이 망하기를 바라고 있었다.[182] 최성과 최강이 당무구와 동곽언을 최저의 집에서 살해하자 집안 사람들이 모두 도망쳤다. 최저는 화가 났으나 곁에 사람이 없어 한 환관에게 수레를 몰게 하고 직접 경봉을 만나러 갔다. 경봉은 최저에게 "그대를 위해서 그들을 벌주겠습니다"라고 하고는, 최저를 미워하던 노포별(盧蒲嫳)[183]로 하여금 최씨 집을 치게 하여 최성과 최강을 죽이고 최씨 집 사람들을 모두 죽였다. 최저의 부인은 자살하였다. 최저도 돌아갈 데가 없어 역시 자살하고 말았다. 경봉은 상국(相國)이 되어 대권을 전횡하였다.

3년 10월, 경봉이 사냥을 나갔다. 그즈음 경봉은 최저를 죽여 없애고 나서 더욱 교만해져서 술과 사냥을 즐기며 정사를 돌보지 않았고, 아들 경사(慶舍)가 정사를 관장하였는데 그들 사이도 이미 틈이 벌어져 있었다. 전문자(田文子)가 아들 전환자(田桓子)에게[184] "곧 내란이 일어날 것이다"라고 말하였다. 전씨(田氏), 포씨(鮑氏), 고씨(高氏), 난씨(欒氏)의 네 호족들이 함께 경씨(慶氏)의 타도를 모의하였다. 경사가 갑병(甲兵)을 풀어 경봉의 궁전을 포위하자 네 호족의 부하들이 함께 공격하여 깨뜨렸다. 경봉은 사냥에서 돌아오다가 자기 궁전에 들어가지 못하고 노나라로 도망쳤다. 제나라 사람들이 이에 노나라를 견책하자 경봉은 다시 오(吳)나라로 도망쳤다. 오나라가 주방(朱方)[185]의 땅을 그에게 주어, 그는 그의 일족을 모아 그곳에서 살았는데, 제나라에 있을 때보다 더 부유한 생활을 하였다. 그해 가을, 제나라 사람들은 장공의 유해를 이장(移葬)하고 최저의 시체를 시내 거리에 진열하여 사람들의 마음을 흡족하게 풀어주었다.

---

182) 『左傳』에 의하면 慶封은 "너희 부친을 도우려거든 반드시 그들(棠無咎와 東郭偃)을 제거해라. 어려운 일이 생기면 내가 너희를 돕겠다(苟利父子, 必去之, 難吾助汝)"라고 형제를 충동질하였다고 한다.

183) 盧蒲嫳 : 慶封의 부하.

184) 田文子의 이름은 田須無이다. 文子는 그의 諡號이다. 田桓子는 田須無의 아들인 田無宇로 桓子는 그의 諡號이다.

185) 朱方 : 吳나라 읍 이름. 권31 「吳太伯世家」의 〈주 21〉 참조.

9년, 안영이 경공의 사신으로 진(晉)나라에 갔는데, 숙향(叔向)[186]에게 은밀히 이렇게 말하였다.

> 제나라의 정권은 결국 전씨(田氏)에게 돌아갈 것이다. 전씨는 비록 천하에 큰 덕을 행하지는 못하였지만, 공공의 권력을 사사로이 행사하며 백성들에게 은혜를 베풀어 백성들이 그들을 좋아한다.[187]

12년, 경공이 진(晉)나라에 가서 평공(平公)을 만났는데, 이것은 그들과 함께 연(燕)나라를 정벌하기를 바라서였다. 18년, 경공이 다시 진(晉)나라에 가서 소공(昭公)을 만났다. 26년, 경공은 노나라의 도성(都城) 교외로 사냥을 갔다가 간 김에 도성에까지 방문하여 안영과 함께 노나라의 예법을 물었다. 31년, 노 소공(魯昭公)이 계씨(季氏)의 반란을 피하여 제나라로 도망쳐왔다. 제후(齊侯)가 그에게 2만 5,000호(戶)[188]의 봉토를 주려고 하였는데, 자가(子家)[189]가 소공에게 받지 말도록 제지하여 소공은 제나라에게 노나라를 정벌해주기를 청하였다. 제나라는 노나라의 운읍(鄆邑)[190]을 빼앗아 소공에게 주어 살게 하였다.

32년, 혜성이 나타났다. 경공이 백침대(柏寢臺)[191]에 앉아 탄식하였다. "얼마나 훌륭하고 당당한 모습인가! 누가 이 나라를 가지게 될 것인가?" 이에 여러 신하들이 모두 흐느껴 우는데 안영은 웃었다. 경공이 화를 내자 안영이 말하였다. "저는 신하들의 너무나도 심한 아첨을 비웃은 것입니다." 경공이 말하였다. "혜성이 동북방에 출현하였으니 바로 제나라의 분야(分野)[192]에 해당하여, 과인은 이것을 우려하는 것이오." 안영이 말하였다. "임금께서는 누대를 높이 쌓고 못을 깊이 파고서, 세금을

---

186) 叔向: 晉나라의 大夫인 羊舌肸를 말한다. 권31 「吳太伯世家」의 〈주 59〉 참조.
187) 姜太公이 周 文王과 武王을 보필하여 周나라를 일으킨 것과 같은 큰 덕은 없었지만, 田氏들은 백성들에게 세금을 거둘 때에는 작은 말〔小斗〕을 쓰고, 양식을 빌려줄 때에는 큰 말을 쓰는 등 공공의 일을 하면서 개인적인 은덕을 심었던 것을 가리킨다.
188) 원문은 "千社"이다. '社'는 고대의 지방행정의 기층 단위로서, 25家를 1社로 하였다.
189) 子家: 昭公이 齊나라로 도망칠 때 함께 온 魯나라의 公族이다.
190) 鄆邑: 魯나라의 읍 이름. 지금의 山東省 鄆城縣 동쪽에 옛 성이 있다.
191) 柏寢臺: 지금의 山東省 廣饒縣 동북쪽에 있던 臺 이름.
192) 分野: 고대의 점성술에서는 하늘의 12星次 또는 28宿의 위치를 지상의 州, 國의 위치와 대응시켰는데, 天文을 말할 때에는 分星이라고 하고, 땅을 말할 때에는 分野라고 지칭하였다.

56

못 건을까봐, 형벌이 무섭지 않을까봐 걱정하시니, 이제 장차 불성(茀星)[193]이 출현할 것인데 저런 혜성 따위야 무엇이 두렵겠습니까?" "기도하여 재앙을 없앨 수 있겠소?" "가령 신을 축원으로 불러올 수 있다면, 기도로 물리치는 것 역시 가능할 것입니다. 그러나 백성들의 고통과 원망은 수천수만을 헤아리는데, 임금께서 한 사람의 기도로 그것을 소멸시키려고 한들, 수많은 입들의 저주를 어찌 이겨낼 수 있겠습니까?" 이 시절 경공은 궁전의 수축을 즐겼고, 사냥개와 말을 모아 길렀으며, 사치스러운 생활을 하였고, 조세와 형벌을 무겁게 하였기 때문에 안영이 이런 말들로 충간한 것이었다.

42년, 오왕(吳王) 합려(闔廬)[194]가 초(楚)나라를 쳐서 수도인 영(郢)[195]에까지 들어갔다.

47년, 노나라의 양호(陽虎)[196]가 임금을 공격하였다가 이기지 못하자 제나라로 도망쳐와서 제나라에게 노나라를 쳐달라고 청하였다. 경공이 포자(鮑子)[197]의 간언을 듣고 양호를 구금하였는데, 양호가 빈 틈을 타 빠져나와서 진(晋)나라로 도망쳤다.

48년, 노나라의 정공(定公)과 협곡(夾谷)[198]에서 우호를 위한 회담을 하였다. 이서(犂鉏)가 말하였다. "공구(孔丘)는 예의는 알지만 겁쟁이입니다. 내인(萊人)[199]에게 음악을 연주하게 하고 기회를 보아 노나라의 임금을 붙잡는다면 마음먹은 대로 할 수 있을 것입니다." 경공은 공자(孔子)가 노나라의 재상이 될까 우려되고 노나라가 패자(覇者)가 될까 두려워서 이서의 계책을 따랐다. 회담이 한창 진행중일 때 내(萊)나라 사람이 들어와 가무를 시작하였다. 공자는 한 걸음씩 계단을 올라가[200] 관리[201]

) 茀星 : 彗星의 일종인 孛星을 말한다. 主星을 침해하는 妖星으로서 다른 彗星에 비해서 훨씬 불길한 별이라고 한다.
194) 원문은 "闔閭"로서, '闔廬'와 같은 이름으로 사용된다. 여기서는 권31 「吳太伯世家」의 〈주 77〉의 표기를 따라 바꾸어 썼다.
195) 郢 : 楚나라의 都城인 郢은 원래 湖北省 江陵縣 서북쪽 紀南城에 있었는데, 楚 平王 때 江陵縣 동북쪽에 현존하는 옛 성으로 천도하였다. 권31 「吳太伯世家」의 〈주 81〉 참조.
196) 陽虎 : 陽貨 또는 字貨라고도 하는 季孫氏의 家臣이다.
197) 鮑子 : 齊나라의 대신인 鮑國을 가리킨다. 諡號는 文子이다. 鮑叔牙의 曾孫이며, 施孝叔의 신하가 된 적이 있다.
198) 夾谷 : 齊나라의 땅 이름. 지금의 山東省 萊蕪縣 동남쪽의 祝其를 말한다.
199) 萊人 : 萊夷. 당시 山東半島의 동부에 살던 부족. 앞의 〈주 33〉 참조.

를 시켜 내(萊)나라 사람을 붙잡아 베어 죽인 다음, 예의에 근거하여 경공을 질책하였다. 경공은 부끄러워하며 빼앗은 노나라의 땅을 돌려주어 사과한 다음 회담을 마치고 돌아갔다. 이해에 안영이 죽었다.

55년, 진(晉)나라의 범씨(范氏)와 중항씨(中行氏)[202]가 임금 정공(定公)에 반역하였다가 진나라가 그들을 급박하게 공격하자 제나라에 와서 식량지원을 요청하였다. 제나라의 전기(田乞)[203]가 모반을 마음먹고 이들 역신(逆臣)과 사당(私黨)을 맺은 다음 경공을 설득하였다. "범씨와 중항씨는 제나라에 여러 차례 은덕을 베풀었으니 구해주지 않으면 안 됩니다." 이리하여 경공은 전기를 시켜 그들을 도와주고 식량을 보내주게 하였다.

58년 여름, 경공의 부인 연희(燕姬) 소생의 적자(嫡子)가 죽었다. 경공의 애첩 예희(芮姬) 소생의 아들 도(荼)가 있었는데, 도는 나이가 어렸으며 그 어머니는 신분이 비천하고 품행도 좋지 않았다. 여러 대부들은 도가 후사(後嗣)가 될까 걱정되어, 여러 아들 가운데서 나이가 많고 현명한 이를 가려 태자로 세우기를 원한다고 건의하였다. 경공은 연로하여 후계자에 관한 이야기가 싫었고, 또 도의 어머니 예희를 사랑하여 도를 태자로 세우고 싶었지만 말을 꺼내기가 어려웠다. 그래서 대부들에게 말하였다. "우선 즐기기나 합시다. 나라에 어찌 임금이 없을까 걱정이겠소?" 가을, 경공이 병이 났는데, 국혜자(國惠子)와 고소자(高昭子)[204]에게 명령하여 막내 아들 도를 태자로 세우게 하고 여러 공자들을 내(萊) 땅으로 쫓아보냈다. 경공이 죽고 태자 도가 즉위하였는데, 그가 안유자(晏孺子)이다. 겨울, 경공을 아직 안장하지 않았는데 여러 공자들이 주살(誅殺) 당할까 두려워서 모두 다른 나라로 도망쳤다. 도의 여러 이복 형들 가운

---

200) 당시 예법으로는 계단을 오를 때에는 반드시 두 발을 나란히 선 다음 다시 한 계단을 올라가야 하였지만, 孔子는 긴급한 상황이라 한 걸음에 한 계단을 올라갔던 것이다.
201) 원문은 "有司"이다. 고대에는 관리를 두고 직무를 나누면서 각각 전담의 직무를 가지게 하였으므로 관리를 '有司(직무를 담당한 이)'라고 불렀다.
202) 范氏와 中行氏 : 晉나라의 大夫인 范吉射와 中行寅을 말한다.
203) 田乞 : 齊나라의 大臣. 田無宇의 아들.
204) 國惠子의 諡號는 惠子이며 이름은 國夏이다. 高昭子의 諡號는 昭子이며 이름은 高張이다.

데에서 공자 수(壽), 공자 구(駒), 공자 검(黔) 등은 위(衛)나라로, 공자 서(鉏)[205]와 공자 양생(陽生)은 노(魯)나라로 도망쳤다. 내(萊)나라 사람들이 이것을 노래로 불렀다.

> 경공의 시신도 함께 묻지 아니하고
> 삼군(三軍)의 큰 일도 함께 도모하지 아니하고
> 공자들아, 부하들아,
> 어느 곳으로 갔느냐?[206]

안유자 원년 봄, 전기가 고씨(高氏)와 국씨(國氏)를 거짓으로 섬기면서 조회에 갈 때마다 참승(驂乘)이 되어 곁에 붙어다니면서 말하였다. "어르신께서 임금의 신임을 얻으시니 대부들이 모두 스스로의 자리를 불안하게 여겨 반란을 기도하려고 합니다." 그러고는 다시 대부들에게 말하였다. "고소자는 무서운 사람이니 그가 일어나기 전에 먼저 손을 씁시다." 대부들은 그의 말에 동조하였다. 원년 6월, 전기와 포목(鮑牧)은 대부들과 함께 병사들을 이끌고 궁정으로 들어가서 고소자를 쳤다. 고소자는 소식을 듣고 국혜자와 함께 안유자를 구원하러 갔다. 안유자의 군대가 패배하여 전기의 무리가 그를 추격하자 국혜자는 거(莒)나라로 도망쳤다. 전기의 무리는 곧 되돌아와서 고소자를 살해하였다. 안영의 아들 안어(晏圉)가 노나라로 도망쳤다. 8월, 병의자(秉意玆)가 노나라로 도망쳤다.[207] 전기는 국씨와 고씨 두 재상을 쳐부순 다음 사람을 노나라에 보내 공자 양생을 불러왔다. 양생은 제나라로 와서 전기의 집에 몰래 숨어 있었다. 10월 무자일(戊子日), 전기가 대부들을 초청하면서 말하였다. "제 아들 상(常)의 어미가 제사의 남은 음식을 소략하나마 준비하였으니 부디 오시어 함께 한잔 하시기 바랍니다." 이리하여 주연을 하게 되었는데, 전기는 양생에게 자루를 씌워 좌석의 중앙에 앉혀두었다가 자루를 벗겨 양생을 드러내 보이며 말하였다. "이분이 바로 제나라의 임금이십니다!" 그

---

205) '鉏'의 독음은 『史記注譯』의 注音 〔zǎng〕 또는 〔zang³〕을 따르면 '장'이지만, 『左傳』에는 이것이 "鉏"로 되어 있고, 『集韻』에 의하면 '齊公子名'인 鉏, 그리고 鉏가 다같이 '牀魚切'에 속한다. 『現代語譯史記』에서도 '牀魚切'의 독음을 썼다.

206) 원문은 "景公死乎弗與埋, 三軍事乎弗與謀, 師乎師乎, 胡黨之乎?"(服虔曰, 師, 衆也. 黨, 所也. 言公子徒衆何所適也)이다.

207) 원문은 "齊秉意玆"이다. '秉意玆'는 齊나라의 大夫로 '齊'는 잘못 덧붙인 것이며, 아래에 '奔魯'가 빠졌다.

러자 대부들이 모두 엎드려 배알하였다. 전기가 여러 대부들과 맹약하고
양생을 옹립하려고 준비하는데, 대부 포목이 술에 취하자 전기가 다른 대
부들에게 거짓말을 하였다. "저는 포목과 상의하여 함께 양생을 옹립하기
로 한 것입니다."그러자 포목이 화내며 말하였다. "그대는 경공의 명령
을 잊었는가?"여러 대부들이 서로 얼굴을 바라보며 후회의 기색을 보이
는 듯하자 양생이 앞으로 나아가 머리를 조아리며 말하였다. "될 만하면
세워주시고, 아니라면 그것으로 그만입니다."포목은 자신에게 화가 미칠
까 두려워져 다시 말하였다. "모두가 경공의 공자들인데 안 될 게 무엇이
겠습니까?"이리하여 함께 맹약하여 양생을 옹립하니, 그가 도공(悼
公)[208]이다. 도공은 궁으로 들어가자 사람들을 시켜 안유자를 태(駘)[209]
로 옮겨가도록 한 다음 도중에 야영하는 장막 안에서 죽였다. 그리고 안
유자의 어머니 예희(芮姬)도 추방하였다. 예희는 원래 신분이 비천하였
고, 안유자는 나이가 어렸기 때문에 권력을 장악하지 못하였으므로 제나
라 사람들이 그들을 경시하였던 것이다.

　　도공 원년, 제나라가 노나라를 쳐서 환읍(讙邑)과 천읍(闡邑)[210]을 빼
앗았다. 옛날, 도공이 공자 양생으로서 노나라에 망명하여 있던 때에 계
강자(季康子)가 여동생 계희(季姬)를 그에게 시집 보냈는데, 그가 귀국
하여 즉위하자 사람을 보내 그녀를 맞아오게 하였다. 계희가 숙부 계방후
(季魴侯)와 사통하고 있던 중 그 사정을 고백하니 노나라는 감히 그녀를
제나라에 보내지 못하였고, 이 때문에 제나라는 노나라를 공격하여 끝내
계희를 데려간 것이었다. 계희가 총애를 받게 되자 제나라는 빼앗은 노나
라의 땅을 돌려주었다.

　　포목은 도공과 틈이 벌어져 관계가 좋지 못하였다. 4년, 오나라와 노나
라가 제나라의 남방을 공격하였다. 포목이 도공을 시해하고 오나라에 부
고(訃告)를 하였다. 오왕(吳王) 부차(夫差)는 사흘 동안 군문(軍門) 밖
에서 곡(哭)을 하면서 제나라를 향해 바다로 쳐들어가려고 하였다. 제나
라 사람들이 그들을 쳐부수자 오나라의 군대가 돌아갔다. 진(晉)나라의

---

208)　悼公 : 기원전 488년에서 기원전 485년까지 재위하였다.
209)　駘 : 齊나라의 읍 이름. 지금의 山東省 臨胞縣 경계에 옛 성이 있다.
210)　讙邑은 魯나라의 땅이다. 지금의 山東省 泰安縣 남쪽에 옛 성이 있다. 闡邑도
　　魯나라의 땅으로 지금의 山東省 東平縣 동남쪽에 옛 성이 있다.

조앙(趙鞅)이 제나라를 쳐서 뇌읍(賴邑)[211]에까지 들어온 다음 물러갔다. 제나라 사람들이 도공의 아들 임(壬)을 옹립하니, 그가 간공(簡公)[212]이다.

간공 4년 봄, 간공이 그 아버지 양생과 함께 노나라에 있을 때 자아(子我)[213]를 총애하였으므로 그가 즉위하자 자아에게 국정을 맡겼다. 전상(田常)[214]이 자아를 두려워하여 조회 때에는 몇번씩 사방을 둘러보곤 하였다. 어자(御者)인 전앙(田鞅)[215]이 간공에게 "전상과 자아 두 사람을 함께 임용하실 수는 없을 것이니, 임금께서는 선택을 하시지요"라고 말하였으나 간공은 듣지 않았다. 자아가 저녁에 입조하던 중 전역(田逆)[216]이 살인을 저지르는 것과 마주치게 되어 그를 붙잡아 궁 안으로 들어갔다. 서로 화목하던 전씨들은 전역으로 하여금 병을 가장하게 하고 또 간수에게 술을 선물하여 취하도록 한 다음 간수를 죽였다. 이리하여 전역이 도망치고 나자 자아는 진씨(陳氏)의 본가에서 여러 전씨들과 맹약을 맺었다.[217] 예전에, 전표(田豹)가 자아의 가신이 되려고 대부 공손(公孫)더러 자신을 추천해달라고 하던 중, 전표가 상복(喪服)을 입게 되어 중지되었던 일이 있었다. 전표는 나중에 결국 자아의 가신이 되어 총애를 받고 있었다. 자아가 전표에게 말하였다. "내가 권세를 잡은 전씨들을 모두 몰아내버리고 그대를 가장(家長)으로 세운다면 괜찮겠는가?" 전표는 "저는 전씨의 먼 방계입니다. 게다가 주인님께 거스르는 자들도 불과 몇 사람에 불과한데, 어찌 꼭 모두 쫓아내야만 하겠습니까!"라고 대답하고, 이 사실을 전씨들에게 알렸다. 전역이 전상에게 말하였다. "그는 임금의 총애를 받고 있으니, 우리가 먼저 손을 쓰지 않으면 반드시 그대에게 화를 입힐 것입니다." 그러고 나서 전역은 공궁(公宮) 안에 들어가 살았다.[218]

---

211) 賴邑 : 齊나라의 땅이다. 지금의 山東省 章丘縣 서북쪽에 옛 성이 있다.

212) 簡公 : 기원전 484년에서 기원전 481년까지 재위하였다.

213) 子我 : 원문에는 "監止"로서 子我로도 부르는데, 원문의 이후 표기들이 '子我'를 쓰고 있어 여기서도 통일시킨다. '監'을 闞으로 쓰기도 한다.

214) 田常 : 원문에는 "田成子"로서 田乞의 아들인 田常을 가리킨다. 이후의 원문에서 '田常'으로 쓰고 있어 통일시킨다. 권31「吳太伯世家」의 〈주 125〉 참조.

215) 田鞅 : 齊나라의 大夫. 田常의 堂侄.

216) 田逆 : 田氏의 일가인 子行이다. 이후 '子行'을 모두 '田逆'으로 통일시킨다.

217) 子我가 후환을 두려워하여 田氏의 종가인 田常의 집에서 그즈음의 사정을 설명하고 화해를 구한 것이다. 陳氏는 田氏로 바꾸기 전의 본래의 姓이다.

218) 田氏들을 위해서 정탐하고 내응하기 위함이다.

  여름 5월 임신일(壬申日), 전상의 형제들이 수레 네 대를 타고 간공의 처소로 갔다. 자아가 정청(政廳)의 장막 안에 있다가 나와서 맞이하였는데, 그들은 곧장 몰려들어간 다음 문을 잠가버렸다.[219] 환관들이 막아서자 자행(子行)이 환관들을 죽였다. 간공은 여자들과 단대(檀臺)[220]에서 술을 마시고 있었는데, 전상이 들어와 그에게 자리를 침전(寢殿)으로 옮기자고 하였다. 간공이 창을 집어들고 그를 찌르려고 하는데, 전씨와 한패인 태사(太史) 자여(子餘)가 말하였다. "임금께 해를 끼치려는 것이 아니고, 해악을 제거하려는 것입니다." 전상이 정궁(正宮)에서 나와 무기고에 머물다가 간공이 여전히 분노해 있다는 소식을 듣고 도망칠 준비를 하면서 말하였다. "어딘들 임금이 없을까!" 전역이 칼을 빼들고 말하였다. "머뭇거리는 것은 일을 망치는 적(賊)입니다. 전씨의 종족 아닌 이가 누가 있습니까? 그대를 죽여버리지 않으면 내가 전씨가 아닙니다."[221] 이에 전상은 도망칠 생각을 그만두고 말았다. 한편 자아는 돌아가서 무리들을 모은 다음 궁중의 큰 문과 작은 문을 공격하였지만, 한 곳에서도 이기지 못하자 도망쳐 달아났다. 전씨들이 그를 추격하였는데, 풍구(豐丘)[222] 사람들이 자아를 붙잡아놓고 그들에게 알려와, 자아를 곽관(郭關)[223]에서 살해하였다. 전상이 대륙자방(大陸子方)[224]을 죽이려다가 전역의 요청으로 풀어주었다. 대륙자방은 간공의 명령을 명목으로 삼아 길에서 마차 하나를 취하여 타고 옹문(雍門)[225]을 나갔다. 전표가 그에게 마차를 주려고 하였으나 그는 받지 않고 말하였다. "전역이 나를 방면하도록 청해주었는데, 다시 전표가 내게 마차를 준다면, 나는 전씨들에게 개인적인 은의를 입는 것이다. 자아를 섬겼으면서 다시 그 원수에게 은의를 입는다면 무슨 낯으로 노나라와 위나라의 인사들을 만나겠는가?"

  경진일(庚辰日), 전상이 간공을 서주(徐州)[226]에서 붙잡으니, 간공이 말하였다. "과인이 진작 전앙의 말을 따랐더라면 이 지경에 이르지는 않

---

219) 子我를 궁 안에 들어오지 못하게 막기 위해서이다.
220) 檀臺 : 臺 이름. 지금의 山東省 淄博市 동북쪽에 옛 터가 있다.
221) 도망치려고 하면 죽이겠다고 말한 것이다.
222) 豐丘 : 田氏의 封邑인 齊나라의 땅 이름.
223) 郭關 : 齊나라의 關門 이름. 일설에는 '外城의 문'이라고 한다.
224) 大陸子方 : 齊나라의 大夫. 大陸은 姓, 子方은 이름이다. 東郭賈로도 불렀다.
225) 雍門 : 齊나라의 臨淄城의 西門. 앞의 〈주 63〉 참조.
226) 徐州 : 田氏의 봉읍. 지금의 山東省 滕縣 남쪽에 있다.

앉을 터이다." 갑오일(甲午日)에 전상이 서주에서 간공을 죽인 후 간공의 동생 오(驁)를 옹립하니, 그가 평공(平公)[227]이다. 평공이 즉위하자 전상은 그 재상이 되어 제나라의 정치를 전횡하였고, 안평(安平)[228] 이동 (以東)의 제나라 땅을 전씨의 봉읍으로 갈라 가졌다.

평공 8년에 월(越)나라가 오(吳)나라를 멸망시켰다. 평공이 재위 25년 만에 죽고, 아들 선공(宣公)[229] 적(積)이 즉위하였다.

51년에 선공이 죽고, 아들 강공(康公)[230] 대(貸)가 즉위하였다. 전회 (田會)[231]가 늠구(廩丘)[232]에서 반란을 일으켰다.

강공 2년, 한(韓), 위(魏), 조(趙) 세 나라가 처음으로 제후의 열에 끼었다. 19년, 전상의 증손자 전화(田和)가 처음으로 제후가 되어 강공을 해변으로 옮겨 보냈다.

26년, 강공이 죽자 여씨(呂氏)의 제사가 끊어졌고, 마침내 전씨가 제나라를 가지게 되었으며, 제 위왕(齊威王)에 이르러서는 천하의 강자가 되었다.

태사공은 말하였다.

"나는 제나라에 가보았는데, 서쪽의 태산(泰山)에서부터 동쪽의 낭야산(琅邪山)[233]에까지 이어지고, 북쪽으로는 바다에 이르도록 비옥한 땅이 2,000리이다. 그 백성들은 생각이 활달하고 감추어둔 지혜가 많은데, 이는 그들의 천성이다. 태공(太公)의 성덕(聖德)으로 나라의 기초를 세우고, 환공(桓公)의 강성함으로 선정(善政)을 닦아서, 제후들을 회맹하게 하고 패자(覇者)를 칭하였으니, 역시 당연한 일이 아닌가? 양양하게 넓고 큰 모양이 분명 큰 나라의 풍도(風度)이다."

---

227) 平公 : 기원전 480년에서 기원전 456년까지 재위하였다.
228) 安平 : 齊나라의 읍 이름. 지금의 山東省 淄博市 동쪽에 옛 성이 있다.
229) 宣公 : 기원전 455년에서 기원전 405년까지 재위하였다.
230) 康公 : 기원전 404년에서 기원전 379년까지 재위하였다.
231) 田會 : 齊나라의 大夫로, 나중에 趙나라에 투항하였다.
232) 廩丘 : 齊나라의 읍 이름. 지금의 河南省 范縣 동남쪽에 옛 성이 있다.
233) 琅邪山 : 琅琊, 瑯琊로도 쓰며, 이곳은 지금의 山東省 膠南縣 남쪽에 있다.

권33 「노주공세가(魯周公世家)」제3

　주공 단(周公旦)은 주 무왕(周武王)의 동생이다.[1] 문왕(文王)이 재위에 있을 때부터 단(旦)은 효성이 지극하고 애정이 돈독하여 다른 공자(公子)들과 달랐고, 무왕이 즉위하자 항상 무왕을 보필하며 많은 일을 도맡아 처리하였다. 무왕 9년, 무왕이 동쪽으로 맹진(孟津)[2]까지 정벌하였을 때, 주공은 그를 보필하여 출정하였다. 11년, 목야(牧野)[3]에서 주왕(紂王)을 정벌하였을 때, 주공은 무왕을 보좌하였고, 「목서(牧誓)」[4]를 지었다. 주공은 은(殷)[5]나라를 무찌르고 상궁(商宮)에 입성하여, 먼저 주왕을 주살하였다. 주공은 큰 도끼〔大鉞〕를, 소공(召公)[6]은 작은 도끼〔小鉞〕를 들고 무왕의 양쪽에서 합세하여, 그 희생의 피로 토지신에게 제사〔釁社〕를 지내면서 주왕의 죄를 하늘에 고하였고, 그것을 은나라 백성에게 전파시켰으며, 감금되었던 기자(箕子)[7]를 석방하였다. 무왕은 주왕의 아들 무경녹보(武庚祿父)[8]를 후(侯)에 책봉하였고, 관숙(管叔)과 채숙

---

1)　周는 지명으로, 岐山의 남쪽에 있다. 이곳은 본래 太王이 거처하던 곳이었는데, 나중에 周公의 菜邑이 되었으므로, 周公이라고 불렀다. 즉 지금의 扶風 雍의 동북쪽에 있는 周城이 이곳이다(司馬貞의 『史記索隱』 참조). 周公은 姬旦, 叔旦이고 武王은 姬發이다.

2)　孟津: 黃河 渡口 이름. 지금의 河南省 孟津縣 동북쪽.

3)　衛州가 바로 牧野 땅이다. 朝歌에서 동북쪽으로 73리 지점에 있다(張守節의 『史記正義』 참조). 지금의 河南省 淇縣 서남쪽. 권32 「齊太公世家」의 〈주 27〉 참조.

4)　「牧誓」: 『尙書』의 편명. 武王이 紂를 정벌하여 牧野에 이르러 각 부족 장수에게 발포하였던 전투동원령.

5)　殷: 商 왕조 20대 盤庚이 奄(지금의 山東省 曲阜縣 동쪽)에서 殷 땅(지금의 河南省 安陽市 서북쪽)으로 천도하였기 때문에 商을 '殷,' '殷商,' '商殷'으로 부른다.

6)　昭公: 邵公이라고도 하는 召康公 姬奭을 가리킨다. 召(지금의 陝西省 岐南縣 서남쪽)를 채읍으로 받았기 때문에, 召公 혹은 召伯으로 불렸다.

7)　箕子: 紂王의 숙부. 太師를 지냈다. 箕(지금의 山西省 太谷縣 동북쪽)를 채읍으로 받았고, 紂王에게 충간을 하였다가 구금되었다. 권32 「齊太公世家」의 〈주 26〉 참조.

8)　武庚의 字가 祿父이다. 商 紂王의 아들. 周 武王이 商을 명망시킨 뒤에 그를 殷君으로 책봉하였다.

64

(蔡叔)[9]으로 하여금 그의 사부가 되게 하였으며, 은나라의 역법〔紀年〕[10]을 계승하게 하였다. 공신(功臣)과 동성(同性), 친척을 두루 제후에 책봉하였다. 주공 단을 소호(少昊)[11]의 옛 터인 곡부(曲阜)에 책봉하여 노공(魯公)으로 삼았다. 주공은 봉지로 가지 않고 남아서 무왕을 보좌하였다.

무왕이 은나라를 이긴 지 2년이 되었어도 천하가 안정되지 않고, 무왕이 발병하여 온전하지 못하자, 군신들은 두려움에 떨었다. 이에 태공(太公)과 소공이 점을 쳤다. 주공은 "우리 선왕(先王)께 걱정을 끼쳐서는 안 된다"라고 하고는, 바로 자신을 제물로 하여, 삼단(三壇)을 설치하게 하고, 북쪽을 향해 서서 옥〔璧〕을 머리에 이고 홀〔圭〕을 손에 들고,[12] 태왕(太王), 왕계(王季), 문왕(文王)에게 축사를 올렸다. 사관이 죽간에 써 있는 축문을 낭독하였다.

오, 그대들의 현손 무왕 발(發)이 질병에 걸려 괴로워하고 있나이다. 만약 그대들 삼왕(三王)께서 하늘에 자식을 바쳐야 하는 빚이 있다면, 단(旦)이 왕발의 몸값을 대신하겠나이다. 단은 능력이 뛰어나고 다재다능하여 귀신을 잘 섬길 수 있지만, 왕발은 오히려 단보다 다재다능하지 못하여 귀신을 잘 섬길 수 없나이다. 그러나 저 사람 왕발은 상제의 조정으로부터 천명을 받아, 천하 백성을 어루만져 다스리고 그대들의 자손을 천하에 정착시키니, 천하의 백성들이 그를 경외하지 않는 자가 없사옵니다. 상제께서 내려주신 천명을 실추시키지 않는 것 역시 우리 선왕이 영원히 귀의할[13] 바이옵니다. 지금 저는 곧바로 큰 거북을 통해 명을 받겠사옵니다. 그대들께서 저를 허락하신다면,[14] 저는 옥과 홀을 가지고 돌아가 명을 기다릴 것이나,

9) 管叔, 蔡叔 : 모두 周 武王의 동생이다. 管(지금의 河南省 鄭州市)과 蔡(지금의 河南省 上蔡縣)에 책봉되었기 때문에 이렇게 불렀다.
10) 殷나라 사람들은 '紀年'을 祀라고 하였다. 『爾雅』「釋天」에는 "연〔載〕은 해〔歲〕이다. 夏나라는 歲라고 하였고, 商나라는 祀라고 하였으며, 周나라는 年이라고 하였고, 唐虞시대에는 載라고 하였다(載, 歲也. 夏曰歲, 商曰祀, 周曰年, 唐虞曰載)"라고 되어 있다.
11) 少昊 : 전설상의 東夷族의 수령.
12) 孔安國이 말하기를 "옥을 가지고 신에게 예를 올리고, 홀을 예물로 사용한다(璧以禮神, 圭以爲贄)"라고 말하였다(裵駰의 『史記集解』 참조).
13) 귀의하는 것은 종묘의 주인이 되는 것이다(『史記集解』 참조).
14) 허락은 질병을 낫게 한다는 뜻이다. 그대들의 명을 기다린다는 것은 武王의 병이 나으면, 나는 죽을 것이라는 뜻이다(『史記集解』 참조).

그대들께서 저를 허락하지 않으시면, 저는 곧 옥과 홀을 감출 것이옵니다.

주공은 먼저 사관을 시켜 태왕, 왕계, 문왕에게 자기가 무왕 발 대신에 죽겠노라는 축문을 고하게 하고는, 곧바로 다시 삼왕을 향하여 점을 쳤다. 복인(卜人)들은 모두 "길조로다"라고 하고는, 점서(占書)를 보내 보여주면서 길조를 확인시켰다. 주공이 기뻐하며 점서 보관함을 열고 길조를 확인하였다. 주공은 안으로 들어가 무왕에게 축하하며 말하였다. "왕께 해가 없을 것입니다. 제가 삼왕에게 새로운 명을 받았사오니, 왕께서는 오로지 항상 이 길만을 도모하십시오. 이 길은 오직 천자에게 부여된 것입니다." 주공은 축문을 쇠로 봉인한 등나무 궤짝에 넣고 호위자에게 감히 발설하지 말라고 경고하였다. 다음날, 무왕이 완쾌되었다.

그후 무왕이 일찍 타계하였는데, 성왕은 어려서 아직 강보에 싸여 있었다. 주공은 무공의 타계 소식을 듣고 천하 백성이 이반할까 두려워, 곧바로 천자의 섬돌에 서서[踐阼][15] 성왕을 대신하여 국가행정을 섭정하였다. 관숙과 그의 여러 아우들은 "주공은 장차 성왕에게 이롭지 못할 것이다"라는 유언비어를 나라 안에 유포시켰다. 주공은 곧바로 태공망(太公望)과 소공석(召公奭)에게 이렇게 말하였다.

내가 오해받을 것을 개의치 않고 섭정하는 것을, 천하 백성이 주(周)나라를 이반할까 두려워 우리의 선왕이신 태왕, 왕계, 문왕께 고하지 않았소. 삼왕께서 오랫동안 걱정하고 애쓴 나머지 천하가 오래 지탱되어왔고, 오늘에 이르러 완성되었소. 무왕이 일찍이 타계하셨고, 성왕은 어립니다. 장차 이 상황에서 주나라를 일으키는 것이 내가 섭정하는 목적이오.

마침내 함께 성왕을 도왔고, 그의 아들 백금(伯禽)으로 하여금 봉지인 노(魯) 땅으로 가도록 하였다. 주공이 백금에게 이렇게 훈계하였다.

나는 문왕의 아들이고, 무왕의 동생이며, 성왕의 숙부이니, 천하에서 또한 신분이 낮지는 않을 것이다. 그러나 나는 한 번 목욕하는 데 머리카락을 세 번 움켜쥐었고, 한 번 식사하는 데 세 번을 뱉어내면서 나아가 선비를 맞이하였으면서도, 오히려 천하의 현인을 잃을까 걱정하였다. 너는 노 땅

---

15) 옛날 궁전 앞에는 가운데 길이 나지 않은 두 계단이 있었는데, 이것을 阼階라고 하였고, 이곳이 바로 天子가 서는 자리였다. 그러므로 새 임금이 왕위를 계승하는 것을 踐阼라고 불렀다. 『禮記』「曲禮」下에는 "계단을 밟고, 제사를 주관하였다(踐阼, 臨祭祀)"라고 하였다.

으로 가거든 삼가 나라를 가졌다고 남에게 교만하지 말아라.

관숙, 채숙, 무경 등이 과연 회이(淮夷)[16] 사람들을 거느리고 반란을 일으켰다. 주공은 곧바로 성왕의 명을 받들어 군대를 일으켜 동벌(東伐)하면서, 「대고(大誥)」[17]를 지었다. 마침내 관숙을 주살하였고, 무경을 죽였으며, 채숙을 추방시켰고, 은(殷)의 유민을 받아들였으며, 강숙(康叔)[18]을 위(衞) 땅에 봉하였고, 미자(微子)[19]를 송(宋) 땅에 봉하고서 은의 역법을 받들게 하였다. 회이 동쪽 땅을 진정시킨 지 2년 만에 모두 안정되었다. 제후들은 감복하여 주나라를 추종하였다.

하늘이 큰 복을 내려, 당숙(唐叔)[20]이 벼를 얻었는데, 두 두렁의 벼에서 하나의 이삭이 팼다. 그것을 성왕에게 바치니, 성왕은 당숙에게 명하여 동쪽 땅의 주공에게 선사하도록 하였고, 「궤화(饋禾)」[21]를 지었다. 주공은 먼저 하사한 벼를 받고, 천자의 명령을 찬미하며 「가화(嘉禾)」[22]를 지었다. 동쪽 땅이 진정되자, 주공은 돌아와 성왕에게 보고하면서 곧 시를 지어 왕에게 바쳤고, 그것을 「치효(鴟鴞)」[23]라고 명명하였다. 왕 역시 주공을 감히 질책하지 못하였다.

성왕 7년 2월 을미일(乙未日), 왕은 주(周)에서 무왕의 묘를 참배하고 풍(豐)으로 걸어가서 문왕의 묘를 참배하면서,[24] 태보(太保)[25] 소공(召

---

16) 淮夷 : 부족 이름. 殷, 周 당시에 河淮 하류 일대에 분포해 있었다.

17) 「大誥」:『尙書』의 편명. 周公이 東征할 때 각 제후와 관원을 깨우치기 위해서 쓴 文告이다.

18) 康叔 : 周 武王의 동생 姬封을 가리킨다. 처음에 康(지금의 河南省 禹縣 서남쪽)에 책봉되었기 때문에 康叔이라고 불렸다.

19) 微子 : 商 紂王의 庶兄으로 이름은 啓이다. 微(지금의 山西省 潞城縣)에 책봉되어 微子로 불렸다. 武王이 商을 멸망시켰을 때, 微子는 周나라에 투항하였다.

20) 唐叔 : 姬虞. 周 成王의 동생. 唐 땅(지금의 山西省 翼城縣 서쪽)에 책봉되었으므로 이렇게 불렸다.

21) 「饋禾」:『尙書』의 편명. 이미 산실되었다.

22) 「嘉禾」:『尙書』의 편명. 이미 산실되었다.

23) 「鴟鴞」:『詩經』의 편명. "「毛詩序」에는 成王이 周公의 뜻을 몰라주자, 周公이 이 시를 지어 成王에게 주고, 「鴟鴞」라고 명명하였다(毛詩序曰成王未知周公之志, 公乃爲詩以遺王, 名之曰鴟鴞)"라고 되어 있다. 즉 周公은 자신이 成王을 찬탈하려고 한다고 음해하는 管叔, 蔡叔, 武庚 등의 무리를 주살하여 자신의 결백을 주장하였는데도 成王이 자신의 순수한 마음을 몰라주자 이 시를 지었던 것이다.

24) 중대한 일을 가지고 선조의 묘당을 참배하는 것을 '朝'라고 이른다. '周'는 鎬京을 말하는 것으로 이곳에는 武王의 묘당이 있고, '豐'은 鎬京과 함께 西周의 수도로서, 文王의 묘당이 있다. 遷都는 국가의 대사이므로, 成王이 文王과 武王의 묘당을 참배

公)을 먼저 낙읍(雒邑)으로 보내 토지를 시찰하도록 하였다. 그해 3월, 주공은 먼저 주(周)의 동쪽 낙읍으로 가서 축성하고, 도읍지에 대하여 점을 치니, 길조라고 하자 마침내 그곳을 수도로 삼았다.

　성왕이 성장하여 정사를 처리할 수 있게 되자, 주공은 성왕에게 곧바로 정권을 돌려주었고, 성왕이 국정에 임하였다. 주공은 성왕을 대신하여 통치할 때에는 배의(倍依)[26]를 치고 남쪽을 향하여 제후를 접견하였다. 7년이 되자, 주공은 성왕에게 정권을 돌려주고 북쪽을 향하여 신하의 자리에 서서, 마치 두려운 듯이 삼가 성왕을 공경하였다.

　옛날 성왕이 어렸을 적에 병이 나자, 주공은 곧바로 자신의 손톱을 잘라 황하에 가라앉히고, 신에게 "왕은 어리시어 아직 식견이 없사옵니다. 신의 명령을 어지럽힌 자는 바로 저 단(旦)이옵니다"라고 축원한 뒤, 축문을 문서보관소에 보관하였다. 그러자 성왕의 병이 완쾌되었다. 이윽고 성왕이 국정을 수행하게 되었을 때, 어떤 사람이 주공을 참소하자, 주공이 초(楚)나라로 망명하였다. 성왕은 문서보관소를 열어, 주공의 축문을 발견하자마자 눈물을 흘리고 주공을 귀국시켰다.

　주공은 귀국하였지만, 성왕이 장성하여 정사를 방탕하게 처리할까 걱정되어, 곧바로 「다사(多士)」[27]와 「무일(毋逸)」[28]을 지었다. 「무일」에서 그는 이렇게 칭송하였다.

　　부모가 장구한 세월 동안 이룩한 창업을 자손들은 교만과 사치를 부려 잊어버리고, 이 때문에 그 가업을 망치나니, 자식된 자가 어찌 삼가지 않으리오! 그러므로 옛날 은왕(殷王) 중종(中宗)[29]은 천명을 엄숙히 받들고 경외하였으며, 친히 법을 준수하여 백성을 다스렸고, 삼가며 두려워하였기에, 감히 정사를 그만두거나 안락에 빠지지 않았고, 75년 동안 왕위를 지

하였던 것이다.

25)　太保 : 왕을 보좌하던 고급 관리.
26)　倍依 : 天子 어좌 뒤에 있는 도끼가 새겨진 병풍. 周公이 明堂 자리에서 제후를 접견할 때, 뒤에 도끼가 새겨진 병풍을 치고 남쪽을 향하여 섰다는 말이다(『禮記』 참조). 周公이 明堂의 예의로써 제후들을 접견하고, 종묘에서 하지 않은 것은 成王을 피하기 위한 것이다(『史記集解』의 鄭玄의 말 참조).
27)　「多士」:『尙書』의 편명.
28)　「毋逸」:「無逸」로도 쓴다. 『尙書』의 편명.
29)　中宗 : 즉 殷王 太戊를 말한다. 太戊가 즉위하기 전에 殷나라는 기운이 쇠락하여 제후들이 이반하였는데, 太戊가 즉위하여 국운을 부흥하고 제후들을 다스렸기 때문에 그를 中宗이라고 칭하였다. 권3 「殷本紀」 참조.

지킬 수 있었네. 고종(高宗)[30]은 오랫동안 성 밖에서 노역을 하였고, 하층민들과 함께 생활을 하였는데,[31] 그가 즉위하자 곧바로 상사(喪事)가 발생하니, 3년 동안 말을 하지 않았네.[32] 그가 드디어 말을 하자 모두 기뻐하였네. 감히 정사를 그만둔다거나 안락에 빠지지 않았고, 은나라를 안정시켰으며, 크고 작은 일에 백성의 원한을 사지 않았기 때문에 고종은 55년 동안[33] 왕위를 지켰네. 조갑(祖甲)[34]은 의롭지 못하게 왕위에 올랐다고 여겨,[35] 오랫동안 성 밖에서 하층민 노릇을 하였으며, 하층민들의 바람을 알았기에 하층민들을 보호하고 은혜를 베풀 수 있었으며, 홀아비와 과부를 업신여기지 않았기 때문에 33년 동안 왕위를 누렸네.

「다사」에서 그는 이렇게 칭송하였네.

탕(湯)에서 제을(帝乙)까지 역법을 따르고 덕행을 닦지 않은 자가 없었으며, 제왕들은 하늘의 명을 어긴 적이 없었네. 그후 오늘날 후대 주왕(紂王)이 황음하고 향락에 빠져 하늘과 백성의 바람을 돌아보지 못하였기에 그 백성들은 모두 천벌을 받으리라 여겼네.…… 문왕(文王)은 새벽부터 정오까지 식사할 틈이 없었기에 왕위를 50년 동안 누렸네.

주공은 이것을 지어 성왕을 경계시켰다.

성왕이 풍(豐) 땅에 있을 때, 천하는 이미 안정되었으나, 주(周)의 관직과 행정이 아직 정비되지 않았다. 이에 주공이 「주관(周官)」[36]을 지어

---

30) 高宗 : 즉 武丁을 가리킨다.
31) 馬融이 말하기를 "武丁이 태자였을 당시, 아버지인 小乙이 그를 궐 밖으로 보내 노역하게 하였고, 하층민과 함께 생활하게 하여, 그들의 고통과 어려움을 알도록 하였다"라고 하였다(『史記集解』 참조).
32) 孔安國이 말하기를 "武丁이 즉위하자 아버지 小乙이 죽어 喪事를 지켰고 3년 동안 말을 하지 않았다고 하는 것은 효성이 지극함을 말함이다"라고 하였다(『史記集解』 참조).
33) 『尚書』에는 "59년"이라고 하였다(『史記集解』 참조).
34) 孔安國과 王肅은 "祖甲은 湯의 손자 太甲이다"라고 하였고, 馬融과 鄭玄은 "祖甲은 武丁의 아들 帝甲이다"라고 하였다(『史記集解』 참조).『竹書紀年』에는 太甲은 겨우 12년 동안 왕위에 있었다고 하였고, 여기서 祖甲이 33년 동안 왕위를 누렸다고 하였기 때문에, 祖甲이 帝甲임을 분명히 알 수 있다(『史記索隱』 참조).
35) 馬融이 말하기를 "祖甲에게는 형 祖庚이 있었는데, 祖甲이 현명하여 武丁이 그를 왕위에 세우려고 하였다. 祖甲은 왕이 장자를 폐위하고 차자를 세우는 것이 의롭지 못하다고 생각하고 여염집으로 도망을 갔기 때문에 '의롭지 못하게 왕위에 올랐다고 여기고, 오랫동안 하층민 노릇을 하였다(不義惟王, 久爲小人)'라고 말하였다. 武丁이 죽고 祖庚이 왕위에 올랐다가, 祖庚이 죽자 祖甲이 왕위에 올랐다"라고 하였다(『史記集解』 참조).

관직을 분리하여 규정하였고, 「입정 (立政)」[37]을 지어 백성들을 편안하게 하니, 백성들이 기뻐하였다.

주공이 풍 땅에서 병이 들어 막 죽어가면서, "반드시 나를 성주 (成周) 땅에 묻어주어, 내가 감히 성왕을 떠나지 않는다는 것을 밝혀주시오"라고 말하였다. 주공이 죽고 나서, 성왕도 역시 겸양하면서 주공을 필 (畢)[38] 땅에 묻고 문왕과 함께 모심으로써 자신이 감히 주공을 신하로 생각하지 않았음을 분명히 하였다.

주공이 죽은 뒤, 아직 추수를 하지 않았는데, 폭풍우가 몰아쳐 벼가 모두 쓰러지고 나무가 모두 뽑혔다. 주나라 사람들이 크게 떨었다. 성왕과 대부들은 조복 (朝服)을 입고 금등서 (金藤書)[39]를 열어보고 나서, 왕은 곧 주공이 무왕을 대신하여 죽는 것이 자신의 책무라고 생각하였던 책서 (策書)를 찾았다. 태공과 소공 그리고 성왕이 곧바로 사관과 집사에게 물으니, 사관과 집사가 대답하기를, "확실합니다. 옛날에 주공께서 저에게 감히 발설하지 말라고 명령하셨사옵니다"라고 하였다. 성왕이 책서를 들고 눈물을 흘리면서[40] "지금 이후 점괘에 어긋남이 없을 것이로다! [41] 옛날 주공께서 왕조를 위하여 부지런히 애를 쓰셨지만, 오직 과인이 어려서 알지 못하였소. 지금 하늘이 주공의 덕을 준엄하게 선양하려고 하니, 과인은 그 뜻을 받들어, 응당 국가의 예로 제사 지내려고 하오[42]"라고 말하

---

36) 「周官」: 『尙書』의 편명.
37) 「立政」: 『尙書』의 편명.
38) 『括地志』에 이르기를 "周公의 묘는 雍州 咸陽 북쪽 13리에 위치한 畢原에 있다" 라고 하였다(『史記正義』 참조). 畢 땅은 지금의 陝西省 咸陽 북쪽이다.
39) 『尙書』를 근거로 하여 살펴보면, 武王이 죽고 난 뒤, 특이한 폭풍우가 몰아쳤다. 지금 여기서 周公이 죽은 뒤 다시 폭풍이 부는 변고가 발생하여, 처음으로 金藤書를 열었다고 말하는 것은 옳지 않다. 아마도 司馬遷이 『古文尙書』를 보지 못하였기 때문에 잘못 말한 것 같다(『史記索隱』 참조).
40) 鄭玄이 말하기를 "눈물을 흘렸던 것은, 周公의 충효가 이와 같은데도 그것을 몰랐던 것이 마음 아팠기 때문이다"라고 하였다(『史記集解』 참조).
41) 孔安國이 말하기를 "본래 삼가 길흉을 점치고자 하였지만, 지금 하늘의 뜻을 알았으므로 그만둔다는 것이다"라고 하였다(『史記正義』 참조).
42) 成王이 金藤書를 열어보고서, 하늘이 폭풍우를 몰아쳐 周公의 덕을 선양하려 하였다는 것을 알았으므로, 成王 역시 하늘에 제사를 지내는 의례의 제단을 만들어 받들어야 하며, 반드시 국가 선조를 배향하는 예로 제사를 지냈다. 그러므로 成王이 교외에서 하늘에 제사를 지내니, 하늘이 바로 비를 내리고 바람을 거두었던 것이다 (『史記正義』 참조).

였다. 왕이 교외에서 제사를 지내자, 하늘이 곧바로 비를 내리고 바람을 거두어, 벼가 모두 일어섰다.[43] 태공망(太公望)과 소공(召公)은 백성들에게 명령하여, 쓰러졌던 큰 나무를 모두 일으켜세우고 북돋워주도록 하였다.[44] 이해의 수확은 풍년이었다. 이때 성왕은 곧바로 노(魯)나라에게 교외에서 제사를 올릴 수 있고[45] 문왕(文王)에게 제사 지낼 수 있다고 명령하였다.[46] 노나라가 천자의 예악(禮樂)을 사용하게 된 것은 주공의 덕을 칭송하였기 때문이다.

주공이 죽었으나 아들 백금(伯禽)은 이미 먼저 봉지(封地)를 받았으니, 그가 바로 노공(魯公)이다.[47] 노공 백금이 처음 노나라 땅을 봉지로 받고 3년 후에 주공에게 정사를 보고하였을 때, 주공이 "왜 늦었느냐?"라고 물으니, 백금이 "그곳의 풍속과 예의를 변혁하고, 3년상을 치르느라 늦었사옵니다"라고 대답하였다. 태공(太公)도 역시 제(齊)[48] 땅에 봉지를 받았는데, 5개월이 지나 주공에게 정사를 보고하니, 주공이 "왜 그리 빠르냐?"라고 물으니, "저는 그 군신의 예의를 간소화하고, 그곳의 풍속과 행사를 따랐기 때문입니다"라고 대답하였다. 나중에 백금이 정사를 늦게 보고한 것을 듣고는 바로 탄식하며 "오호! 후세에 노나라가 제나라를 섬기게 될 것이다. 대개 정치가 간소하고 용이하지 않으면 백성들이 접근

---

43) 孔安國이 말하기를 "교외에서 제사 지낼〔郊祭〕 때는, 玉幣를 가지고 하늘에 감사드리는 것이다. 하늘이 즉시 바람을 거두고 벼를 일으켰다는 것은 교제가 옳다는 것을 밝힌 것이다"라고 하였다(『史記集解』참조).

44) 원문의 '築'의 해석은 두 가지이다. 첫째는 '수습하다'의 뜻으로 볼 수 있다. 馬融은 "벼가 나무에 의해서 쓰러졌기 때문에 나무를 일으키고 아래에 있는 벼를 수습해야만 잃는 것이 없다"라고 말하였다(『史記集解』참조). 둘째는 '북돋우다'의 뜻으로 볼 수 있다. 이것은 쓰러진 나무를 일으키고 흙을 북돋워서 견고하게 한다는 의미이다.

45) 『禮記』에 이르기를 "魯君이 교외에서 天帝에게 제사를 지내고, 后稷을 배향하였던 것은 天子의 예이다"라고 하였다(『史記集解』참조).

46) 『禮記』에 이르기를 "제후는 天子를 제사 지내지 못한다"라고 하였고, 鄭玄이 말하기를 "魯나라는 周公 때문에 文王의 묘당을 세웠다"라고 하였다(『史記集解』참조).

47) 周公의 元子는 魯 땅의 봉록을 받았고, 작은아들은 남아서 왕실을 도와 周公을 대신하였으며, 그 나머지 6명은 小國을 맡았는데, 凡, 蔣, 邢, 茅, 胙, 祭가 그것이다(『史記索隱』참조).

48) 齊 : 지금의 山東省 북부. 周나라가 太公呂尙에게 책봉한 제후국. 수도는 營丘(즉 臨淄, 지금의 山東省 淄博市 동북쪽)였다.

하지 않는다. 정치가 평이하고 백성에게 친근하면 백성들이 반드시 모여든다"라고 하였다.

백금이 즉위한 후 관숙, 채숙 등이 반란을 일으켰고, 회이(淮夷)와 서융(徐戎)도 역시 함께 반란을 일으켰다.[49] 이에 백금이 군대를 거느리고 가서 그들을 힐(肸) 땅에서 정벌하고 다음과 같은 「힐서(肸誓)」[50]를 지었다.

> 너의 갑옷과 투구를 준비하라. 절대 허술하게 다루지 말라. 절대 마구간을 훼손하지 말라. 달아난 말과 소, 도망간 노예를 감히 대열을 이탈하면서 추격하지 말고, 공손히 송환하라. 절대 훔치거나 약탈하지 말며, 남의 담을 뛰어넘지 말라. 노나라 서, 남, 북 세 방향에서 사는 성 밖과 교외의 주민들, 그대들은 마른 풀, 식량, 담틀마구리대를 비축하여,[51] 절대 공급 부족이 없도록 하라. 나는 갑술일(甲戌日)에 보루를 쌓고 서융을 정벌할 것이니, 반드시 제때에 완성하라. 그렇지 못하면 사형에 처하겠노라.

이 「힐서」를 짓고, 드디어 서융을 평정하여 노나라를 안정시켰다.

노공 백금이 죽고[52] 아들 고공 추(考公酋)[53]가 즉위하였다. 고공이 재위 4년 만에 죽고 동생 희(熙)가 즉위하였는데, 이 사람이 양공(煬公)이다. 양공이 모궐문(茅闕門)[54]을 세웠다. 양공이 재위 6년 만에 죽고 아들 유공 재(幽公宰)가 즉위하였다. 유공 14년, 유공의 동생 비(潰)가 유공을 시해하고 자신이 즉위하였는데, 이 사람이 위공(魏公)이다. 위공은 재위 50년 만에 죽고, 아들 여공 탁(厲公擢)이 즉위하였다. 여공이 재위 37년 만에 죽으니, 노나라 사람들이 그의 동생 구(具)를 왕위에 세웠는

---

49) 孔安國이 말하기를 "淮浦의 夷와 西州의 戎이 함께 반란을 일으켰다"라고 하였다 (『史記集解』 참조).

50) 「肸誓」: 『尙書』의 편명. '肸'을 孔安國은 "魯나라 동쪽 교외의 지명이다"라고 하였다(『史記集解』 참조). 『尙書』에서는 이것을 「費誓」라고 하였고, 『尙書大傳』에서는 「鮮誓」라고 하였는데, 바로 「肸誓」를 말한다. '費'는 魯나라 동쪽 교외의 지명인데, 魯나라 季氏의 費邑地이다(『史記索隱』 참조).

51) 孔安國은 "식량을 비축하여 식사를 충족하고, 마른 풀을 많이 비축하여 군대의 소와 말을 먹인다"라고 하였다(『史記集解』 참조). 담틀마구리대(즉 楨榦)는 담을 쌓을 때 양쪽 모서리에 대는 나무기둥을 말한다.

52) 伯禽은 成王 원년에 책봉되어, 재위 46년, 즉 康王 16년에 죽었다(『史記集解』 참조).

53) 系本에는 "就"라고 되어 있고, 鄒誕本에는 "遒"로 되어 있다(『史記索隱』 참조).

54) 茅闕門: 궁궐 문 이름.

데, 이 사람이 헌공(獻公)이다. 헌공이 재위 32년 만에 죽자, 아들 진공 비(眞公濞)가 즉위하였다.

진공 14년, 주 여왕(周厲王)[55]이 무도한 짓을 하다가 체(彘)[56] 땅으로 망명하니, 공화정이 들어섰다. 29년, 주 선왕(周宣王)이 즉위하였다. 30년, 진공이 죽고 동생 오(敖)가 즉위하니, 이 사람이 무공(武公)이다.

무공 9년 봄, 무공이 큰아들 괄(括)과 작은아들 희(戲)와 함께 서쪽 주 선왕을 조회하였다. 선왕은 희를 좋아하여, 희를 노나라 태자로 삼으려고 하였다. 주나라의 번중산보(樊仲山父)가 선왕에게 이렇게 간언하였다.

> 장자를 폐하고 작은아들을 세우면 순서가 어긋납니다. 순서가 어긋나면 반드시 왕명을 어기게 됩니다. 왕명을 어기면 반드시 주살당하므로 명령이 집행되면 복종하지 않을 수 없사옵니다. 명령이 집행되지 않으면 정치가 올바로 서지 않습니다. 명령이 집행되는데도 복종하지 않으면 백성들이 장차 윗사람을 버릴 것입니다. 대저 아랫사람이 윗사람을 섬기고, 어린이가 어른을 섬기는 것은 순서를 지키기 때문입니다. 지금 천자가 제후를 책봉하면서 그 작은아들을 세우는 것은 백성에게 반역을 가르치는 것입니다. 만약에 노나라가 그 명령을 따르고, 다른 제후들이 그것을 본받으면, 왕명은 장차 막히게 될 것입니다. 만약에 복종하지 않는다고 징벌한다면 그것은 스스로 왕명을 징벌하는 것입니다. 징벌하는 것은 역시 잘못이고, 징벌하지 않는 것도 잘못이니, 왕께서는 그것을 헤아리십시오.

선왕이 이 말을 듣지 않고 마침내 희를 세워 노나라 태자로 삼았다. 여름, 무공이 귀국하여 죽자, 희가 즉위하였는데, 그가 의공(懿公)이다.

의공 9년, 의공의 형 괄(括)의 아들 백어(伯御)와 노나라 사람들이 의공을 시해하였고, 백어가 즉위하여 임금이 되었다. 백어 즉위 11년, 주 선왕은 노나라를 정벌하여 그 임금인 백어를 살해하였고, 노나라 공자(公子) 중에서 제후들을 인도할 수 있으며, 노나라의 후계자가 될 만한 사람이 누구냐고 물었다. 번목중(樊穆仲)이 대답하기를 "노나라 의공의 동생 칭(稱)이 근엄, 공손하고 총명하며, 웃어른을 공손히 모십니다. 임무를

55) 周厲王 : 姬胡를 가리킨다. 기원전 878년에서 기원전 828년까지 재위하였다. 포악하고 사리사욕을 좋아하다가 국민들에게 추방당하였다.
56) 彘 : 지금의 山西省 西霍縣 동북쪽.

맡기고 형벌을 집행할 때에는 반드시 먼저 선왕의 교훈을 묻고 역사 사실을 고찰하는데, 한번도 물었던 교훈에 저촉되지 않았고, 고찰하였던 역사 사실에 어긋남이 없었습니다"라고 하였다. 선왕이 말하기를 "옳다. 그는 백성을 인도하고 다스릴 수 있겠다"라고 하고는 곧 칭을 이궁(夷宮)[57]에서 즉위시켰는데, 그가 효공(孝公)이다. 이후로 제후들이 자주 왕명을 어기게 되었다.

효공 25년, 제후가 주나라를 이반하여, 견융(犬戎)이 유왕(幽王)을 살해하였다. 진(秦)나라가 처음으로 제후의 대열에 섰다.

27년, 효공이 죽고 아들 불황(弗湟)이 즉위하였는데, 그가 혜공(惠公)이다.

혜공 30년, 진(晉)나라 사람이 자기 군주 소후(昭侯)를 시해하였다. 45년, 진나라 사람이 또 그 군주 효후(孝侯)를 시해하였다.

46년, 혜공이 죽고 나서 장서자(長庶子) 식(息)이 섭정하면서 군주의 직권을 행사하였는데, 이 사람이 은공(隱公)이다. 당초, 혜공의 본부인에게는 자식이 없었고, 공의 천첩(賤妾) 성자(聲子)가 식(息)을 낳았다. 식이 성장하여 송(宋)나라에서 아내를 맞이하였다. 송나라의 여인이 도착하고 보니 미색인지라 혜공이 탈취하여 자기 아내로 삼았다.[58] 그리고 그 사이에서 아들 윤(允)이 태어나자, 송나라 여인을 부인으로 올리고 윤을 태자로 삼았다. 혜공이 죽고 나자, 윤이 어렸던 까닭에 노나라 사람들이 모두 식에게 섭정하도록 하였으므로, 즉위하였다고 말하지 않았다.

은공은 5년에 무당정(武棠亭)[59]에서 고기 잡는 것을 감상하였다. 8년에는 노나라의 허전(許田)을, 정(鄭)나라가 천자를 모시고 태산(太山)에 제사 지내던 팽읍(祊邑)과 교환하였다.[60] 군자는 이 조치를 기롱(譏弄)

---

57) 夷宮 : 韋昭는 "선왕의 조부 夷王의 묘당이다. 옛날에는 반드시 朝廟에서 작위를 내렸다"라고 말하였다(『史記集解』 참조).
58) 『左傳』에서는 宋 武公이 仲子를 낳았는데 손에 "魯나라 부인이 된다"라는 글자가 쓰여 있었으므로 魯나라로 시집을 보냈고, 桓公을 낳았다고 하였다. 또한 『經傳』에서는 惠公이 무도하다는 말을 하지 않았고, 『左傳』의 글이 사실임이 분명한데, 司馬遷은 무엇에 근거하여 이런 말을 하였는지 알 수 없다(『史記索隱』 참조).
59) 杜預는 "高平 方與縣 북쪽에 武棠亭이 있는데 魯侯가 고기를 잡는 것을 관람하던 樓臺이다"라고 하였다(『史記集解』 참조). 지금의 山東省 魚臺縣 북쪽에 있다.
60) 『穀梁傳』에 이르기를 "祊은 鄭伯이 天子에게 명을 받아 泰山에 제사 지내던 읍이

74

하였다.

11년 겨울, 공자 휘(公子撝)[61]가 은공에게 아첨하기를 "백성들이 임금을 옹호하였기에, 임금께서 마침내 왕위에 오르셨사옵니다. 저는 임금을 위하여 윤(允)을 살해하고자 하옵니다. 임금께서 저를 재상으로 삼아주십시오"[62]라고 하였다. 은공이 "선군의 명령이 있었느니라. 윤이 어렸기 때문에 나는 그를 대신하였던 것이다. 이제 윤이 성장하였으니, 나는 바야흐로 토구(菟裘)의 땅에 집을 짓고 노년을 준비할 것이며, 윤에게 정권을 줄 것이다"[63]라고 하였다. 휘는 윤이 이 말을 듣고 도리어 자기를 죽이려고 할까 두려워, 곧바로 윤에게 은공을 모함하기를 "은공이 드디어 왕위에 오르기 위해서 그대를 죽이려고 하니, 그대는 그것을 고려하십시오. 그대를 위해서 은공을 살해하겠사옵니다"라고 하니, 윤이 허락하였다. 11월, 은공은 종무제(鍾巫祭)[64]를 지냈고, 사포(社圃)[65]에서 재계하였으며, 위씨(蔿氏)[66] 집에서 묵었다. 휘는 사람을 시켜 위씨 집에서 은공을 시해하고 윤을 즉위시켰는데, 이 사람이 환공(桓公)이다.

환공 원년, 정(鄭)나라가 구슬을 보태어 팽 땅을 천자의 허전(許田)과 바꾸었다.[67] 2년, 송나라가 뇌물로 바친 정(鼎)을 태묘(太廟)[68]에 넣었

다. 許田은 魯나라가 天子를 배알할 때 숙식하던 읍이다. 天子가 위에 있는데, 제후끼리 서로 땅을 바꿀 수 없기 때문이다"라고 하였다(『史記集解』참조).

　　鄭은 나라 이름으로, 姬姓이다. 周 宣王의 동생 鄭 桓公 姬友가 기원전 806년에 鄭 땅(지금의 陝西省 華縣 동쪽)에 책봉을 받았다. 鄭 武公 당시 新鄭(지금의 河南省 新鄭縣)에 수도를 건립하였다. 祊邑은 지금의 山東省 費縣 동남쪽에 있다. 이것은 鄭나라가 周王을 모시고 泰山에 제사 지내던 읍으로, 周 平王이 동천한 뒤, 周王이 泰山에 제사를 지내지 않으니, 鄭 莊公이 祊邑을 魯나라 許田과 교환해줄 것을 요청하였던 것이다. 許田은 지금의 河南省 許昌市 경계에 있는데, 鄭나라와 비교적 가까이 있었다.

61)　公子撝 : 字는 羽父이다. 魯나라의 대신.
62)　『左傳』에서는 "羽父가 桓公을 살해하겠다고 요청하였고, 장차 太宰를 요구하였다"라고 하였다(『史記集解』참조).
63)　服虔은 "菟裘는 魯나라의 읍이다. 菟裘 땅에 집을 지어, 그곳에 기거하며 노년을 대비하려고 하였다"라고 하였고, 杜預는 "菟裘는 泰山 梁父縣 남쪽에 있다"라고 하였다(『史記集解』참조).
64)　鍾巫祭 : 제사 이름. 어떤 제사인지는 알 수 없다.
65)　社圃 : 園 이름.
66)　蔿氏 : 魯나라 大夫.
67)　麋信이 말하기를 "鄭나라가 祊 땅을 가지고는 許田과 교환하기 부족하다고 여겼기 때문에 다시 구슬을 보탰던 것이다"라고 하였다(『史記集解』참조).
68)　太廟 : 周公의 廟.

다. 군자는 그것을 기롱하였다. [69]

3년, 휘를 제(齊)나라로 장가 보내서 부인을 얻게 하였다. 6년, 부인이 아들을 낳았는데, 환공과 생일이 같았으므로 이름을 동(同)이라고 하였다. 동이 성장하여 태자가 되었다.

16년, 조(曹)나라에서 회맹하여, 정(鄭)나라를 정벌하고 정나라의 여공(厲公)을 입국시켰다.

18년 봄, 환공이 다른 나라로 행차하는 것을 논의하던 중 마침내 부인과 제(齊)나라로 가려고 하였다. 신수(申繻)[70]가 중지하라고 간언하였지만, 환공은 그 말을 듣지 않고 결국 제나라로 가버렸다. 제 양공(齊襄公)이 환공의 부인과 간통하였다. 환공이 부인에게 화를 내니, 부인이 제 양공에게 말하였다. 여름 4월 병자일(丙子日), 제 양공이 환공에게 잔치를 베풀었는데, 환공이 취하니, 공자 팽생(彭生)을 시켜 노 환공을 부축하게 한 뒤, 팽생에게 틈을 타서 늑골을 꺾으라고 명령하였다. 팽생은 환공을 돌아가는 수레에서 죽였다. 노나라 사람들이 제나라 군주에게 통고하기를 "저희 군주가 임금의 위엄이 두려워, 감히 편안히 계시지 못하고, 그곳에 가셔서 우호의 예의를 다하였습니다. 예를 다하고도 돌아오지 못하였는데, 죄를 추궁할 곳이 없사옵니다. 팽생을 잡아들여 제후들간에 퍼져 있는 추문을 없애주십시오"라고 하였다. 제나라 사람들이 팽생을 죽여 노나라 사람들을 무마하였다. 태자 동이 즉위하니, 이 사람이 장공(莊公)이다. 장공의 어머니는 제나라에 머물러 있었기 때문에 감히 노나라로 귀국하지 못하였다.

장공 5년 겨울, 위(衛)나라를 정벌하였고, 위 혜공을 돌려보냈다.

8년, 제나라 공자 규(公子糾)[71]가 망명해왔다. 9년, 노나라가 공자 규를 제나라로 돌려보내, 환공(桓公)[72]을 퇴진시키고자 하였다. 환공이 군

---

69) 『穀梁傳』에서는 "桓公은 안으로 자기 군주를 죽였고, 밖으로는 다른 나라 난리를 도와주었으며, 뇌물을 받고 물러나 그것을 가지고 자기 조상을 모셨으니, 예가 아니다"라고 하였다(『史記集解』 참조). 宋 華父督이 자기 군주 宋 殤公을 시해하고, 魯 桓公에게 大鼎을 뇌물로 바쳤던 것이다(자세한 것은 권38 「宋微子世家」 참조).

70) 申繻 : 魯나라 大夫.

71) 公子 糾 : 齊 襄公의 庶弟.

72) 桓公 : 齊 桓公 小白을 가리킨다. 襄公의 庶弟이다. 莒나라로 망명을 갔다가, 齊 襄公이 公孫無知에게 피살되자 귀국하여 정권을 잡았다. 기원전 685년에서 기원전 643년까지 재위하였다.

대를 일으켜 노나라를 공격하니, 노나라는 조급하여 공자 규를 죽였다. 그러자 소홀(召忽)이 자살하였다.[73] 제나라가 노나라에게 관중(管仲)[74]을 생환하라고 통고하니, 노나라 사람 시백(施伯)이 말하기를 "제나라가 관중을 얻고자 하는 것은, 그를 죽이려는 것이 아니고, 장차 그를 등용하려는 것입니다. 그가 등용되면 노나라에게는 근심거리가 됩니다. 그를 죽여서 시체로 보내는 것이 좋습니다"라고 하였다. 장공은 그 말을 듣지 않고 마침내 관중을 포박하여 제나라에 건네주었다. 제나라 사람이 관중을 재상으로 삼았다.

13년, 노 장공과 조말(曹沫)[75]이 가(柯)[76] 땅에서 제 환공과 회맹하였다. 조말이 제 환공을 위협하여 약탈당한 노나라의 땅을 요구하였고, 맹약이 성립되자 환공을 풀어주었다. 환공은 맹약을 배신하려고 하였으나, 관중이 간언하자 마침내 빼앗았던 땅을 돌려주었다. 15년, 제 환공이 처음으로 패자(覇者)가 되었다. 23년, 장공이 제나라로 가서 토지신 제사[77]를 관전하였다.

32년의 일이다. 당초, 장공이 축대를 쌓는 중에 당씨(黨氏)[78] 집에 갔다가 맹녀(孟女)[79]를 발견하였고, 그녀를 사랑하게 되어, 그녀를 부인으로 삼겠다는 약속을 하였고, 당씨는 팔을 잘라 장공과 맹세하였다. 맹녀가 아들 반(斑)을 낳았다. 반이 성장하여 양씨(梁氏)[80]의 딸을 좋아하게 되어, 그녀를 살펴보려고 갔다. 사육사 낙(犖)이 담 밖에서 양씨의 딸과 놀이를 하고 있었다. 반이 화가 나서 낙에게 채찍질하였다. 장공이 이 말을 듣고 말하기를 "낙은 힘 있는 사람이니, 그를 죽여라. 채찍질한 것을

---

73) 召忽은 公子 糾를 보좌하던 大夫로 公子 糾가 피살당하자 자살하였다.
74) 管仲 : 管夷吾로 字가 仲이다. 公子 糾를 수행하고 魯나라로 망명하였다가, 桓公이 즉위한 뒤 鮑叔牙의 추천으로 재상으로 임명되었다. 권32 「齊太公世家」의 〈주 64〉, 권62 「管晏列傳」 참조.
75) 曹沫 : 曹劌를 가리킨다. 그에 대한 것은 권86 「刺客列傳」 참조.
76) 柯 : 읍 이름. 지금의 山東省 東阿縣 서남쪽. 권32 「齊太公世家」의 〈주 74〉 참조.
77) 韋昭는 "齊나라가 토지신 제사를 구실로 군사시설을 모아 군대의 위용을 과시하였는데, 공이 가서 관전하였다"라고 하였다(『史記集解』 참조).
78) 黨氏 : 魯나라의 大夫이다. 姓이 任이다.
79) 孟女 : 黨氏의 딸. 『左傳』에는 "孟任"이라고 하였다. 黨氏에게는 딸 둘이 있었는데, 孟은 그중 큰딸이다.
80) 梁氏 : 魯나라의 大夫.

방치하지 않을 것이었다"라고 하였지만, 반은 그를 살해하지 못하였다. 마침 장공이 병이 들었다. 장공에게는 세 동생이 있었는데, 첫째가 경보 (慶父), 둘째가 숙아(叔牙), 그 다음이 계우(季友)였다. 일찍이 장공은 제나라 여자를 아내로 얻었는데 그 사람이 애강(哀姜)이다. 애강에게는 아들이 없었다. 애강의 여동생은 숙강(叔姜)인데, 장공의 아들 개(開)를 낳았다. 장공은 적자가 없었고, 맹녀를 사랑하였기에, 그녀의 아들 반을 옹립하려고 하였다. 장공은 병이 들자, 동생 숙아에게 후계자에 대하여 물으니, 숙아가 대답하였다. "아버지가 죽으면 아들이 계승하고, 형이 죽으면 동생이 이어받는 것이 노나라의 정해진 법입니다. 경보가 살아 있어 후계를 이을 수 있는데 임금께서는 무엇을 걱정하십니까?" 장공은 숙아가 경보를 왕위에 세우려고 하는 것이 걱정이 되어, 그가 나가자 계우에게 물었다. 계우가 대답하기를 "목숨을 다하여 반을 왕위에 세우겠사옵니다"라고 하니, 장공이 묻기를 "요전에 숙아는 경보를 왕위에 세우려고 하던데, 어찌 생각하느냐?"라고 하였다. 계우는 장공의 명령을 받아 숙아를 침무씨(鍼巫氏)[81] 집에서 기다리게 하였고, 침계(鍼季)를 시켜 숙아를 협박하여 독주〔鴆(酖)酒〕[82]를 먹이게 하였고, "이것을 마시면 후손의 제사를 받을 것이지만, 그렇지 않으면 죽어서도 후손이 없게 될 것이다"라고 말하게 하였다. 숙아는 마침내 독주를 마시고 죽었다. 노나라는 그의 아들을 세워 숙손씨(叔孫氏)로 삼았다.[83] 8월 계해일(癸亥日), 장공이 죽자, 마침내 계우가 반(斑)을 군주로 옹립하였는데, 그것은 장공의 명령과 같았다. 반은 상(喪)을 받들며 당씨(黨氏) 집에 머물렀다.[84]

경보는 이전부터 애강과 통간해왔는데, 애강의 여동생의 아들인 개를 옹립하려고 하였다. 장공이 죽고 계우가 반을 옹립하자, 10월 기미일(己未日), 경보가 사육사 낙을 시켜 공자 반을 살해하도록 하였다. 계우는 진(陳)나라로 망명하였다.[85] 경보는 마침내 장공의 아들 개를 옹립하였

81) 鍼巫氏 : 魯나라 大夫로 字가 季이다.
82) 鴆이라는 새는 뱀을 잡아먹기를 좋아하여 그 자색 깃털이 술에 들어가면 독주가 되어 사람을 죽일 수 있다고 한다.
83) 杜預는 "죄가 없이 죽었기 때문에 후손을 세웠고, 대대로 그 봉록을 받을 수 있었다"라고 말하였다(『史記集解』 참조).
84) 궁궐에 가지 못하고 외삼촌 집에 머물렀던 것이다.
85) 服虔은 "季友는 속으로 慶父의 의도를 알고 있었으나, 그를 죽일 힘이 없어 난을 피하여 망명하였다"라고 말하였다(『史記集解』 참조).

는데, 이 사람이 민공(湣公)이다. [86]

민공 2년, 경보와 애강의 통간이 아주 빈번해졌다. 애강과 경보는 민공을 살해하고 경보를 옹립하려는 음모를 꾸몄다. 경보는 복의(卜齮)를 시켜 민공을 무위(武闈)에서 습격하도록 하였다. [87] 계우가 이 소식을 듣고, 진(陳)나라로부터 민공의 동생 신(申)과 함께 주(邾)나라로 가서, 노나라에게 자기들을 입국시킬 것을 요청하였다. 노나라 사람들이 경보를 주살하려고 하니, 경보는 두려워서 거(莒)나라로 달아났다. 이때 계우가 신(申)을 받들고 귀국하여 그를 옹립하니, 이 사람이 희공(釐公)이다. 희공 역시 장공의 작은아들이다. 애강은 두려워서 주(邾)나라로 달아났다. 계우는 뇌물을 가지고 거나라로 가서 경보를 요구하여, 경보를 데리고 돌아와서 다른 사람을 시켜 죽이려고 하였다. 경보가 망명을 요청하였지만, 계우는 이를 응낙하지 않고 곧바로 대부 해사(奚斯)를 시켜 울면서 지나가게 하였다. 경보는 이 소리를 듣자마자 자살하였다. 제 환공은 애강과 경보의 음란함이 노나라를 위태롭게 한다는 소식을 듣고, 주(邾)나라에서 애강을 불러 죽였고, 그 시체를 가지고 귀국하여 노나라에서 조리질하였다. 노 희공이 장례를 치르자고 요청하였다.

계우의 어머니는 진(陳)나라 여자였으므로, 진나라로 망명을 갔고, 진나라는 이것을 구실로 계우와 신(申)을 호송하였다. 계우가 막 태어나려고 할 때, 아버지인 노 환공(魯桓公)은 사람을 시켜 점을 치도록 하니, "태어날 아이는 남자이고, 그 이름은 '우(友)'이다. 그는 양사(兩社) [88] 사이에서 공실을 보좌할 것이다. 계우가 망명을 떠나면 노나라는 번창하지 못할 것이다"라고 하였다. 그가 태어나고 보니, 손바닥에 '우(友)'자 무늬가 새겨져 있어, 마침내 그것으로 이름을 짓고 호를 성계(成季)라고 하였다. 그후 그는 계씨(季氏)가 되었고, 경보의 후손은 맹씨(孟氏)가 되었다.

희공 원년, 문양(汶陽)과 비(鄪) [89] 땅을 계우에게 봉하였다. 계우가

---

86) 系本에는 이름이 "啓"로 되어 있는데, 지금 "開"라고 한 것은, 漢 景帝의 諱를 피하려는 것뿐이다. 『春秋』에는 "閔公"으로 되어 있다(『史記索隱』참조). 湣公은 기원전 662년에서 기원전 660년까지 재위하였다.

87) 卜齮는 魯나라의 大夫이고, 武闈는 궁궐의 측문이다.

88) 賈逵는 "兩社는 周社와 亳社이다. 兩社 사이는 조정의 집정대신이 있는 곳이다"라고 하였다(『史記集解』참조).

재상이 되었다.

9년, 진(晉)나라 이극(里克)이 자기 군주 해제(奚齊)와 탁자(卓子)를 시해하였다. 제 환공은 희공(釐公)을 거느리고 가서 진나라의 혼란을 성토하였고, 고량(高梁)까지 이르렀다가 귀환하여, 진 혜공(晉惠公)을 옹립하였다. 17년, 제 환공이 죽었다. 24년, 진 문공(晉文公)이 즉위하였다.

33년, 희공이 죽고 아들 흥(興)이 즉위하니, 이 사람이 문공(文公)이다.

문공 원년, 초(楚)나라 태자 상신(商臣)이 자기 아버지 성왕(成王)을 시해하고 왕위를 대행하였다. 3년, 문공은 진 양공(晉襄公)을 조회하였다.

11년 10월 갑오일(甲午日), 노나라가 적(翟)[90]나라를 함(鹹)[91] 땅에서 무찔렀고, 장적(長翟)의 교여(喬如)[92]를 사로잡았다. 부보종생(富父終甥)[93]이 창으로 교여의 목을 찔러 죽이고 그의 머리를 자구(子駒)[94] 문에 묻었고, 숙손득신(叔孫得臣)은 선백(宣伯)[95]의 이름을 교여라고 지었다.

당초, 송 무공(宋武公) 당시, 수만(鄋瞞)[96]이 송나라를 정벌하니, 사도(司徒)인 황보(皇父)가 군대를 이끌고 방어하여, 장구(長丘)[97]에서 적(翟)을 무찌르고 장적의 연사(緣斯)[98]를 사로잡았다. 그후 진(晉)나라는 노(路)[99]나라를 무찌르고 교여의 동생 분여(棼如)를 사로잡았다. 제 혜

---

89) 賈逵는 "汶陽과 鄑는 魯나라의 두 읍이다"라고 하였고, 杜預는 "汶陽은 汶水 북쪽이고, 汶水는 泰山 萊蕪縣에서 발원한다"라고 하였다(『史記集解』 참조). 鄑가 汶水의 북쪽에 있었다면, 汶陽은 읍이 아니다(『史記索隱』 참조).

90) 翟: '狄'과 통한다. 부족 이름이다. 춘추시대 이전에 齊, 魯, 晉, 衛, 宋, 邢 등의 나라 사이에서 장기간 활동하다가, 기원전 7세기에 赤狄, 白狄, 長狄으로 나뉘었다. 북방에서 활약하였기 때문에 '北狄'이라고 부른다.

91) 鹹: 지명. 지금의 河南省 僕陽縣 동남쪽.

92) 喬如: 長狄의 首領.

93) 富父終甥: 魯나라의 大夫.

94) 子駒: 魯나라의 郭門 이름.

95) 服虔은 宣伯에 대해서 "叔孫得臣의 아들 喬如이다. 叔孫得臣이 喬如를 사로잡고서 그의 이름으로 자식의 이름을 지은 것은 자기의 공을 후세에 널리 알리고자 한 것이다"라고 하였다(『史記集解』 참조).

96) 鄋瞞: 부족 이름. 長狄의 한 파.

97) 長丘: 宋나라의 지명. 지금의 河南省 封丘縣 서남쪽.

98) 緣斯: 喬如의 할아버지.

80

공(齊惠公) 2년, 수만이 제나라를 정벌하자, 제나라 왕자 성보(王子城父)[100]가 교여의 막내 동생 영여(榮如)를 사로잡아, 그의 머리를 북문(北門)에 묻었다. 위(衛)나라 사람들이 교여의 동생 간여(簡如)를 사로잡았다. 수만은 이것으로 말미암아 멸망하였다.[101]

15년, 계문자(季文子)가 진(晉)나라에 사신으로 갔다.

18년 2월, 문공이 죽었다. 문공에게는 왕비가 둘 있었는데, 장비(長妃)는 제(齊)나라 여자인 애강(哀姜)[102]으로, 악(惡)과 시(視)를 낳았다. 차비(次妃)인 경영(敬嬴)은 총애를 받아 아들 퇴(倭)를 낳았다. 퇴는 양중(襄仲)[103]과 내통하였고, 양중이 그를 옹립하려고 하였는데, 숙중(叔仲)[104]이 "안 됩니다"라고 하였다. 양중은 제 혜공에게 도움을 요청하였고, 혜공은 새로 즉위하여 노나라와 친교하기 위해서 요청을 받아들였다. 겨울 10월, 양중이 악과 시를 살해하고 퇴를 옹립하니, 이 사람이 선공(宣公)이다. 애강은 제나라로 돌아갔는데, 저잣거리를 울면서 지나면서, "하늘이시여! 양중이 무도하게 적자를 살해하고 서자를 옹립하였사옵니다!"라고 말하였다. 저잣거리 사람들이 모두 우니, 노나라 사람들이 그녀를 '애강(哀姜)'이라고 불렀다. 노나라는 이로 인하여 공실(公室)이 나약해지고 삼환(三桓)[105]이 강성해졌다.

선공 퇴 13년, 초 장왕(楚莊王)[106]이 강대해져서 정(鄭)나라를 포위하였다. 정백(鄭伯)[107]이 항복하자, 초나라는 정나라를 재건시켰다.

18년, 선공이 죽고 아들 흑굉(黑肱)이 즉위하니, 이 사람이 성공(成公)이다. 계문자가 말하기를 "우리로 하여금 적자를 살해하고 서자를 옹립하게 함으로써 큰 지지자를 잃게 한 자는 양중이다"[108]라고 말하였다.

---

99) 路: 赤狄의 다른 이름. 지금의 山西省 潞城縣 동북쪽에 있다.
100) 王子 城父: 齊나라의 大夫.
101) 杜預가 이르기를 "長狄의 종족이 멸망하였다"라고 하였다(『史記集解』 참조).
102) 여기의 '哀'는 시호가 아니라, 아마도 그녀가 울면서 저잣거리를 지나갔기 때문에 '哀姜'이라고 불렸던 것 같다. 桓公의 夫人 '哀姜'과는 다르다(『史記索隱』 참조).
103) 襄仲: 公子 遂를 가리킨다. 魯나라의 대신이었다.
104) 叔仲: 叔仲惠伯. 魯나라의 大夫로 襄仲에게 피살당하였다.
105) 三桓: 魯 桓公의 仲孫, 叔孫, 季孫을 말한다.
106) 楚 莊王: 熊侶를 가리킨다. 기원전 614년에서 기원전 591년까지 재위하였다.
107) 鄭伯: 鄭 襄公을 말한다. 기원전 604년에서 기원전 586년까지 재위하였다.
108) 服虔은 "襄仲이 적자를 살해하고 서자를 옹립하여, 정해진 국법에 따라 국정이 운영되지 않자, 이웃 나라들이 비난하였으므로, 큰 지지자를 잃게 되었다"라고 하였

양중은 선공을 옹립하였기에, 공손귀보(公孫歸父)[109]가 선공의 총애를 받았다. 선공은 삼환을 제거하기 위하여 진(晉)나라와 모의하여 삼환을 정벌하였다. 선공이 죽자마자, 계문자가 그것을 원망하니, 귀보가 제 (齊)나라로 달아났다.

성공 2년 봄, 제(齊)나라가 노나라를 정벌하여 융(隆)[110] 땅을 빼앗았다. 여름, 성공이 진(晉)나라 각극(卻克)과 함께 안(鞍) 땅에서 제 경공 (齊頃公)을 무찌르니, 제나라가 노나라의 침략한 땅을 돌려주었다. 4년, 성공이 진(晉)나라로 갔는데, 진 경공(晉景公)이 노나라를 함부로 대하였다. 노나라가 진(晉)나라를 배반하고 초(楚)나라와 연합하려고 하자, 어떤 사람이 간언하여 성공하지 못하였다. 10년, 성공이 진(晉)나라로 갔다. 진 경공이 죽자, 성공은 체류하고 있던 것을 구실로 장례에 참석하였지만, 노나라에서는 이것을 언급하기를 기피하였다.[111] 15년, 처음으로 오왕(吳王) 수몽(壽夢)[112]과 종리(鍾離)[113]에서 회맹하였다.

16년, 선백(宣伯)[114]이 진(晉)나라에 계문자를 주살하겠다고 통고하였다. 계문자는 의리가 있는 사람이었으므로, 진(晉)나라 사람들이 이를 허락하지 않았다.

18년, 성왕이 죽고 아들 오(午)가 즉위하니, 이 사람이 양공(襄公)이다. 이때 양공의 나이는 3세였다.

양공 원년, 진(晉)나라 도공(悼公)이 즉위하였다. 이것은 그 전해 겨울, 진(晉)나라의 난서(欒書)[115]가 자기 군주 여공(厲公)을 시해하였기 때문이었다. 4년, 양공이 진(晉)나라에 입조(入朝)하였다.

5년, 계문자가 죽었다. 집에는 비단 옷을 입은 아내가 없었고, 마구간

고, 杜預는 "襄仲이 宣公을 옹립하고, 남쪽으로 楚와 견고하게 교류하지 못하고, 또한 齊, 晉을 확실히 섬기지 못하였기 때문에 큰 지지자를 잃었다고 말하였던 것이다"라고 하였다(『史記集解』 참조).

109) 公孫歸父 : 襄仲의 아들.

110) 隆 : 魯나라의 읍 이름. 泰山 博縣 서북쪽.

111) 『春秋經』에 장례에 대하여 기록하지 않고, 단지 "공이 晉나라로 갔다"라고 기록한 것은, 이 사건을 기피하였기 때문이다(『史記索隱』 참조).

112) 吳王 壽夢 : 吳나라는 壽夢 때부터 王이라고 칭하였다. 기원전 586년에서 기원전 561년까지 재위하였다.

113) 『括地志』에 이르기를 "鍾離國의 옛 성은 濠州 鍾離縣 동쪽 5리에 있다"라고 하였다(『史記正義』 참조). 권32 「齊太公世家」의 〈주 159〉 참조.

114) 宣伯 : 叔孫喬如를 가리킨다. 앞의 〈주 95〉 참조.

115) 欒書 : 晉나라의 執政大臣.

에는 곡식을 먹는 말이 없었으며, 창고에는 금과 구슬이 없었으면서, 세 군주[116]를 보좌하였다. 군자가 이르기를 "계문자는 청렴한 충신이로다"라고 하였다.

9년, 진(晉)나라와 함께 정(鄭)나라를 정벌하였다. 진 도공이 위(衛)나라에서 양공(襄公)의 가관식을 거행하였는데, 계무자(季武子)가 수행하여 예식을 도왔다.

11년, 삼환씨(三桓氏)가 삼군(三軍)[117]으로 분할하였다.

12년, 진(晉)나라에 입조하였다. 16년, 진 평공(晉平公)이 즉위하였다. 21년, 양공이 진 평공을 조회하였다.

22년, 공구(孔丘)가 태어났다.

25년, 제나라 최저(崔杼)가 자기 군주인 장공을 시해하였고, 자기 동생 경공(景公)을 옹립하였다.

29년, 오(吳)나라 연릉계자(延陵季子)가 노나라에 사신으로 가서, 주악(周樂)에 대하여 묻고, 그 뜻을 모두 터득하니, 노나라 사람들이 존경하였다.

31년 6월, 양공이 죽었다. 그해 9월, 태자가 죽었다.[118] 노나라 사람들이 제귀(齊歸)의 아들 주(裯)를 군주로 옹립하였는데,[119] 이 사람이 소공(昭公)이다.

소공은 19세가 되었는데도, 여전히 치기가 남아 있었다. 목숙(穆叔)[120]이 그를 옹립하지 않으려고 하면서 이렇게 말하였다.

태자가 죽었을 때, 같은 어머니의 형제가 있으면 옹립할 수 있다. 그렇지 않으면 서얼의 장자를 옹립할 수 있다. 나이가 같으면 현명한 사람을 택하고, 의리가 동등하면 점을 친다.[121] 지금 주(裯)는 적손이 아니며, 또한

---

116) 宣公, 成公, 襄公을 가리킨다.
117) 韋昭가 말하기를 『周禮』에 의하면 天子는 6軍을 두고, 제후국 중 대국은 3軍을 둔다고 하였다. 魯나라는 伯禽이 책봉되었을 당시에는 3軍을 가지고 있다가 나중에 감삭되어 2軍뿐이었다. 季武子가 공실을 마음대로 하기 위해서 中軍을 보태어 3軍으로 만들고, 三家가 각각 그 하나를 관리하였다"라고 하였다(『史記集解』 참조).
118) 『左傳』에는 "胡女 敬歸의 아들 子野가 왕위에 올랐다가, 3개월이 되어 죽었다"라고 쓰여 있다(『史記索隱』 참조).
119) 服虔은 "胡는 歸姓을 가진 국가이다. 그 齊는 諡號이다"라고 하였다(『史記集解』 참조). 齊歸는 襄公의 부인 敬歸의 자매이다.
120) 穆叔 : 魯나라의 大夫 叔孫豹를 가리킨다. 宣伯喬如의 동생.

상중(喪中)에 애도의 뜻이 없고 희희낙락하는데, 만약 정말로 그를 옹립한 다면 반드시 계씨(季氏)의 근심거리가 될 것이다.

계무자는 이 말을 듣지 않고 마침내 그를 옹립하였다. 소공은 장례식에 상복을 세 번 바꾸어 입었다. 군자가 말하기를 "이 사람은 제명에 죽지 못할 것이다"라고 하였다.

소공 3년, 진(晉)나라에 입조하는 길에 황하에 이르렀는데, 진 평공(晉平公)이 사양하여 그대로 돌아오게 되자 노나라는 이것을 치욕으로 생각하였다. 4년, 초 영왕(楚靈王)[122]이 제후들을 신(申)[123] 땅으로 모았을 때, 소공은 병을 핑계로 삼아 가지 않았다. 7년, 계무자가 죽었다. 8년, 초 영왕이 장화대(章華臺)[124]를 낙성하고 소공을 불렀다. 소공이 가서 축하를 하며 보물을 하사하였으나, 얼마 있다 후회하고 속임수를 써서 도로 가져갔다. 12년, 소공은 진나라에 조회하러 가는 길에 황하에 이르렀는데, 진 소공(晉昭公)[125]이 사양하여 도중에 돌아오게 되었다. 13년, 초나라 공자(公子) 기질(棄疾)[126]이 자기 군주 영왕을 시해하고 대신 즉위하였다. 15년, 진(晉)나라에 조회를 가니, 진나라가 진 소공의 장례를 치르고 가라고 만류하였다. 노나라는 이것을 수치스럽게 생각하였다. 20년, 제 경공(齊景公)과 안자(晏子)가 노나라 변경에서 사냥을 하다가, 노나라에 들어온 기회에 예법에 대하여 물었다. 21년, 진(晉)나라로 조회 가는 길에 황하에 이르렀지만, 진나라가 사양하여 돌아왔다.

25년 봄, 구욕조(鸜鵒鳥)[127]가 날아와 둥지를 틀었다. 사기(師己)[128]가 말하기를 "문공(文公), 성공(成公) 때[129] '구욕새가 날아와 둥지를 틀면, 공(公)은 간후(乾侯)[130] 땅에 살고, 구욕새가 날아와 잠을 자면, 공

---

121) 杜預는 "人事를 우선하고 나중에 점을 친다. 의리가 동등하다는 것은 현명함이 동등하다는 것이다"라고 말하였다(『史記集解』 참조).
122) 楚 靈王 : 기원전 541년에서 기원전 529년까지 재위하였다.
123) 申 : 楚나라의 읍 이름. 지금의 河南省 南陽市 북쪽.
124) 章華臺 : 지금의 湖北省 監利縣 서쪽에 옛 터가 있다.
125) 晉 昭公 : 姬夷. 기원전 532년에서 기원전 526년까지 재위하였다.
126) 棄疾 : 楚 平王을 가리킨다. 기원전 529년에서 기원전 516년까지 재위하였다.
127) 鸜鵒鳥 : 즉 八哥 새를 말한다. 북방의 새로서 혈거 생활을 하기 때문에, 魯나라에 나타날 수도 없을 뿐 아니라, 둥지를 틀 수도 없다.
128) 師己 : 魯나라의 大夫.
129) 魯나라의 文公, 成公을 말한다.
130) 乾侯 : 魯나라의 읍 이름. 지금의 河北省 成安縣 동남쪽.

은 들에서 사네'라는 동요가 있었다"라고 하였다.

계씨(季氏)와 후씨(郈氏)가 닭싸움을 벌였다.[131] 계씨는 닭의 날개에 겨자가루를 뿌렸고, 후씨는 발톱에 쇠갈고리를 끼었다. 계평자(季平子)[132]가 화가 나서 후씨를 침범하니, 후소백(郈昭伯) 역시 평자(平子)에게 화를 냈다. 장소백(藏昭伯)[133]의 동생 회(會)[134]가 장씨(藏氏) 집안을 무고하게 모함하고는 계씨(季氏) 집안으로 숨으니, 장소백이 계씨 집안 사람을 가두었다. 계평자는 화가 나서, 장씨 집안의 대신을 가두었다. 장씨와 후씨가 이 분란을 소공에게 보고하였다. 소공은 9월 무술일(戊戌日)에 계씨를 정벌하고자 마침내 진격하였다. 평자가 누대에 올라가 간청하였다. "임금께서는 모함을 사실로 믿으시고, 저의 죄를 살피지도 않으시고는 저를 징벌하려고 하십니다. 저를 기수(沂水)[135]로 추방해주십시오." 소공이 허락하지 않았다. 다시 비(鄪)[136] 땅에 감금해달라고 하였지만, 이것도 허락하지 않았다. 수레 5대를 끌고 망명하겠다고 요청하였지만 그것 역시 허락하지 않았다. 자가구(子家駒)[137]가 말하기를 "임금께서는 이를 허락하셔야 합니다. 정권이 계씨에게서 시작된 지 오래되었고, 그들의 무리가 된 사람이 많으니, 그 무리들이 장차 음모를 꾸밀 것입니다"라고 말하였지만, 소공은 듣지 않았다. 후씨가 말하기를 "그를 반드시 죽여야 합니다"라고 하였다. 숙손씨의 가신 여(戾)[138]가 그의 무리에게 "계씨가 있는 것과 없는 것, 무엇이 유리한가?"라고 말하니, 모두들 말하기를 "계씨가 없으면 숙손씨도 없습니다"라고 하였다. 여(戾)가 말하기를 "옳다! 계씨를 구하자!"라고 하고는, 마침내 공실의 군대를 무찔렀다. 맹의자(孟懿子)[139]는 숙손씨가 승리하였다는 말을 듣고, 역시 후소백을 살해하였다. 후소백이 소공의 사신으로 갔기 때문에 맹씨(孟

---

131) 杜預가 말하기를 "季平子와 郈昭伯 이 두 집안은 가까이 있었기 때문에 닭싸움을 하였다"라고 하였다(『史記集解』 참조).
132) 季平子 : 季孫意如를 가리킨다. 季武子의 손자.
133) 藏昭伯 : 藏孫賜를 가리킨다.
134) 會 : 藏頃伯, 즉 藏昭伯의 동생을 말한다.
135) 沂水 : 魯나라 都城의 남쪽에 있는 물. 蓋縣에서 출원하여 남쪽으로 泗水로 흘러든다.
136) 鄪 : 季氏 邑. 앞의 〈주 89〉 참조.
137) 子家駒 : 魯나라의 大夫 仲孫駒를 가리킨다. 子家는 그의 字이다.
138) 戾 : 叔孫氏의 司馬.
139) 孟懿子 : 仲孫何忌를 가리킨다. 魯나라의 大夫였다.

氏)가 그를 가두었다. 삼가(三家)가 공동으로 소공을 정벌하니, 소공이 마침내 달아났다. 기해일(己亥日), 소공이 제(齊)나라에 이르렀다. 제 경공(齊景公)이 말하기를 "1,000사(社)[140]를 바쳐 임금을 맞이하겠사옵니다"라고 하니, 자가(子家)가 "이는 주공(周公)의 위업을 버리고 제나라의 속국이 되는 것이니, 가당키나 합니까?"라고 말하자 곧바로 중지하였다. 자가가 말하기를 "제 경공을 믿을 수 없으니, 일찌감치 진(晉)나라로 가는 것만 못합니다"라고 하였지만, 소공은 따르지 않았다. 숙손(叔孫)[141]이 소공을 알현하고 돌아와 평자를 배알하니, 평자가 고개를 숙였다. 애초에 숙손이 소공을 영접하려고 하였지만, 맹손과 계손이 후회하자 곧 중지하였던 것이다.

26년 봄, 제나라가 노나라를 정벌하여 운(鄆)[142] 땅을 빼앗고, 소공을 그곳에 안치하였다. 여름, 제 경공이 장차 소공을 귀국시키려고 하면서, 노나라의 뇌물을 받지 말라고 명령하였다. 노나라 신풍(申豐)과 여가(汝賈)[143]가 제나라 대신 고흘(高齕)과 자장(子將)[144]에게 곡식 5,000유(庾)[145]를 주기로 약속하였다. 자장이 제 경공에게 "대신들이 노나라 군주를 모시지 않는 괴상한 일이 일어났습니다. 송 원공(宋元公)[146]이 노나라를 위하여 진(晉)나라로 가서 소공을 귀국시키려고 하였으나, 도중에 죽었습니다.[147] 숙손소자(叔孫昭子)[148]가 자기 군주를 귀국시키려고 하였으나, 병도 앓지 않았는데 죽었습니다. 하늘이 노나라를 버린 것입니까? 아니면 노나라 군주가 신에게 죄를 지은 것입니까? 임금께서는 잠시 기다리시기 바라옵니다"라고 말하니, 제 경공이 이 말을 따랐다.

28년, 소공은 진(晉)나라로 가서 귀국을 요청하였다. 계평자가 진(晉)나라 육경(六卿)[149]과 내통하였고, 육경이 계씨의 뇌물을 받고서 진군

---

140)　社는 지방의 기초 행정단위이다. 25家가 1社에 해당한다.
141)　叔孫 : 叔孫婼을 가리킨다.
142)　鄆 : 魯나라의 읍 이름. 山東省 鄆城縣 동쪽.
143)　申豐, 汝賈 : 魯나라의 大夫.
144)　子將은 梁丘據를 가리키며 高齕은 子將의 家臣을 말한다.
145)　庾 : 16斗가 1庾에 해당한다. 5,000庾는 8만 斗이다.
146)　宋 元公 : 子佐를 가리킨다. 기원전 531년에서 기원전 516년까지 재위하였다.
147)　『春秋』에 이르기를 "宋公 佐가 曲棘에서 죽었다"라고 하였다.
148)　叔孫昭子 : 이름은 婼이다. 즉 穆叔의 아들을 가리킨다.
149)　晉 六卿 : 韓, 趙, 魏, 范, 中行, 智氏를 말한다.

(晉君)에게 간언하니, 진군이 곧 귀국시키는 것을 중지하고, 소공을 간후 (乾侯) 땅에 안치하였다. 29년, 소공이 운(鄆) 땅으로 갔다. 제 경공이 사람을 시켜 소공에게 편지를 보냈는데, 자칭 '주군(主君)[150]'이라고 하였 다. 소공은 이것을 치욕으로 여겼고, 화를 내며 간후 땅으로 떠났다. 31 년, 진(晉)나라가 소공을 귀국시키기 위하여 계평자를 불렀다. 평자는 베옷을 입고 맨발로 걸었으며, 육경을 통해서 진군에게 사죄하였다. 육경 은 그를 대신하여 "진(晉)나라가 소공을 귀국시키려고 해도 백성들이 따 르지 않는답니다"라고 말하였다. 결국 진나라는 이를 중지하였다. 32년, 소공이 간후 땅에서 죽었다. 노나라 사람들이 모두 소공의 동생 송(宋)을 군주로 삼았는데, 이 사람이 정공(定公)[151]이다.

정공이 즉위하였다. 조간자(趙簡子)[152]가 사묵(史墨)[153]에게 묻기를 "계씨가 망하겠는가?"라고 하니, 사묵이 이렇게 대답하였다.

> 망하지 않습니다. 계우(季友)가 노나라에 큰 공을 세워, 비(鄪) 땅을 받고 상경(上卿)이 되었고, 문자(文子), 무자(武子)에 이르러 대대로 그 과업 을 증가시켰습니다. 노 문공(魯文公)이 죽자, 동문수(東門遂)[154]가 적자 를 살해하고 서자를 옹립하였습니다. 노군(魯君)은 이에 국정을 잃게 되었 습니다. 계씨가 정권을 잡은 후, 지금까지 모두 네 명의 군주가 지나갔습 니다. 백성들이 군주를 알지 못하는데, 어찌 나라를 장악하겠습니까! 이 때문에 군주는 거복(車服)[155]과 작호를 신중히 해야 하며, 그것을 남에게 마음대로 주어서는 안 됩니다.

정공 5년, 계평자가 죽었다. 양호(陽虎)[156]가 속으로 분노하여 계환자 (季桓子)를 감금하였으나, 그와 동맹을 맺은 후 곧바로 방면하였다. 7 년, 제나라가 노나라를 정벌하여, 운 땅을 빼앗고, 노나라의 양호에게 이 것을 봉읍으로 삼아 정치에 참여하도록 하였다. 8년, 양호가 삼환(三桓) 의 적자를 모두 죽이고, 그가 좋아하는 서자로 바꾸어 대체하려고 하였

150) 主君 : 國君, 卿, 大夫에 대한 존칭.
151) 定公 : 기원전 510년에서 기원전 495년까지 재위하였다.
152) 趙簡子 : 趙鞅을 가리킨다. 晉나라의 大臣으로 晉나라 六卿의 한 사람이다.
153) 史墨 : 晉나라의 사관 蔡墨을 가리킨다.
154) 東門遂 : 즉 襄仲을 가리킨다. 東門에 거주하였기 때문에 이런 이름이 붙었다.
155) 車服 : 등급과 지위를 표시한 器物.
156) 陽虎 : '陽貨'로도 쓴다. 季桓子의 家臣이다. 季桓子를 끼고, 陽關을 근거지로 하여 국정을 장악하였다.

다. 그는 계환자를 수레에 싣고 죽이려고 하였으나, 환자가 속임수를 써서 탈출할 수 있었다. 삼환이 공동으로 양호를 공격하자, 양호는 양관(陽關)[157]을 거점으로 삼았다. 9년, 노나라가 양호를 정벌하자, 양호가 제나라로 달아났다가, 얼마 후 진(晉)나라의 조씨(趙氏)에게로 달아났다.

10년, 정공과 제 경공이 협곡(夾谷)에서 회맹하였는데, 공자(孔子)가 수행하면서 행사를 도왔다. 제나라가 노나라 군주를 습격하려고 하니, 공자가 예의에 맞추어 계단을 올라, 제나라의 음란한 음악을 성토하니, 제후(齊侯)가 두려워서 곧 그만두었고, 노나라에게서 빼앗은 땅을 돌려주며 사과하였다. 12년, 중유(仲由)[158]를 시켜 삼환(三桓)의 식읍(食邑)[159]을 괴멸시켰고, 그 무기를 회수하였다. 맹씨(孟氏)가 식읍을 잃지 않으려고 하자, 결국 정벌하였지만 이기지 못하고 그만두었다. 계환자가 제나라의 무희(舞姬)를 받아들이자, 공자가 노나라를 떠났다.[160]

15년, 정공이 죽고 아들 장(將)이 즉위하니, 이 사람이 애공(哀公)[161]이다.

애공 5년, 제 경공이 죽었다. 6년, 제(齊)의 전기(田乞)[162]가 자기 군주 유자(孺子)를 시해하였다.

7년, 오왕(吳王) 부차(夫差)[163]가 강대해지자, 제나라를 정벌하여 증(繒) 땅까지 이르러, 노나라에서 소, 양, 돼지를 각각 100뢰(牢)씩을 징수하였다. 계강자(季康子)[164]가 자공(子貢)[165]을 시켜 오왕과 태재(太宰) 비(嚭)에게 주례(周禮)를 가지고 유세하여 감복시키도록 하였다. 오왕이 말하기를 "나의 몸에는 문신이 있다. 예의를 나에게 요구하지 말라"라고 하니, 곧 그만두었다.

---

157) 陽關 : 魯나라의 읍 이름.
158) 仲由 : 孔子의 제자 子路를 말한다. 季氏의 家臣.
159) 季孫氏의 鄪邑, 叔孫氏의 郈邑, 孟孫氏의 成邑을 말한다.
160) 孔安國이 말하기를 "桓子가 定公을 시켜 齊나라 무희를 받아드리도록 하여, 군신이 함께 그것을 감상을 하느라, 3일 동안 조례를 폐하였다"라고 하였다(『史記集解』 참조).
161) 哀公 : 기원전 495년에서 기원전 468년까지 재위하였다.
162) 田乞 : 齊나라 執政大臣. 孺子를 시해한 사건은 권32 「齊太公世家」에 자세히 기록되어 있다.
163) 夫差 : 기원전 496년에서 기원전 473년까지 재위하였다.
164) 季康子 : 季孫肥를 가리킨다. 季桓子의 아들로 魯나라의 執政大臣이었다.
165) 子貢 : 孔子의 제자. 衛나라 사람.

8년, 오(吳)나라가 추(鄒)나라를 위하여 노나라를 정벌하였는데,[166] 도성 아래에 도달하였다가, 동맹을 맺고 떠났다. 제나라가 노나라를 정벌하여 세 읍[167]을 빼앗았다. 10년, 제나라 남쪽 변경을 정벌하였다. 11년, 제나라가 노나라를 정벌하였다. 계씨가 염유(冉有)를 등용하였는데, 그가 공로를 세우자,[168] 공자를 생각하였고, 공자가 위(衛)나라에서 노나라로 돌아왔다.

14년, 제나라의 전상(田常)[169]이 그의 군주 간공(簡公)을 서주(徐州)에서 시해하였다. 공자가 전상을 정벌할 것을 요청하였으나, 애공이 듣지 않았다. 15년, 자복경백(子服景伯)이 사신으로, 자공을 그의 부관으로 하고 제나라에 갔는데, 제나라가 노나라에게서 빼앗은 땅을 돌려주었다. 전상이 막 재상이 되어, 제후들과 화친하려고 하였다.

16년, 공자가 죽었다.

22년, 월왕(越王) 구천(句踐)이 오왕 부차를 멸망시켰다.

27년 봄, 계강자가 죽었다. 여름, 애공이 삼환(三桓)을 근심거리로 여겨, 장차 제후들을 이용하여 그들을 위협하려고 하였지만, 삼환 역시 애공이 반란을 일으킬까 근심이 되었다. 이로 인해서 군신간에 큰 틈이 있었다. 애공이 능판(陵阪)[170]으로 유람을 갔다가 우연히 길에서 맹무백(孟武伯)을 만나, "내가 제명에 죽겠는가?"라고 물으니, "모르겠사옵니다"라고 대답하였다. 애공이 월(越)나라를 이용하여 삼환을 정벌하려고 하였다. 8월, 애공이 형지(陘氏)[171]에게로 가니, 삼환이 애공을 공격하였고, 애공이 위(衛)나라로 달아났다가, 그곳을 떠나 추(鄒)나라로 갔다가, 마침내 월나라로 갔다. 노나라 사람들이 영접하며 애공의 복귀를 꾀하였지만, 애공은 유산지(有山氏)의 저(邸)에서 죽었다. 그 아들 영(寧)

---

166) 그 전해에 魯나라가 鄒나라를 공격하였기 때문에 吳나라가 齊나라 군사를 빌려 출병하였던 것이다.

167) 三邑: 권32 「齊太公世家」와 『左傳』의 기록에는 두 읍(讙邑과 闡邑)이 있을 뿐이다.

168) 魯나라와 齊나라의 전쟁에 冉有가 左師를 이끌고 출정하여, 甲首 80개를 노획하였고, 齊나라를 야반도주하게 하였다. 冉有는 冉求를 가리킨다. 字는 子有이다. 孔子의 제자로 季氏의 宰相이 되었다.

169) 田常: 田成子를 가리킨다. 자세한 것은 권32 「齊太公世家」에 기록되어 있다.

170) 陵阪: 지금의 山東省 曲阜市 동북쪽.

171) 陘氏: 즉 有山氏를 말한다. 魯나라의 邑으로, 大夫의 采邑이다.

이 즉위하니, 이 사람이 도공(悼公)¹⁷²⁾이다.

도공의 시대에 삼환이 강대해지자, 노나라 군주는 작은 제후와 같았고, 삼환의 가세보다 나약해졌다.

13년, 삼진(三晉)¹⁷³⁾이 지백(智伯)¹⁷⁴⁾을 멸망시키고 그 토지를 분할하였다.

37년, 도공이 죽고 아들 가(嘉)가 즉위하니, 이 사람이 원공(元公)¹⁷⁵⁾이다. 원공이 재위 21년 만에 죽고 아들 현(顯)이 즉위하니, 이 사람이 목공(穆公)¹⁷⁶⁾이다. 목공이 재위 33년 만에 죽고 아들 분(奮)이 즉위하니, 이 사람이 공공(共公)¹⁷⁷⁾이다. 공공이 재위 22년 만에 죽고 아들 둔(屯)이 즉위하니, 이 사람이 강공(康公)¹⁷⁸⁾이다. 강공이 재위 9년 만에 죽고 아들 언(匽)이 즉위하니, 이 사람이 경공(景公)¹⁷⁹⁾이다. 경공이 재위 29년 만에 죽고 아들 숙(叔)이 즉위하니, 이 사람이 평공(平公)¹⁸⁰⁾이다. 이때 6국(六國)이 모두 왕(王)의 칭호를 사용하였다.¹⁸¹⁾

평공 12년, 진 혜왕(秦惠王)¹⁸²⁾이 죽었다. 22년, 평공이 죽고 아들 고(賈)가 즉위하니, 이 사람이 문공(文公)¹⁸³⁾이다. 문공 7년, 초 회왕(楚懷王)¹⁸⁴⁾이 진(秦)나라에서 죽었다. 23년, 문공이 죽고, 아들 수(讎)가 즉위하니, 이 사람이 경공(頃公)¹⁸⁵⁾이다.

경공 2년, 진(秦)나라가 초(楚)나라의 영(郢) 땅을 점령하자, 초 경양왕(楚頃襄王)이 동쪽 진(陳)나라로 거처를 옮겼다. 19년, 초나라가 노나

---

172) 悼公 : 기원전 468년에서 기원전 431년까지 재위하였다.
173) 三晉 : 晉나라의 韓, 魏, 趙 三家를 말한다.
174) 智伯 : 晉나라 執政大臣 智瑤를 가리킨다.
175) 元公 : 기원전 431년에서 기원전 410년까지 재위하였다.
176) 穆公 : 기원전 410년에서 기원전 377년까지 재위하였다.
177) 共公 : 기원전 377년에서 기원전 355년까지 재위하였다.
178) 康公 : 기원전 355년에서 기원전 346년까지 재위하였다.
179) 景公 : 기원전 346년에서 기원전 317년까지 재위하였다.
180) 平公 : 기원전 317년에서 기원전 295년까지 재위하였다.
181) 六國은 韓, 魏, 燕, 楚, 齊, 趙 나라를 말한다. 秦 惠王도 기원전 324년에 왕의 칭호를 사용하였다.
182) 秦 惠王 : 기원전 337년에서 기원전 311년까지 재위하였다.
183) 文公 : 기원전 295년에서 기원전 272년까지 재위하였다.
184) 楚 懷王 : 기원전 329년에서 기원전 299년까지 재위하였다.
185) 頃公 : 기원전 272년에서 기원전 248년까지 재위하였다.

라를 정벌하고 서주(徐州)를 빼앗았다. 24년, 초 고열왕(楚考烈王)이 노나라를 정벌하여 멸망시켰다. 경공은 도망하여, 변읍(卞邑)으로 옮겨가서 평민이 되었다. 이로써 노나라의 종묘사직이 단절되었다. 경공이 가읍(柯邑)에서 죽었다.

노나라는 주공에서 경공까지 모두 34세(世)였다.

태사공(太史公)이 말하였다.

"나는 공자(孔子)가 '심하도다! 노나라의 도의 쇠약해짐이여! 그러나 수수(洙水)와 사수(泗水) 사이[186]는 은은한 정이 남아 있구나'라고 한 찬양을 들은 적이 있다. 경보(慶父), 숙아(叔牙), 민공(閔公) 당시를 관찰해보니, 어찌 그리 혼란하였던가? 은공(隱公), 환공(桓公)의 일, 양중(襄仲)이 적자를 살해하고 서자를 옹립한 일, 삼환(三桓)이 북쪽을 바라보며 신하가 되고서도 친히 소공(昭公)을 공격하여 소공이 달아난 일 등을 보면, 읍양(揖讓)의 예의를 따랐건만, 벌어진 일들은 어찌 그리 험난하였던가?"

---

186) 洙水와 泗水의 물줄기가 魯나라 도성을 지난다. "洙泗之間"은 孔子가 講學하던 곳이다.

권34 「연소공세가(燕¹⁾召公世家)」 제4

소공(召公) 석(奭)²⁾은 주(周)나라 왕실과 같은 성인 희씨(姬氏)이다. 주나라 무왕(武王)이 상(商)나라 주왕(紂王)을 멸망시킨 후에, 소공을 북연(北燕)³⁾ 지역의 제후에 봉하였다.

성왕(成王) 때 소공은 삼공(三公)⁴⁾ 중의 하나인 높은 지위에 오르게 되었고, 섬(陝)⁵⁾의 서쪽 지역을 관장하게 되었다. 그리고 그 동쪽 지역은 주공(周公)⁶⁾이 관할하게 되었다. 성왕이 나이가 어렸기 때문에 주공이 국정을 대행하여 국사를 관장하자, 소공은 주공이 천자의 지위를 탐하지는 않을지 의심하였다. 이에 주공은 「군석(君奭)」⁷⁾이라는 제목의 글을 썼다. 그래도 소공이 주공을 고깝게 생각하자 주공은 "상나라 탕왕(湯王)에게는 이윤(伊尹)⁸⁾이라는 어진 분이 계시어 하늘의 뜻에 따름으로써 홀

---

1) 燕 : 기원전 11세기에 건국되었다. 지금의 河北省 북부와 遼寧省 兩端에 이르는 지역을 분할받았으며, 동북 지역에까지 영토를 확장한 적이 있다. 수도는 薊(성 터는 지금의 北京市 외곽 서남쪽에 있다)에 두었고, 기원전 222년에 秦나라에 의하여 멸망되었다.

2) 召公은 '邵公'이라고도 하는데, 周代 燕나라의 시조이다. 采邑을 召(성 터는 지금의 陝西省 岐山縣 서남쪽에 있다)에 두었기 때문에 召公이라고 한다. '奭'은 그의 이름이다.

3) 北燕 : 燕나라에 대한 통칭. 당시에는 南燕도 있었으므로 '北燕'이라고 하였다.

4) 三公 : 周나라 때에는 太師, 太傅, 太保를 삼공이라고 하였다. 成王 때에는 召公이 太保로 임명되었다.

5) 陝 : 지명. 지금의 河南省 陝縣.

6) 周公 : 周나라 武王의 아우인 姬旦을 말한다. 采邑을 周(지금의 陝西省 岐山縣 북쪽 지역)에 두었으므로 周公이라고 한다. 그가 왕을 대행하여 국사를 처리한 사실에 대해서는 권33 「魯周公世家」에 상세히 기록되어 있다.

7) 「君奭」 : 周公이 지은 것이라고 전해지는데, 이 글은 『尙書』의 한 편으로 실려 있다.

8) 湯王은 商 왕조를 세운 왕으로, 원래는 商族의 領袖였는데 伊尹을 임용하여 정무를 잘 처리하고 힘을 쌓아서 夏나라를 멸망시킬 준비를 갖추어놓고 전후 11차에 걸쳐 出征하여 인근 국가와 夏나라의 동맹국을 차례로 무너뜨리고 끝으로 夏나라를 멸망시킨 후에 商 왕조를 건립하였다. 伊尹은 商代 초기의 大臣으로 이름이 伊이고, 尹은 관직 명칭이다. 일찍이 湯王을 도와 夏나라 桀王을 멸망시켰다. 湯王이 세상을 떠난 후에는 손자 太甲이 전권을 장악하고 정사를 제대로 처리하지 못하였으며, 伊

륭한 업적을 쌓았고, 태무제 (太戊帝) [9] 때에는 이척 (伊陟) [10]이나 신호 (臣扈) [11] 같은 분이 계시어 하늘의 뜻에 따라 큰 공적을 쌓았으며, 무함 (巫咸) [12] 같은 대신이 왕가 (王家)를 보필하였다. 조을제 (祖乙帝) [13] 때에는 무현 (巫賢) [14] 같은 어진 신하가 있었으며, 무정제 (武丁帝) [15] 때에는 감반 (甘般) [16] 같은 어진 신하가 있었다. 이분들이 모두 현신 (賢臣)으로서 신하의 도리를 다함과 동시에 온갖 힘을 다 기울여 군왕을 보필함으로써 상나라 왕조가 안정되었고 나라가 잘 다스려지게 되었다"라고 말하였다. 그제서야 비로소 소공은 주공이 국사를 관장하는 것에 대하여 기쁘게 생각하였다.

소공이 섬서 (陝西) 지역을 다스릴 때 널리 많은 백성들의 환심을 얻었다. 그가 여러 향촌 (鄕村)과 도시를 순시할 때에는 으레 팥배나무〔甘棠樹〕를 심어놓고 그 아래에서 송사 (訟事)를 판결하였고 정사 (政事)를 처리하였다. 그리고 후 (侯)와 백 (伯) 같은 귀족에서부터 농사에 종사하는 일반 백성들에 이르기까지 적절하게 일을 맡김으로써 직무나 직업을 잃은 사람이 한 사람도 없도록 하였다. 소공이 죽자 백성들은 소공의 정치적 공적을 사모하고 팥배나무를 그리워한 나머지 그 나무를 잘 보존하고 잘 길렀으며 "감당 (甘棠)" [17]이라는 제목의 시를 지어서 그의 공덕을 가송 (歌頌)하였다.

소공으로부터 9대를 내려오면 혜후 (惠侯)에 이른다. 연 혜후가 제후에 봉해진 시기는 바로 주 여왕 (周厲王) [18]이 체 (彘) 지방으로 도망친 후에

尹을 쫓아냈다. 3년 후에 太甲이 잘못을 깨우치고 다시 그를 복직시켰다.
9) 太戊帝 : 商代에 賢臣들을 많이 임용하여 國事를 잘 다스림으로써 商 왕조를 부흥시켰다.
10) 伊陟 : 伊尹의 아들. 太戊帝가 그를 재상으로 삼았다.
11) 臣扈 : 太戊帝 때의 賢臣.
12) 巫咸 : 太戊帝 때의 大臣. 톱풀〔蓍草〕로 점을 치는 법을 최초로 창안한 사람이라고 전해진다.
13) 祖乙帝 : 商나라 제14대 군주.
14) 巫賢 : 巫咸의 아들.
15) 武丁帝 : 商나라 제23대 군주. 어렸을 때에는 일반 백성들의 틈에 끼어 생활하였으며, 즉위한 후에는 傅說, 甘般 같은 대신들을 중용함으로써 통치 기반을 더욱 공고히 하였다고 한다.
16) 甘般 : 武丁帝 때의 大臣.
17) "甘棠" : 『詩經』 「召南」 편에 이 시가 실려 있다.
18) 周 厲王 : 본명은 姬胡이다. 榮夷公을 등용시켜 정무를 집행하도록 하였고, '專利'

공화정 (共和政) [19])이 실시되던 시기에 상당한다.

연 혜후가 죽은 다음 그의 아들인 희후(釐侯)가 그 뒤를 이었다. 그해에 주나라에서는 선왕(宣王) [20])이 새로 즉위하였다. 희후 21년에 정(鄭)나라에서는 환공(桓公) [21])이 처음으로 제후에 봉해졌다. 36년에 희후가 죽자 그의 아들인 경후(頃侯)가 즉위하였다.

경후 20년에 주나라에서는 여색에 빠져서 정사를 소홀히 하던 유왕(幽王)이 견융(犬戎)에 의하여 시해되었다. [22]) 그리고 진(秦) [23])나라가 처음으로 제후에 봉해졌다.

24년에 경후가 죽자 아들인 애후(哀侯)가 즉위하였다. 애후가 2년 만에 죽고 아들 정후(鄭侯)가 뒤를 이었다. 정후는 36년간 후위에 머물다가 죽고 아들인 목후(繆侯)가 뒤를 이어 즉위하였다.

연나라 목후 7년은 노 은공(魯隱公) 원년에 상당한다. 목후는 18년 만에 죽고 아들인 선후(宣侯)가 뒤를 이어 즉위하였다. 선후는 13년 만에 죽고 아들 환후(桓侯)가 뒤를 이어 즉위하였다. 환후는 7년 만에 죽고 아들 장공(莊公) [24])이 후위를 이었다.

연나라 장공 12년에 제(齊)나라에서는 환공(桓公)이 처음으로 칭패(稱霸)하였다. 장공 16년에는 송(宋)나라, 위(衛)나라와 함께 주나라 혜왕(惠王)을 공격하였다. [25]) 혜왕이 온읍(溫邑) [26])으로 도망을 치자 혜왕의

를 행하였으며, 또 衛巫에게 명령을 내려 '國人'을 감시하도록 하고는 그의 사람들을 죽이려고 하다가 반항을 불러일으켰다. 기원전 842년에 '國人'이 폭동을 일으키자 그는 彘(지금의 山西省 霍縣) 지역으로 도망쳤다.

19) 共和政에 관하여는 권32 「齊太公世家」를 참고할 것.

20) 周 宣王의 본명은 姬靜으로 厲王의 아들이다.

21) 鄭 桓公의 본명은 姬右이고, 鄭나라를 처음 분봉받은 제후이다. 옛 터는 지금의 陝西省 華縣이다.

22) 周 幽王이 犬戎에 의해서 시해된 사건에 대하여는 권32 「齊太公世家」 莊公 24年의 〈주 49〉를 참고할 것. 또한 이 사건에 대하여는 권4 「周本紀」에도 상세히 기록되어 있다.

23) 秦 : 嬴氏 姓의 제후국. 非子가 처음으로 秦(지금의 甘肅省 張家川 동쪽)에 분봉되어 周 王朝에 附庸하였다. 秦 襄公에 이르러 周 平王의 東遷을 護送한 공로로 인하여 제후국으로 봉해지기 시작하였다.

24) 燕나라에서는 莊公 때부터 公이라고 칭하기 시작하였다.

25) 燕, 宋, 衛 세 나라가 공동으로 周 惠王을 공략한 것에 대하여는 권4 「周本紀」에 상세히 기록되어 있다.

26) 溫邑 : 지금의 河南省 溫縣의 경계 지역.

아우인 희퇴(姬頹)를 주나라 왕으로 옹립하였다. 장공 17년에 정나라가
연나라 중보(仲父)를 체포 구금하고 나서 그곳에 붙잡혀 있던 혜왕을 풀
어주어 주나라로 돌려보냈다. 장공 27년에 산융(山戎)[27]이 연나라를 침
범하자 제나라 환공이 연나라를 구원해준 덕택에 산융을 북쪽으로 쫓아보
내는 데 성공하고 돌아왔다. 연나라 임금이 제나라 환공을 배웅하기 위하
여 국경 밖에까지 나가자 제나라 환공은 곧 연나라 임금이 친히 배웅나온
땅까지를 연나라에 떼어주었고, 연나라 임금으로 하여금 자기와 함께 천
자에게 조공을 바치도록 하였는데, 조공으로 바친 물품이 성주(成周)
때[28]와 차이가 없었다. 그리고 또 연나라 임금으로 하여금 예전에 하던
소공(召公)의 법도를 어기지 않고 다시 잘 따르도록 하였다. 장공이 후위
에 오른 지 33년 만에 죽자 아들인 양공(襄公)이 뒤를 이어 즉위하였다.

양공 26년에 진 문공(晉文公)[29]은 천토(踐土)에서 제후의 회맹(會盟)
을 소집하여 패주(覇主)로 뽑혔다. 31년에는 진(秦)나라 군사가 효산(殽
山)에서 진(晉)나라 군사에게 패하였고, 37년에 진 목공(秦穆公)[30]이 죽
었다. 40년에 양공이 죽고 환공(桓公)이 즉위하였다.

환공은 16년 만에 죽고 선공(宣公)이 즉위하였다. 선공은 15년 만에
죽고 소공(昭公)이 뒤를 이었다. 소공은 13년 만에 죽고 무공(武公)이
뒤를 이었다. 그해에는 진(晉)나라가 삼극대부(三郤大夫)를 주멸(誅滅)
시킨 일도 일어났다.

무공은 19년 만에 죽고 문공(文公)이 즉위하였다. 문공은 6년 만에 세

---

27) 山戎 : 부족 명칭으로 '北戎'이라고도 한다. 지금의 河北省 북부에 거주하였으며,
鄭, 齊, 燕 등 여러 나라를 침략한 적이 있다.

28) 成周 때라는 것은 周나라 초기를 가리킨다. 成王 때 周公은 洛邑을 건설하고
그곳을 東都로 삼았는데, 그것을 일러 成周라고 한다.

29) 晉 文公 : 본명은 重耳이다. 재위 기간(기원전 636-기원전 628년) 중에 그는 군
사력을 강화함으로써 국력을 強盛하게 하였다. 또한 周나라 왕실의 내란을 평정하고
周 襄王의 복위를 받아들임으로써 '尊王'을 부르짖었다. 城濮에서 벌어진 전쟁에서
楚나라 군사를 대파하였으며, 아울러 踐土(지금의 河南省 原陽縣 서남쪽)에서 개최
된 제후의 會盟에서 覇主로 뽑히기도 하였다. 그의 사적에 관해서는 권39 「晉世家」
에 상세히 기록되어 있다.

30) 秦 穆公 : 秦나라 군주로 본명은 嬴任好이다. 百里奚, 蹇權, 由餘 같은 신하들을
謀臣으로 임용하여 晉나라를 격파하였고, 梁, 芮 두 나라를 멸망시켰다. 후에는 殽
(지금의 河南省 陝縣 동쪽)에서 晉나라 군대의 기습 공격을 받아 대패하였다. 그후
로는 영토를 서쪽으로 확장시키고자 노력하여 12개 나라를 섬멸하고는 覇西戎이라고
하였다. 권5 「秦本紀」에 상세한 기록이 있다.

상을 떠났으며 의공(懿公)이 즉위하였다. 의공 원년에 제(齊)나라에서는 대부인 최저(崔杼)[31]가 임금인 장공(莊公)을 시해하는 일이 일어났다. 의공은 재위 4년 만에 죽고 아들인 혜공(惠公)이 즉위하였다.

혜공 원년에 제(齊)나라의 고지(高止)가 연나라로 도망쳐왔다. 6년에는 이런 일이 있었다. 혜공은 많은 총신(寵臣)[32]들을 두고 있었는데, 혜공이 여러 대부들을 배제하고 총신 송(宋)을 중용하려고 하자 그 낌새를 눈치챈 대부들이 힘을 합쳐 송을 죽여버렸다. 그런 일이 있은 후로 혜공은 두려운 나머지 제나라로 도망갔다. 4년에, 제나라의 고언(高偃)이 진(晉)나라로 가서 함께 연나라를 토벌하여 연 혜공을 돌려보내자고 청하였다. 진(晉)나라의 평공(平公)이 그 계획을 받아들여서 제나라와 함께 연나라를 토벌하여 혜공을 연나라로 돌아가게 하였다. 혜공이 연나라로 돌아와서 곧 죽어버리자 연나라 사람들은 도공(悼公)을 옹립하였다.

도공이 재위 7년 만에 죽자 공공(共公)이 즉위하였다. 공공은 5년 만에 세상을 하직하였고 평공(平公)이 뒤를 이었다. 진(晉)나라에서는 군권(君權)이 쇠약한 틈을 타서 육경(六卿)[33]들의 세력이 점차 비대해지기 시작하였다. 평공 18년에는 오왕(吳王) 합려(闔閭)[34]가 초(楚)나라를 공략하여 수도인 영(郢)[35]에까지 진입하였다. 평공은 재위 19년 만에 세상을 떠났고, 후위를 물려받았던 간공(簡公)이 재위 12년 만에 세상을 떠나자, 헌공(獻公)이 즉위하였다. 진(晉)나라에서는 대신 조앙(趙鞅)[36]이 조가(朝歌)[37]에서 대신인 범길석(范吉射)과 중항인(中行寅)을 포위하였다. 헌공 12년에는 제나라 전상(田常)[38]이 자기 나라의 임금인 간공(簡

---

31) 崔杼 : 齊나라의 大夫로 그에 관한 기록이 권32「齊太公世家」에 있다.
32) 寵臣 : 원래에는 "寵姬"로 적혀 있는데, 『史記志疑』에서 "姬"는 "臣"의 오류라고 지적하였다. 또한 이 단락의 원문에서는 "臣"을 "姬"로 잘못 적은 예가 두 군데나 더 있다.
33) 六卿 : 晉나라의 여섯 大臣들, 즉 韓氏, 趙氏, 魏氏, 范氏, 智氏, 中行氏를 말한다.
34) 闔閭 : 본명은 姬光이다. 춘추시대 말기에 覇主가 되었다.
35) 郢 : 楚나라의 都城. 지금의 湖北省 江陵縣 서북쪽에 있는 紀南城을 가리킨다.
36) 趙鞅 : 晉나라의 大臣. 그가 朝歌城을 포위한 사건에 관해서는 권39「晉世家」定公 15년에 상세히 기록되어 있다.
37) 朝歌 : 晉나라의 읍 이름. 朝歌城은 지금의 河南省 淇縣에 있었다.
38) 田常 : 齊나라의 大臣. 그는 簡公을 죽인 후에 平公을 옹립하고 자신은 재상이 되었다. 그는 公族 가운데 힘있는 사람은 모두 죽여버렸고, 封邑을 확장하였다. 이때

公)을 시해하는 일이 벌어졌다. 14년에 공자가 죽었다. 28년에 헌공이
죽자 효공(孝公)이 즉위하였다.

효공 12년에 진(晉)나라에서는 여섯 대신 중에서 한 강자(韓康子), 위
환자(魏桓子), 조 양자(趙襄子) 세 사람이 같은 여섯 대신 중의 한 사람
인 지백(知伯)을 죽이고 그의 영지(領地)를 나누어 가졌고, 이후 삼진
(三晉)³⁹⁾의 세력은 점차 강성해지기 시작하였다.

15년에 효공이 세상을 떠나자 성공(成公)이 즉위하였다. 성공은 16년
만에 세상을 떠났고 민공(湣公)이 즉위하였다. 민공은 31년 만에 세상을
떠났고, 희공(釐公)이 뒤를 이어 즉위하였다. 같은 해에 삼진(三晉), 즉
한(韓), 위(魏), 조(趙)는 주 천자에 의하여 각각 제후로 공식 인정되었
다.

희공 30년에 임영(林營)⁴⁰⁾에서 제나라 군사를 격파하였다. 희공이 서
거하자 환공(桓公)이 즉위하였다. 환공은 11년 만에 서거하였고 문공(文
公)이 뒤를 이어 즉위하였다. 그해에 진 헌공(秦獻公)이 서거하였다. 그
이후로 진(秦)나라가 더욱 강성해졌다.

문공 19년에 제나라 위왕(威王)⁴¹⁾이 죽었다. 28년에는 소진(蘇秦)⁴²⁾이
최초로 연나라 문공을 배견(拜見)하러 와서 문공에게 자신의 주장을 선양
(宣揚)하였다. 문공이 그에게 말과 수레 그리고 돈과 비단을 주어 조(趙)
나라로 보내자 조나라 숙후(肅侯)가 그를 임용하였다. 6국(六國)⁴³⁾이 연
맹을 형성함에 따라 연나라 문공이 그 연맹의 우두머리가 되었다. 진(秦)
나라의 혜왕(惠王)은 자신의 딸을 연나라로 시집 보내어 태자의 아내가
되게 하였다.

부터 齊나라는 田常에 의하여 專政되었다. 그의 사적에 관해서는 권32 「齊太公世家」
簡公 4년에 상세히 기록되어 있다

39) 三晉 : 韓, 魏, 趙 세 大臣이 晉나라를 三分한 이후의 세 나라를 역사에서는 통칭
하여 三晉이라고 한다.
40) 林營 : 지명. 지금의 어느 지역에 해당하는지는 분명하지 않다. 일설에는 수풀이
우거진 곳에 立營하였기 때문에 그렇게 명명하였다고 한다.
41) 齊 威王의 본명은 田因齊이다. 그의 사적에 관해서는 권46 「田敬仲完世家」에 상
세히 기록되어 있다.
42) 蘇秦 : 전국시대의 유명한 縱橫家로 그의 사적에 관해서는 권69 「蘇秦列傳」에 상
세히 기록되어 있다.
43) 六國 : 戰國 7雄 중에서 秦을 제외한 齊, 燕, 楚, 韓, 魏, 趙 여섯 나라를 말한
다.

  29년에 문공이 서거하자 태자가 후위를 물려받았으니, 그가 바로 역왕(易王)[44]이다.

  역왕이 막 즉위하였을 때 제 선왕(齊宣王)은 문공의 장례를 틈타서 연나라를 침략하여 10개 성(城)을 탈취하였는데, 소진(蘇秦)이 제나라를 설득시켜 그 10개 성을 연나라로 되돌려주게 하였다. 즉위한 지 10년 되던 해부터 연나라 임금은 왕이라고 칭하기 시작하였다. 소진이 연나라 문공의 부인과 남몰래 간통하였다. 그러한 일로 죽음을 당할까 두려움을 느낀 소진은 왕을 꼬여서 자신을 제나라에 사신으로 파견해서 보내주면 반간계(反間計)를 써서 제나라를 교란시킬 묘책을 찾아보겠노라고 하였다. 역왕은 재위 12년 만에 세상을 떠났고 그의 아들인 희쾌(姬噲)가 왕위에 올랐다.

  쾌가 연나라 왕으로 즉위한 후에 제나라 사람이 소진을 죽였다. 소진이 연나라에 있을 때 재상인 자지(子之)와 사돈 관계를 맺었고, 그의 아우인 소대(蘇代) 또한 자지와 교분을 맺었다. 소진이 죽고 나서 제나라 선왕은 다시 소대를 등용시켰다. 연왕 쾌가 즉위한 지 3년째 되던 해에 연나라는 초나라 및 한, 위, 조 삼진(三晉)과 더불어 진(秦)나라를 공격하였으나 실패하고 돌아오게 되었다. 자지는 연나라의 재상이 된 이후로 지위가 더욱 높아지고 권세가 강해져서 결국에는 국사(國事)를 좌지우지하게 되었다. 소대가 제나라 사신으로 연나라에 당도하였을 때 연왕이 그에게 "제나라 왕은 어떠하오?"라고 묻자 "패주가 되기는 틀렸습니다"라고 대답하였다. 연왕이 "어찌 그러한가?"라고 되묻자 "자신의 신하를 신임하지 않기 때문입니다"라고 대답하였다. 소대는 그러한 말로 연왕으로 하여금 자지를 더욱 존숭하도록 할 속셈이었다. 과연 연왕이 자지를 크게 신임하자, 자지는 소대에게 100금(金)[45]을 마음대로 쓰도록 주었다.

  녹모수(鹿毛壽)[46]가 연나라 왕에게 말하기를 "나라를 국상(國相)인 자지에게 모두 양위함은 옳지 못하옵니다. 사람들이 요(堯)임금을 현인이

---

44)　易王 : 정식으로 王이라고 칭한 것은 그가 즉위한 지 10년째 되던 해부터이다.
45)　金 : 黃金의 단위 명칭. 옛날에는 1鎰(20兩 혹은 24兩에 상당한다)을 1金이라고 하였다.
46)　鹿毛壽 : 사람 이름. 성이 鹿毛이고 壽는 이름이다. 『韓非子』에는 "潘壽"라고 기록되어 있다.

98

라고 말하는 까닭은 그가 임금의 지위를 허유(許由)⁴⁷⁾에게 넘겨주려고
하였기 때문입니다. 허유가 받아들이지 않았지만 말입니다. 그런 일로 인
해서 그는 임금의 지위를 양위하려고 하였다는 명성을 얻게 되었을 뿐,
실제로 임금의 지위를 잃어버리지도 않았습니다. 만약 지금 임금께서 국
가를 자지에게 양위하겠다고 하신다면 자지는 감히 받아들이지 않을 것이
분명합니다. 그렇게 하신다면 임금께서 요임금과 똑같은 덕행을 쌓게 되
는 결과를 낳을 것입니다"라고 하였더니 연나라 왕은 나라를 자지에게 맡
겼고, 자지는 지극히 존귀한 지위를 차지하게 되었던 것이다. 어떤 이가
말하기를 "우(禹)⁴⁸⁾임금이 익(益)⁴⁹⁾을 후계자로 천거하였고, 이어서 자
신의 아들인 계(啓)와 친한 사람들을 관리로 임용하였다. 우임금은 자신
이 노약해져서 정무를 돌보지 못할 입장이 되자 아들인 계가 천하를 맡을
만한 인물이 못 된다고 여기고는 임금의 자리를 익에게 물려주었다. 얼마
되지 아니하여 계가 자신의 무리들과 힘을 합쳐 익을 공격하여 왕권을 탈
취하였다. 그런 일이 있은 후로 세상 사람들은 우임금이 명의상으로는 나
라를 익에게 물려준 셈이나 실제로는 얼마 후 아들 계로 하여금 스스로
왕권을 차지하게 한 것일 따름이라고 하였다. 지금 연나라 왕이 나라를
자지에게 맡겼으나 관리들은 모두 태자 쪽 사람이 아닌 자가 하나도 없
다. 이것은 명의상으로 자지에게 맡겼을 따름일 뿐이며 실제로는 태자로
하여금 권리를 쥐게 하기 위한 수작에 불과한 것이다"라고 비꼬았다. 연
나라 왕은 그것 때문에 300석 이상의 봉록(俸祿)을 받는 고관의 임용권
을 자지에게 위양해주었다. 자지는 임금의 자리에 앉아 국왕의 직권을 행
사하였고, 연나라 왕 쾌(噲)는 늙어서 정사를 처리하지 못하였을 뿐만 아
니라 도리어 자지의 신하 신세가 되었다. 그리고 나라의 모든 일이 자지

47) 許由 : 사람 이름. 堯임금이 君位를 그에게 물려주려고 하자 뿌리치고 箕山으로
 가서 농사를 짓고 살았다고 한다.
48) 禹 : 夏禹를 가리킨다. 그는 원래 虞舜의 大臣이었는데, 후에 治水에 공을 세움에
 따라 그의 후계자로 선발되어 舜임금이 세상을 떠난 후에 즉위하여 국호를 夏라고
 하였다. 그가 夏后氏 부족에 속하였으므로 夏 王朝를 夏后라고도 한다. 권2「夏本
 紀」에 상세한 기록이 있다.
49) 益 : '伯益'이라고도 한다. 그는 목축과 수렵에 능하여 舜임금에 의하여 발탁되었
 고, 禹임금이 그를 중용하였으며, 禹임금을 도와 治水에 공을 세워 그의 후계자로
 추천되었으나 禹임금이 세상을 떠난 후에 禹의 아들인 啓가 왕위를 이었고, 그는 啓
 와의 투쟁중에 피살되었다고 한다. 그러나 일설에는 그가 왕위를 啓에게 양보해주었
 다고도 한다.

에 의하여 결정되었다.

　자지가 왕권을 차지한 지 3년 되던 해에 연나라에서 큰 난리가 나서 고관들이 공포에 떨게 되었다. 장군 시피(市被)가 태자 평(平)과 모의해서 자지를 공격하려고 하자 제나라 여러 장군들은 민왕(湣王)에게 "연나라가 대란에 휘말려 있을 기회를 틈타서 공격하면 반드시 연나라를 차지할 수 있을 것입니다"라고 하였다. 그 소식을 접한 제나라 왕이 사람을 보내서 연나라 태자 평에게 "과인이 듣기로는, 태자께서 큰 뜻을 품어, 사사로움을 버리고 공의(公義)를 수립하고 군신의 대의를 바로잡고 부자의 지위를 명확히 할 계획을 꿈꾸고 계신다고 하더이다. 과인의 나라는 규모가 적어 선봉(先鋒)이나 후위(後衛)가 되기에는 너무나 힘겨운 일이겠으나 태자께서 명령하신다면 기꺼이 따르겠소"라는 전갈을 전하였다. 때문에 태자는 무리를 짓고 군대를 모아서 장군 시피에게 공궁(公宮)을 포위하여 자지를 습격하게 하였으나 성공을 거두지 못하였다. 장군 시피는 백관들과 함께 기수를 돌리어 태자 평을 공격하다가 전사하였다. 태자는 시피가 죽은 후에 그 시체를 뭇사람들이 보도록 거리에 내다놓았다. 이리하여 수 개월간에 걸친 동란으로 수만명의 사람들이 죽었고 백관들은 어찌할 바를 모른 채 우왕좌왕할 따름이었다. 맹자(孟子)가 제나라 왕에게 "이 기회에 연나라를 정벌하는 것은 주나라 문왕과 무왕이 상나라를 정벌한 것과 같은 호기이니 이 기회를 놓치면 아니 될 것입니다"[50]라고 건의하자 제나라 왕이 장자(章子)[51]로 하여금 5도(五都)[52]의 군사와 북방의 군인들을 이끌고 가서 연나라를 공격하도록 명하였다. 연나라 군사들은 방어할 마음도 없었을 뿐만 아니라 성문(城門)도 닫지 않고 활짝 열어놓았고, 마침 연나라 임금 쾌가 죽었으므로 제나라가 대승을 거두었다. 연나라의 국상 (國相) 자지가 죽은 지 2년 뒤에 연나라 사람들은 태자 평을 옹립하였으

---

50)　孟子의 이 말은 『戰國策』에서부터 인용된 것이라고 하는데, 이것은 분명히 齊나라가 燕나라를 정벌한 것을 긍정하고 있다. 그런데 이때의 齊와 燕 나라에 대해서는 『孟子』의 「梁惠王」편, 「公孫丑」편에도 나와 있는데, 그것에 의하면 孟子는 이 말과 같은 의미에서 燕나라를 정벌할 것을 긍정한 것은 아니다. 따라서 이런 말을 孟子가 하였는지에 대해서는 의문을 가지는 사람들이 많다.

51)　章子 : 齊나라의 大將 章匡을 말한다.

52)　五都 : 전국시대 齊나라가 설치한 일급 행정구역으로 臨淄, 平陸, 高唐, 卽墨, 莒 이상 다섯 城을 말하는 것으로 추정되며, 이것의 성질은 당시 다른 나라들이 설치한 郡과 유사한 것이었다. 각 郡에는 정예 상비군을 두고 있었다.

니 그가 바로 연나라 소왕(昭王)[53]이다.

　연나라 소왕은 나라가 침략을 당하여 망하기 일보 직전에 왕위에 올랐기 때문에 공손한 태도로 많은 예물을 갖추어 현자들을 널리 초빙하였다. 그는 대신인 곽외(郭隗)에게 당부하기를 "제나라가 우리가 혼란에 빠진 틈을 이용하여 기습적으로 공격을 가해와서 나라가 거의 망할 지경에 이르렀소. 우리는 국토가 좁고 힘이 약하기 때문에 이 상태로는 원수를 갚을 수 없다는 사실을 익히 잘 알고 있소. 그러나 현사(賢士)를 얻어서 함께 국가를 다스리는 데 매진하여 선왕의 치욕을 말끔히 씻는 것이 과인의 소망이오. 그대가 만약 마땅한 사람을 만나게 되면 일러주시오. 그러면 과인이 직접 찾아가서 모셔오겠소"라고 말하였다. 곽외가 그 말을 듣고 나서 "임금께서 현사를 초빙할 생각이 있으시다면 먼저 저를 불러주십시오. 그러면 저보다 현명한 사람들이 어찌 천리 먼길을 마다하겠습니까!"라고 대답하였다. 그래서 소왕은 곽외에게 주택을 마련해주었을 뿐만 아니라 그를 스승으로 받들어 모셨다. 그런 일이 있은 후로 군사 전략가인 악의(樂毅)[54]가 위(魏)나라로부터 달려왔고, 음양오행에 해박한 추연(鄒衍)[55]이 제나라로부터 달려왔으며, 그리고 힘이 세기로 이름난 극신(劇辛)[56]이 조(趙)나라로부터 귀순해오는 등 많은 인사들이 앞을 다투어 연나라로 몰려왔다. 연나라 왕은 사람이 죽는 일이 생기면 일일이 찾아가 애도를 표하고 유족들을 위문하는 등 신하와 더불어 기쁨과 슬픔을 같이하였다.

　소왕 28년에 연나라는 생활이 부유해짐에 따라 병사들은 쾌락에 빠졌고 안일해져서 전쟁과 같은 일에는 관심도 없어졌다. 그래서 악의를 최고 사령관으로 임명하여 진(秦), 초, 그리고 한, 조, 위 다섯 나라와 모의해서 제나라를 공격하였다. 제나라 병사들은 전쟁에 패하여 뿔뿔이 흩어졌고, 민왕은 도성을 버리고 외지로 달아났다. 다섯 나라 중에서 오직 연나

---

53) 昭王：燕王 噲의 아들. 기원전 311년에서 기원전 279년까지 재위하였다. 일설에 따르면 昭王은 公子의 직에 머물렀다고 한다. 권43 「趙世家」 참조.
54) 樂毅：中山國 靈壽(지금의 河北省 平山縣 동북쪽) 태생으로 전국시대의 유명한 군사 전문가이다.
55) 鄒衍：齊나라 稷下(지금의 山東省 淄博市) 태생으로 전국시대 陰陽五行家의 대표적인 인물이다.
56) 劇辛：趙나라 사람인데, 후에 燕나라의 大將이 되었다.

라 병사들만은 패주하는 제나라 병사들을 끝까지 쫓아가서 제나라의 도성
인 임치(臨淄)에까지 진입하여 제나라가 보유하고 있던 모든 보물들을 노
획하였으며, 궁실과 종묘를 불살라버렸다. 제나라의 여러 성 중에서 함락
되지 않은 것으로는 오로지 요읍(聊邑),[57] 거읍(莒邑),[58] 그리고 즉묵
(卽墨)[59]밖에 없었고, 그 나머지는 모두 연나라에 예속되었다. 그러한
상태는 6년간이나 오래 지속되었다.

소왕이 재위 33년 만에 죽자 아들 혜왕(惠王)이 즉위하였다.

혜왕이 태자로 있을 때 악의와 사이가 좋지 않았다. 혜왕은 왕위에 오
른 후에 그를 신임하지 않았으므로 기겁(騎劫)으로 하여금 악의가 맡고
있던 사령관직을 대행하도록 하였다. 악의는 조나라로 도망갔다. 제나라
의 전단(田單)[60]은 즉묵에서 군사를 일으켜서 연나라 군사를 물리쳤고,
대장인 기겁이 죽자 연나라 군사들이 모두 자기 나라로 철수하였으므로
제나라는 예전의 성들을 모두 되찾게 되었다. 민왕이 거성(莒城)에서 서
거하자 그의 아들이 왕위를 물려받았는데 그가 바로 양왕(襄王)이다.

연 혜왕(燕惠王)은 재위 7년 만에 죽었다. 한, 위, 초 세 나라가 힘을
합쳐 연나라를 공격하였다. 연나라에서는 무성왕(武成王)이 즉위하였다.

무성왕 7년에 제나라의 전단이 연나라에 쳐들어와서 중양(中陽)[61] 땅
을 차지하였다. 13년에는 진(秦)나라가 장평(長平)[62]에서 조나라 군사
40여 만 명을 격파하였다. 14년에 무성왕이 죽고 아들 효왕(孝王)이 즉
위하였다.

효왕은 원년에 한단(邯鄲)[63]을 포위하고 있던 진(秦)나라 군사들의 포

---

57) 聊邑 : 지금의 山東省 聊城縣 서북쪽.
58) 莒邑 : 지금의 山東省 莒縣.
59) 卽墨 : 齊나라의 읍 이름. 지금의 山東省 平度縣 동남쪽.
60) 田單 : 齊나라 臨淄 사람으로 燕나라 군사가 齊나라에 쳐들어왔을 때 卽墨邑을 고
    수하였다. 후에 反間計를 써서 燕 惠王으로 하여금 대장을 騎劫으로 바꾸도록 하고
    는 火攻으로 燕나라 군사를 격파하고 예전에 잃은 70여 개 성을 되찾았다. 齊 襄王
    은 그를 재상으로 임용하고는 安平君으로 봉하였다. 권82 「田單列傳」에 상세한 기록
    이 있다.
61) 中陽 : 즉 '中人亭'을 말한다. 지금의 河北省 唐縣 서남쪽에 있었다.
62) 長平 : 趙나라 소속의 읍 이름. 지금의 山西省 高平縣 서북쪽에 있었다. 秦나라의
    장군 白起가 이곳에서 趙나라 장군 趙括이 이끄는 군사를 대파하여 군사 40만 명을
    坑 속에 파묻어 죽였다고 한다. 권73 「白起王翦列傳」에 상세한 기록이 있다.

위망을 헤치고 달아났다가 3년 후에 세상을 떠났고, 왕위는 아들인 금왕(今王) 희(喜)[64]가 물려받았다.

금왕 희(喜) 4년에 진(秦)나라에서는 소왕(昭王)이 죽었다. 연나라 왕은 재상인 율복(栗腹)에게 명을 내려 조나라와 우호동맹을 맺게 하고 500금(金)을 보내어 조나라 왕의 무병장수를 빌게 하였다. 그가 돌아와 연나라 왕에게 보고하기를 "조나라 백성들 중에 장성한 사람들은 장평(長平) 전쟁 때 모두 죽었고 살아남은 아이들은 성년이 되지 않았으므로 이 기회를 틈타서 공격해들어가면 성공을 거둘 것입니다"라고 말하였다. 왕은 창국군(昌國君) 악간(樂間)[65]을 불러 이 일에 대해서 자문을 구하였다. 그는 "조나라는 동서남북 사면에 적국을 두고 있고 사면에서 전쟁을 치른 경험이 있는 국가인 데다가 백성들 모두가 전쟁이라면 이력이 난 사람들이므로 공격해보았자 가망이 없을 것입니다"라고 대답하였다. 왕이 "우리가 다섯으로 하나를 칠 정도로 수적인 우위를 점하고 있는데도 말인가?"라고 되묻는 말에 그가 "그래도 안 될 것입니다"라고 대답하자, 왕은 화를 냈고, 여러 신하들은 한결같이 된다고 여겼다. 결국에는 군사를 발동하기로 결정을 짓고는 군대를 둘로 나누어 편성하고 전차 2,000량(輛)을 마련하여, 군대 하나는 율복이 이끌고 호(鄗)[66]로 공격하고, 또 하나는 경진(卿秦)[67]이 이끌고 대(代)[68]로 진공하기로 하였다. 오직 대부인 장거(將渠) 한 사람만이 왕에게 이르기를 "조나라와 우호동맹을 맺기로 하고 또 500금을 보내어 그 나라 왕의 무병장수를 빌어놓고는 사신이 돌아와 하는 보고만 믿고 도리어 그네들을 공격해들어간다면 그것은 상서로운 일이 되지 못하니 그러한 전쟁은 성공을 거둘 수 없을 것입니다"라고 반대할 따름이었다. 연나라 왕은 그 말을 듣지 않고 친히 군대를 이끌고 전쟁에 가담하였다. 장거는 "왕께서 친히 가셔서는 아니 될 것입니다. 가셔도 성공하지 못할 것입니다"라고 말하며 왕의 옥새 끈을 잡아

63) 邯鄲 : 趙나라의 수도. 지금의 河北省 邯鄲縣 서남쪽.
64) 今王 喜 : 今王이란 현재 집정하고 있는 왕을 말한다. 喜는 燕나라 王의 이름이다. 이것은 司馬遷이 燕나라 史料의 誤用을 그대로 답습한 것이다.
65) 樂間 : 樂毅의 아들. 燕나라의 장수로 공을 세워 昌國君에 봉해졌다.
66) 鄗 : 趙나라의 읍 이름. 지금의 河北省 柏鄕縣 북쪽.
67) 卿秦 : 사람 이름. 일설에 의하면 성은 爰이고 이름이 秦이라고 한다. 卿은 관직 이름이다.
68) 代 : 趙나라의 읍 이름. 지금의 河北省 蔚縣 동북쪽.

당기며 적극 만류하였다. 왕이 그를 발로 걷어차버리자 장거는 울면서
"신은 저 자신을 위해서 그러는 것이 아니라 바로 임금님을 위해서 그러
는 것일 따름입니다!"라고 말하였다. 연나라 군사가 송자(宋子)[69] 땅에
이르자 조나라에서는 염파(廉頗)[70]를 보내어 응전하게 하였는데, 그는
호읍으로 가서 율복이 이끄는 연나라 군사를 격파하였다. 그리고 악승(樂
乘)[71]은 대읍에서 경진의 군사를 대파시켰다. 악간은 조나라로 달아나버
렸다. 염파는 연나라 군대를 500여 리나 뒤쫓아가서 연나라의 수도를 포
위하였다. 연나라가 강화를 요청해오자 조나라는 이에 응하지 않다가, 반
드시 장거로 하여금 강화에 관한 일을 요청해오도록 요구하였다. 연나라
에서는 하는 수 없이 장거를 재상으로 임명하여 강화 회담을 처리하도록
하였다. 조나라는 장거의 청을 받아들여서 연나라를 포위하고 있던 군사
를 풀어주었다.

연왕 희(喜) 6년에 진(秦)나라가 동주(東周)[72]를 멸망시키고 그곳에다
삼천군(三川郡)[73]을 설치하였다. 7년에 진나라가 조나라의 유차(楡次)[74]
등 37개 성을 공략해서 그 지역을 모두 차지하고는 그곳에다 태원군(太原
郡)을 설치하였다. 9년에 진나라 왕 영정(嬴政), 즉 뒤의 진 시황(秦始
皇)이 처음으로 즉위하였다. 10년에는 조나라가 염파를 보내서 번양(繁
陽)[75]을 진공(進攻)하여 탈취하였다. 조나라에서는 효성왕(孝成王)이 죽
자 도양왕(悼襄王)이 즉위하였다. 도양왕이 악승을 파견하여 염파의 직
책을 대신하도록 하자, 염파가 이를 듣지 않고 악승을 치자 악승은 달아
났고 염파는 대량(大梁)[76]으로 도망을 쳤다. 12년에 조나라가 이목(李
牧)[77]을 보내어 연나라를 공격하여 무수(武遂),[78] 방성(方城)[79] 두 곳을

69) 宋子: 楚나라의 지명. 지금의 河北省 趙縣 동북쪽.
70) 廉頗: 趙나라의 名將. 上卿, 相國을 역임하였으며 信平君에 봉해졌다. 권81「廉
頗藺相如列傳」에 상세한 기록이 있다.
71) 樂乘: 樂毅의 친척. 처음에는 燕나라의 장수였으나 후에 趙나라의 장수가 되었
다. 武襄君에 봉해졌다.
72) 東周: 東周 王朝의 말년에는 京城인 洛邑 부근에 하나의 작은 나라로 分立되었으
며, 鞏(지금의 河南省 鞏縣 서남쪽)을 수도로 삼았다.
73) 三川郡: 지금의 河南省 이남의 伊水와 洛水 유역의 땅을 말하며, 옛 성은 지금의
河南省 洛陽市 동북쪽에 있었다.
74) 楡次: 읍 이름. 지금의 山西省 楡次縣.
75) 繁陽: 魏나라의 읍 이름. 지금의 河南省 內黃縣 서북쪽.
76) 大梁: 魏나라의 수도. 지금의 河南省 開封市.

점령하였다. 극신(劇辛)이 예전에는 조나라에 기거하면서 방훤(龐煖)과
친하게 지내다가 후에는 연나라로 도망쳤다. 연나라 왕은 조나라가 수차
에 걸친 진(秦)나라의 침략을 받아서 지칠 대로 지쳐 있고 또 염파마저
조나라를 떠나버렸고 방훤을 대장으로 임명한 것을 보고는 피폐해진 조나
라를 공격할 작정이었다. 그래서 극신에게 의향을 물어보자 그는 "방훤쯤
은 쉽게 해치울 수 있을 것입니다"라고 대답하였다. 그리하여 연나라는
극신을 장군으로 삼아 조나라를 공격하였다. 조나라는 방훤을 보내어 연
나라 군사에 대항해 싸우도록 하여 연나라 군사 2만 명을 무찔렀고 극신
을 죽였다. 진나라가 위(魏)나라의 20개 성을 점령하여 그곳에 동군(東
郡)을 설치하였다. 19년에는 진나라가 조나라의 땅인 업읍(鄴邑)[80]에 있
는 9개 성을 점령하였다. 조나라에서는 도양왕이 죽었다. 23년에는 태자
단(丹)이 진나라에 인질로 붙잡혀갔다가 연나라로 도망쳐서 돌아왔다.
25년에는 진나라가 한(韓)나라 왕 안(安)을 포로로 붙잡고는 한나라 땅
을 점령하여 그곳에다 영천군(潁川郡)을 설치하였다. 27년에는 조나라
왕 천(遷)을 포로로 붙잡아 조나라를 멸망시켰다. 조나라의 공자 가(嘉)
는 대읍(代邑)으로 도망가서는 대왕(代王)[81]이라고 자칭하였다.

  연나라는 진나라가 6국(六國)을 모두 멸망시킬 날이 머지 않았고, 진
나라 병사들이 이미 역수(易水)[82] 지역에까지 밀어닥쳐서 전화가 곧 밀
어닥치게 될 것임을 알게 되었다. 태자 단은 암암리에 신체가 건장한 병
사 20명을 뽑아서 양성하고 형가(荊軻)[83]를 보내어 독항(督亢)[84] 지역의

77) 李牧 : 趙나라의 明將. 공을 세워 武安君에 봉해졌다가, 후에 趙나라의 왕이 秦나
   라의 反間計에 휘말리자 피살되었다.
78) 武遂 : 燕나라의 지명. 지금의 河北省 徐水縣 서북쪽. 일설에 따르면 河北省 武强
   縣 동북쪽이라고도 한다.
79) 方城 : 지금의 河北省 固安縣 남쪽. 권32 「齊太公世家」의 〈주 92〉 참조.
80) 鄴邑 : 지금의 河北省 臨漳縣 서남쪽.
81) 代王 : 秦나라 장수 王翦이 邯鄲을 점거한 후에 趙나라의 공자 嘉가 종족 수백명
   을 거느리고 북으로 도망하여 代邑(趙나라의 지명으로, 지금의 河北省 蔚縣 동북쪽
   이다)에 도읍을 정한 후 자칭 代王이라고 하였다.
82) 易水 : 강 이름. 지금의 河北省 易縣 남쪽에서 시작하여 定興縣으로 유입된다.
83) 荊軻 : 衛나라 사람으로, 자신의 나라가 秦나라에 의하여 멸망하자 燕나라로 도망
   하였다. 燕나라 태자가 그를 매수하여 귀하게 받들고 上卿으로 기용하여, 그와 더불
   어 秦 始皇 암살을 공모하였다. 그의 사적에 관해서는 권86 「刺客列傳」에 상세히 나
   와 있다.
84) 督亢 : 燕나라 남부에 있는 토지가 비옥한 지역. 지금의 河北省 涿州市의 동쪽 근

지도를 진나라에 헌납하도록 함으로써 진나라 왕을 암살하기에 편리하도록 하였다. 그러나 진나라 왕에게 그 계책이 발각되어 형가는 죽임을 당하였다. 진나라는 장군 왕전(王翦)[85]을 보내어 연나라를 공격하였다. 29년에 진나라가 연나라의 도읍지인 계(薊)를 점령하였다. 진나라는 연나라 왕이 멀리 요동(遼東)으로 도망치자 태자인 단을 죽여 그의 머리를 왕에게 바쳤다. 30년에는 진나라가 위나라마저 집어삼켰다.

33년에는 진나라가 요동 지역을 점령하여, 연왕 희(喜)를 사로잡음으로써 드디어 연나라를 멸망시켰다. 그해에 진나라 장수 왕분(王賁)[86]은 조나라의 대왕(代王)인 가(嘉)마저 사로잡아버렸다.

태사공은 말하였다.

"소공(召公) 석(奭)은 어진 사람이라고 말할 수 있을 것이다! 백성들이 그가 그 아래서 정무를 처리하던 팥배나무도 그리워하는데, 하물며 그에 대해서는 어떠하랴? 연나라는 밖으로는 만맥(蠻貊)[87] 등 여러 종족들과 대항하고 안으로는 제(齊)나라와 진(晉)나라에 대항하면서 강국 사이에 끼어 간신히 명맥만을 유지하느라 국력이 가장 약하였고, 거의 멸망 직전에 이른 경우도 한두 차례가 아니었다. 그럼에도 불구하고 800-900여 년간에 이를 만큼 오래도록 사직(社稷)을 보존해왔으며, 희성(姬姓)의 여러 나라들[88] 가운데 가장 오래도록 나라를 보존하였으니, 그것이 소공의 공적으로 말미암은 것이 아니고 무엇이랴!"

교에서 固安에 이르는 일대를 가리킨다.

85) 王翦 : 秦나라의 장수. 군대를 이끌고 趙나라와 燕나라를 전후 몇 차례에 걸쳐 진격한 적이 있으며, 楚나라를 멸망시켰다. 후에 武成侯에 봉해졌다.

86) 王賁 : 王翦의 아들. 수차에 걸쳐 군사를 이끌고 진격하여 魏나라를 멸망시켰고, 燕나라의 遼東 지역을 점령하였고, 齊나라를 멸망시켰다.

87) 蠻貊 : 고대 중국의 華夏族 이외의 여타 부족들에 대한 통칭. 때로는 특별히 동북 지역에 거주하던 부족만을 지칭하기도 하는데, 여기에는 멸시의 뜻이 담겨 있다.

88) 周나라 왕과 같은 姓의 諸侯國들을 말한다.

권35 「관채세가(管蔡世家)」제5

관숙(管叔)¹⁾ 선(鮮)과 채숙(蔡叔)²⁾ 탁(度)은 주(周)나라의 문왕(文
王)의 아들이고, 무왕(武王)의 아우이다. 무왕과 같은 어머니로부터 태
어난 형제는 모두 10명이다. 그의 어머니, 즉 태사(太姒)³⁾는 문왕의 정
비(正妃)이다. 맏아들은 백읍고(伯邑考)이고, 그 다음이 무왕 발(發)이
며, 그 다음이 관숙 선이며, 그 다음이 주공(周公) 단(旦)이고, 그 다음
이 채숙 탁, 조숙(曹叔)⁴⁾ 진탁(振鐸), 성숙(成叔)⁵⁾ 무(武), 곽숙(霍
叔)⁶⁾ 거(處), 강숙(康叔)⁷⁾ 봉(封), 염계(冉季)⁸⁾ 재(載)의 순으로, 염
계 재가 막내이다. 같은 어머니 형제 10명 가운데 오로지 발(發)과 단
(旦) 둘만은 현능(賢能)하여 문왕을 곁에서 보필하였기 때문에 문왕은 맏
아들인 백읍고를 버리고 발을 태자로 삼았다. 문왕이 세상을 떠난 후에
발이 즉위하였으니 그가 바로 무왕이다. 그때에 백읍고는 이미 일찍 죽고
없었다.

무왕이 은(殷)나라의 주왕(紂王)을 멸망시키고 천하를 평정한 다음,
공신들과 자신의 형제들을 제후로 봉하였다. 이때 선에게는 관(管) 지역
을, 탁에게는 채(蔡) 지역을 영지로 주었다. 무왕은 그 두 아우들로 하여

---

1) 管은 鮮이 분봉받은 나라 이름으로 都城은 지금의 河南省 鄭州市에 있었다.
2) 蔡는 度이 분봉받은 나라 이름으로 都城은 지금의 河南省 上蔡縣 서남쪽에 있었다.
3) 太姒: 姒는 성씨이다. 太姒는 가정을 꾸림에 조석으로 勤奮하였으며, 자녀 교육에
   각별한 노력을 기울였다고 전해져, 고대의 어진 왕후의 典範으로 손꼽힌다.
4) 曹는 振鐸이 분봉받은 나라 이름으로 都城은 지금의 山東省 定陶縣 북쪽에 있었다.
5) 成은 '郕'이라고도 쓰는데, 이것은 武가 분봉받은 나라 이름으로 都城은 지금의 山
   東省 寧陽縣 동북쪽에 있었다.
6) 霍은 處가 분봉받은 나라 이름으로 都城은 지금의 山西省 霍縣 서남쪽에 있었다.
7) 康은 封이 처음 분봉받은 나라 이름으로 都城은 지금의 河南省 禹縣 서북쪽에 있
   었다. 나중에 그는 다시 衛를 분봉받았는데 都城은 지금의 河南省 淇縣에 있었다.
8) 冉은 '丹'이라고도 쓰는데 이것은 載가 분봉받은 나라의 이름이다. 都城은 지금의
   河南省 平興縣 북쪽에 있었다. 일설에는 지금의 山東省 曹縣 동북쪽에 있었다고도
   한다.

금 주왕의 아들인 무경녹보(武庚祿父)⁹⁾를 보좌하며¹⁰⁾ 은나라 유민들을 다스리도록 하였다. 노(魯) 지역에 분봉된 단(旦)은 후에 주나라의 재상이 되었다. 그가 바로 주공(周公)이다. 진탁은 조(曹) 지역을, 무는 성(成) 지역을, 거는 곽(霍) 지역을 각각 봉지로 받았으나, 봉과 재는 어렸던 관계로 봉지를 받지 못하였다.

무왕이 서거한 후에 이어 즉위한 성왕이 나이가 너무 어렸기 때문에 주공 단이 왕권을 대행하였다. 관숙과 채숙은 주공이 성왕에게 불리하게 정무를 처리할 것이라고 의심을 한 나머지 무경을 끼고 반란을 일으켰다. 주공 단은 성왕의 명령을 받들어 무경을 살해하고 관숙도 죽였으나, 채숙은 풀어주었다. 채숙에게는 전차 10승과 종 70명을 주어 멀리 떠나보냈다. 그런 일이 있은 후로 은나라 유민들은 둘로 나누어졌다. 미자(微子) 계(啓)¹¹⁾를 송(宋)에 분봉하여 은나라 조상들에 대한 제사를 받들게 함에 따라 일부는 그를 따랐고, 다른 일부는 강숙을 따랐다. 그는 위군(衞君)에 봉해졌는데, 그가 바로 위 강숙(衞康叔)이다. 계재(季載)는 염(冉)에 봉해졌다. 염계와 강숙은 모두 품행이 선량하였으므로 주공이 중용하였다. 강숙은 주나라 사구(司寇)¹²⁾로 임명되었고, 염계는 주나라 사공(司空)¹³⁾에 기용되었는데, 그 두 사람은 모두 주 성왕을 잘 보필하여 천하에 명성을 날렸다.

채숙이 멀리 쫓겨났다가 죽어버렸다. 그에게는 호(胡)라는 이름의 아들이 있었는데 그는 부친과는 달리 조상의 덕을 준순(遵循)하고 품행이 선량하였다. 주공이 그러한 소문을 듣고는 그를 노(魯)나라의 경사(卿士)¹⁴⁾로 임명하였더니, 노나라가 잘 다스려졌다. 그래서 주공은 성왕에

---

9) 武庚祿父 : 殷나라 紂王의 아들. 武庚은 그의 이름이고, 祿父는 字이다. 周 武王이 殷나라를 멸망시킨 후에 殷나라의 수도 지역을 武庚에게 封地로 하사하고 그를 殷君으로 삼고는 管叔 鮮과 蔡叔 度 그리고 霍叔 處 세 사람을 三監으로 임명하여 殷나라 유민들을 감시하도록 하였다. 武王이 죽고 나서 뒤이어 즉위한 成王이 나이가 어렸던 관계로 政事를 잘 처리하지 못하는 틈을 기하여 武庚이 三監을 따라서 반란을 일으켰다가 周公 旦에 의하여 평정되고 武庚은 피살되었다.
10) 管叔 鮮과 蔡叔 度은 명의상으로는 武庚을 보필하는 재상이었으나, 사실상으로는 그를 감시하는 역할을 수행하였다.
11) 微子 啓 : 宋나라의 始祖. 상세한 기록은 권38 「宋微子世家」 참조.
12) 司寇 : 刑律과 糾察 등의 일을 하는 관직 이름.
13) 司空 : 工程을 관장하는 관직.

게 진언(進言)하여 그를 다시 채(蔡)¹⁵⁾ 지역의 제후에 봉하여 채숙의 제
사를 받들게 하였으니, 그가 바로 채중(蔡仲)이다. 무왕의 그 나머지 다
섯 형제들¹⁶⁾은 모두 자기가 분봉받은 나라로 돌아가고 중앙에 남아서 천
자의 관리가 된 사람은 아무도 없었다.

채중이 죽고 나서 아들 채백(蔡伯) 황(荒)¹⁷⁾이 즉위하였다. 채백 황이
죽고 나서는 아들 궁후(宮侯)가 즉위하였다. 궁후가 죽고 나서는 아들 여
후(厲侯)가 즉위하였다. 여후가 죽고 나서는 아들 무후(武侯)가 즉위하
였다. 무후 때에 주나라 천자인 여왕(厲王)이 나라를 잃고 체(彘)¹⁸⁾로
달아났고, 주나라는 공화정(共和政)¹⁹⁾으로 다스려지자 많은 제후들이 주
나라에 반기를 들었다.

무후가 죽고 나서 아들 이후(夷侯)가 즉위하였다. 이후 11년에 주나라
에서는 선왕(宣王)이 즉위하였다. 28년에 이후가 죽자 아들 희후(釐侯)
소사(所事)가 즉위하였다.

희후 39년에 주 유왕(周幽王)이 견융(犬戎)한테 시해되자, 주나라 왕
실은 비미쇠약(卑微衰弱)해져서 동쪽으로 도읍을 옮겼다.²⁰⁾ 이러한 때에
진(秦)이 비로소 제후의 서열에 들게 되었다.

48년에 희후가 죽자 아들 공후(共侯) 흥(興)이 즉위하였다. 공후는 2
년 만에 죽고 아들 대후(戴侯)가 즉위하였다. 대후는 10년 만에 죽고 아
들 선후(宣侯) 조보(措父)가 즉위하였다.

---

14) 卿士 : 王朝와 諸侯國의 執政官.
15) 蔡 : 新蔡를 가리킨다. 지금의 河南省 新蔡縣.
16) 원문은 "五叔"이지만, 실제로는 四叔, 즉 蔡叔, 曹叔, 成叔, 霍叔뿐이다. 管叔은
    誅殺되고 후손이 없었기 때문이다.
17) 蔡伯 荒 : 蔡나라의 임금. 본래 侯爵이었는데, 荒만이 伯이라고 칭한 까닭이 무엇
    인지는 문헌상에는 확실한 기록이 없다.
18) 彘 : 지명. 지금의 山西省 霍縣. 기원전 841년에 周 厲王이 포학무도하자 京都의
    백성들이 봉기하여 반항하였다. 厲王은 彘 지역으로 도망쳤다가 14년 후에 그곳에서
    병으로 죽었다.
19) 共和政 : 周 厲王이 彘 지역으로 도망친 후에 召 穆公과 周 定公이 공동으로 周나
    라의 國事를 처리한 것을 말한다. 권32 「齊太公世家」의 〈주 44〉, 권34 「燕召公世家」
    의 〈주 19〉 참조.
20) 周 幽王이 피살된 후에, 태자 宜臼가 申, 魯, 許 등의 나라에 의하여 옹립되었으
    니, 그가 바로 周 平王이다. 平王 때에 周나라의 왕실은 극도로 쇠미해졌고, 舊都는
    殘破되었기 때문에 동쪽에 있는 洛邑 (옛 성은 지금의 河南省 洛陽市 서쪽에 있다)으
    로 천도하고는 晉, 鄭 등 諸侯國의 보필을 받았다.

선후 28년에 노(魯)나라에서는 은공(隱公)이 처음 즉위하였다. 35년, 선후가 세상을 떠나고 아들 환후(桓侯) 봉인(封人)이 즉위하였다. 환후 3년에 노나라에서는 은공을 시해하는 사건이 일어났다. 20년에 환후가 죽자 아우인 애후(哀侯) 헌무(獻舞)가 즉위하였다.

애후 11년에 먼저 애후가 진후(陳侯)[21]의 딸에게 장가를 들고, 식후(息侯)[22] 역시 진후의 딸에게 장가를 들었다. 식부인(息夫人)이 시집을 가는 길에 채(蔡)나라를 거치게 되었는데, 채후(蔡侯)가 그녀에게 불경스럽게 대하자 식후는 매우 화를 내면서 초 문왕(楚文王)에게 요청하기를 "귀국에서 우리나라를 공략해들어오는 체하고 제가 채나라 애후에게 구원을 요청하면 그가 반드시 올테니 그 기회를 틈타서 그들을 공격하면 성공을 거둘 수 있을 것입니다"라고 하자, 초 문왕은 그 말을 믿고 그대로 이행하여 채나라 애후를 사로잡아서 자기 나라로 돌아갔다. 애후는 9년간이나 초나라에 잡혀 있다가 그곳에서 세상을 떠났다. 그가 총 20년간 재위하다가 죽자 채나라 사람들은 그의 아들 힐(肸)을 옹립하였으니, 그가 바로 목후(繆侯)이다.

목후는 그의 여동생을 제 환공(齊桓公)에게 시집을 보냈다. 18년에 제 환공이 채희(蔡姬)와 더불어 뱃놀이를 하던 중에 그녀가 배를 흔들자 환공이 말렸다. 그런데도 그만두지 않고 계속 그렇게 하자 환공이 버럭 화를 내어 그녀를 채나라로 돌려보내버렸다. 그렇지만 관계를 완전히 단절한 것은 아니었다. 채나라 목후는 그의 여동생이 돌아온 것을 보고 화가 치밀어 다시 다른 데로 시집을 보내버렸다. 그 소식을 접한 제나라 환공은 크게 화를 내어 채나라를 공격하였다. 채나라 군사는 붕궤(崩潰)되고 목후는 포로로 잡혔다. 제나라 군사는 내친 김에 여세를 몰아 남으로 진군하여 초나라 소릉(邵陵)[23]에까지 쳐들어갔다. 얼마 후 여러 제후들이 채나라 목후의 일로 제 환공에게 죄를 빌자 제 환공은 목후를 채나라로 돌려보내주었다. 29년에 목후가 세상을 떠나자 아들 장후(莊侯) 갑오(甲

---

21) 陳은 宛丘(옛 성은 지금의 河南省 淮陽縣에 있다)에 도읍을 둔 나라이다. 임금의 姓은 嬀氏이다. 권36 「陳杞世家」에 상세한 기록이 있다.

22) 息은 나라 이름으로 '郞'이라고 적기도 한다. 姬氏 姓의 나라로 지금의 河南省 息縣 서남쪽에 도읍하였다.

23) 邵陵 : 楚나라의 지명. 지금의 河南省 郾城縣 동쪽. 권32 「齊太公世家」에는 "召陵"이라고 적혀 있다.

午)가 즉위하였다.

장후 3년에 제 환공이 세상을 떠났다. 14년에는 진 문공(晉文公)이 성복(城濮)²⁴⁾에서 초나라에게 대패하였다. 20년에는 초나라 태자 상신(商臣)이 그의 아버지 성왕(成王)을 시해하고 왕위를 차지하였다. 25년에 진 목공(秦穆公)이 세상을 떠났다. 33년에는 초나라에서 장왕(莊王)이 즉위하였다. 34년에는 장후가 세상을 떠나고 아들 문후(文侯) 신(申)이 즉위하였다.

문후 14년에 초 장왕이 진(陳)나라를 공격하여 하징서(夏徵舒)²⁵⁾를 죽였다. 15년에는 초나라가 정(鄭)나라를 포위하였다. 정나라가 초나라에게 항복하자 초나라는 포위를 하고 있던 군사를 풀었다. 20년에 문후가 세상을 떠나자 아들 경후(景侯) 고(固)가 즉위하였다.

경후 원년에 초 장왕이 세상을 떠났다. 49년에 경후는 태자 반(般)을 초나라의 여자에게 장가 보냈다. 그러나 경후가 며느리인 그 여자를 간통하자, 태자가 경후를 죽이고 자신이 왕위를 차지하였으니, 그가 바로 영후(靈侯)이다.

영후 2년에 초나라 공자(公子) 위(圍)가 왕인 겹오(郟敖)²⁶⁾를 시해하고 스스로 왕이 되었으니, 그가 바로 영왕(靈王)이다. 9년에는 진(陳)나라의 사도(司徒)²⁷⁾ 초(招)²⁸⁾가 그의 군주 애공(哀公)을 시해하였다. 초나라가 공자 기질(棄疾)을 파견하여 진(陳)나라를 멸망시키고 그 땅을 점령하였다. 12년에 초나라 영왕이 영후로 하여금 그의 아버지를 시해하게 하고는 영후를 신(申)²⁹⁾으로 유인하였다. 영왕은 그곳에 병사들을 매복시켜놓고는 그에게 술을 잔뜩 먹여 취한 틈을 이용하여 그를 죽여버렸고, 동시에 그의 병사 70명도 함께 죽여버렸다. 그리고 공자 기질에게 명령하여 채나라를 포위하도록 하였다. 11월에 채나라를 멸망시키고 기질

---

24) 城濮:지금의 山東省 鄄城縣 서남쪽.
25) 夏徵舒:陳나라의 大夫. 그의 어머니 夏姬가 陳 靈公 등과 간통한 일이 있어 陳 靈公이 그를 모욕하자 靈公을 죽이고 자신이 왕위를 차지하였다.
26) 郟敖:원래 이름은 熊員이다. 즉위 4년 만에 피살되어 諡號가 없다. 郟地에 매장되었기 때문에 郟敖라고 한다(郟陵이라는 뜻이다).
27) 司徒:西周 때 설치된 관직 이름. 주로 국가의 토지와 백성을 관리하는 직무를 맡았다.
28) 招:성은 嬀氏이고, 이름은 招이다. 陳 哀公의 아우.
29) 申:楚나라의 읍 이름. 지금의 河南省 南陽市 동북쪽.

을 채공(蔡公)[30]에 임명하였다.

초나라가 채나라를 무너뜨린 지 3년 후에 초나라의 공자 기질이 영왕을 시해하고 왕위를 차지하였으니, 그가 바로 평왕(平王)이다. 평왕은 채나라 경후의 어린 아들 희려(姬盧)를 찾아내어 그로 하여금 채나라의 왕위를 잇게 하였으니, 그가 바로 평후(平侯)이다. 그해에 초나라 왕은 또 진(陳)나라도 회복시켰다. 초 평왕은 즉위하자마자 여러 제후들의 환심을 사기 위해서 이미 멸명해버린 진(陳)나라와 채나라의 후손들을 찾아내어 그들로 하여금 사직을 복원하도록 하였던 것이다.

평후는 재위 9년 만에 죽고, 영후(靈侯) 희반(姬般)의 손자 희동국(姬東國)이 평후의 아들을 몰아내고 왕위를 차지하였으니, 그가 바로 도후(悼侯)이다. 도후의 부친은 은태자(隱太子) 희우(姬友)라는 사람이다. 희우는 영후의 태자였는데, 평후가 그를 죽이고 왕위를 차지하였으므로 평후가 죽은 다음에는 그의 아들 동국(東國)이 평후의 아들을 물리치고 대신 왕위에 올라 도후가 된 것이다. 도후는 재위 3년 만에 세상을 떠나고, 아우인 소후(昭侯) 희신(姬申)이 즉위하였다.

소후 10년에 초 소왕(楚昭王)을 알현하러 갔다. 그 길에 아름답고 귀한 가죽옷 2벌을 가지고 가서는 한 벌은 소왕에게 헌상하고 나머지 한 벌은 자신이 입었다. 초나라 재상 자상(子常)[31]이 그것을 가지고 싶어하는데도 소후는 그 눈치를 채지 못하고 주지 않았다. 자상이 소왕의 면전에서 소후를 나쁘게 말하자 소왕은 소후를 3년 동안이나 오래도록 초나라에 붙잡아놓았다. 채나라의 소후는 그제서야 비로소 자신을 돌려보내지 않은 원인을 눈치채고는 그 가죽옷을 자상에게 헌납하였다. 자상은 그것을 받자마자 소왕에게 진언하여 소후를 돌려보냈다. 채나라 소후는 자기 나라로 돌아오는 길에 진(晉)나라로 가서는 함께 초나라를 토벌하자고 간청하였다.

13년 봄에 소후는 소릉에서 위 영공(衛靈公)과 회맹(會盟)을 가졌다. 소후는 주나라 대부 장홍(萇弘)[32]에게 비밀리에 연락을 취해서 회맹석상

---

30) 楚나라가 蔡나라를 멸망시키고 그곳에 縣을 설치하였는데, 楚나라에서는 縣令을 公이라고 하였다.
31) 子常 : 楚나라 令尹 囊瓦의 別號.
32) 萇弘 : 周 景王, 敬王 때의 王室 大夫.

에서 위 영공보다 앞자리[33]에 앉을 수 있도록 배려해달라고 요청하였다.
위 영공은 사추(史鰌)를 파견하여 자기 나라의 시조인 강숙(康叔)의 공
덕을 찬양하게 시켰다.[34] 결국에는 위 영공이 우두머리 자리에 앉게 되었
다. 그해 여름에 진(晉)나라를 위해서 침(沈)[35]나라를 멸망시키자, 초
소왕이 화가 나서 채나라를 침공하였다. 채나라 소후는 그의 아들을 오
(吳)나라로 보내서 인질이 되게 하고는 오나라와 더불어 초나라를 토벌하
기로 계획을 세웠다. 그해 겨울에 채나라는 오나라 왕인 합려(闔閭)의 군
사와 함께 초나라 군사를 격파하고 초나라의 수도인 영도(郢都)에까지 침
공해들어갔다. 채나라의 소후가 자신에게 원한을 품고 있는 것을 익히 잘
알고 있는 초나라의 영윤(令尹) 자상은 겁이 나서 정나라로 도망쳤다.[36]
14년에 오나라 군사들이 물러가고 초 소왕은 잃은 국토를 되찾았다.[37]
16년에 초나라 영윤은 갖은 고초를 겪고 있는 백성들을 생각하여 눈물을
흘리면서 오나라 군사를 불러들인 채나라를 보복하고 토벌할 계획을 세우
고 있었고,[38] 이 때문에 채나라의 소후는 두려움에 떨게 되었다. 26년에
공자(孔子)가 채나라를 방문하였다. 초 소왕이 채나라를 토벌하려 하자
두려움을 느낀 채나라 소후는 그 사실을 오나라 왕에게 급히 알렸다. 오

---

33) 蔡나라의 시조인 蔡叔 度은 衛나라의 시조인 康叔 封의 형이므로 衛나라의 앞자
리에 앉혀줄 것을 요구하였다.

34) 史鰌 : 衛나라의 史官. 鰌는 그의 이름이다. '鰌'는 '鰍'와 통한다. 그는 역사적인
사실을 토대로 말하기를 康叔 封이 周나라 초기에 成王을 보필하면서 많은 공덕을
쌓았는 데 비하여 蔡叔 度은 죄를 범한 사람이므로 마땅히 德을 崇尙해야지 나이가
많고 적음에 따라서는 안 될 것이라고 말하였다고 한다. 그래서 결국에는 衛나라가
회맹석상에서 맨 앞자리에 앉게 되었다.

35) 沈 : 西周 때에 분봉된 제후국. 姬姓 국가로서 楚나라의 속국이었다. 지금의 河南
省 平輿縣 북쪽에 있었다.

36) 子常은 군대를 거느리고 나가서 吳, 蔡 연합군과 대항하였으나 크게 패하였다.
과거에 자신이 뇌물을 탐한 일로 원한을 샀기 때문에 죽음을 면할 수 없음을 두려한
나머지 그는 鄭나라로 도망쳤다.

37) 吳나라 군사가 郢都에까지 침공해들어오자 楚나라 昭王은 隨나라로 도피하였다.
그는 申包胥를 秦나라로 급파하여 구원을 요청하니 秦나라가 구원병을 보내어 吳나
라 군사를 대파시킴에 따라 昭王이 자기 나라의 수도로 돌아오게 되었다. 권40「楚
世家」에 이에 대한 상세한 기록이 있다.

38) 楚나라 令尹 子西는 자기 나라가 吳나라에게 대파되어 많은 백성들이 죽임을 당
하는 것을 보고는 눈물을 흘리면서 吳나라 군사들이 수도인 郢都에까지 쳐들어온 것
은 바로 蔡나라가 끌어들인 것이고, 蔡나라는 자신의 나라로부터 멀지 않을 뿐만 아
니라 영토도 작은 나라이므로 그 蔡나라를 침공할 계획을 세웠다.

114

나라 왕은 채나라가 자기 나라로부터 너무 멀리 떨어져 있으므로 구원의
편의를 위해서는 오나라 국경 가까이로 도읍을 옮겨올 것을 약정하자고
제의하였다. 소후는 그 제안에 혼자서만 몰래 약속해놓고는 그 사실을 대
부들과 상의하지 않았다. 오나라가 채나라를 구원하러 오자 그 틈에 주래
(州來)³⁹⁾로 도읍을 옮겨갔다. 28년에 소후가 오나라 왕을 배알(拜謁)하
러 갈 준비를 갖추자 대부들은 그가 다시 도읍을 옮길까봐 두려운 나머지
이(利)라는 이름의 도둑 한 사람을 몰래 궁중에 들여보내어 소후를 암살
하게 하였다. 그런 후에 그 도둑을 죽여서 그 사건을 얼렁뚱땅 무마시키
고는 소후의 아들 희삭(姬朔)을 옹립하였으니, 그가 바로 성후(成侯)이다.
　성후 4년에 송(宋)나라가 조(曹)나라를 무너뜨렸다. 10년에 제(齊)나
라에서는 전상(田常)이라는 대신이 그의 임금 간공(簡公)을 시해하였다.
13년에는 초나라가 진(陳)나라를 멸망시켰다. 19년에 성후가 세상을 떠
나고 그의 아들 성후(聲侯) 희산(姬産)이 즉위하였다. 성후는 재위 15년
만에 세상을 떠나고 아들 원후(元侯)가 즉위하였다. 원후는 재위 6년 만
에 죽고 아들 채후(蔡侯) 희제(姬齊)가 즉위하였다.
　채후 희제 4년에 초나라 혜왕(惠王)이 채나라를 무너뜨렸다. 채후는
도망을 갔고, 이로써 채나라 종묘의 제사가 끊어지게 되었다. 채나라는
진(陳)나라보다는 33년 뒤에 나라가 망한 셈이다.

　백읍고(伯邑考)가 죽은 후에 그의 후손들은 봉지가 어디인지를 몰랐
다. 무왕(武王) 희발(姬發), 그의 후손들은 주나라 왕으로서 그들에 대
해서는 「주본기(周本紀)」에 기록되어 있다. 관숙(管叔) 희선(姬鮮)은 반
란을 일으킨 죄로 사형되었기 때문에 후손이 없다. 주공(周公) 희단(姬
旦)의 후손들은 노후(魯侯)였기 때문에 「노주공세가(魯周公世家)」에 기
록해놓았다. 채숙(蔡叔) 희탁(姬度)의 후손들은 채후(蔡侯)이었기에 그
들에 대해서는 「관채세가(管蔡世家)」에 기록해놓았다. 조숙(曹叔) 희진
탁(姬振鐸)의 후손들은 조후(曹侯)를 지냈기에 그들에 대해서도 「관채세
가」에 기록해두기로 한다. 성숙(成叔) 희무(姬武)의 후손들은 세상에 알
려진 바가 없다. 곽숙(霍叔) 희거(姬處)의 후손들은 곽후(霍侯)에 봉해
졌으나, 진 헌공(晉獻公)에 의하여 멸망되었다. 강숙(康叔) 희봉(姬封)

39) 州來 : 지명. '下蔡'라고도 부른다. 지금의 安徽省 鳳臺縣.

의 후손들은 위후(衞侯)에 봉해졌는바, 그들에 대해서는 「위강숙세가(衞康叔世家)」에 따로 기록해두기로 한다. 염계(冉季) 희재(姬載)의 후손들은 세상에 알려진 바가 없다.

태사공은 말하였다.

"관숙과 채숙이 반란을 일으킨 것은 기록해둘 만한 가치가 없는 것이다. 그러나 주 무왕이 세상을 떠나고 뒤이어 즉위한 성왕이 나이가 어렸기 때문에 만백성들이 회의를 품게 되자 같은 어머니 형제인 성숙 희무와 염계 희재 등 10여 명이 잘 보필한 관계로 제후들이 결국에는 주나라 왕실을 존중하게 되었다. 그러므로 그들에 대해서는 「세가」 중에 보충하여 기록해두기로 한다."

조숙(曹叔) 진탁(振鐸)이라는 사람은 주 무왕(周武王)의 동생이다. 무왕이 은 주왕(殷紂王)을 멸한 다음에 아우인 진탁을 조후(曹侯)에 봉하였다.

진탁이 죽은 후에 아들 태백(太伯) 희비(姬脾)가 즉위하였다. 태백이 죽은 다음에는 아들 중군(仲君) 희평(姬平)이 즉위하였다. 중군 희평이 죽은 다음에는 아들 궁백(宮伯) 희후(姬侯)가 즉위하였다. 궁백 희후가 죽은 다음에는 아들 효백(孝伯) 희운(姬雲)이 즉위하였다. 효백이 죽은 다음에는 아들 이백(夷伯) 희희(姬喜)가 즉위하였다.

이백 23년에 주나라의 여왕(厲王)이 체(彘) 지역으로 도피하였다.

이백은 재위 30년 만에 세상을 떠나고 그의 아우인 유백(幽伯) 희강(姬彊)이 즉위하였다. 유백 9년에 아우인 희소(姬蘇)가 유백을 살해하고 자신이 즉위하였으니, 그가 바로 대백(戴伯)이다. 대백 원년은 주나라의 선왕(宣王)이 왕위에 오른 지 3년째 되는 해이다. 30년에 대백이 죽고 아들 혜백(惠伯) 희시(姬兕)가 즉위하였다.

혜백 25년에 주나라는 유왕(幽王)이 견융(犬戎)에게 살해되었고, 그 때문에 주나라는 도읍을 동쪽으로 옮겨갔으며, 천자의 세력은 날로 쇠약해져서 제후들은 거의가 주 왕실을 등졌다. 그리고 진(秦)이 비로소 제후 항렬에 들게 되었다.

36년에 혜백이 죽고 아들 희석보(姬石甫)가 즉위하였으나, 그의 동생인 희무(姬武)가 그를 죽이고 자리를 차지하였으니, 그가 바로 목공(繆公)이다. 목공은 재위 3년 만에 죽고 아들 환공(桓公) 희종생(姬終生)이 즉위하였다.

환공 35년에 노(魯)나라에서는 은공(隱公)이 즉위하였다. 45년에 노나라에서는 은공이 시해되는 일이 벌어졌다. 46년에 송(宋)나라에서는 화보(華父) 독(督)이 상공(殤公)과 대부인 공보(孔父)를 시해하는 사건이 일어났다. 55년에 환공이 죽고 아들 장공(莊公) 희석고(姬夕姑)가 즉위하였다.

장공 23년에는 제(齊)나라의 환공(桓公)이 처음으로 칭패(稱覇)하기 시작하였다.

31년에 장공이 죽고 아들 희공(釐公) 희이(姬夷)가 즉위하였다. 희공은 재위 9년 만에 죽고 아들인 소공(昭公) 희반(姬般)이 즉위하였다. 소공 6년에 제 환공이 채(蔡)나라를 격파하고 이어 초(楚)나라의 소릉(召陵)에까지 진격해들어갔다. 9년에 소공이 세상을 떠나고 아들 공공(共公) 희양(姬襄)이 즉위하였다.

공공 16년에 진(晉)나라의 공자 중이(重耳)[40]가 도망가는 길에 한때 조(曹)나라에 들렀는데, 조나라 왕이 그에게 무례하게 대하자 중이는 언젠가 그의 갈비뼈를 분질러놓겠노라고 앙심을 품었다. 희부기(釐負羈)[41]가 왕에게 잘 대해주어야 한다고 권했으나 왕은 듣지 않았다. 희부기 그 자신은 중이에게 선심을 베풀어 좋은 교분을 맺었다. 21년에 진(晉)나라 문공(文公) 중이가 조나라를 침략하여 공공을 생포해서 자기 나라로 데리고 갔다. 그리고 군사들에게 명령을 내려서 희부기의 종족들이 살고 있는 마을에는 발을 들여놓지 말도록 엄단하였다. 어떤 사람이 진 문공(晉文公)에게 권하여 말하기를 "예전에 제 환공이 패권을 차지하였을 때에는 이성(異姓) 국가들까지도 국권을 회복시켜주는 아량을 베풀었는데, 지금 그대는 오히려 조군(曹君)을 감금하여 동성(同姓)의 제후를 멸망시키려 하니 그래 가지고야 앞으로 어찌 제후들을 잘 호령할 수 있겠사옵니까?"

---

40) 重耳 : 晉 文公의 본명. 그는 일찍이 그의 아버지 獻公의 박해를 받아 19년간 각 나라에 떠돌아다닌 적이 있다.
41) 釐負羈 : 曹나라의 大夫. '僖負羈'라고도 한다. 일찍이 남몰래 重耳에게 먹을 음식을 가져다주고 玉璧을 선사하였다고 한다.

라고 말하자, 그 말을 듣고는 공공을 곧 자기 나라로 돌려보내주었다.

25년에 진 문공이 세상을 떠났다. 35년에는 공공이 죽고 아들 문공(文公) 희수(姬壽)가 즉위하였다. 문공은 재위 23년 만에 죽고 아들 선공(宣公) 희강(姬彊)이 즉위하였다. 선공은 재위 17년 만에 죽고 동생인 성공(成公) 희부추(姬負芻)가 즉위하였다.

성공 3년에 진(晉)나라 여공(厲公)이 조(曹)나라를 침략하여 성공을 붙잡아서 자기 나라로 데리고 갔다가 얼마 후 풀어주었다. 5년에 진(晉)나라의 난서(欒書)와 중항언(中行偃)[42]이 정활(程滑)을 시켜서 여공(厲公)을 시해하였다. 23년에는 성공이 죽고 아들 무공(武公) 희승(姬勝)이 즉위하였다. 무공 26년에 초(楚)나라 공자 기질(棄疾)이 자신의 군주인 영왕(靈王)을 시해하고는 대신 왕위를 차지하였다. 27년에 무공이 죽고 아들 평공(平公) 희수(姬須)가 즉위하였다. 평공은 재위 4년 만에 죽고 아들 도공(悼公) 희오(姬午)가 즉위하였다. 그해에 송(宋), 위(衛), 진(陳), 정(鄭) 나라에서 모두 큰 화재(火災)를 당하였다.

도공 8년에 송나라에서는 경공(景公)이 즉위하였다. 9년에 도공은 송나라에 배알하러 갔는데, 송나라가 그를 붙잡아놓고 돌려보내주지 않자 조나라에서는 그의 동생인 희야(姬野)를 옹립하였으니, 그가 바로 성공(聲公)이다. 도공은 끝내 송나라에서 숨을 거두었는데, 시신은 조나라로 돌아와 안장되었다.

성공 5년에 평공의 동생인 희통(姬通)이 성공을 시해하고 대신 왕위를 차지하였으니, 그가 바로 은공(隱公)이다. 은공 4년에 성공의 동생인 희로(姬露)가 은공을 시해하고 대신 왕위를 차지하였으니, 그가 바로 정공(靖公)이다. 정공은 재위 4년 만에 죽고 아들 희백양(姬伯陽)이 즉위하였다.

백양이 즉위한 지 3년째 되는 해에 조나라의 어떤 사람이 꿈을 꾸었는데, 여러 고관 귀족들이 사궁(社宮)[43]에 모여서 조나라를 멸망시키려고 모의를 하고 있었는데, 조숙 진탁이 나타나서 만류하면서 공손강(公孫彊)이 등단할 때까지만이라도 기다려달라고 애걸하자 고관 귀족들이 그에

---

42) 欒書, 中行偃 : 晉나라의 世襲 上卿. 권33 「魯周公世家」의 〈주 115〉 참조.
43) 社宮 : 土地神을 받드는 사당. 고대에는 한 나라를 세울 때 반드시 封土에 사당을 건립함으로써 토지 소유권을 표방하였다.

동의하더라는 내용이었다고 한다. 그 사람은 날이 밝자 아무리 찾아보았지만 그러한 이름을 가진 사람을 찾을 수 없었다. 그래서 자신의 아들에게 "내가 죽고 나서 네가 공손강이라는 사람이 정권을 잡게 되었다는 소문을 듣거들랑 반드시 조나라를 떠나야 하느니라! 그리하여 나라가 망함에 따라 화를 입는 일이 없도록 하거라!"라고 훈계하였다. 백양은 즉위한 뒤에 사냥을 즐겨 하였다. 6년째 되는 해의 일이었다. 조나라의 야인(野人)인 공손강 또한 사냥을 좋아했는데, 흰 기러기를 잡아서 백양에게 바치고는 사냥에 관해서 설파한 뒤 이어서 그에게 시정(施政)에 관한 자신의 견해를 밝히자, 그의 말을 듣고 백양은 매우 기뻐하고는 총신(寵信)하여 그에게 사성(司城)⁴⁴⁾이라는 벼슬을 주어 국가 대사(大事)에 참여하도록 하였다. 예전에 이상한 꿈을 꾸었던 사람의 아들은 그러한 소문을 듣고는 곧바로 조나라를 떠나버렸다고 한다.

공손강은 조백(曹伯)에게 칭패(稱覇)에 관한 이론을 설명하였다. 14년에 조백이 그의 말을 그대로 신종(信從)하여 진(晉)나라를 배반하고, 송나라를 침범하였다. 송나라 경공(景公)이 반격을 가해오자 진나라는 조나라를 구원해주지 않았다. 15년에 송나라가 조나라를 멸망시키고는 조백양과 공손강을 자기 나라로 압송해가서는 두 사람을 모두 죽여버렸다. 그리하여 드디어 조나라의 종묘사직에 대한 제사가 끊어져버렸던 것이다.

태사공은 말하였다.

"나는 조(曹)나라의 공공(共公)이 희부기(僖負羈)를 신임하지 않았으며, 그리고 대부(大夫)들이라야 탈 수 있는 높은 수레에 미녀들이 오르고 그 숫자가 자그마치 300명이나 된다는 사실에 대하여 곰곰이 생각해보고는 그렇게 도덕이 서지 않게 됨에 따른 결과가 어떻게 나타나리라는 것을 예측하고도 남음이 있었다. 조나라의 시조 진탁(振鐸)이 꿈에 나타난 것은 어찌 조나라 종묘사직에 대한 제사를 길이 보전하고 싶은 까닭이 아니었겠는가! 만약 공손강이 패권만을 노리는 무리한 정치를 지향하지 않았더라면 시조인 진탁에 대한 제사가 하루아침에 갑자기 단절되는 사태는 없었을 것이로다!"

---

44) 司城 : '司空'이라는 관직의 또 다른 이름. 宋나라에서는 宋 武公의 이름을 피하기 위하여 司空이라는 관직을 '司城'으로 고쳐 불렀다.

권36 「진기세가(陳杞世家)」제6

　　진(陳)[1]나라 호공(胡公) 만(滿)[2]은 우(虞)나라 순(舜)의 후손이다. 예전에 순임금이 평민으로 있을 때 요(堯)임금이 두 딸을 그에게 시집 보내어 규예(嬀汭)[3]에 살게 하였다. 그래서 그의 후손들은 그것을 씨성(氏姓)[4]으로 삼았기 때문에 규씨(嬀氏)[5]가 되었다. 순임금은 서거한 후에 천하를 하우(夏禹)에게 물려주었고, 자신의 아들인 상균(商均)[6]은 제후로 봉하였다. 하후(夏后)[7] 때에 순임금의 후손들은 어떤 때에는 제후국의 지위를 상실하기도 하고, 또 어떤 때에는 제후국의 지위를 보장받기도 하였다. 주(周)나라의 무왕(武王)이 은(殷)나라의 주왕(紂王)과의 전쟁에서 승리를 거둔 후에야 비로소 순임금의 후손들을 다시 찾아내어 제후로 봉하였다. 그래서 발탁된 사람이 바로 규만(嬀滿)인데, 무왕은 그를 진(陳) 지역에 봉하여 그로 하여금 순임금의 제사를 받들도록 하였으니 그가 바로 호공(胡公)이다.

　　호공이 죽고 나서는 아들 신공(申公) 서후(犀侯)가 즉위하였다. 신공이 죽은 후에는 아우인 상공(相公) 고양(皐羊)이 즉위하였다. 상공이 세상을 떠난 후에는 신공의 아들인 돌(突)이 즉위하였으니, 그가 바로 효공(孝公)이다. 효공이 죽고 나서는 아들 신공(愼公) 어융(圉戎)이 즉위하였다. 그가 즉위한 때는 주(周)나라의 여왕(厲王) 때에 해당된다. 신공

1) 　陳 : 기원전 11세기에 宛丘(지금의 河南省 淮陽縣)에서 건국하였다가 기원전 479년에 楚나라에 의하여 멸망당하였다.
2) 　胡公 : 滿胡公은 謚號이고, 滿은 이름이다.
3) 　嬀汭 : 지금의 山西省 永濟縣 남쪽.
4) 　氏姓 : 氏와 姓의 合稱. 三代 이전에는 남자의 경우에는 氏라고 칭하고, 여자의 경우에는 姓이라고 칭하였다. 氏는 貴賤을 분별하는 데 쓰이고, 姓은 혼인 여부를 분별하는 데 쓰였다.
5) 　舜임금은 姚姓인데, 그 이후의 왕들은 嬀姓이다.
6) 　商均 : 舜임금의 아들. 禹임금은 商均을 虞에 봉하였다. 그 땅은 지금의 河南省 虞城縣 일대에 해당한다.
7) 　夏后 : 夏 왕조의 別稱.

이 죽고 나서는 아들 유공(幽公) 영(寧)이 즉위하였다.

유공 12년에 주 여왕이 체(彘)[8]로 도망갔다.

23년에 유공이 죽고 아들 희공(釐公) 효(孝)가 즉위하였다. 희공 6년에 주나라에서는 선왕(宣王)이 즉위하였다. 36년에 희공이 죽고 아들 무공(武公) 영(靈)이 즉위하였다. 무공은 재위 15년 만에 죽고 아들 이공(夷公) 열(說)이 즉위하였다. 그해에 주나라에서는 유왕(幽王)이 즉위하였다. 이공은 재위 3년 만에 죽고 아우 평공(平公) 섭(燮)이 즉위하였다. 평공 7년에 주나라 유왕이 견융에게 살해당하자 주나라는 동쪽으로 도읍을 옮겨갔다. 진(秦)[9]이 비로소 제후로 분봉되었다.

23년에 평공이 죽고 아들 문공(文公) 어(圉)가 즉위하였다.

문공은 즉위 원년에 채후(蔡侯)의 딸을 맞아들여 아들 타(佗)를 얻었다. 10년에 문공이 죽고 맏아들 환공(桓公) 포(鮑)가 즉위하였다.

환공 23년에 노(魯)[10]나라 은공(隱公)이 비로소 즉위하였다. 26년에 위(衛)[11]나라에서는 군주인 주우(州吁)가 시해되었다. 33년에 노나라에서는 은공이 시해되었다.

38년 정월 갑술일(甲戌日), 기축일(己丑日)[12]에 환공 포가 세상을 떠났다. 환공의 아들인 타는 그의 어머니가 채후의 딸이었으므로 채(蔡)나라 사람들이 그를 위해서 오보(五父)[13] 및 환공의 태자 면(免)을 죽이고

---

8) 彘 : 지금의 山西省 霍縣.

9) 秦 : 나라 이름. 嬴姓. 伯益의 후손이라고 전해진다. 非子가 부락의 우두머리로 있을 때 犬丘(지금의 陝西省 興平縣 동남쪽)에 거주하였는데, 말을 잘 기르기로 이름이 나서 周 孝王이 그를 秦(지금의 甘肅省 張家川 동쪽)에 봉하여 附庸으로 삼았다. 그후에 秦 襄公이 周 平王의 東遷을 護送하여 공적을 세우자 제후로 봉해졌다.

10) 魯 : 기원전 11세기 때 周나라가 분봉해준 제후국. 姬姓. 개국 군주는 周公 旦의 아들인 伯禽으로, 그는 지금의 山東省 서남 지역을 관할하였고, 도읍을 曲阜(옛 성은 지금의 山東省 曲阜市에 있었다)로 정하였다. 춘추시대에는 國藏가 쇠약해졌고, 전국시대에는 소국으로 전락하여 기원전 256년에 楚나라에게 멸망당하였다.

11) 衛 : 맨 처음 분봉된 君主는 周 武王의 동생인 康叔이다. 기원전 11세기 때 周公이 武庚의 반란을 평정한 후에 殷나라 수도의 주변 지역과 殷나라 유민 7族을 그가 분봉받아서 당시에는 대국으로 군림하였다. 도읍은 朝歌(지금의 河南省 淇縣)에 두었다.

12) 甲戌, 己丑 : 甲戌日은 正月 21일이고, 己丑日은 2월 9일이니 甲戌日로부터 己丑日까지는 16일간의 간격이 있다. 『史記志疑』에는 "甲戌" 다음에 원래 일단의 문장이 있었는데 빠져버렸을 것이며, "己丑" 앞에는 '二月' 두 글자가 탈락되었을 것이라고 쓰여 있다.

13) 五父 : 『左傳』에는 佗가 바로 五父라고 되어 있다.

그를 옹립하였으니, 그가 바로 여공(厲公)[14]이다. 환공의 병이 위중할 때 내란이 일어나자, 백성들은 제각기 분산되었으므로 장례 날짜를 재차 알려야 했다.

여공 2년에 아들 경중(敬仲) 완(完)을 낳았다. 주나라의 태사(太史)가 진(陳)나라에 들른 적이 있는데, 진나라 왕 여공이 그에게 『주역(周易)』으로 자신의 아들의 장래에 대하여 점을 쳐달라고 부탁하였다. 그리하여 얻은 괘는 "관(觀)" 괘가 "비(否)" 괘로 변하는 것이었다. 그래서 그는 다음과 같이 풀이하여 알려주었다고 한다. "이는 나라의 광채를 보는 것이니 왕에게 큰 도움이 될 것입니다. 그는 장차 진씨(陳氏)를 대신해서 나라를 보유하게 될 것입니다. 이 나라에 있지 아니하면 아마 다른 나라에 있을 것입니다. 그 자신이 그렇게 되지 아니하면 그의 자손들이 그렇게 될 것입니다. 만약에 다른 나라라고 한다면 반드시 강씨(姜氏) 성의 나라일 것입니다. 강씨 성은 태악(太嶽)의 후손입니다. 만물이란 원래 두 가지 면 모두가 성대할 수는 없는 법이니, 진나라가 쇠망해야 그가 비로소 창성해질 수 있을 것입니다."

여공은 채후(蔡侯)의 딸을 아내로 삼았다. 그 여자는 채나라의 사람과 간통을 하였다. 여공도 수차에 걸쳐 채나라로 가서는 다른 여인들과 음란한 행위를 일삼았다. 7년에 여공에 의해서 죽임을 당한 환공의 태자 면(免)의 세 동생, 즉 큰 동생 약(躍), 가운데 동생 임(林), 막내 동생 저구(杵臼) 세 사람이 채나라 사람을 시켜 미인계로 여공을 유혹하게 하였다. 그리고는 그 세 사람이 채나라 사람과 더불어 공모하여 여공을 죽이고는 세 형제 가운데 큰 형인 약을 옹립하였으니, 그가 바로 이공(利公)이다. 이공은 환공(桓公)의 아들이다. 이공이 즉위한 지 5개월 만에 죽고 동생 임이 즉위하였으니, 그가 장공(莊公)이다. 장공은 재위 7년 만에 죽고 막내 동생 저구가 즉위하였으니, 그가 바로 선공(宣公)이다.

선공 3년에 초(楚)나라에서는 무왕(武王)이 세상을 떠났고, 초나라는 그로부터 점차 세력이 강해지기 시작하였다. 17년에 주(周)나라에서는 혜왕(惠王)이 진후(陳侯)의 딸을 왕비로 삼았다.

---

14) 佗는 그 이듬해 8월에 피살되었으며 諡號가 없었다. '厲公'은 공자 躍, 즉 利公의 諡號이다. 따라서 『史記』에서 佗를 '厲公'이라고 하고, 躍을 利公이라고 한 것은 오류이다.

122

21년에 선공은 애첩이 아들 관(款)을 낳자, 그에게 자리를 물려주고 싶은 나머지 태자 어구(御寇)를 살해하였다. 어구는 평소에 여공의 아들인 완(完)을 좋아하였는데, 완은 화가 자기에게까지 미칠까 두려움을 느껴서 제(齊)나라로 도망쳤다. 제나라 환공(桓公)이 진(陳)나라에서 도망온 완에게 경(卿)[15] 벼슬을 주려고 하자, 완이 "타향살이 신세의 제가 화를 면하게 된 것만도 임금님의 은혜 덕분이온대, 고관의 자리는 저에게는 너무나 과분한 것이옵니다"라고 정중히 사양하자, 환공은 그에게 공정(工正)[16]이라는 벼슬을 주었다. 제나라의 의중(懿仲)[17]이 진(陳)나라의 경중(敬仲)을 사위로 맞고 싶어서 점을 쳐보았더니 "이는 봉황(鳳皇)[18] 암수 두 마리가 날며 함께 우짖는 소리가 웅장한 것이로다. 규씨 성의 후손은 장차 강씨 성의 나라에서 발전하게 될 것이다.[19] 그의 5대 자손들은 장차 크게 창성하여 정경(正卿)과 어깨를 나란히 할 것이며, 8대 이후에는 그의 것보다 더 높은 자리가 없을 것이다"라는 점괘를 얻었다.

37년에 제 환공이 채나라를 침략하여 대파하고, 남쪽으로 진격하여 초나라를 침략해서 소릉(召陵)[20]에까지 들어갔다. 그가 회군(回軍)하는 길에 진(陳)나라를 경유하려고 하자 원도도(轅濤塗)는 그들이 진나라 땅에 발을 들여놓는 것이 싫어서 그들을 속여서 동쪽 길로 가도록 하였다. 험악한 동쪽 길로 접어든 제 환공은 크게 화를 내고는 진나라의 원도도를 체포하게 하였다. 그해에 진 헌공(晉獻公)은 자신의 태자 희신생(姬申生)을 죽여버렸다.

45년에 선공이 죽고 아들 관(款)이 즉위하였으니, 그가 바로 목공(穆公)이다. 목공 5년에 제 환공이 세상을 떠났다. 16년에 진 문공(晉文公)이 성복(城濮)[21] 전쟁에서 초나라 군사에게 대패하였다. 그해에 목공이

---

15) 卿 : 제후국의 고위 大臣.
16) 工正 : 百工의 관직을 통할하는 직책. 권32 「齊太公世家」의 〈주 78〉 참조.
17) 懿仲 : 齊나라의 大夫.
18) 鳳皇 : 통상 '鳳凰'이라고도 쓴다. 고대 전설에 등장하는 새의 왕. 수컷을 鳳이라고 하고, 암컷을 凰이라고 한다.
19) 陳나라는 嬀氏 성의 나라이며, 齊나라는 姜氏 성의 나라이다.
20) 召陵 : 楚나라에 속한 읍의 이름으로 '邵陵'이라고도 한다. 지금의 河南省 郾城縣 동쪽. 齊 桓公이 楚나라를 침략하여 召陵에까지 진격해들어간 사건에 대해서는 권32 「齊太公世家」에 상세히 기록되어 있다.
21) 城濮 : 衛나라의 지명. 지금의 山東省 鄄城縣 서남쪽의 臨濮集을 말한다.

죽고 아들 공공(共公) 삭(朔)이 즉위하였다. 공공 6년에 초나라 태자 상신(商臣)이 그의 부친 성왕(成王)을 죽이고 왕위를 차지하였으니 그가 바로 초 목공(楚穆公)이다. 11년에 진 목공(秦穆公)이 세상을 떠났다. 18년에 공공이 죽고 아들 영공(靈公) 평국(平國)이 즉위하였다.

영공 원년에 초 장왕(楚莊王)[22]이 즉위하였다. 6년에는 초나라가 진(陳)나라를 공격하였다. 10년에 진(陳)나라가 초(楚)나라와 강화하였다.

14년에 영공은 자신의 대부(大夫)인 공녕(孔寧), 의행보(儀行父)와 함께 하희(夏姬)[23]를 간통하고는 그녀의 내의를 입고 조정에 나가 희롱하였다. 설야(泄冶)[24]가 간언하기를 "임금과 신하가 음란한 짓을 일삼아서야 어찌 백성들에게 자신들의 말을 따르도록 할 수 있겠습니까?"라고 말하자, 영공이 그 사실을 같이 간통한 두 대부에게 밀고하였다. 두 대부는 설야를 죽여버릴테니 영공은 말리지 말라고 하고는 그를 죽여버렸다. 15년에 영공과 두 대부는 하씨(夏氏) 집에서 술을 마셨다. 영공이 두 대부를 놀리며 "징서(徵舒)가 자네를 닮았구려!"라고 농담을 하자, 두 대부는 "공을 닮은 것 같기도 한대요"라고 대꾸하였다. 그 말을 들은 징서는 노기가 탱천하였다. 영공이 술자리를 물리고 나올 때 징서가 마구간 뒤켠에 숨었다가 활을 쏘아 영공을 죽였다. 공녕과 의행보는 초나라로 도망쳤고, 영공의 태자 오(午)는 진(晉)나라로 달아났다. 징서가 자립하여 진후(陳侯)가 되었다. 징서라는 사람은 원래 진(陳)나라의 대부(大夫)였다. 하희(夏姬)는 어숙(御叔)의 처이며, 징서의 어머니이다.

성공(成公) 원년 겨울에 초 장왕(楚莊王)이 징서가 영공을 죽인 기회를 틈타서 제후들을 거느리고 진(陳)나라를 쳐들어와서는 진나라 사람들에게 "두려워할 것 없다. 나는 단지 징서를 주살하려고 왔을 따름이다"라고 안위시켰다. 그는 징서를 죽이고 진나라를 현(縣)으로 개칭하여 그 땅을 모조리 차지하니, 여러 신하들이 모두 경하(慶賀)하였다. 그런데 제(齊)나라에 사신으로 갔다가 돌아온 신숙시(申叔時)[25]만은 경하하러 오

---

22) 楚 莊王 : 본명은 熊侶이다. 기원전 613년에서 기원전 591년까지 재위하였다. 그는 邲(지금의 河南省 滎陽縣 북쪽)에서 晉나라 군사를 대파시키고, 이어서 魯, 宋, 鄭, 陳 등을 복속시켜서 霸主가 되었다.
23) 夏姬 : 鄭 穆工의 딸로 陳나라 大夫 御叔에게 시집을 가서 아들 徵舒를 낳았고, 徵舒도 陳나라의 大夫가 되었다.
24) 泄冶 : 陳나라의 大夫.

지 않았다. 장왕이 그 까닭을 묻자 "속담에 이르기를 '소를 몰아서 남의 밭을 짓밟게 하자, 밭 주인이 그 소를 빼앗아 달아났'라는 말이 있는데, 남의 밭을 짓밟아놓은 것이 죄가 아니라고 할 수는 없지만 그렇다고 남의 소를 빼앗아버린다면 어찌 그보다 무거운 죄가 아니리요? 지금 왕께서 징서가 임금을 죽였다고 해서 여러 제후들의 군대를 모아서 정의에 입각하여 정벌하였으면 그것으로 끝내고 돌아가야지 그것을 기화로 땅을 차지해서야 되겠습니까? 그래 가지고 앞으로 어찌 천하의 패주로 군림할 수 있겠습니까? 그래서 경하의 인사를 드리지 않았습니다"라고 대답하였다. 그의 말을 듣고 장왕은 "좋다"라고 말하고는 곧 진(晉)나라로 망명한 진(陳) 영공의 태자를 데려오게 하여 그를 옹립하여 군주로 삼아서 진(陳)나라의 왕위가 그대로 이어지게 하였다. 그렇게 왕위에 오른 사람이 바로 성공(成公)이다. 공자(孔子)는 사서(史書)에서 초(楚)나라가 진(陳)나라를 원래대로 회복시켜준 대목을 읽어보고는 "현명하도다! 초나라 장왕이여! 천 승(千乘)의 국가를 가벼이 여기고, 신숙시의 한마디 말을 무거이 여기셨으니!"라고 감탄하였다고 한다.

28년에 초 장왕이 세상을 떠났다. 29년에 진(陳)나라는 초(楚)나라와의 맹약을 지키지 않고 배반하였다. 30년에 초나라 공왕(共王)이 진나라를 쳐들어왔다. 그해에 성공이 죽고, 아들 애공(哀公) 약(弱)이 즉위하였다. 초나라 왕은 진나라가 국상(國喪)을 당하였으므로 군대를 철수하여 자기 나라로 돌아갔다.

애공 3년에 초나라 군사가 진나라를 포위하였다가 다시 철수하였다. 28년에 초나라 공자(公子) 위(圍)가 임금인 겹오(郟敖)를 죽이고 자신이 왕위에 올랐으니, 그가 바로 영공(靈公)이다.

34년의 일이었다. 원래 애공은 정나라 제후의 딸을 아내로 맞이하였다. 큰부인이 도(悼) 태자 사(師)를 낳고, 그녀의 동생인 작은 부인이 언(偃)을 낳았다. 그리고 두 애첩이 있었는데, 큰 첩이 유를 낳고, 작은 첩이 승(勝)을 낳았다. 애공은 특히 유(留)를 총애하여 자신의 동생인 사도(司徒) 초(招)에게 그를 부탁하였다. 애공이 병석에 누웠다. 그해 3월에 초는 도 태자를 살해하고, 유를 태자에 봉하였다. 애공이 대노하여 초를 죽이려고 하자 초는 군사를 일으켜 애공을 감금하였고, 애공은 스스

25) 申叔時 : 楚나라의 大夫.

로 목을 매어 죽어버렸다. 4월에 진(陳)나라가 초(楚)나라에 사신을 보
냈다. 초 영왕(楚靈王)은 진나라에 난이 일어났다는 소식을 접하고는 곧
바로 진나라의 사신을 죽이고 공자 기질(棄疾)으로 하여금 군대를 몰고
가서 진나라를 정벌하게 하였다. 그러자 진군(陳君) 유는 정나라로 달아
났다. 9월에 초나라가 진나라를 포위하였다. 11월에 진나라를 멸망시키
고 기질을 진공(陳公)²⁶⁾에 임명하였다.

　초(招)가 도(悼) 태자를 살해하였을 때 태자의 아들인 오(吳)는 진
(晉)나라로 달아났다. 진 평공(晉平公)이 태사 조(趙)에게 "진(陳)나라
는 결국 망해버릴 것 같소?"라고 묻자 태사는 "진(陳)은 전욱(顓頊)의
후손입니다.²⁷⁾ 진씨는 제(齊)나라에서 정권을 얻었지만, 결국 곧 망하게
될 것입니다. 막(幕)²⁸⁾으로부터 고수(瞽瞍)²⁹⁾에 이르기까지 천명을 거역
한 사람이 없었습니다. 순(舜)임금은 완미(完美)한 미덕을 지녔을 뿐만
아니라 제왕의 자리에까지 올랐고, 수(遂)³⁰⁾에 이르기까지 대대로 작위
(爵位)를 잘 보전해왔습니다. 호공(胡公)³¹⁾에 이르러서는 주나라 천자가
그에게 성씨를 수여하여 그로 하여금 순임금에 대한 제사를 받들게 하였
습니다. 그리고 성덕(盛德)한 후대들은 반드시 백대(百代)를 이어갈 것
입니다. 순임금의 세계(世系)는 단절되지 않을 것이며, 앞으로는 제(齊)
나라에서 흥기(興起)될 것입니다"라고 대답하였다.

　초 영왕이 진나라를 무너뜨린 지 5년 후에 초나라 공자 기질이 영왕을
시해하고 왕위를 차지하였으니, 그가 바로 평왕(平王)이다. 평왕은 막
즉위하였을 때 여러 제후들과 우호관계를 맺고 싶어하였다. 그래서 예전
진(陳)나라 도(悼) 태자의 아들인 규오(嬀吳)를 찾아내어 그를 진후(陳
侯)로 옹립하였으니, 그가 바로 혜공(惠公)이다. 군위(君位)가 비어 있
은 지 5년이나 되었는데 혜공이 즉위하자 애공이 죽은 해로 소급하여 그
해를 원년으로 삼았다.

---

26)　陳公 : 陳 지역의 최고 사령관. 楚나라에서는 縣令을 公이라고 하였다.
27)　陳나라는 虞舜을 시조로 하였는데, 舜은 또 顓頊의 자손이다.
28)　幕 : 虞舜의 先人.
29)　瞽瞍 : 虞舜의 부친.
30)　遂 : 虞舜의 후손. 商나라 湯王은 舜의 후대를 보전하기 위하여 虞遂를 陳나라 제
　　후에 봉하였다.
31)　胡公 滿은 虞遂의 후손으로 周 武王을 섬겼다. 武王은 그에게 嬀氏 성을 주었으
　　며, 陳 제후로 續封하였다.

10년에는 진(陳)나라에 큰 화재가 발생하였다. 15년에 오(吳)나라 왕 요(僚)가 공자 광(光)을 보내어 진(陳)나라를 정벌하고, 이어서 호(胡),[32] 침(沈)[33] 두 나라의 땅을 탈취하였다. 28년에는 오나라 왕 합려(闔閭)와 오자서(伍子胥)가 초나라를 침략하여 수도인 영도(郢都)에까지 진군해들어갔다. 그해에 혜공이 죽고 아들 회공(懷公) 유(柳)가 즉위하였다.

회공 원년에 오나라가 초나라를 부수고, 영도에서 회공을 불러 회견하였다. 회공이 그냥 돌아가려고 하자 대부들이 "오나라가 새로 득세하였으니, 초나라가 비록 망하더라도 진나라와는 옛 정이 있으니 배반해서는 안 됩니다"라고 말하며 만류하였다. 회공은 병을 핑계로 돌아갔다. 4년에 오나라에서 재차 회공을 불렀다. 회공은 후환이 두려운 나머지 마지못해 오나라로 향하였다. 오나라 왕은 그가 예전에 청을 받아들이지 않았던 것에 대하여 화를 내어 그를 붙잡아두었다. 회공은 끝내 오나라에서 죽었다. 진나라에서는 회공의 아들 월(越)을 옹립하였으니, 그가 바로 민공(潛公)이다.

민공 6년에 공자(孔子)가 진나라에 왔다. 오왕 부차(夫差)가 진나라를 침략하여 세 읍(邑)을 탈취해갔다. 13년에 오나라가 재차 진나라를 침략하자, 진나라는 초나라에 구원을 요청하였다. 초 소왕(楚昭王)이 구원해 와서 성보(城父)[34]에 진을 치자 오나라 군사가 물러갔다. 그해에 초 소왕이 성보에서 죽었다. 그때 공자는 진나라에 있었다. 15년에 송나라가 조(曹)나라를 멸하였다. 16년에 오왕 부차가 제나라를 침공하여 애릉(艾陵)[35]에서 제나라 군사를 대파시키고는 사신을 보내어 진후(陳侯)를 불렀다. 진후는 후환이 두려워 하는 수 없이 오나라로 갔다. 초나라가 진나라를 침공하였다. 21년에 제나라 전상(田常)[36]이 간공(簡公)을 시해하였

---

32) 胡 : 나라 이름. 歸氏 姓의 나라로, 지금의 安徽省 阜陽縣에 있었다. 기원전 495년 楚나라에게 멸망당하였다.

33) 沈 : 나라 이름. 姬氏 姓의 나라로, 지금의 河南省 平輿縣 북쪽에 있었다. 기원전 506년에 蔡나라에게 멸망당하였다.

34) 城父 : 楚나라의 읍 이름. 지금의 安徽省 亳縣.

35) 艾陵 : 齊나라의 읍 이름. 지금의 山東省 泰安縣 동남쪽.

36) 田常 : 일명 '恒'이라고도 한다. 齊나라의 大臣. 陳完의 후손이며, 그의 8대손이라는 설이 있다. 齊 簡公 3년에 簡公을 죽이고, 平公을 옹립하고 자신은 相國의 자리에 올랐다. 그의 증손인 田和에 이르러 결국에는 齊나라의 정권을 탈취하였다.

다. 23년에는 초나라의 백공(白公) 승(勝)[37]이 영윤(令尹)[38] 자서(子西), 자기(子綦)를 죽이고 혜왕(惠王)을 습격하였다. 섭공(葉公)이 백공의 군사를 격파하자 백공은 스스로 목숨을 끊었다.

24년에 초 혜왕이 나라를 되찾은 다음에 군대를 일으켜 북벌(北伐)에 나서서 진 민공을 죽이고 드디어 진(陳)나라를 멸망시키고 그 국토를 차지하였다. 그해에 공자(孔子)가 세상을 떠났다.

기(杞)[39]나라의 동루공(東樓公)이라는 사람은 하우(夏禹)의 후손이었다. 은나라 때에 하우의 후손들은 때로는 제후에 봉해지기도 하였고, 때로는 제후의 명맥을 유지하지 못하기도 하였다. 주나라 무왕이 전쟁에서 은나라 주왕(紂王)을 이기고 나서 사방에서 하우의 후손을 찾아내려고 노력하였다. 그래서 찾아낸 사람이 바로 동루공이었다. 무왕은 그에게 기(杞) 지역을 봉토로 주어서 하우의 제사를 받들게 하였다.

동루공이 서루공(西樓公)을 낳고, 서루공은 제공(題公)을 낳고, 제공은 모취공(謀娶公)을 낳았다. 모취공이 집정한 시기는 주나라 여왕(厲王) 때에 해당한다. 모취공은 무공(武公)을 낳았다. 무공이 47년간 재위하다가 죽자, 아들 정공(靖公)이 즉위하였다. 정공은 재위 23년 만에 죽고, 아들 공공(共公)이 즉위하였다. 공공은 8년 만에 죽고, 아들 덕공(德公)이 즉위하였다. 덕공은 18년 만에 죽고, 동생인 환공(桓公) 고용(姑容)이 즉위하였다. 환공은 17년 만에 죽고, 아들 효공(孝公) 개(匃)가 즉위하였다. 효공은 17년 만에 죽고, 동생인 문공(文公) 익고(益姑)가 즉위하였다. 문공은 14년 만에 죽고, 아우인 평공(平公) 울(鬱)이 즉위하였다. 평공은 18년 만에 죽고, 아들 도공(悼公) 성(成)이 즉위하였다. 도공은 23년 만에 죽고, 아들 은공(隱公) 기(乞)가 즉위하였다. 7월

---

37) 白公 勝 : 성은 熊이고 이름이 勝이다. 楚 平王의 손자로 일찍이 曹나라의 大夫를 지낸 적이 있으며, 白公은 그의 호이다. 楚 惠王 10년(기원전 479년)에 起兵하여 令尹 子西와 子綦(司馬子期)를 죽이고, 楚나라 수도를 장악하였다. 후에 葉公에게 패배하여 스스로 목을 매어 죽었다.

38) 令尹 : 楚나라의 執政大臣으로 相國에 상당하는 고위 관직이다.

39) 杞 : 姒氏 성의 나라로 기원전 11세기에 건국되었으며, 지금의 河南省 동부 지역에 위치하고 하였다. 雍丘(지금의 河南省 杞縣)에 도읍을 정하였으며, 춘추시대 때에는 淳于(지금의 山東省 安丘縣 동북쪽)로 東遷하였다. 기원전 445년에 楚나라에게 멸망당하였다.

에 은공의 동생인 수(遂)가 은공을 죽이고 스스로 즉위하였으니, 그가 바로 희공(釐公)이다. 희공은 19년 만에 죽고, 아들 민공(湣公) 유(維)가 즉위하였다. 민공 15년에 초 혜왕이 진(陳)나라를 멸망시켰다. 16년에 민공의 아우인 알로(閼路)가 민공을 시해하고 왕위를 차지하였으니, 그가 바로 애공(哀公)이다. 애공은 즉위한 지 10년 만에 죽고, 민공의 아들인 칙(勅)이 즉위하였으니, 그가 출공(出公)이다. 출공은 12년 만에 죽고, 아들 간공(簡公) 춘(春)이 즉위하였다. 그가 즉위한 지 겨우 1년째에, 즉 초 혜왕 44년에 초나라가 기나라를 멸망시켰다. 이로써 기나라는 진(陳)나라보다 34년 늦게 멸망한 셈이다.

기나라는 미소한 나라이므로, 이렇다 할 만한 사적(事迹)이 별로 없다.

순(舜)임금의 후대를 주나라 무왕이 진(陳)나라에다 봉하였는데, 그들은 초 혜왕에 의하여 멸망당하였다. 진나라의 사적을 「진기세가(陳杞世家)」에 기록해두기로 한다. 하우(夏禹)의 후대를 주 무왕이 기나라에 봉하였는데, 그들 역시 초 혜왕에 의하여 멸망당하였다. 그 나라의 사적도 「진기세가」에 기록해두기로 한다. 설(契)[40]의 후대가 바로 은(殷)나라인데, 그 나라의 사적에 대해서는 「은본기(殷本紀)」에 기록해두었다. 은 왕조가 멸망한 후에 주 왕조는 그 후대를 송나라에 봉하였는데, 그들은 제 민왕(齊湣王)에게 멸망당하였다. 그 사적에 대해서는 「송미자세가(宋微子世家)」에 기록해두었다. 후직(后稷)[41]의 후대가 주나라인데, 그들은 진 소왕(秦昭王)에게 멸망당하였다. 그 사적에 대해서는 「주본기(周本紀)」에 기록해두었다. 고요(皐陶)[42]의 후대 가운데 일부는 영(英), 육(六)[43] 두 나라에 봉해졌는데, 그들은 초 목왕(楚穆王)에게 멸망당하였

---

40) 契 : 전설상의 인물로서 帝嚳의 아들로 商나라 시조라고 한다. 일찍이 禹임금을 도와서 治水의 공적을 세웠고, 舜임금에 의하여 司徒로 등용되어 敎化에 관한 일을 관장하였으며, 商(지금의 河南省 商丘縣 남쪽)에 거주하였다고 한다.

41) 后稷 : 周族의 시조로 이름은 棄이다. 堯舜 시대 때 農官을 역임하면서 백성들에게 耕作에 관한 일을 가르쳤다고 한다.

42) 皐陶 : 전설상의 인물로서 東夷族의 領袖이고 姓은 偃氏라고 한다. 舜임금에 의하여 刑法을 관장하는 관리로 등용되었다고 한다.

43) 英, 六 : 偃氏 성을 가진 나라들로서 기원전 622년에 楚나라에게 멸망당하였다. 이 두 나라는 지금의 安徽省 六安縣 일대에 위치하고 있었다.

는데, 그들의 세계 (世系)를 적어놓은 보첩 (譜牒)은 전해지지 않는다. 백
이(伯夷)의 후대는 주 무왕 때 재차 제 (齊)나라에 봉해졌는데 태공망(太
公望)이라고 한다. 그들은 진씨(陳氏)[44]에 의하여 멸망당하였다. 그 사
적에 대해서는「제태공세가(齊太公世家)」에 기록되어 있다. 백예(伯翳)
의 후대는 주 평왕(平王) 때 이르러 봉해져 진(秦)나라가 되었는데, 그
들은 항우(項羽)에게 멸망당하였다. 그 사적에 대해서는「진본기(秦本
紀)」에 기록되어 있다. 수(垂), 익(益), 기(夔), 용(龍),[45] 이들의 후대
는 어느 지역에 봉해졌는지 확실하지 않으며, 기록도 보이지 않는다. 이
상 11명은 모두 당(唐), 우(虞) 시대에 공덕(功德) 있는 신하로 명성이
자자하였던 사람들이다. 그중에 다섯 사람의 후대는 제왕(帝王)의 지위
에까지 올랐으며,[46] 그밖의 사람들의 후대들은 현혁(顯赫)한 제후들이
되었다. 등(滕),[47] 설(薛),[48] 추(騶),[49] 이 세 나라는 하(夏), 은(殷),
주(周) 때에 분봉된 소규모 국가들이기 때문에 동시대의 다른 제후 나라
들과 나란히 언급하기에는 부족한 점이 있으므로 이들에 대해서는 언급하
지 않는다.

　주 무왕 때에는 제후들의 수가 1,000여 명에 달하였다. 유왕(幽王), 여
왕(厲王) 이후에는 여러 제후들이 서로 공격을 일삼고 영토 병탄(併呑)
에만 주력하였다. 강(江), 황(黃),[50] 호(胡), 침(沈) 같은 소규모 국가
들이 등장하였지만, 그 수가 이루 헤아릴 수 없을 만큼 많으므로 일일이
따로 기록해두지 않았다.

---

44)　陳氏 : 田氏, 즉 田和를 가리킨다.
45)　垂, 益, 夔, 龍 : 垂는 堯舜 시대 때의 賢臣으로서 일찍이 共工(百工을 관장하는
　　관직)을 역임하였다. 益은 伯翳를 말하는데, 이 사람은 앞에서 이미 언급한 바 있으
　　므로 잘못 중복된 衍文이다. 夔는 堯舜 시대 때의 賢臣으로서 일찍이 典樂(卿大夫
　　이상의 고관들의 자제들에 대한 교육을 관장하였다)을 역임하였다. 龍은 堯舜 시대
　　때의 賢臣으로서 일찍이 納言(議論에 관한 일을 관장하였다)을 역임하였다.
46)　舜과 禹는 그 자신이 帝王을 지냈으며, 稷, 契, 翳는 후대에 이르러 帝王의 자리
　　에 올랐다.
47)　滕 : 姬氏 성의 나라로 지금의 山東省 滕縣 서남쪽에 위치하였다.
48)　薛 : 任氏 성의 나라로 지금의 山東省 滕縣 남쪽에 위치하였다.
49)　騶 : ‘鄒,’ ‘邾’라고도 한다. 曹氏 성의 나라로 지금의 山東省 鄒縣에 위치하였다.
50)　江, 黃 이 두 나라는 모두 嬴氏 성의 나라이다. 江나라는 지금의 河南省 息縣 서
　　남쪽에 자리하였으며, 黃나라는 지금의 河南省 潢川縣 남쪽에 위치하였다.

태사공은 말하였다.

"순(舜)임금의 덕행은 최고 수준에 이르렀다고 말해도 무방할 것인저!
제왕의 자리를 하우(夏禹)에게 선양(禪讓)해주었지만, 그에 대한 후손들
의 제사는 하(夏), 상(商), 주(周) 삼대(三代)에까지 단절되지 않고 이
어졌다. 초(楚)나라가 진(陳)나라를 멸망시키자 그의 대가 끊어지는가
싶었더니, 전상(田常)이 제(齊)나라의 정권을 차지하여 마침내 한 나라
로 성장하였으니, 그의 후손들이 백대(百代)에 이르도록 끊어짐이 없었
고 자손들의 수가 많았으며, 그 가운데 봉토를 향유하고 있는 사람들이
한둘이 아니었다. 하우의 후대들의 나라로는 주대(周代) 때 오로지 기
(杞)나라만 명맥을 유지하고 있었으나, 이는 수적으로 보나 국토 면적으
로 보나 작은 나라에 불과할 따름이었다. 초 혜왕(楚惠王)에게 기나라가
멸망당하여 하우의 후대가 끊어지는가 싶었는데, 그의 후손인 월왕(越
王) 구천(句踐)이 대를 부흥시켰다."

권37 「위강숙세가(衛康叔世家)」 제7

위 강숙(衛康叔)[1]은 이름이 봉(封)이고, 같은 어머니에게서 태어난 주무왕(周武王)의 아우이다. 그보다 아래에 또 염계(冉季)가 있는데, 그가 막내이다.

무왕이 은(殷)[2]나라 주왕(紂王)과의 전쟁에서 승리를 거둔 후에 은나라 유민들과 그들이 사는 땅을 주왕의 아들인 무경녹보(武庚祿父)[3]에게 봉하여 여타의 제후들과 동등하게 대우해주어 그들의 조상에 대한 제사를 받들게 하고 대가 끊어지지 않도록 하였다. 무경이 기쁜 마음으로 성복(誠服)하지 않자 무왕은 그가 음험(陰險)한 마음을 품을까 두려운 나머지 자신의 두 아우 관숙(管叔)과 채숙(蔡叔)으로 하여금 무경녹보를 보좌하게 함으로써 은나라 유민들을 잘 안무(安撫)하도록 하였다. 무왕이 세상을 떠나고 나서 그의 뒤를 이어 즉위한 성왕(成王)은 나이가 어렸기 때문에 주공(周公) 단(旦)이 성왕을 대리하여 나라를 다스렸다. 관숙과 채숙은 주공을 믿지 않고는 곧 무경녹보와 더불어 난을 일으켜 성주(成周)[4]를 공격하려고 하였다. 주공 단은 성왕의 명령을 받들어 군대를 일으켜

---

1) 叔封이 처음에는 康(西周의 京都 지구내에 있었다고도 하며, 일설에는 지금의 河南省 禹縣 서북쪽에 있었다고도 한다)에 分封되었으므로 康叔이라고 하였다. 후에 다시 衛에 분봉되었기 때문에 衛 康叔이라고 한다. 衛는 기원전 11세기에 처음 세워진 나라로 그 領地는 지금의 河北省 남부와 河南省 북부 일대에 걸쳐 있었다. 처음에는 朝歌(지금의 河南省 淇縣)에 도읍을 정하였다가, 후에 가서는 楚丘(지금의 河南省 滑縣)로 도읍을 옮겼다가, 다시 帝丘(지금의 河南省 濮陽縣)으로 옮겼다. 기원전 254년에 魏나라에게 멸망당하였다가 기원전 241년에 秦나라가 魏나라의 동부 지역을 탈취하고 衛나라를 復國시켜주었다. 그때 도읍을 다시 野王(지금의 河南省 沁陽縣)으로 옮겼다. 기원전 209년에 秦나라에게 멸망당하였다.

2) 殷 : 商王 盤庚이 도읍을 奄(지금의 山東省 曲阜市)에서 殷(지금의 河南省 安陽縣 서북쪽의 小屯村 일대)으로 옮겼기 때문에 商나라를 殷나라라고도 부른다.

3) 武庚祿父 : 武庚은 이름이고 祿父는 字이다. 권35 「管蔡世家」의 〈주 9〉 참조.

4) 成周 : 洛邑을 가리킨다. 옛 성터는 지금의 河南省 洛陽市에 있다. 武庚이 반란을 일으켰을 때까지만 해도 洛邑이 東都로 운영되지 않았지만 그곳을 '宗周'로 삼았다고 한다.

132

은나라 유민들을 정벌하고 무경녹보와 관숙을 죽여버리고 채숙은 멀리 내쫓아버렸다. 그리고 강숙을 위(衛)나라 군주에 봉하여 황하(黃河)와 기수(淇水) 사이의 상허(商墟)[5]에 거주하게 하면서 무경에게 주었던 은나라 유민들을 관할하도록 시켰다.

주공 단은 강숙이 나이가 적어 사리에 어두울까봐 걱정이 되어 강숙에게 타일러 말하기를 "반드시 은(殷) 지역에 거주하고 있는 현인, 군자 그리고 연장자들을 심방하여 그들에게 예전에 은 왕조가 흥기되었다가 멸망해버린 까닭을 물어보고 그 백성들을 잘 보살펴주어야 하느니라!"라고 누차 당부하고는 주왕이 나라를 망하게 하였던 원인, 즉 주색에 눈이 멀어 화를 자초하였다는 사실을 그에게 일러주었다. 주공은 「자재(梓材)」라는 제목의 글을 써서 군자가 정무를 처리할 때 가래나무의 재질을 거울삼아야 한다고 일깨워주었다. 그래서 자신이 쓴 글을 「강고(康誥)」, 「주고(酒誥)」, 「자재」[6]라고 이름하여 강숙을 훈계하였다. 강숙이 그 나라에 당도하여 주공으로부터 받은 가르침을 잘 실행하여 단결시켰으며, 그곳 백성들도 매우 기뻐하고 잘 따랐다.

성왕이 장성한 이후에는 친히 정무를 처리하였으며, 강숙을 주나라의 사구(司寇)[7]에 임명하고, 위(衛)나라의 보기(寶器)[8]와 제기(祭器)[9]를 하사하여 그의 덕행을 표창하였다.

강숙이 죽고 나서는 아들인 강백(康伯)이 즉위하였다. 강백이 죽은 후에는 아들 고백(考伯)이 즉위하였다. 고백이 죽고 나서는 아들 사백(嗣伯)이 즉위하였다. 사백이 죽고 나서는 아들 첩백(疌伯)이 즉위하였다. 첩백이 죽고 아들 정백(靖伯)이 즉위하였다. 정백이 죽고 아들 정백(貞伯)이 즉위하였다. 정백이 죽고 아들 경후(頃侯)가 즉위하였다.

경후는 주나라 이왕(夷王)에게 많은 재물을 상납하여, 이왕은 위나라에게 후작(侯爵)을 내려주었다.[10] 경후는 재위 12년 만에 죽고 아들 희후(釐侯)가 즉위하였다.

---

5) 商墟:商代 말기의 도읍지였던 朝歌의 옛 터. 지금의 河南省 淇縣에 있다.
6) 「康誥」,「酒誥」,「梓材」는 모두 『尙書』의 篇名이다.
7) 司寇:刑獄, 糾察 등의 업무를 관장하던 관직 이름.
8) 寶器:고급 車輛, 旗幟, 樂器, 玉飾 등을 가리킨다.
9) 祭器:祭祀 때 쓰이는 여러 가지 靑銅 禮器를 말한다.
10) 周나라의 제도에 의하면 제후는 公, 侯, 伯, 子, 男의 순으로 5등급으로 나뉘므

희후 13년에 주나라 여왕(厲王)이 체(彘) 지역으로 도피함에 따라 주나라에서는 두 재상이 공동으로 정무를 대행하게 되었다. 28년에 주나라에서는 선왕(宣王)이 즉위하였다.

42년에 희후가 죽고 태자 공백(共伯) 여(餘)가 군주의 자리에 올랐다. 공백의 아우인 화(和)가 희후의 총애를 받았고, 일찍이 희후가 화(和)에게 많은 재물을 주었다. 그는 그 재물로 무사(武士)들을 매수하여 공백을 습격하자 공백은 희후의 묘로 도망쳤다가 그 묘도(墓道)에서 자살하였다. 위나라 사람들은 그를 희후의 묘 옆에다 매장하고는 시호(諡號)를 공백(共伯)이라고 하였다. 그리고는 화(和)를 위후(衛侯)로 옹립하였으니, 그가 바로 무공(武公)이다.

무공은 즉위한 후로 강숙(康叔)의 정령(政令)을 다시 잘 시행하여 백성들을 편안하게 잘 다스렸다. 42년에 견융족(犬戎族)이 주나라 유왕(幽王)을 죽이자 무공이 군대를 이끌고 가서 주나라를 구원하여 견융족을 평정함으로써 큰 공을 세웠다. 그리하여 주나라 평왕(平王)이 무공에게 공작(公爵)을 수여하였다.[11] 그는 재위한 지 55년 만에 세상을 떠나고 아들 장공(莊公) 양(揚)이 즉위하였다.

장공은 즉위 5년에 제(齊)나라 여인을 아내로 맞이하였는데, 그녀는 예쁘기는 하였지만 아들이 없었다. 다시 진(陳)나라 여인을 아내로 맞이하여 아들을 얻었으나 일찍 죽어버렸다. 둘째 부인의 여동생 역시 장공의 총애를 받아서 아들 완(完)을 낳았다. 완의 어머니가 죽자 장공은 제부인(齊夫人)으로 하여금 그를 잘 양육하도록 당부하고는 그를 태자로 봉하였다. 장공에게는 애첩 하나가 있었는데, 그녀가 아들 주우(州吁)를 낳았다. 18년에 주우가 장성하여 병술(兵術)을 즐겨 익히는 것을 보고 장공은 그로 하여금 군대를 이끌도록 하였다. 석작(石碏)[12]이 장공에게 "그

로 侯가 伯보다 높다. 그러나 『史記索隱』에는 衛나라가 康叔 때부터 伯爵이 아니라 侯爵을 수여받았다고 쓰여 있다. 앞 문장에서 '康伯'에서부터 '貞伯'에 이르기까지 6대에 걸쳐서 伯이라고 칭한 것은 伯爵을 의미하는 것이 아니라 方伯(一方諸侯之長, 즉 제후의 우두머리)을 의미하는 것이므로, "衛나라에 후작을 하사하였다(命衛爲侯)"라는 설은 착오라고 쓰여 있다.

11) 『史記志疑』에 따르면 周 王朝가 東遷한 이후에는 제후들이 그들 국내에서는 모두 公이라고 칭하였지만 실제로 天子로부터 정식으로 公爵을 수여받은 적이 전혀 없었다고 한다.

12) 石碏 : 衛나라의 上卿.

134

가 군사 방면에 조예가 있기는 하나 첩의 소생이므로 그에게 군대를 맡긴
다면 장차 큰 화근이 될 것입니다"라고 진언하였으나 장공은 듣지 않았
다. 23년에 장공이 죽고 태자 완(完)이 즉위하였으니, 그가 바로 환공
(桓公)이다.

환공 2년에 아우인 주우가 교만하고 사치를 부려 그의 직위를 박탈하려
고 하자 주우는 다른 나라로 달아났다. 13년에 정백(鄭伯)의 아우인 단
(段)이 그의 형을 공격하였으나 실패로 끝나고 도주하여 주우와 교분을
맺게 되었다. 16년에 주우는 위나라로부터 도망쳐온 사람들을 모아서 환
공을 습격하여 죽이고 자신이 군주의 자리에 올랐다. 정백의 아우 단은
정(鄭)나라를 공격하고자 뜻을 세우고는 송(宋), 진(陳), 채(蔡)나라에
동참을 요청하자 그 세 나라가 모두 응낙하였다. 위나라 백성들은 주우가
군주의 자리를 차지한 후로는 그가 전쟁을 좋아하며, 또 그가 환공을 살
해한 것을 목격하였으므로 그를 좋아하지 않았다. 석작은 환공의 어머니
가 다른 나라인 진(陳)나라 태생이라는 사실을 핑계로 자신은 주우의 편
인 체 가장하였다. 위나라 군사가 정나라로 가고 없는 틈을 이용하여 석
작이 주우를 없애버릴 것을 진후(陳侯)와 공모하고는 우재추(右宰醜)¹³⁾
를 보내어 식량을 바쳤다. 그리하여 복(濮)에서 주우를 죽이고는 형
(邢)¹⁴⁾나라로 가서 환공의 아우 진(晉)을 맞이하여 군주로 옹립하였으
니, 그가 바로 선공(宣公)이다.

선공 7년에 노(魯)나라 은공(隱公)이 시해되었다. 9년에는 송(宋)나라
화보독(華父督)이 그의 군주인 상공(殤公)과 대부 공보가(孔父嘉)를 죽
였다. 10년에는 진(晉)나라 곡옥(曲沃)¹⁵⁾에 있던 장백(莊伯)¹⁶⁾이 그의
군주인 애후(哀侯)를 시해하였다.

18년의 일이다. 원래 선공이 총애하던 부인 이강(夷姜)이 아들 급(伋)
을 낳았는데, 선공은 그를 태자에 봉하고 우공자(右公子)로 하여금 그를

———
13) 右宰醜 : 衛나라의 大夫. 右宰는 성이고 醜는 이름이다.
14) 邢 : 기원전 11세기에 周나라가 分封해준 제후국. 姬氏 성의 나라이고, 영지는 지
금의 河北省 邢台市 일대였다.
15) 曲沃 : 읍 이름. 지금의 山西省 聞喜縣 동북쪽에 있었다. 東周 초기에 晉나라의
昭侯가 그의 숙부인 姬成에게 이곳을 통치하게 하였다. 권32 「齊太公世家」의 〈주
165〉 참조.
16) 莊伯 : 권39 「晉世家」의 기록에 따르면 晉 哀侯를 살해한 사람은 莊伯이 아니라
그의 아들 武公이고, 莊伯에 의하여 죽은 사람은 晉 孝侯라고 한다.

가르치도록 하였다. 우공자가 태자에게 제(齊)나라 여자를 중매하였는데
성혼되기 전에 선공이 머지 않아 며느리가 될 여자의 미모가 빼어난 것을
보고는 그녀를 좋아하게 되어 자신이 차지해버리고 태자에게는 다른 여자
를 맺어주었다. 선공은 제나라 여자를 맞아들여 아들 수(壽)와 삭(朔)을
얻었으며, 좌공자(左公子)에게 그 두 아들의 교육을 맡겼다. 태자 급의
어머니가 죽자 선공의 정부인(正夫人)은 삭과 함께 태자 급을 비방하였
다. 선공은 태자의 아내 될 여자를 탈취한 일이 있은 후로 태자를 마음속
으로 미워하여 그를 태자의 자리에서 쫓아내고 싶었다. 그러던 차에 그가
나쁘다는 소문을 듣게 되자 크게 화를 내면서 곧 태자 급을 제나라 사신
으로 파견하고는 강도를 시켜서 국경에서 그를 살해하도록 시켰다. 그리
고 태자에게는 사신으로 갈 때 들고 가도록 백모(白旄)[17]를 주었다. 그
리고는 강도에게 백모를 들고 가는 자를 보거든 그를 죽여버리라고 일러
주었다. 태자 급이 막 길을 떠나려고 할 즈음에 삭의 형이자 태자의 배다
른 동생인 수는 삭이 태자를 미워하고 임금인 선공이 태자를 죽이려고 음
모를 꾸미고 있는 것을 알고는 태자에게 "국경 지역에서 강도가 나타나서
태자가 들고 가는 백모를 보면 죽이려고 달려들테니 태자께서는 길을 떠
나지 마십시오!"라고 당부하였다. 그러자 태자는 "부친의 명령을 받들지
아니하고서 생존을 구한다는 것은 옳은 일이 못 된다"라고 말하고는 곧
길을 떠났다. 수는 태자가 중지하지 않는 것을 보고는 그의 백모를 몰래
빼앗아가지고 먼저 출발하였다. 국경 지역에 숨어 있던 강도가 과연 어떤
사람이 백모를 들고 오는 것을 보자 그를 죽였다. 그리하여 수가 죽고 나
서 이어서 태자 급이 그곳에 당도하여 그 강도에게 말하기를 "네가 죽여
야 할 사람은 그가 아니라 바로 나이다!"라고 당당하게 말하자 강도가
태자 급도 죽여버리고는 곧장 선공에게 달려가서 보고하였다. 선공은 곧
삭을 태자에 봉하였다. 19년에 선공이 죽고 태자 삭이 즉위하였으니, 그
가 바로 혜공(惠公)이다.

　좌우 두 공자는 삭이 즉위한 것에 대하여 불평을 느꼈다. 혜공 4년에
좌우 두 공자가 혜공이 전 태자 급을 참살한 것에 대하여 원한을 품고는
난을 일으켜 혜공을 공격하고는 태자 급의 아우인 검모(黔牟)를 군주로

---

17)　白旄 : 고대에 卿大夫가 제후에게 초빙되어 갈 때 지니고 가는 符信으로 무소의
　　희고 긴 꼬리털로 장식한 것이다.

옹립하자, 혜공은 제 (齊)나라로 달아났다.

위군 (衞君) 검모가 즉위한 지 8년째 되던 해에 제 양공 (齊襄公)이 제후들을 거느리고 주왕 (周王)의 명을 받들어 공동으로 위나라를 공격하여 혜공을 자기 나라로 돌려보내고 좌우 두 공자를 죽였다. 위군 검모는 주나라로 달아났고, 혜공이 복위되었다. 혜공은 처음 즉위한 지 3년 만에 다른 나라로 도망하였고, 그곳에서 8년의 세월을 보내다가 다시 귀국하였으니 전후 재위 기간을 통산하면 모두 13년인 셈이다.

25년에 혜공은 주나라 왕실이 검모의 망명을 받아들인 것에 대해서 원한을 품고는 연 (燕)나라와 함께 주나라를 공격하였다. 주나라의 혜왕 (惠王)은 온 (溫)[18]나라로 도망쳤다. 위, 연 두 연합군은 혜왕의 아우 퇴 (頹)를 왕으로 옹립하였다. 29년에 정나라는 혜왕 (惠王)을 주나라의 수도로 돌려보냈다. 31년에 혜공이 죽고 아들 의공 (懿公) 적 (赤)이 즉위하였다.

의공은 즉위한 이후로 학을 기르는 것을 좋아하였으며, 음탕하게 향락을 즐기고 사치가 심하였다. 9년에 적 (翟)[19] 사람들이 위나라를 침입하자 의공은 군대를 일으켜 막으려고 하였으나, 군사들 가운데 일부가 반기를 들기도 하였다. 대신들이 "군주께서는 학을 즐겨 기르시니 학으로 하여금 적족의 사람들과 대항해서 싸우라고 하면 될 것입니다"라고 빈정거렸다. 그렇게 논란만 벌이고 있을 때 적족 군사들이 위나라 수도에까지 진격해들어와서 의공을 죽였다.

의공이 즉위한 것에 대해서 백성들은 물론 대신들까지도 불복하였다. 의공이 부친인 혜공 희삭 (姬朔)이 태자 희급 (姬伋)을 참살하고 즉위한 이래로 의공에 이르기까지 기회만 있으면 그들을 엎어버리려고 벼르고 있다가 마침내 혜공의 후대를 멸하고 검모의 아우 소백 (昭伯)의 아들 희신 (姬申)을 나라의 군주로 옹립하였으니, 그가 바로 대공 (戴公)이다.

대공 신은 즉위한 원년에 죽었다. 제 환공 (齊桓公)은 위나라가 수차에 걸쳐 난을 당하는 것을 보고는 제후들을 이끌고 주동자인 적족을 정벌하

---

18) 溫 : 西周 때 지금의 河南省 溫縣 경내에 있었던 나라 이름.
19) 翟 : 部族 명칭으로 통상 '狄'이라고도 쓴다. 춘추시대 때에 장기간에 걸쳐 齊, 魯, 晉, 衞, 宋, 邢 등의 나라에서 활약하였으며, 이들 국가들과 빈번한 접촉이 있었다.

고 위나라를 위해서 초구(楚丘)에다 성을 쌓아주었다. 그리고 대공의 아
우인 훼(燬)를 위군(衛君)으로 옹립하였으니, 그가 바로 문공(文公)이
다. 문공은 국내에 난이 일어나서 제나라로 도망쳤다. 제나라에서는 그를
본국으로 돌려보냈다.

이전에 적족 사람들이 의공을 죽였을 때 위나라 사람들은 그들을 미워
하지 않았다. 그리고 예전에 선공이 죽인 태자 급(伋)의 후손을 옹립하고
싶었으나 태자 급의 아들은 이미 죽고 없었으며 태자 급을 대신해서 죽은
수(壽) 또한 아들이 없었다. 태자 급의 같은 어머니 형제는 둘이 있었는
데, 그중에 한 사람이 검모(黔牟)인데, 그는 일찍이 제나라로 달아난 혜
공을 대신해서 8년간 재위하다가 물러났다. 둘째 동생은 소백(昭伯)이
다. 소백과 검모는 이미 죽고 없었으므로 소백의 아들 신(申)을 옹립하였
으니, 그가 대공(戴公)이다. 대공이 죽고 그의 아우 훼(燬)를 옹립하였
으니, 그가 문공(文公)이다.

문공은 즉위하자마자 곧 조세를 경감시켜주었고, 형벌에 불공평한 일이
없도록 하였으며, 솔선하여 근면함을 보여줄 뿐만 아니라 백성과 더불어
고통을 함께 함으로써 위나라 백성들이 그를 잘 따르게 되었다.

16년에 진(晉)나라의 공자인 중이(重耳)[20]가 국외로 도망치는 길에 위
나라에 들린 적이 있는데, 위나라는 예를 다하여 그를 대해주지 않았다.
17년에 제 환공이 죽었다. 25년에 문공이 죽고 아들 성공(成公) 정(鄭)
이 즉위하였다.

성공 3년에 진(晉)나라가 송(宋)나라에 구원병을 보내기 위해서 위나
라에게 길을 빌려주기를[21] 요청하였으나 성공은 이를 허락하지 않았다.
진나라는 당초의 계획을 바꾸어서 남쪽으로 강을 건너서 송나라로 구원병
을 보내주었다. 군대를 징집해줄 것을 요청해오자 위나라 대부들은 응해
주려고 하였으나, 성공이 허락하지 않았다. 대부 원훤(元咺)이 성공을
공격하자 성공은 국외로 달아났다. 진나라 문공 중이는 위나라를 침략하

---

20) 重耳 : 그의 부친인 晉 獻公의 박해를 받아 국외로 도망쳤다가 19년간을 보낸 후
     에 귀국하여 군주가 되었으니, 그가 바로 晉 文公이다. 기원전 636년에서 기원전
     628년까지 재위하였다.
21) 『左傳』의 僖公 28년에는 晉나라가 宋나라를 구원해주기 위해서가 아니라 曹나라
     를 침공하기 위해서 길을 비켜달라고 하였다고 기록되어 있다.

여 그 땅 일부를 송나라에 나누어줌으로써, 이전에 자신에게 무례하게 대한 것과 송나라에게 구원병을 보낼 때 길을 비켜주지 않은 원한을 앙갚음하였다. 위나라 성공은 진(陳)나라로 달아난 지 2년 후에 주나라 왕실로 가서 자신의 귀국을 도와줄 것을 요청하였고, 그곳에서 진(晉)나라 문공과 만나게 되었다. 진나라는 사람을 시켜서 위 성공을 독살(毒殺)시키려고 하였다. 성공은 주 왕실에 암암리에 뇌물을 주어놓았던 관계로 술에 독을 넣기로 계획되어 있는 사람이 독을 조금만 넣었기 때문에 가까스로 죽음만은 면할 수 있었다. 얼마 후에 주나라 천자가 성공을 위해서 진 문공에게 간청하여 마침내 성공의 귀국이 성사되었다. 그는 자기 나라로 돌아가자 곧 원훤을 주살시켰고, 위군(衛君) 희하(姬瑕)는 국외로 달아났다. 7년에 진 문공이 죽었다. 12년에 성공은 진(晉)나라 양공(襄公)을 알현하였다. 14년에 진(秦)나라 목공(穆公)이 죽었다. 26년에 제나라 대부 병촉(邴歜)[22]이 그의 군주 의공(懿公)을 시해하였다. 35년에 성공이 죽고 아들 목공(穆公) 희속(姬遫)이 즉위하였다.

목공 2년에 초(楚)나라 장왕(莊王)이 진(陳)나라를 침략하여 하징서(夏徵舒)를 죽였다. 3년에는 초 장왕이 정나라를 포위하여 정나라가 항복하자 군사를 풀었다. 11년에 위나라의 대부 손양부(孫良夫)가 노(魯)나라를 구원하기 위하여 제나라를 침략하여 과거에 빼앗겼던 땅을 되찾았다. 목공이 죽고 아들 정공(定公) 희장(姬藏)이 즉위하였다. 정공은 재위 12년 만에 죽고 아들 헌공(獻公) 희간(姬衎)이 즉위하였다.

13년에 헌공이 악사 조(曹)로 하여금 궁첩(宮妾)에게 거문고를 가르치게 하였는데, 그녀가 잘못하자 악사가 곤장을 때렸다. 궁첩은 헌공에게 가서 그 일을 일러바치고는 악사를 험담하였다. 그러자 헌공이 악사 조를 불러다 곤장 300대를 때리게 하였다. 18년에 헌공이 손문자(孫文子)와 영혜자(寧惠子)[23] 두 대부에게 아침 식사 전에 궁으로 들어와서 대기하라는 명령을 내려놓고는 자신은 시간이 늦도록 오지 않고 아무 말도 없이 왕실 동산에 가서 기러기 사냥을 즐기고 있었다. 두 대부는 하는 수 없이 그곳으로 찾아갔으나 공은 사냥옷을 그대로 입은 채 그들을 맞이하였다.

---

22) 邴歜 : 권32 「齊太公世家」에서는 "丙戎"이라고 하였다.
23) 孫文子, 寧惠子 : 두 사람은 모두 衛나라의 大夫이다. 孫文子는 본명이 孫林父이고, 寧惠子는 寧殖이다.

두 대부는 화가 나서 숙(宿)²⁴⁾으로 가버렸다. 손문자의 아들은 여러 차례 헌공의 술자리를 시봉한 적이 있다. 그럴 때 헌공이 악사 조로 하여금 「교언(巧言)」의 끝 장(章)²⁵⁾을 연창(演唱)하게 하였다. 악사 조는 이전에 헌공이 자신을 곤장 300대나 때린 일을 상기하니 화가 머리 끝까지 치밀었고, 그 억울함을 억누르며 그 곡을 연주하면서 마음속으로는 손문자를 격분시켜서 헌공에게 보복하게 하고 싶었다. 손문자는 그 일을 대부 거백옥(蘧伯玉)에게 말하였더니, 그는 "신은 모르겠소"라고 말하였다. 손문자는 그 길로 곧 헌공에게 쳐들어갔다. 헌공은 제나라로 달아났다. 제나라에서는 위나라 헌공을 취(聚)²⁶⁾에 머물게 하였다. 손문자는 영혜자와 함께 정공(定公)의 아우인 희추(姬秋)를 위나라 군주로 옹립하였으니, 그가 바로 상공(殤公)이다.

상공 희추가 즉위하여 손문자 임보(林父)를 숙읍(宿邑)의 영주로 봉하였다. 12년에 대부인 영희(寧喜)와 손임보(孫林父) 두 사람이 서로 군주의 총애를 독차지하려고 다투어 서로 원한을 품게 되자 상공은 영희를 시켜서 손임보를 치게 하였다. 손임보는 진(晉)나라로 달아나서는 위나라의 원래 군주인 헌공이 귀국하여 복위될 수 있도록 도와달라는 내용을 진나라에 간청하였다. 이때 헌공은 제나라에 있었다. 제 경공(齊景公)²⁷⁾은 그 소식을 듣고는 위 헌공을 대동하고 진나라로 가서 지지를 호소하였다. 진나라는 위 헌공을 위하여 위나라로 진군하여 위나라를 유인하여 동맹을 맺었다. 위 상공은 진나라로 가서 평공(平公)²⁸⁾을 배알하려 하였으나, 진 평공은 상공과 영희를 체포하고는 위 헌공을 귀국시켜 군주의 자리에 복위시켰다. 이로써 헌공은 12년간이나 국외에서 도피 생활을 하다가 비로소 귀국한 셈이 되었다.

헌공은 복위 원년에 영희를 주살해버렸다.

---

24) 宿 : 읍 이름. 『左傳』에서는 "戚"이라고 하였다. 지금의 河南省 濮陽縣 북쪽.

25) 「巧言」은 『詩經』의 「小雅」에 실려 있는 篇名이다. 이 시의 끝 章에는 "저 사람은 어떤 이인가? 황하 물가에 사는, 힘도 없고 용기도 없으나 난을 일으킬 것을 일삼고 있다니(彼何人斯, 居河之麋, 無拳無勇, 職爲亂階)"라는 구절이 있는데, 獻公은 이를 연주하게 함으로써 孫文子가 황하 연안에 살면서 난을 일으키려고 함을 빗대어 말하고 싶었을 것으로 추정된다.

26) 聚 : 齊나라에 속한 읍 이름. 지금의 어느 지방에 해당하는지 확실하지 않다.

27) 齊 景公 : 姜杵臼. 기원전 547년에서 기원전 490년까지 재위하였다.

28) 晉 平公 : 姬彪. 기원전 571년에서 기원전 532년까지 재위하였다.

　3년에 오(吳)[29]나라 연릉계자(延陵季子)[30]가 사신으로 나가는 길에 위나라에 들러서 거백옥과 사추(史鰌)를 만나서 "위나라에는 군자들이 많이 있으니 별 문제가 있을 수 없겠소이다"라고 말하였다. 그리고 숙읍에 들리니 손임보가 그를 환영하는 뜻에서 경(磬)[31] 음악을 연주해주었다. 그는 곡을 듣고는 "어쩐지 즐거운 마음이 들지 않는군요. 음악이 구슬픈 것을 보니 위나라를 어지럽게 하는 것이 바로 이곳에서 비롯된 것 같구려!"라고 탄식하였다. 그해에 헌공이 죽고 아들 양공(襄公) 희오(姬惡)가 즉위하였다.

　양공 6년에 초(楚)나라 영왕(靈王)이 각 나라 제후들과 회견하였는데, 양공은 몸이 불편하다는 핑계로 참석하지 않았다.

　9년에 양공이 죽었다. 생전에 양공에게는 천한 가문 태생인 첩이 하나 있었다. 양공은 그녀를 무척 총애하여 아이를 가지게 되었는데, 하루는 꿈에 어떤 사람이 나타나서 그녀에게 "나는 강숙(康叔)이라는 사람인데, 너의 아들이 반드시 위나라를 가질 수 있도록 해주마! 너의 아들 이름은 '원(元)'이라고 짓거라!"라고 말하는 것이었다. 첩은 그 꿈이 이상하다고 여기고는 그 길로 대부 공성자(孔成子)에게 찾아가 물어보았더니, 그는 "강숙이란 사람은 위나라의 시조 되는 분이십니다"라고 알려주었다. 후에 첩이 아이를 낳으니 과연 사내 아이였다. 그래서 태몽의 자초지종을 양공에게 고하였더니, 양공은 "이는 하늘이 점지해준 일이로다! 그 아이의 이름을 '원'이라고 하거라!"라고 말하였다. 양공의 부인에게는 아들이 없었기 때문에 원으로 하여금 대를 잇게 하였으니, 그가 바로 영공(靈公)인 것이다.

　영공 5년에 진 소공(晉昭公)[32]을 조현(朝見)하였다. 6년에 초나라 공자 기질(棄疾)이 영왕(靈王)을 시해하고 자신이 왕위를 차지하였으니, 그가 바로 평왕(平王)이다. 11년에는 큰 화재가 발생하였다.

---

29) 吳 : 姬氏 성의 나라로 시조는 周 太王의 아들인 太伯과　仲雍이고, 吳(지금의 江蘇省 蘇州市)에 도읍을 정하였다. 춘추시대의 후기에 들어서 국력이 강성해지기 시작하였다.

30) 延陵季子 : 吳나라 공자 季札을 가리킨다. 그는 延陵(지금의 江蘇省 常州市)에 봉해졌으므로 예로부터 延陵季子라고 일컬어졌다. 그의 사적에 관해서는 권31 「吳太伯世家」에 상세히 기록되어 있다.

31) 磬 : 玉 또는 돌로 만든 타악기.

32) 晉 昭公 : 姬夷. 기원전 531년에서 기원전 526년까지 재위하였다.

38년에 공자(孔子)가 위나라에 왔다. 위나라에서는 그에게 노(魯)나라 에서와 동일한 봉록(俸祿)으로 대우해주었다. 후에 틈이 생기자 공자는 가버렸다. 그후에 공자는 또다시 위나라에 왔다.

39년에 태자 괴외(蒯聵)가 영공의 부인인 남자(南子)를 미워하여 그녀 를 살해하려고 마음먹었다. 괴외는 그를 따르는 무리들을 통솔하는 가신 (家臣)인 희양속(戲陽遬)과 거사를 논의하고는 조회(朝會) 시간에 그녀 를 해치우려고 계획을 세웠다. 희양속은 뒷일이 걱정이 되어서 과감히 나 서지 못하고 머뭇거리고만 있었다. 괴외가 희양속에게 수차에 걸쳐 눈짓 을 하는 바람에 그녀가 눈치를 채고는 두려움에 떨면서 큰 소리로 "태자 가 나를 죽이려고 해요ㅣ"라고 외쳤다. 그 소리를 들은 영공이 크게 화를 내자 태자 괴외는 송(宋)나라로 달아났다. 얼마 후 그는 다시 진(晉)나 라로 가서 조씨(趙氏)에게 몸을 기탁하였다.

42년 봄에 영공이 교외로 유람을 떠나는 길에 자신이 탄 수레를 자영 (子郢)에게 맡겨서 몰게 하였다. 자영은 영공의 작은아들로서 자(字)는 자남(子南)이다. 영공은 태자가 국외로 도망친 것을 원망하면서 자영에 게 "나는 장차 너를 후계자로 삼으려 하는도다ㅣ"라고 말하자 자영은 "저 는 자질이 부족하여 사직에 욕을 끼치게 될 터이오니 임금께서 달리 도모 해주옵소서ㅣ"라고 사양하였다. 그해 여름에 영공이 세상을 떠나자 영공 의 부인은 자영을 태자로 책봉하면서 "이는 선왕의 명령이다"라고 말하자 자영은 "국외로 도망간 태자 괴외의 아들 희첩(姬輒)이 여기 있사옵니다. 저는 감히 태자 자리에 오를 수 없사옵니다"라고 극구 사양하였다. 그래 서 하는 수 없이 희첩이 군주가 되었으니, 그가 출공(出公)이다.

6월 을유일(乙酉日)에 진(晉)나라의 대부 조간자(趙簡子)가 괴외를 자 신의 나라로 귀국시켜려고 양호(陽虎)으로 하여금 10여 명에게 상복을 입혀 보내서 위나라로부터 태자의 귀국을 영접하러 온 것처럼 가장하게 하고는 자신은 태자 괴외를 배웅하였다. 위나라 사람들은 그 소문을 듣고 는 군대를 보내어 태자 괴외의 귀국을 막았다. 괴외는 하는 수 없이 숙읍 (宿邑)에 자리를 잡고는 그곳에 기거하자, 위나라에서도 회군시켰다.

출공 희첩 4년에 제나라 전기(田乞)가 군주의 어린 아들을 시해하였 다. 8년에는 제나라 포자(鮑子)가 그의 군주 도공(悼公)을 시해하였다.

공자(孔子)가 진(陳)나라로부터 위나라로 왔다. 9년에 공문자(孔文

子)³³⁾가 공자에게 병법에 관해서 가르침을 구하자 공자는 대답해주지 않았다. 그후에 노후(魯侯)가 사람을 보내어 공자를 영접하자 공자는 노나라로 돌아갔다.

12년, 예전에 공문자는 태자 괴외의 누이를 아내로 맞이하여 공회(孔悝)를 낳았다. 공씨 집에는 혼양부(渾良夫)라는 이름의 젊고 잘생긴 노비가 있었는데, 공문자가 죽은 후에 그가 공회의 어머니, 즉 안방 마님과 정을 통하였다. 공회의 어머니는 혼양부를 태자 괴외가 있는 곳으로 보냈다. 태자가 그를 맞이하여 "만약 내가 귀국하여 복위할 수 있도록 도와만 준다면 그대에게 크게 보답해주겠노라! 대부가 되어 높은 수레를 탈 수 있도록 해줄 뿐만 아니라 그대가 범한 세 가지 죽을 죄³⁴⁾를 완전히 사면해주겠다"라고 굳게 약속하였다. 그밖에 또 공회의 어머니를 아내로 삼을 수 있도록 해주겠다고 약속하였다. 윤달에 혼양부와 태자 괴외는 함께 위나라 도성으로 잠입하여 공씨 집의 외원(外園)에 숨어 있다가 날이 막 어두워진 틈을 이용하여 부녀 복장으로 바꾸어 입고 머리에는 수건을 두르고 수레에 올라서 내시인 나(羅)로 하여금 수레를 몰게 하여 공씨 집으로 달려갔다. 공씨 집의 가신인 난녕(欒寧)이 누구냐고 묻자 친척 집 소첩이라고 대답하고는 곧바로 집안의 공회의 어머니 백희(伯姬)의 처소로 들어가서 짐을 풀었다. 그곳에서 밥을 먹은 후에 공회의 어머니가 창을 들고 앞장 서고 그 뒤에 태자와 갑옷 차림을 한 다섯 명이 수퇘지 한 마리를 둘러메고³⁵⁾ 뒤를 따랐다. 백희가 공회를 협박하여 뒷간으로 데려가서 강제로 굳게 약속을 하게 하고는 높다란 누대(樓臺)로 올라가 그를 시켜서 위나라의 여러 신하들을 소집하게 하였다. 난녕이 술을 마시려고 고기를 굽다가 고기가 채 익지 않을 즈음에 반란이 일어났다는 소식을 접하고는 사람을 보내어 중유(仲由)³⁶⁾에게 알렸다. 대부 소호(召護)는 병거(兵車)가 아닌 일반 수레를 타고³⁷⁾ 술잔을 기울이고 안주로 불고기를 먹으면서

---

33) 孔文子 : 孔圉를 가리킨다. 衞나라의 大夫.

34) 자색 옷(紫衣 : 君服)을 입는 것, 가죽 윗도리의 한쪽 어깨만을 걸치는 것(袒裘 : 날이 더워 가죽 윗도리의 한쪽 어깨만 걸치는 것을 불경하게 여겼다), 과분한 劍을 차는 것(帶劍), 이상 세 가지 죄를 死罪라고 한다.

35) 수퇘지 한 마리를 둘러메고〔輿豭〕간 것은 맹서할 때 사용할 희생으로 쓰기 위한 것이다.

36) 仲由 : 孔子의 제자. 字는 子路이다. 그 당시 그는 孔氏의 邑宰를 지냈다.

37) 兵車가 아니라 일반 수레를 몰았다(駕乘車)는 것은 대항해서 싸울 생각이 없었다

출공 희첩을 호송하여 노나라로 달아났다.

중유, 즉 자로(子路)가 공씨 집에 막 들어가려는 참에 문을 막 나오는 자고(子羔)[38]와 마주쳤다. 그는 자로에게 "문이 이미 닫혀버렸소이다"라고 말하였다. 자로는 "잠시 기다리게! 내가 문 앞에 가볼테니"라고 말하였다. 자고는 "이미 다 끝장났소![39] 괜히 불똥이나 당하지 마시오!"라고 대꾸하였다. 이에 자로가 "이 집의 밥을 먹고 있는 이상 이 재난을 그냥 보고만 있을 수는 없잖소!"라고 말하자 자고는 아무 대꾸도 없이 곧장 나가버렸다. 자로가 가서 문 앞에 당도하자 공손감(公孫敢)[40]이 문을 닫으면서 "들어오지 말라! 들어와서 뭘 하려고 그래!"라고 소리를 질렀다. 자로는 "공손 자네! 봉록(俸祿)은 탐하면서 재난은 모른 체하다니! 나는 그렇지 않아! 그의 봉록을 먹는 이상 반드시 그를 재난으로부터 구해내고야 말겠어!"라고 말하며, 한 심부름꾼이 나가는 틈을 이용해서야 겨우 안으로 들어갈 수 있었다. 그는 태자가 공회를 사로잡고 있는 누대 아래로 가서 "태자께서 공회를 사로잡으신들 무슨 소용이 있습니까? 설령 그를 죽인다고 하더라도 반드시 누군가가 계속해서 그 뒤를 이어 태자를 공격할 것입니다!"라고 외쳤다. 그래도 태자는 듣지 않았다. 그러나 자로는 여러 사람들에게 외쳤다. "태자는 용기가 없는 사람이니 만약 누대를 불살라버리면 반드시 공회를 석방할 것이오!" 태자가 자로의 이 말을 듣고는 겁에 질려 석기(石乞)와 우염(盂黶) 두 신하를 보내어 자로를 대적하도록 하였다. 그들이 창으로 자로를 쳐서 갓끈을 싹둑 잘라버렸다. 자로는 "군자는 죽음을 그대로 당할지언정 갓을 벗지는 않는 법이다!"라고 외치고는 갓끈을 여미며 죽었다. 공자(孔子)가 위나라에 난리가 났다는 소식을 듣고는 "아! 자고는 돌아올 것이겠지만 자로는 죽고 말겠구나!"라고 탄식하였다. 결국에는 하는 수 없이 공회가 태자 괴외를 옹립하였으니, 그가 바로 장공(莊公)이다.

는 것을 암시한다.
38) 子羔 : 孔子의 제자인 高柴의 字. 衛나라 大夫를 지냈다.
39) 원문은 "不及"이다. 子羔는 子路가 이미 국가를 위해서 죽음을 무릅쓰려고 하지만 이때 出公이 이미 국외로 도망하였으므로 일이 끝장났다는 뜻으로 해석하였다. '不及'을 家臣이 아무리 애써봤자 國事에까지 '미칠 수 없다(不及)'라고 해석하기도 한다.
40) 公孫敢 : 衛나라의 大夫.

144

장공 괴외는 출공(出公)의 부친인데, 국외에 머물 때 대부들이 자신을 영접하러 오지 않은 것을 원망하였다. 그래서 즉위 원년에 대신들을 주살시키려고 하면서 "과인이 나라 바깥에다 몸을 기탁한 세월이 한두 해가 아니로다. 그대들 역시 그것을 익히 잘 알고 있었을텐데? 고얀 놈들 같으니라고!"라고 화를 냈다. 그러나 여러 신하들이 난을 일으키려 하자, 그만두었다.

2년에 노나라 공구(孔丘)가 세상을 떠났다.

3년에 장공이 성벽에 올라가서 융주(戎州)[41]를 바라보면서 "융로(戎虜)들이 어떻게 우리와 가까이 있을까?"라고 말하였다. 융주에서 그 소식을 듣자 근심에 싸였다. 그해 10월에 융주 사람들이 조간자(趙簡子)에게 고하였더니, 간자가 군대를 보내서 위나라를 포위하였다. 11월에 장공이 다른 나라로 달아나자, 위나라 사람들은 공자 반사(斑師)[42]를 군주로 옹립하였다. 다시 제나라가 위나라를 정벌하여 반사를 포로로 잡아가고 대신에 공자 희기(姬起)[43]를 위군(衛君)으로 옹립하였다.

위군 희기 원년에 위나라 석만부(石曼專)[44]가 위군 희기를 축출하려고 공격하자 희기는 제나라로 달아났다. 위나라 출공 희첩이 제나라로부터 돌아와 복위하였다. 출공은 먼저 12년간 재위하였다가 국외로 도망하여 4년을 보낸 후에 돌아와 다시 즉위한 것이었다. 출공 후원(後元) 원년에 그를 따라 같이 도망한 사람들에게 큰 상을 내렸다. 출공이 21년간[45] 재위하다가 죽자, 그의 숙부 검(黔)이 출공의 아들을 몰아내고 자신이 군주의 자리에 올랐으니, 그가 바로 도공(悼公)이다.

도공은 재위 5년 만에 죽고 아들 경공(敬公) 희불(姬弗)이 즉위하였다. 경공은 재위 19년 만에 죽고 아들 소공(昭公) 희규(姬糾)가 즉위하

41) 戎州 : 戎人들의 城邑으로 衛나라의 都城에 근접한 지역에 있었다. 지금의 河南省 蘭考縣 경내에 해당한다.
42) 斑師 : '般師'라고도 하는데, 그는 衛 襄公의 손자이다. 『史記索隱』에 따르면 晉나라 군사가 물러갔을 때를 틈타 莊公이 다시 귀국하자 斑師는 국외로 달아났으며, 斑師가 石圃를 몰아내려다가 오히려 石圃의 공격을 받아 몰리는 입장이 되어 己氏 집에 몸을 피해 들어갔다가 己氏에게 살해되었다고 한다.
43) 姬起 : 衛 靈公의 아들이다.
44) 石曼專 : 衛나라의 大夫. 『左傳』에는 "石圃"라고 쓰여 있다.
45) 21년은 전 12년과 후 9년을 합산한 것이다.

였다. 이때 삼진(三晉)[46]의 세력이 점차 강성해졌고, 위군은 하나의 작은 후작(侯爵)의 신세로 전락하여 진(晉)나라에서 분리되어나온 조(趙)나라의 속국이 되었다.

소공 6년에 공자 미(亹)가 소공을 시해하고는 그 대신에 군주의 자리에 올랐으니, 그가 바로 회공(懷公)이다. 회공 11년에 공자 퇴(穨)가 회공을 시해하고 즉위하였으니, 그가 바로 신공(愼公)이다. 신공의 부친은 공자 적(遹)이고, 공자 적의 부친이 경공(敬公)이다. 신공은 재위 42년 만에 죽고 아들 성공(聲公) 희훈(姬訓)이 즉위하였다. 성공은 재위 11년 만에 죽고 아들 성후(成侯) 희속(姬遬)이 즉위하였다.

성후 11년에 공손앙(公孫鞅)[47]이 진(秦)나라로 들어갔다. 16년에 위나라 군주가 후작(侯爵)으로 격하되었다.

29년에 성후가 죽고 아들 평후(平侯)가 즉위하였다. 평후는 8년 만에 죽고 아들 사군(嗣君)이 즉위하였다.

사군 5년에 군주의 지위가 격하되어 군(君)이라고 칭하였으며, 국토라고는 오로지 복양(濮陽)[48]밖에 없었다.

사군은 재위 42년 만에 죽고 아들 회군(懷君)이 즉위하였다. 회군 31년에 위(魏)나라로 조배(朝拜)하러 갔는데, 위(魏)나라에서는 그를 죄인으로 구금해두었다가 죽여버렸다. 위(魏)나라는 사군의 아우를 즉위시켰으니, 그가 원군(元君)이다. 원군은 위(魏)나라의 사위였기 때문에 그를 즉위시켰던 것이다. 원군 14년에 진(秦)나라가 위(衛)나라를 침공하여 그 동부 지역을 점유하고는 그곳에다 동군(東郡)을 설치하였다. 그리고 위군(衛君)을 다시 야왕현(野王縣)으로 옮기게 하고는 복양을 동군에 편입시켰다. 25년에 원군이 죽고 아들 희각(姬角)이 즉위하였다.

---

46) 三晉 : 춘추시대 말기의 晉나라의 세 大夫, 즉 韓, 魏, 趙가 晉나라를 삼분하여 각각 독립된 나라를 형성하였다. 전국시대의 韓, 魏, 趙 세 나라를 역사에서는 '三晉'이라고 칭한다.

47) 公孫鞅 : 衛나라 사람이었으므로 衛鞅이라고도 한다. 그는 秦 孝公을 잘 보필하여 變法을 추진함으로써 나라를 부강하게 하였으며, 그 공로로 商(지금의 陝西省 丹鳳縣)을 封地로 하사받고 商君이라는 號를 가지게 되었다. 그래서 商鞅이라고도 한다.

48) 濮陽 : 衛나라의 都城으로 지금의 河南省 濮陽縣 서남쪽에 상당한다. 衛나라는 원래 큰 나라였으며 都城을 朝歌에 두었으나, 후에 가서 北戎의 침략을 받아 그들과의 전쟁에서 패배하여 齊나라의 도움을 받아 겨우 명맥만은 유지할 수 있었고, 그때 도읍을 楚丘로 옮겨갔고 그후로는 작은 나라로 전락하였다. 춘추시대 말기에는 다시 帝丘(즉 濮陽)로 도읍을 옮김에 따라 국토는 더욱 작아졌다.

146

위군(衛君) 희각 9년에 진(秦)나라가 천하를 통일하여 시황제(始皇帝)가 즉위하였다. 21년에 진(秦)나라 이세(二世)가 위군 희각을 평민으로 폐출(廢黜)시켰다. 이로써 위(衛)나라의 제사가 끊어지게 되었던 것이다.

태사공은 말하였다.

"내가 세가의 기록을 읽어보다가 위(衛)나라 선공(宣公)의 태자가 마누라감 때문에 피살되게 되었고, 그때에 그의 동생 수(壽)가 형 대신에 죽음을 앞다투어 서로 추양(推讓)하는 대목에 이르렀다. 이 일은 진(晉)나라 태자 신생(申生)이 계모인 여희(驪姬)⁴⁹⁾의 과실을 일러바치지 않은 것과 다를 바가 없는 것으로서 이 두 가지 일은 모두가 부왕(父王)을 불의에 빠지게 하여 그 명예를 해치는 것을 두려워하였기 때문이다. 그러나 끝내 죽음에 이르렀으니 이 어찌 슬프지 아니한가! 때로는 부자가 서로 살해하고, 때로는 형제가 서로 죽이기도 하니, 어찌 이런 일이 있을 수 있다는 말인가!"

49) 驪姬 : 춘추시대 때 驪戎의 딸. 晉 獻公이 驪戎을 침공하여 승리를 거둔 후 그녀를 빼앗아 자신의 부인으로 삼았으며, 그녀에게서 아들 奚齊를 얻었다. 그녀는 獻公의 총애를 한몸에 받았기 때문에 자신이 낳은 奚齊가 태자로 책봉되게 하고 싶어서 태자 申生을 모함하자, 태자 申生이 자살해버리고 나머지 여러 공자들은 나라 밖으로 도망하였다.

권38 「송미자세가(宋微子世家)」제8

미자(微子) [1] 개(開) [2]는 은(殷) [3]나라의 왕이었던 을(乙)의 큰아들이며, 주왕(紂王)의 서형(庶兄) [4]이다. 주왕이 즉위한 후, 모든 것이 밝지 못하고 정사(政事) 또한 음란하여, 미자가 여러 차례에 걸쳐 간언하였으나, 주왕은 이를 듣지 않았다. 주(周)나라의 서백창(西伯昌) [5]이 덕치(德治)를 수행(修行)하여 기(阢)나라를 멸하자, 조이(祖伊) [6]는 그 화가 장차 미칠 것을 두려워하여, 이것을 주왕에게 고하였다. 주왕은 말하기를 "내가 태어난 것은 곧 천명(天命)을 지니고 있다는 것이 아니겠소? 그가 나를 어떻게 할 수 있겠소?"라고 하자, 미자는 주왕이 끝내 깨우칠 수 없다고 여겨 목숨을 끊으려고 작정을 하였다. 그러나 수도를 떠난 후에 혼자서 결정할 수가 없어 이에 태사(太師) [7]와 소사(少師) [8]에게 물어 말하기를 "은나라는 밝은 정치를 가지지 못하여, 나라를 잘 다스리지 못하고 있소. 우리 시조(始祖) [9]께서 세상에 여러 공업(功業)을 이루어놓으셨는데, 주왕은 술에 푹 빠져 아녀자들만을 가까이하다가 결국은 탕(湯)의 덕정(德政)을 어지럽히고 또한 무너뜨렸소. 은나라 왕실의 사람들은 노

---

1) 微는 殷나라 京都 지역의 封國 이름으로 지금의 山西省 潞城縣 동쪽에 위치해 있었다. 子는 작위를 가리킨다.
2) 開 : 微子의 본명이 啓인데, 여기서 '開'라고 한 것은 漢나라의 景帝 劉啓의 諱字를 피했기 때문이다. 권33 「魯周公世家」의 〈주 19〉 참조.
3) 殷 : 商王인 盤庚이 도읍을 奄(지금의 山東省 曲阜市 城의 동쪽)에서 殷(지금의 河南省 安陽縣 서북쪽 小屯村)으로 옮겼기 때문에, 商 또는 殷으로 그 이름이 바뀌었다.
4) 庶兄 : 微子가 태어났을 때 그의 모친은 첩이었으나, 紂를 낳을 때에는 이미 正妃가 되었으므로, 微子는 紂王과는 同母庶兄의 관계이다.
5) 西伯昌 : 후에 周 文王이 된 姬昌이 殷나라 紂王 때에는 西伯이었기 때문에 西伯昌이라고 불렀다.
6) 祖伊 : 殷나라 紂王의 대신.
7) 太師 : 三公 중의 하나. 즉 箕子를 가리킨다.
8) 少師 : 三孤卿 중의 하나. 즉 比干을 가리킨다.
9) 始祖 : 商나라의 湯王을 가리킨다.

소를 막론하고, 모두 초야에서 도둑질하기를 좋아하며 또한 내란과 전란을 일으키기를 좋아하오. 조정대신들은 서로 본받아 법도(法度)가 없으며, 모두 죄를 지어도 언제나 잡히는 법이 없소. 이에 일반 백성 또한 더불어 무리지어 서로 적이 되고 원수가 되어 있소. 지금 은나라의 전장(典章)제도는 모두 상실되려고 하오! 마치 물을 건너려고 하는데 나루터와 물가가 없는 것과 같소. 은나라가 마침내 망하는 때가 바로 지금인 듯하오"라고 하고는, 다시 말하기를 "태사! 소사! 내가 달리 나설 길이 있겠소? 우리나라가 파멸로부터 벗어날 수 있겠소? 지금 그대들이 나를 이끌어줄 좋은 생각을 가지지 못해서 결국 멸망의 길로 떨어져버린다면 어떻게 하겠소?"라고 하였다. 그러자 태사가 말하기를 "왕자님,[10] 하늘이 엄중히 재앙을 내려 은나라를 멸하고자 해도, 주왕은 전혀 두려워하지 않고 더군다나 원로들의 말씀을 실천하려고 하지도 않습니다. 현재 은나라의 백성들조차 천지신명에 대한 제사를 경시하고 있는 지경입니다. 지금 진실로 나라를 다스려, 나라가 잘 다스려진다면 죽어도 여한이 없을 것이나, 만약 죽어서도 끝내 다스려지지 않는다면, 오히려 떠나는 편이 나을 겁니다"라고 하자, 미자는 도망을 가게 되었다.

　기자(箕子)[11]는 주왕의 친척[12]이다. 주왕이 상아 젓가락을 사용하기 시작하자, 기자가 탄식하여 말하기를 "그가 이미 상아 젓가락을 사용한 이상, 틀림없이 옥잔을 사용할 것이고, 옥잔을 사용하면 곧 먼 지방의 진귀하고 기이한 기물을 사용하려 들 것이다. 장차 수레와 말 그리고 궁실의 사치스러움이 이것으로 시작하여 진정시킬 방법이 없게 될 것이다"라고 하였다. 과연 주왕이 황음(荒淫)하고 방종해지자, 이에 기자가 간하였으나 듣지 않았다. 어떤 사람이 말하기를 "가히 떠나는 편이 낫습니다"라고 하자, 기자가 다시 말하기를 "신하된 자가 간하였으나 듣지 않는다고 하여 떠나버리면, 이것은 군주의 과실을 추켜주는 꼴이 되고, 나 자신도 백성들의 기쁨을 뺏는 것이 되니, 차마 그렇게 할 수가 없습니다"라고 하였다. 그리하여 머리를 풀어헤치고 미친 척하다가 잡혀서 노예가 되었

10)　微子는 乙王의 아들이라 이렇게 불렸다.
11)　箕는 殷나라 말기의 封國 이름인데 이곳은 지금의 山西省 楡社縣 남쪽에 위치해 있었다. 子는 작위를 가리키고, 箕子의 이름은 胥余이다
12)　箕子는 紂王과는 같은 집안의 형 동생 사이이다. 일설에는 紂王의 庶兄이라고도 한다.

다. 그는 풀려난 후 마침내 숨어 살면서 거문고를 두드리며 스스로 슬픔에 잠기니, 그것을 전하여 "기자조(箕子操)"[13]라고 불렀다.

왕자 비간(比干) 역시 주왕의 친척[14]이다. 기자가 주왕에게 간하였으나 듣지 않자 물러났으나 결국 노예가 되는 것을 보고 "군주가 과실(過失)이 있어도 사력을 다해서 간쟁(諫爭)하지 않는다면, 백성들만 무슨 죄가 있단 말입니까?"라고 하고는, 직접 주왕에게 달려가 간하니, 주왕이 노하여 말하기를 "나는 성인의 마음에 일곱 개의 구멍이 있다고 들었는데, 과연 정말로 이런 일이 있을 수 있을까?" 하며 왕자 비간을 죽이고는 가슴을 열어 마음을 들여다보았다.

미자가 말하기를 "부자간에는 골육(骨肉)의 정이 있고, 군신간에는 도의(道義)로 맺어져 있다. 고로 부친이 과실이 있으면, 자식된 자가 여러 차례 간할 것이나, 그래도 듣지 않는다면 그를 따라다니며 통곡하면 되지만, 신하된 자가 여러 차례 간하여도 군주가 듣지 않는다면 그 도의에 따라 떠나는 편이 낫겠지"라고 하였다. 그러자 태사, 소사들이 미자에게 떠날 것을 권하니, 미자는 곧 떠나버렸다.

주나라의 무왕(武王)이 주왕을 정벌하여 은 왕조를 무너뜨리자, 미자는 종묘 안의 제기(祭器)를 가지고 무왕의 영문(營門)[15]으로 가서 상의를 벗고는 손을 등 뒤로 묶게 한 후, 왼쪽으로는 사람을 시켜 양을 끌게 하고, 오른쪽으로는 사람을 시켜 띠를 쥐게 하고는 무릎을 꿇고 앞으로 나아가, 무왕에게 고하였다. 이에 무왕은 미자를 석방하고 아울러 미자의 작위를 종전과 같이 회복시켜주었다.

무왕은 주왕의 아들 무경녹보(武庚祿父)로 하여금 은 왕조의 제사를 계속하게 하고, 관숙(管叔)과 채숙(蔡叔)으로 하여금 그를 보좌하게 하였다.

무왕이 은 왕조를 멸망시킨 이후, 기자를 방문하였다.

무왕이 이르기를 "아! 하늘은 묵묵히 하계(下界)의 백성들을 안정시키고 또한 서로 화목하게 하는데, 과인은 오히려 하늘이 백성들을 안정시키는 그 상도(常道)의 순서조차도 모르고 있었소"라고 하였다.

---

13) "箕子操" : 거문고의 곡명.
14) 比干은 紂王과는 같은 집안의 형 동생 사이이다. 일설에는 庶兄이라고도 한다.
15) 營門 : 軍營의 문.

기자가 대답하였다.

예전에 곤(鯀)[16]이 홍수를 막으면서 오행(五行)의 질서를 어지럽히니, 하늘이 이에 크게 노하여 큰 법칙 아홉 가지를 주지 않자, 상도가 이로 인해서 깨져버렸습니다. 곤이 벌을 받아 죽자, 우(禹)가 그의 일을 이어받아 다시 일으켰습니다. 그러자 하늘은 큰 법칙 아홉 가지를 우에게 주니, 상도가 다시 순서를 찾게 되었습니다.

그것은 첫째가 오행(五行)[17]이고, 둘째가 오사(五事)[18]이고, 셋째가 팔정(八政)[19]이고, 넷째가 오기(五紀)[20]이고, 다섯째가 황극(皇極)[21]이고, 여섯째가 삼덕(三德)[22]이고, 일곱째가 계의(稽疑)[23]이고, 여덟째가 서징(庶徵)[24]이고, 아홉째가 오복(五福)을 누리는 것과 육극(六極)을 피하는 것입니다.

오행은 첫째가 수(水), 둘째가 화(火), 셋째가 목(木), 넷째가 금(金), 다섯째가 토(土)입니다. 물은 만물을 기름지게 하며 또한 아래로 흐르고, 불은 불꽃을 왕성하게 하며 또한 위로 솟고, 나무는 굽기도 하고 또한 곧기도 하며, 쇠는 마음대로 변형할 수 있고, 흙은 씨를 뿌리고 수확할 수 있습니다. 따라서 물이 아래로 흘러 기름지게 된 것은 짜고, 불꽃이 위로 솟아 왕성해진 것은 쓰고, 나무가 굽기도 하고 곧기도 한 것은 시고, 쇠가 마음대로 변형된 것은 맵고, 흙에서 씨를 뿌리고 수확한 것은 답니다.

오사는 첫째가 모(貌), 둘째가 언(言), 셋째가 시(視), 넷째가 청(聽), 다섯째가 사고(思考)입니다. 몸가짐은 공손해야 하고, 말씨는 따를 수 있도록 해야 하고, 관찰력은 명확해야 하고, 청취력은 분명해야 하고, 사고력은 예리해야 합니다. 몸가짐이 공손하면 마음은 엄숙해지고, 말씨가 따

---

16) 鯀 : 중국 고대 역사상의 인물 중의 한 사람. 崇(지금의 陝西省 戶縣의 동쪽)에 머물렀다고 하여 崇氏라고도 불렸으며, 호는 崇伯이라고 전해진다. 四嶽으로부터 추천이 되었고, 堯임금의 명을 받들어 물을 다스렸다. 그는 둑을 쌓아 물을 막는 방법으로 治水하였는데, 9년이 지나도 다스리지를 못하니, 舜임금에 의해서 羽山으로 추방되었다.
17) 五行 : 우주간에 쉬지 않고 운행하는 다섯 가지 원소.
18) 五事 : 군주가 주의해야 할 다섯 가지의 일.
19) 八政 : 군주가 백성을 다스릴 때 행해야 할 여덟 가지의 주요 정책.
20) 五紀 : 天象을 기록하는 다섯 가지 이름.
21) 皇極 : 군주가 국가를 다스리는 大中至正의 道 혹은 萬民의 範則으로 하기 위하여 제정한 大道.
22) 三德 : 군주가 수시로 행하는 세 가지 덕목.
23) 稽疑 : 점을 쳐서 의문을 푸는 일.
24) 庶徵 : 여러 가지 징조.

를 수 있도록 되면 잘 다스릴 수가 있고, 관찰력이 명확하면 지혜롭게 되고, 청취력이 분명하면 계책이 따르기 마련이고, 사고력이 예리하면 성스럽게 됩니다.

팔정은 첫째가 식(食)[25]이고, 둘째가 화(貨)[26]이고, 셋째가 사(祀)[27]이고, 넷째가 사공(司空)[28]이고, 다섯째가 사도(司徒)[29]이고, 여섯째가 사구(司寇)[30]이고, 일곱째가 빈(賓)[31]이고, 여덟째가 사(師)[32]입니다.

오기는 첫째가 세(歲)이고, 둘째가 월(月)이고, 셋째가 일(日)이고, 넷째가 성신(星辰)[33]이고, 다섯째가 역수(曆數)[34]입니다.

황극은 군주가 정교(正敎)를 시행하기 위하여 세운 준칙을 말하는데, 때가 되어 오복의 도를 구해서 백성들에게 시행하면, 백성들은 왕의 준칙을 따르게 되고, 또한 왕께서는 준칙을 어떻게 유지하는가를 알게 됩니다. 이렇게 하면 왕의 백성들은 사악한 붕당(朋黨)의 풍조를 가지지 않게 되며, 또한 굴종하고 결탁하는 행위도 하지 않게 되어 모두 왕께서 세운 그 준칙을 지키게 됩니다. 무릇 그 백성들은 계획을 가지고 행동하며 아울러 몸가짐도 갖추니, 왕께서는 응당 그들을 생각하게 됩니다. 어떤 사람은 준칙을 지키지 않았더라도 죄를 범하지 않았다면, 왕께서는 응당 그들을 받아들여야만 합니다. 왕께서는 환한 얼굴과 기쁜 모습으로 사람을 대하고, 본인 스스로 미덕을 애호한다고 하는 자에게는 작록(爵祿)을 내려야만 합니다. 이런 사람들이 왕께서 세운 준칙을 지킬 수 있습니다. 홀아비와 과부와 같은 약자들을 모욕하지 말아야 하고, 권세가와 같은 고명한 자들을 두려워하지 말아야 합니다. 능력이 있고 아울러 실천력이 있는 자들로 하여금 그들의 재능을 발휘하게 한다면 국가는 창성할 것입니다. 무릇 정직한 사람에게는 부를 주고 선한 도로써 잘 접대하여야 합니다. 만약 왕께서 정직한 사람들을 국가에 잘 이용하지 못하면, 그들은 죄를 범한 것처럼 가장하여 왕을 떠날 것입니다. 또한 국가에 도움이 되지 않는 사람들에게 왕께서 작록을 하사하신다면 왕의 행위를 죄악으로 몰고 갈 것입니다. 사적인 것에

---

25) 食 : 양식을 생산하는 일.
26) 貨 : 재화를 유통시키는 일.
27) 祀 : 제사를 모시는 일.
28) 司空 : 성곽을 관리하고 주택을 건축하는 일.
29) 司徒 : 교육을 주관하는 일.
30) 司寇 : 형벌을 다루는 일.
31) 賓 : 제후들의 天子 배알을 관장하는 일.
32) 師 : 군사를 훈련시켜 保國安民을 유지하는 일.
33) 星辰 : 해, 달, 五星 및 28宿가 운행하는 규칙.
34) 曆數 : 1년 節氣의 순서를 추산하는 것.

치우치지도 말고, 간사한 것에 기울지도 말며, 오직 성왕의 정의만을 준수해야 합니다. 아울러 편애하지도 말고 오직 성왕의 정도(正道)만을 준수해야 합니다. 악에 치우치지 말고 오직 성왕의 정도만을 걸어가야 합니다. 사적인 것에 기울지 마십시오! 그래야만 성왕의 길은 넓어집니다. 사적인 것에 기울지 마십시오! 그래야만 성왕의 길은 평탄해집니다. 배반하지 말며 간사한 것으로도 기울지 마십시오! 그래야만 성왕의 길은 정직해집니다. 군주된 자는 준칙을 지키는 자들을 모아야만 하고, 신하된 자는 준칙을 만든 사람에게 돌아가야 합니다. 군주는 준칙에 따라 행하고, 또한 신하들로 하여금 그의 말을 전하게 하여, 이로써 백성들을 교육하면 곧 천심(天心)을 따르는 것입니다. 무릇 백성들은 준칙에 따라 자신의 의견을 발표하고, 군주가 그것을 받아들여 실행하면 곧 천자가 되어 그 광휘(光輝)를 더하게 되는 것입니다. 이렇게 함으로써 천자는 백성들의 부모가 되는 것이고, 나아가 천하의 성왕이 되는 것입니다.

삼덕은 첫째가 정직이고, 둘째가 강극(剛克)이고, 셋째가 유극(柔克)입니다. 천하가 평안하면 정직으로 가르치고, 천하가 강포(强暴)하여 불순(不順)하면 강(剛)으로써 다스리고, 천하가 화순(和順)하면 유(柔)로써 다스립니다. 깊이 숨겨진 음모는 강으로써 극복하고, 고명한 군자들은 유로써 다스립니다. 그리하여 군주는 작록과 포상을 공정하게 내리고, 형벌 또한 공평하게 내리며, 좋은 음식도 즐깁니다. 그러나 신하는 작록과 포상을 내리지 않으며, 형벌 또한 내리지 않으며, 좋은 음식을 즐기지 못합니다. 신하가 만약 작록과 포상을 내리고, 형벌 또한 내리며, 좋은 음식도 즐긴다면, 그 해(害)는 집안에 미칠 것이며, 그 흉(凶)은 나라에 미치게 되어, 관리들은 모두 부정을 저지르며, 백성들은 각자의 본분을 지키지 못하게 됩니다.

계의는 복(卜)[35]과 서(筮)[36]에 정통한 사람을 뽑아 관리로 임용하여, 그들에게 복과 서를 행하도록 시키는 것입니다. 우선 복을 보면, 어떤 것은 비가 내리는 모양이고, 어떤 것은 비가 그쳐 구름이 위에 떠 있는 모양이고, 어떤 것은 뜬 구름이 이어지는 모양이고, 어떤 것은 안개 모양이고, 어떤 것은 음양의 양 기운이 서로 침범하는 모양입니다. 다음으로 서를 보면 내괘(內卦)가 있고 또한 외괘(外卦)가 있으니, 이것은 모두 일곱 가지가 됩니다. 이중에서 복점은 다섯 가지이고 서점은 두 가지인데, 이것을 추정하고 또한 변화시켜 길흉 여부를 가리게 됩니다. 귀복(龜卜)과 점괘

---

35) 卜：龜甲을 불에 그을리어 그 튼 무늬를 관찰하여 吉凶을 추측하는 것.
36) 筮：점대를 가지고 卦를 맞추어 점을 치는 것.

(占卦)를 볼 줄 아는 사람들이 복서의 관직에 임명되는데, 만약 세 사람이 귀조(龜兆)와 괘상(卦象)을 판단하게 된다면, 즉 의견이 같은 두 사람의 판단을 따라야 합니다. 만약에 왕께서 큰 의문이 생기면, 내심 깊이 생각한 뒤 관원들과 의논하고, 그 연후에 백성들과 토론을 벌이고, 마지막으로 다시 귀복과 점괘를 쳐봅니다. 왕께서 찬성하시면, 귀복도 찬성하는 것이고, 점괘도 찬성하는 것이고, 관리들도 찬성하는 것이고, 백성들도 찬성하는 것이니, 이것을 일컬어 대동(大同)이라고 부릅니다. 그러면 왕 스스로도 강해지고, 자손들 또한 흥성해지는 것이니, 바로 대길(大吉)인 것입니다. 만약 왕께서 찬성하시고, 귀복도 찬성하며, 점괘도 찬성하는데, 관리들이 반대하고, 백성들이 반대해도 길리(吉利)인 것입니다. 만약 관리들이 찬성하고, 귀복도 찬성하며, 점괘도 찬성하는데, 왕께서 반대하시고, 백성들이 반대해도 길리인 것입니다. 만약 백성들이 찬성하고, 귀복도 찬성하며, 점괘도 찬성하는데, 왕께서 반대하시고, 관리들이 반대해도 길리인 것입니다. 만약 왕께서 찬성하시고, 귀복도 찬성하는데, 점괘가 반대하고, 관리들이 반대하며, 백성 또한 반대하면, 안으로는 길리이나, 바깥으로는 흉험(凶險)이 따릅니다. 만약 귀복과 점괘가 모두 사람들의 의견과 상반된다면, 조용히 지낼 때에는 길리이나, 거동만 하면 반드시 흉험이 따르게 됩니다.

　서징은 혹 비가 오고, 혹 맑고, 혹 따뜻하고, 혹 한랭하고, 혹 바람이 부는 그러한 징조를 말하는데, 이 다섯 종류의 기상(氣象)이 모두 구비되고 또한 그 순서에 따라 진행되면, 모든 초목은 어김없이 무성해집니다. 그중 어느 한 기상이라도 과다해지면, 곧 흉재(凶災)가 따르고, 아울러 부족해도 역시 흉재가 따릅니다. 아름다운 행위의 징표로 말하자면, 군주의 자태가 경건하고 엄숙하면 빗물이 때맞추어 만물을 기름지게 하고, 군주의 정치가 맑고 밝으면 햇빛이 대지를 비추고, 군주의 두뇌가 밝고 지혜로우면 기후가 때맞추어 따뜻해지고, 천자의 생각이 좋은 모략(謀略)을 갖추고 있으면 때맞추어 추위가 다가오고, 군주의 정리(情理)가 통달해 있으면 때맞추어 바람이 생깁니다. 추악한 행위의 징표로 말하자면, 군주의 행위가 광망(狂妄)하면 자주 비가 내리고, 천자의 행위가 주제넘으면 자주 가뭄이 생기고, 군주가 향락에 안주하면 자주 무더위가 기승을 부리고, 군주가 행하는 일이 성급하면 자주 추위가 찾아들고, 군주의 마음이 어두우면 자주자주 바람이 몰아칩니다. 군주의 직책은 대단히 중요하여 일 년을 위주로 하고, 대신들은 각자 직책이 있어 한 달을 위주로 하고, 여러 백관들은 다시 그 직책을 나누어 하루를 위주로 합니다. 년, 월, 일이 정상적으로 움직이면 백곡이 풍성하게 되고, 정치 또한 밝아지며, 어진 신하들은 그 명성을 드높여 국가는 안녕을 누리게 됩니다. 그러나 년, 월, 일이 어긋나게 움직이면 백곡이 보잘것없이 되고, 정치 또한 어두워지며, 어진 신하들은 숨게 되어 국가는 안녕을 누리지 못하게 됩니다. 백성은 곧 여러 별들과 같습니다. 별들 중 어떤 것은 바람을 좋아하고, 어떤 것은 비가 좋아합니다. 해와 달의 운행에는 겨울이 있고 여름이 있는 것처럼 각각 상규(常規)가 있습니다. 그러나 달이 만약 별을 만나면 바람이 불거나 비가 내리게 됩니다.

　오복은 첫째가 수(壽)[37]이고, 둘째가 부(富)[38]이고, 셋째가 강녕(康寧)[39]이고, 넷째가 유호덕(攸好德)[40]이고, 다섯째가 고종명(考終命)[41]입니다. 육극은 첫째가 흉(凶)[42]과 단(短)[43] 그리고 절(折)[44]이고, 둘째가 질(疾)[45]이고, 셋째가 우(憂)[46]이고, 넷째가 빈(貧)[47]이고, 다섯째가 악(惡)[48]이고, 여섯째가 약(弱)[49]입니다.

　그리하여 무왕은 기자를 조선(朝鮮)[50]에 봉하여, 그를 신하의 신분으로 대하지 않았다. 그 이후 기자가 주왕을 배알하기 위하여 옛 은나라의 도읍지[51]를 지나가다가, 궁실은 이미 파괴되어 거기에 곡식이 자라고 있는 것을 보고, 내심 슬픈 생각이 들어 소리내어 울고 싶었으나 망설여지는 바가 있었고, 울먹이자니 아녀자의 꼴이 되는 듯하여, "맥수(麥秀)"라는 시를 지어 그것을 노래하였다. 그 시는 다음과 같다. "보리는 잘 자라

---

37)　壽 : 장수하는 것.
38)　富 : 부유해지는 것
39)　康寧 : 병 없이 평안하게 사는 것.
40)　攸好德 : 도덕을 애호하며 사는 것.
41)　考終命 : 천년을 누리면서 편안하게 죽는 것.
42)　凶 : 8세 이전에 죽는 것.
43)　短 : 20세 이전에 죽는 것.
44)　折 : 30세 이전에 죽는 것.
45)　疾 : 병에 걸리는 것.
46)　憂 : 걱정이 생기는 것.
47)　貧 : 가난하게 되는 것.
48)　惡 : 추하게 되는 것 혹은 흉하게 죽는 것.
49)　弱 : 몸이 쇠약해지는 것.
50)　朝鮮 : 지금의 한반도라고 전해지나 확실한지는 알 수 없다.
51)　지금의 河南省 安陽縣 小屯村을 가리킨다.

그 끝이 뾰족하고, 벼와 기장은 싹이 올라 파릇하구나. 개구쟁이 어린애야! 나하고는 사이좋게 지냈더라면." 소위 개구쟁이 어린애는 바로 상(商)나라의 주왕을 가리킨다. 은나라 백성들이 그것을 듣고는 모두가 눈물을 흘렸다.

　무왕이 죽고, 성왕(成王)52)이 아직 어리니, 주공(周公) 단(旦)53)이 대신하여 정사를 처리하며 정권을 장악하였다. 관숙(管叔)과 채숙(蔡叔)이 주공에게 회의를 품고 무경(武庚)과 더불어 난을 일으켜 성왕과 주공을 습격하려 하였다. 이에 주공은 성왕의 명령을 받들어 무경을 주살하고 관숙을 살해하였으며 채숙을 추방하였다. 이리하여 미자 개를 은 왕조의 후사로 대체하여 조상의 제사를 모시게 하였다. 이에 미자는 「미자지명(微子之命)」54)을 지어 이 뜻을 널리 알리고는 송(宋)55)나라를 건국하였다. 미자는 본래 인자하고 어질었기 때문에 무경을 대신할 수 있었고, 은나라의 유민들 또한 그를 대단히 사랑하고 존경하였다.
　미자 개가 죽고, 그의 동생 연(衍)을 내세웠으니, 그가 바로 미중(微仲)56)이다. 미중이 죽고 다시 그의 아들 송공(宋公) 계(稽)가 즉위하였다. 송공 계가 죽자, 아들인 정공(丁公) 신(申)이 즉위하였다. 정공 신이 죽자, 아들인 민공(湣公) 공(共)이 즉위하였다. 민공 공이 죽자, 동생인 양공(煬公) 희(熙)가 즉위하였다. 양공이 즉위하자, 민공의 아들인 부사(鮒祀)가 양공을 살해하고 스스로 그 자리에 오르면서 말하기를 "내가 마땅히 즉위해야지"라고 하였다. 그가 바로 여공(厲公)이다. 여공이 죽자, 아들인 희공(釐公)이 즉위하였다.
　희공 17년, 주 여왕(周厲王)57)이 체(彘) 땅으로 달아났다.

52)　成王：姬誦. 武王의 아들.
53)　旦：姬旦. 武王의 동생. 食邑이 周(지금의 陝西省 岐山縣 북쪽)에 있었으므로 周公이라고 칭하였다. 成王이 너무 어려 攝政을 하였다.
54)　「微子之命」：『尙書』의 篇名.
55)　宋：子姓. 기원전 11세기에 건국하여 기원전 286년에 齊나라에 의해서 멸망당하였다. 지금의 河南省 동부 및 山東省, 江蘇省, 案徽省에 걸쳐 있었다. 처음에는 商丘(지금의 河南省 商丘縣 남쪽)에 도읍을 정하였으나, 전국시대 초기에 彭城(지금의 江蘇省 徐州市)으로 옮겼다.
56)　微仲：『史記志疑』를 보면 '微子의 아들'이라고도 되어 있다.
57)　周 厲王：姬胡. 榮夷公으로 하여금 집정하게 하여 오로지 자신의 이익만을 추구

28년, 희공이 죽고 아들인 혜공(惠公) 한(覸)이 즉위하였다. 혜공 4년, 주 선왕(周宣王)[58]이 즉위하였다. 30년, 혜공이 죽고 아들인 애공(哀公)이 즉위하였다. 애공이 원년에 죽자, 아들인 대공(戴公)이 즉위하였다.

대공 29년, 주 유왕(周幽王)[59]이 견융(犬戎)에 의해서 피살되었고, 진(秦)[60]나라가 제후의 열(列)에 오르게 되었다.

34년, 대공이 죽자 아들인 무공(武公) 사공(司空)이 즉위하였다. 무공이 딸을 낳았는데, 그녀는 노 혜공(魯惠公)의 부인이 되었고, 노 환공(魯桓公)을 낳았다. 18년, 무공이 죽자 아들인 선공(宣公) 역(力)이 등위하였다.

선공에게는 태자 여이(與夷)가 있었다. 19년, 선공의 병이 위중하게 되자 그의 동생 화(和)에게 양위(讓位)하려고 하면서 말하기를 "부친이 죽으면 아들이 계위(繼位)하고, 형이 죽으면 동생이 계위하는 것은 천하가 다 아는 도리이다. 고로 과인은 화를 이 나라의 군주로 내세우겠노라"라고 하였다. 화는 여러 번 사양하였으나 결국은 물려받았다. 선공이 죽고 동생인 화가 즉위하니, 그가 바로 목공(穆公)이다.

목공 9년, 병이 중해지자 대사마(大司馬)[61] 공보(孔父)[62]를 불러 말하기를 "선군(先君)이신 선공은 태자 여이를 두고도 왕위를 과인에게 양위하였으니, 과인은 그것을 결코 잊지 못하고 있소. 과인이 죽은 후 반드시 여이를 왕으로 세워야 하오"라고 하자, 공보가 이르기를 "대신들은 모두 공자 풍(馮)을 내세우기를 바라고 있습니다"라고 하니, 목공이 말하기를 "풍을 세워서는 아니 되오. 과인은 선공을 배신할 수 없소"라고 하였다. 이리하여 목공은 아들인 풍을 정(鄭)[63]나라로 옮겨가 살게 하였다. 8월

하게 하였다. 또한 衛巫監을 파견하여 백성들을 감시하게 하니, 그를 죽이려고 하는 사람들의 반항을 불러일으켰다. 기원전 842년 백성들이 난을 일으키니 彘로 도망하였다. 14년 후 彘에서 죽었다.
58) 周 宣王 : 姬靖. 기원전 828년에서 기원전 782년까지 재위하였다.
59) 周 幽王 : 姬宮湼. 기원전 781년에서 기원전 771년까지 재위하였다.
60) 秦 : 부락 이름. 嬴姓이며 伯益의 후손이라고 전해진다. 非子가 부락의 영수일 때, 周 孝王에 의하여 秦(지금의 甘肅省 張家川 동쪽) 땅에 봉해지고 이로써 속국이 되었다. 秦 襄公이 周 平王이 東遷하는 데 공을 세우자, 周나라에 의해서 마침내 제후로 봉해졌다.
61) 大司馬 : 관직 이름. 정치를 장악하고 있었다.
62) 孔父嘉를 말한다.

경진일(庚辰日)에 목공이 죽자, 형 선공의 아들인 여이가 즉위하였으니, 그가 바로 상공(殤公)이다. 군자가 이 이야기를 듣고 말하기를 "송 선공은 가히 지인(知人)이라고 칭할 만하구나. 그의 동생을 군주로 하여 도의를 온전히 하였고, 또한 그의 아들이 다시 왕의 자리를 물려받았으니"라고 하였다.

상공 원년, 위(衛)나라의 공자 주우(州吁)가 군주인 완(完)을 시해하여 스스로 그 자리에 오르고는, 제후들을 끌어들이려고 사람을 송(宋)나라에 파견하여 이르기를 "송나라의 공자 풍이 정나라에 있으니 틀림없이 난을 일으킬 것입니다. 나와 더불어 그를 토벌하는 것이 좋을 듯합니다"라고 하자, 이에 송나라는 승낙을 하고 주우와 더불어 정나라를 토벌하여 동문(東門)까지 이르러서는 돌아왔다. 2년, 정나라가 송나라를 토벌하자 그 보복으로 동문에서 또 한 차례 전쟁을 치렀다. 이 이후에 제후들은 여러 차례에 걸쳐 송나라를 침략하였다.

9년, 대사마 공보가(孔父嘉)[64]의 처는 용모가 아름다웠다. 그녀가 외출을 하였다가, 길에서 태재(太宰)[65] 화독(華督)[66]을 우연히 만났는데, 화독은 대단히 기뻐하며 그녀에게서 눈을 떼지 않았다. 화독은 공보의 처를 탐내어 사람을 시켜 나라 안에 소문을 퍼뜨리기를 "상공이 즉위한 지가 10년이 채 못 되었는데, 11차례의 전쟁을 일으켜서 백성들이 그 고통을 감당할 수가 없다. 이것은 모두 공보가 조성한 것이니, 나는 그를 죽여서 백성들을 안심시키고자 한다"라고 하였다. 이해 노나라는 그들의 군주인 은공(隱公)을 살해하였다.

10년, 화독은 공보를 공격하여 죽이고 공보의 처를 빼앗았다. 상공이 이에 노하자 화독은 상공마저 살해하고 정나라로 가서 목공의 아들인 풍을 맞아들여 군주로 내세웠으니, 그가 바로 장공(莊公)이다.

장공 원년, 화독이 국상(國相)이 되었다. 9년, 정나라의 제중(祭仲)[67]

---

63) 鄭：姬姓. 개국 군주는 周 宣王의 동생인 鄭 桓公이다. 기원전 806년 鄭(지금의 陝西省 華縣 동쪽) 땅에 봉해졌다. 아들인 武公이 鄶와 東虢을 공격하여 멸망시키고는 鄭나라를 건국하고 新鄭(지금의 河南省 新鄭縣)에 도읍을 정하였다. 기원전 375년 韓에 의해서 멸망하였다.
64) 孔父嘉(？-기원전 710년)：춘추시대 宋나라의 大夫.
65) 太宰：관직 이름. 군주가 나라를 다스리는 것을 보좌하였다.
66) 華督：宋 戴公의 손자.
67) 祭仲：鄭나라의 大夫.

을 잡아들이고 돌(突)을 옹립하여 정나라의 군주로 삼으려고 하였다. 이에 제중이 승낙하자 마침내 돌을 옹립하였다. 19년, 장공이 죽자 아들인 민공(湣公) 첩(捷)이 즉위하였다.

민공 7년, 제 환공(齊桓公)이 즉위하였다. 9년, 송나라에 수재(水災)가 발생하였는데 노나라는 장문중(藏文仲)을 파견하여 수재를 위문하였다. 민공은 자신을 책하여 말하기를 "내가 귀신을 잘 섬기지 못하고, 정치가 또한 밝지 못해서 수재가 발생하였도다"라고 하자, 장문중이 이 말을 칭찬하였다. 이 말은 곧 공자(公子) 자어(子魚)⁶⁸⁾가 민공에게 가르쳐 준 것이다.

10년 여름, 송나라가 노나라를 공격하여 승구(乘丘)⁶⁹⁾에서 전쟁을 치렀는데 노나라는 송나라의 남궁만(南宮萬)⁷⁰⁾을 생포하였다. 송나라 사람들이 남궁만을 석방해줄 것을 간청해서 결국은 남궁만이 송나라로 돌아오게 되었다. 11년 가을, 민공과 남궁만이 사냥을 나갔는데, 길을 다투다가 남궁만이 싸움을 벌이니 민공이 화를 내며 그를 모욕하여 말하기를 "이전에 과인은 그대를 존경하였지만 지금 그대는 노나라의 포로이니라"라고 하자, 본래 힘이 대단히 세었던 남궁만은 이 말에 반감을 가지고는 몽택(蒙澤)⁷¹⁾에서 바둑판으로 민공을 쳐 죽였다. 대부(大夫) 구목(仇牧)⁷²⁾이 이 사건을 전해듣고 무기를 들고 민공의 방문에 도달하자, 남궁만이 먼저 구목을 치니 구목은 이가 문짝에 부딪쳐 죽었다. 그리하여 남궁만은 태재 화독을 죽이고 공자 유(游)를 내세워 군주로 삼았다. 몇명의 공자들은 소(蕭)⁷³⁾로 도망하였고, 공자 어설(禦說)은 박(亳)⁷⁴⁾으로 도망하였다. 남궁만의 동생인 남궁우(南宮牛)는 박을 포위하여 공격하였다. 겨울, 소 지역의 사람들과 송나라의 도읍에 있던 공자들이 함께 남궁우를 공격하여 그를 살해하였고, 또한 송나라의 새 군주인 유를 살해하고 민공의 동생인 어설을 옹립하였으니, 그가 바로 환공(桓公)이다. 남궁만은

---

68) 子魚：宋 宣公의 아들.
69) 乘丘：魯나라의 지명. 지금의 山東省 兗州 서북쪽에 위치해 있었다.
70) 南宮萬：宋나라의 國卿.
71) 蒙澤：宋나라의 지명. 지금의 河南省 商丘市 동북쪽.
72) 仇牧：宋나라의 大夫.
73) 蕭：宋나라의 읍 이름. 옛 성이 지금의 河南省 商丘縣 남쪽에 있다.
74) 亳：宋나라의 읍 이름. 옛 성이 지금의 安徽省 蕭縣 서북쪽에 있다.

진(陳)나라로 도망을 갔다. 송나라 사람들이 진나라에 뇌물을 보내어 부탁하니, 이에 진나라 사람들은 곧 여자를 보내어 좋은 술로써 남궁만을 취하게 하였다. 그 연후에 가죽으로 그를 묶어서 송나라로 돌려보냈다. 송나라 사람들은 남궁만을 썰어 고기장에 절였다.

환공 2년, 제후들이 송나라를 토벌하려고 수도 근교까지 공격하고는 돌아갔다. 3년, 제 환공은 패(霸)라고 칭하기 시작하였다. 23년, 위(衞)나라 사람들은 제나라로 와서 위나라의 공자인 훼(燬)를 맞이하여 위나라 군주로 내세웠으니, 그가 바로 위 문공(衞文公)이다. 문공의 여동생이 송 환공의 부인이다. 진 목공(秦穆公)[75]이 즉위하였다. 30년, 환공의 병이 위중해지자, 태자인 자보(玆甫)가 그의 서형인 목이(目夷)[76]로 하여금 군주의 자리를 계승하도록 하였으나, 이에 환공은 태자의 뜻이 도의에 맞다고는 여겼지만 결국은 따르지 않았다. 31년 봄, 환공이 죽자 태자 자보가 즉위하였으니, 그가 바로 양공(襄公)이다. 그의 서형 목이를 국상으로 삼았다. 환공이 안장이 채 되기도 전에, 제 환공이 규구(葵丘)[77]에서 제후들과 회합하니, 양공은 곧 나아가 회맹(會盟)에 참가하였다.

양공 7년, 송나라의 땅에 유성이 비처럼 떨어졌고, 빗방울도 뒤섞여 함께 떨어졌다. 여섯 마리의 익조(鶂鳥)가 뒤로 날아가니, 그것은 바람이 너무 세고 빨랐기 때문이다.

8년, 제 환공이 죽자 송나라는 회맹을 소집하고자 하였다. 12년 봄, 송 양공은 녹상(鹿上)[78]에서 회맹을 소집하여, 제후들로 하여금 그를 옹호해줄 것을 초나라에 요구하니, 초나라 사람들은 이에 승낙하였다. 공자 목이가 간하여 말하기를 "작은 나라가 다투어 회맹을 주재(主宰)하겠다고 하는 것은 화를 자초하는 것입니다"라고 하여도 양공은 듣지 않았다. 가을, 제후들이 우(盂)[79]에서 송 양공을 만나 동맹을 맺으니, 목이가 말하기를 "화가 장차 여기에 있을 것입니다. 군주의 욕망이 너무 지나치니 어

75) 秦 穆公 : 嬴任好. 기원전 659년에서 기원전 621년까지 재위하였다.
76) 目夷 : 字가 子魚이다.
77) 葵丘 : 宋나라의 지명. 지금의 河南省 蘭考縣 경계. 권32「齊太公世家」의 〈주 93〉 참조.
78) 鹿上 : 宋나라의 지명. 지금의 山東省 巨野縣 서남쪽.
79) 盂 : 宋나라의 지명. 지금의 河南省 睢縣 서북쪽.

찌 감당할 수가 있겠는가?"라고 하였다. 과연 초나라는 송 양공을 체포하고 송나라를 토벌하였다. 겨울, 제후들이 박(亳)에서 집회를 가지자 초나라는 송 양공을 석방하였다. 자어가 말하기를 "그 화는 아직도 끝나지 않았다"라고 하였다. 30년 여름, 송나라가 정나라를 공격하니 자어가 말하기를 "그 화가 바로 여기에 있도다"라고 하였다. 가을, 초나라가 송나라를 토벌하면서 정나라를 구하려고 하였다. 이에 양공이 응전을 하려고 하자, 자어가 간하여 말하기를 "하늘이 상 왕조를 포기한 지가 이미 오래되었으니 절대로 아니 되옵니다"라고 하였다. 11월 겨울, 양공은 초 성왕(楚成王)[80]과 홍수(泓水)[81]에서 교전을 하였는데, 초나라 군사가 미처 강을 다 건너지 못하였을 때, 목이가 말하기를 "초나라는 병사가 많고 우리들은 병사가 적으니 그들이 강을 완전히 건너지 못한 기회를 이용하여, 우리가 먼저 공격을 해야만 합니다"라고 하였다. 그러나 양공은 이를 받아들이지 않았다. 초나라의 병사가 이미 완전히 강을 건너기는 하였으나 전열을 채 갖추지 못했을 때, 목이가 다시 말하기를 "지금 공격해도 괜찮습니다"라고 하자, 양공은 말하기를 "그들이 전열을 갖추기를 기다리세"라고 하였다. 초나라 사람들이 전열을 다 갖추고 난 뒤, 송나라 사람들은 비로소 공격을 시작하였다. 이에 송나라의 군대는 크게 패하였고 양공은 다리에 상처를 입었다. 송나라 사람들은 모두 양공을 원망하였다. 양공은 말하기를 "군자는 다른 사람이 어려울 때 그를 곤궁에 빠뜨리지 않고, 다른 사람이 전열을 갖추지 못했을 때 공격을 하지 않는 법이다"라고 하였다. 자어가 말하기를 "전쟁을 하면 승리를 얻는 것이 공적인데, 어찌 실제와 동떨어진 공담(空談)만을 늘어놓으십니까? 주군의 말씀대로라면 노예가 되어 다른 사람을 섬기는 것이 낫지, 어찌 전쟁을 치를 필요가 있겠습니까?"라고 하였다.

이로써 초 성왕이 정나라를 구해주니 정나라는 술과 음식으로써 그를 정중히 대접하였다. 성왕은 그곳을 떠날 때 정나라 군주의 두 딸을 아내로 맞이하여 돌아갔다. 숙첨(叔瞻)[82]이 말하기를 "성왕은 예를 알지 못해서 일생을 곱게 마칠 수는 없을 거야. 향연(饗宴)의 예를 받고 마지막

---

80) 楚 成王 : 熊惲. 기원전 671년에서 기원전 626년까지 재위하였다.
81) 泓水 : 대략 지금의 河南省 柘城縣 서북쪽에 걸쳐 있다.
82) 叔瞻 : 鄭나라의 大夫.

에는 남녀를 분별하지 못하는 지경까지 이르렀으니, 그가 패업을 이룰 수 없다는 것은 자명한 일이다"라고 하였다.

이해 (13년), 진(晉)나라 공자 중이 (重耳)가 송나라를 지나고 있었는데, 양공은 초나라와의 전쟁에서 부상을 입어 진나라의 원조를 얻고 싶어하였기 때문에, 중이를 융성하게 대접하고는 20승(乘), 즉 80필의 말까지 선물하였다.

14년 여름,[83] 양공이 홍수(泓水)의 싸움에서 부상을 입고 발병하여 죽으니, 아들인 성공(成公) 왕신(王臣)이 즉위하였다.

성공 원년, 진 문공(晉文公)이 즉위하였다. 3년, 성공은 초나라와의 맹약을 배반하고 진나라와 친하게 지냈는데, 이것은 양공이 진 문공으로부터 은혜를 입은 적이 있기 때문이다. 4년, 초 성왕이 송나라를 토벌하니 송나라는 위급함을 진나라에 알렸다. 5년, 진 문공이 송나라를 구원하니 이에 초나라 군사는 퇴각해버렸다. 9년, 진 문공이 죽었다. 11년, 초나라의 태자 상신(商臣)이 그의 부친 성왕을 살해하여 그 자리에 올랐다. 16년, 진 목공(秦穆公)이 죽었다.

17년, 성공이 죽었다. 성공의 동생인 어(御)는 태자와 대사마 공손고 (公孫固)[84]를 죽이고 스스로 제후가 되었다. 송나라 사람들은 연합하여 제후인 어를 죽이고 성공의 작은아들인 저구(杵臼)를 옹립하였으니, 그가 바로 소공(昭公)이다.

소공 4년, 송나라는 장구(長丘)[85]에서 장적 (長翟)[86]의 연사 (緣斯)와 싸워 이겼다. 7년, 초 장왕(楚莊王)[87]이 즉위하였다.

9년, 소공이 정도(正道)를 가지 못하자 나라 사람들은 그를 떠받들지 않았다. 소공의 동생 포(鮑)[88]는 재능과 덕행이 뛰어났고 선비들을 겸양

---

83) 『春秋』에 의하면 宋과 楚가 泓水에서 전쟁을 치른 것은 魯 僖公 23년(기원전 638 년)이고, 重耳가 宋나라를 지나간 것과 宋 襄公이 죽은 것은 魯 僖公 24년(기원전 637년)으로 되어 있다.

84) 公孫固 : 宋 莊公의 손자.

85) 長丘 : 지금의 河南省 封丘縣 서남쪽.

86) 長翟 : 부족 이름. 춘추시대 때 지금의 山西省 경계에 살았다.

87) 楚 莊王 : 熊侶. 기원전 613년에서 기원전 591년까지 재위하였다. 春秋五覇 중의 한 사람.

88) 원문에는 "鮑革"이라고 되어 있으나, 『史記志疑』에 의하면 '革'은 쓸데없는 것이

162

으로 대할 줄 알았다. 원래 양공의 부인[89]은 공자 포와 개인적으로 통하고 싶었으나 공자 포가 허락하지 않자, 그의 비위를 맞추기 위해서 그를 도와 백성들에게 은혜를 베풀었고, 또한 대부 화원(華元)[90]으로 하여금 추천토록 하여 그를 우사(右師)[91]로 삼았다. 소공이 사냥하러 나가자 양공의 부인 왕희(王姬)는 위백(衛伯)을 파견하여 소공 저구를 공격하여 살해하였다. 이에 동생 포가 즉위하였으니, 그가 바로 문공(文公)이다.

문공 원년, 진(晉)나라는 제후들을 이끌고 송나라를 토벌하여, 소공을 시해한 것에 대해서 견책하였다. 그러나 문공이 이미 정식으로 즉위했다는 소식을 듣고 병력을 철수하였다. 2년, 소공의 아들이 문공의 친동생인 수(須)와 무공(武公), 목공(繆公), 대공(戴公), 장공(莊公) 그리고 환공(桓公)의 후손들을 믿고 난을 일으키자, 문공은 그들을 모두 죽이고 무공과 목공의 후손들은 내쫓아버렸다.

4년 봄, 초왕은 정나라로 하여금 송나라를 토벌하게 하였다. 송나라는 화원을 대장으로 파견하여 대항하게 하였으나, 정나라는 송나라를 싸워 이겨 화원을 포로로 잡았다. 교전이 벌어질 즈음, 화원은 양을 잡아 군사들에게 먹도록 주었으나, 그의 마부가 양고기 국을 먹지 않았다. 이에 기분이 상한 화원이 바로 정나라의 군사들을 향하여 돌진하도록 하니 송나라의 군사는 크게 패하였고, 또한 정나라의 군사들에게 화원은 포로로 잡혔다. 그러자 송나라는 병거(兵車) 100승(乘)과 문마(紋馬) 400필(匹)로 화원과 교환하고자 하였다. 그러나 그것들을 완전히 보내기도 전에 화원은 송나라로 도망쳐 돌아왔다.

14년, 초 장왕은 정나라를 포위하며 공격하였다. 정나라의 군주가 초나라에 투항하니 초나라는 포위를 풀고 떠났다.

16년, 초나라의 사자가 송나라를 지나고 있었는데, 송나라는 초나라와 옛 원수지간인지라 초나라의 사자를 억류하였다. 9월, 초 장왕은 송나라의 도읍을 포위하였다. 17년, 초나라가 송나라의 도읍을 5개월간이나 포위하고도 풀지를 않자, 송나라의 도성 안에서는 먹을 것이 없게 되어 다

므로 당연히 없애야만 한다고 되어 있다.
89) 王姬를 말하는데 그녀는 周 惠王의 딸이다.
90) 華元: 華督의 증손자.
91) 宋나라에는 右師와 左師가 있는데 모두 執政官이다.

급해지자, 화원은 밤에 비밀리에 초나라의 주장(主將) 자반(子反)과 회견을 하였다. 자반이 장왕에게 이 일을 고하니, 장왕이 묻기를 "성 안이 어떠하다 하오?"라고 하자 자반은 말하기를 "사람의 뼈를 쪼개 밥을 짓고 자식을 서로 바꾸어 먹을 지경까지 왔다고 하옵니다"라고 대답하였다. 장왕은 다시 말하기를 "정말 틀림없는 말이로구려! 아군의 식량도 이제 이틀밖에 남지 않았소"라고 하였다. 장왕은 믿는 바가 있었으므로 마침내 군사를 물리어 돌아갔다.

22년, 문공이 죽자 아들인 공공(共公) 하(瑕)가 즉위하였다. 이때부터 후장(厚葬)을 시작하였다. 군자들은 화원이 신하 같지 않다고 비난하였다.

공공 원년, 화원은 초나라의 장군 자중(子重)과 사이가 좋았고, 또한 진(晉)나라의 장군 난서(欒書)와 사이가 좋았다. 따라서 진, 초 양국과 모두 동맹을 맺었다. 13년, 공공이 죽었다. 화원은 우사(右師)가 되었고, 어석(魚石)은 좌사(左師)가 되었다. 사마(司馬)인 당산(唐山)이 태자 비(肥)를 공격하여 죽이고 화원도 죽이려고 하자, 화원은 진(晉)나라로 도망가다가, 어석이 그를 가로막자 황하가에서 되돌아와 당산을 죽였다. 그리하여 공공의 작은아들 성(成)을 옹호하여 즉위시키니, 그가 바로 평공(平公)이다.

평공 3년, 초나라의 공왕(共王)은 송나라의 팽성(彭城)을 공격하여, 그곳을 송나라의 좌사인 어석에게 봉하였다. 4년, 제후들이 힘을 합쳐 어석을 죽이려고 하자 팽성을 송나라에 돌려주었다. 35년, 초나라의 공자 위(圍)가 그의 왕을 죽이고 스스로 즉위하니, 그가 바로 영왕(靈王)이다. 44년, 평공이 죽자 아들인 원공(元公) 좌(佐)가 즉위하였다.

원공 3년, 초나라의 공자 기질(棄疾)이 영왕을 살해하고 스스로 즉위하여 평왕(平王)이 되었다. 8년, 송나라에 큰 화재가 발생하였다. 10년, 원공은 신의를 지키지 않고 사기수법을 써서 많은 공자를 죽였다. 대부 화씨(華氏)와 상씨(向氏)가 난을 일으켰다. 초 평왕의 태자 건(建)이 투항하러 와서는, 화씨가 난을 일으켜 서로 싸우는 것을 보고, 그곳을 떠나 정나라로 향하였다. 15년, 원공은 노(魯)나라의 소공(昭公)이 계씨(季氏)를 피하여 국외에 머물고 있었기 때문에, 그가 노나라로 돌아오게 할 방법을 강구하다가 죽으니, 아들인 경공(景公) 두만(頭曼)이 즉위하였다.

경공 16년, 노나라 양호(陽虎)[92]가 투항하였는데 얼마 지나지 않아 다시 떠나버렸다. 25년, 공자(孔子)가 송나라를 지나갔다. 송나라 사마 환퇴(桓魋)는 공자를 증오하여 죽이려고 하였다. 공자는 평민복으로 갈아입고 위기를 벗어났다. 30년, 조(曹)나라가 송나라를 배반하였고 진(晉)나라까지도 배반하였다. 이에 송나라가 조나라를 토벌하니, 진나라가 구원을 해주지 않았어도 결국 조나라를 멸망시키고 그들의 땅을 차지하였다. 36년, 제나라의 전상(田常)이 제 간공(齊簡公)을 살해하였다.

37년, 초 혜왕(楚惠王)은 진(陳)나라를 멸망시켰다. 화성(火星)이 하늘의 심수(心宿)[93] 구역을 침범하였는데, 이 심수에 해당하는 땅[94]이 바로 송나라였다. 경공은 그것을 걱정하였다. 사성(司星)[95]인 자위(子韋)가 말하기를 "재화(災禍)를 재상들에게로 옮길 수 있습니다"라고 하자, 경공이 말하기를 "재상의 중요함이란 과인의 팔다리에 견줄 수가 있소"라고 하였다. 자위가 다시 말하기를 "백성들에게로 옮길 수 있습니다"라고 하자, 경공은 말하기를 "군주란 반드시 백성에게 의지해야만 하오"라고 하였다. 자위가 다시 말하기를 "한 해의 수확으로 옮길 수 있습니다"라고 하자, 경공은 말하기를 "한 해의 수확이 좋지 않아 기황(饑荒)이 들어 백성들이 고통에 빠지게 되면, 과인은 누구를 믿고 군주 노릇을 해야 하겠소?"라고 하였다. 그러자 자위가 말하기를 "하늘은 고명하여 인간의 미세한 일까지 모두 살필 수 있습니다. 군주께서 하신 말씀 세 마디로 볼 때 군주의 자격을 충분히 갖추고 계신 것으로 사료되므로, 화성은 틀림없이 옮겨갈 것입니다"라고 하였다. 이때 다시 관측해보니 과연 삼도(三度)를 옮겨갔더라.

64년, 경공이 죽었다. 송나라의 공자인 특(特)이 태자를 죽이고 스스로 즉위하였으니, 그가 바로 소공(昭公)이다. 소공은 원공(元公)의 증서손(曾庶孫)이다. 소공의 부친은 공손규(孔孫糾)이고, 공손규의 부친은 공자 단진(禰秦)이고, 공자 단진은 곧 원공의 작은아들이다. 경공이 소

---

92) 陽虎 : '陽貨'라고도 부른다. 魯나라 季孫氏의 家臣.
93) 心宿 : 28宿의 하나. 『天官書』에 상세하게 서술되어 있다.
94) 고대 천문학에서는 하늘의 星宿 위치와 지상의 州國 위치를 대응시켰다.
95) 司星 : 星象을 관측하는 관원.

공의 부친 공손규를 죽였으니 소공은 그 원한으로 태자를 죽여 스스로 즉위한 것이다.

소공이 재위 47년 만에 죽자, 아들 도공(悼公) 구유(購由)가 즉위하였다. 도공이 재위 8년 만에 죽자, 아들 휴공(休公) 전(田)이 즉위하였다. 휴공 전이 재위 23년 만에 죽자, 아들 벽공(辟公) 벽병(辟兵)이 즉위하였다. 벽공이 재위 3년 만에 죽자, 아들 척성(剔成)이 즉위하였다. 척성 재위 41년에 그의 동생 언(偃)이 그를 습격하니, 척성은 패하여 제나라로 도망을 갔다. 언은 스스로 즉위하여 송나라 군주가 되었다.

언은 11년에 스스로 왕(王)이라고 칭하였다. 동쪽으로는 제나라를 싸워 이겨 다섯 채의 성을 탈취하였다. 남쪽으로는 초나라와 싸워 이겨 토지 300리를 탈취하였다. 서쪽으로는 위(魏)나라의 군대와 싸워 이겼다. 그리하여 제와 위(魏)나라는 송나라의 적국이 되었다. 그가 쇠가죽 주머니에 피를 담아 걸고는 활을 쏘아 맞추니, 그것을 '사천(射天)'이라고 불렀다. 또한 그는 술과 여인에 빠졌다. 대신들 중에 간언하는 자가 있으면 즉시 그를 쏘아 죽이곤 하였다. 그리하여 제후들은 모두 그를 걸송(桀宋)[96]이라고 부르면서 말하기를 "송나라 왕은 다시 그의 조상인 주(紂)의 전철을 밟고 있으니, 죽이지 않을 수가 없습니다"라고 하였다. 모두들 제나라가 송나라를 토벌하기를 요구하였다. 송나라 왕 언이 재위 47년에 이르렀을 때, 제 민왕(齊湣王)이 위(魏)나라 그리고 초나라와 더불어 송나라를 정벌하여 왕인 언을 죽여 송나라를 멸망시키고는 그 토지를 세 나라가 나누어 가졌다.

태사공은 말하였다.

"공자(孔子)는 이르기를 '미자(微子)는 은(殷)나라의 주왕(紂王)을 떠났고, 기자(箕子)는 노예가 되었으며, 비간(比干)은 간하다가 죽임을 당하였다. 은 왕조에는 이와 같은 세 사람의 어진 자가 있었다'라고 하였다. 『춘추(春秋)』[97]에는 송나라의 혼란은 선공(宣公)이 태자를 폐하고 동생을 내세워 군주가 되게 한 것에서 시작하여, 이로부터 10대에 이르기

96) 桀宋 : 偃이 마치 夏나라의 폭군이었언 桀王과 비슷한 宋나라의 임금이라는 뜻이다.
97) 『春秋』: 『春秋公羊傳』을 말한다.

까지 안녕을 얻지 못하였다고 비난하는 내용이 들어 있다. 그러나 양공 (襄公) 때에는 인의(仁義)를 수행하여 제후들의 맹주(盟主)가 되고자 하였다. 그의 대부(大夫) 정고보(正考父)는 그를 찬미하며, 설(契),[98] 탕 (湯)[99] 고종(高宗)[100] 시대를 회상하여 은 왕조의 흥성이치를 바탕으로 「상송(商頌)」을 지었다. 송 양공이 홍수(泓水)에서 비록 패하기는 하였으나, 어떤 군자는 대단히 칭찬할 만하다고 여겼다. 당시 중원 지방의 국가들이 예의가 없는 것을 비탄하면서, 그를 포상한 것은 송 양공이 예의와 겸양의 정신을 가지고 있었기 때문이다."

---

98) 契: 전설상의 商 왕조의 시조라고 전해진다.
99) 湯: 商 왕조의 건립자.
100) 高宗: 武丁, 傅說 등 賢臣을 임용하여, 복종하지 않는 부족을 수 차례 정벌하여 商 왕조를 부활시킨 인물. 권33 「魯周公世家」의 〈주 30〉 참조.

권39 「진세가(晉世家)」 제9

　진(晉)[1]나라의 당숙우(唐叔虞)는 주 무왕(周武王)[2]의 아들이요 성왕(成王)[3]의 아우이다. 일찍이 무왕이 숙우의 모친[4]과 결혼할 때 꿈에 천신이 무왕에게 이르기를 "내가 너에게 아들 하나 낳게 할 터이니 이름을 우(虞)라고 하라. 내가 당(唐) 지역을 그에게 주겠노라"라고 하였다. 무왕이 아들을 낳자 과연 그 손바닥에 무늬로 '우(虞)'라는 글자가 있었다. 그래서 그의 이름을 우라고 하였다.

　무왕이 죽자 성왕이 뒤를 이었다. 당(唐)[5]나라에 난이 발생하자 주공(周公)은 당나라를 멸망시켰다. 성왕이 숙우와 함께 있다가 장난삼아 오동나무 잎으로 규(珪)를 만들어 숙우에게 주며 말하기를 "이것으로 너를 봉하노라"라고 하였다. 사일(史佚)[6]이 이 때문에 성왕에게 택일하여 숙우를 제후로 봉하도록 청하였다. 성왕이 말하기를 "과인은 그에게 농담했을 뿐이다"라고 하였다. 사일은 "천자께서는 농담을 하셔서는 아니 되옵니다. 말씀을 하시면 곧 사관이 그것을 기록하고 예의로써 그것을 완성하고 음악으로 그것을 노래하옵니다"라고 말하였다. 그래서 마침내 숙우를 당나라에 봉하게 되었다. 당나라는 황하와 분하(汾河)의 동쪽에 있으며 그 넓이는 백리나 된다. 하여 그를 당숙우라고 칭하였다. 그의 성은 희(姬)요, 자는 자우(子于)이다.

---

1) 晉 : 기원전 11세기에 건립되었고, 성은 姬이다. 지금의 山西省 서남부에 있었다. 처음에 唐(옛 성터는 지금의 山西省 翼城縣 서쪽에 있다)에 도읍을 정하였다가 후에 絳(山西省 翼城縣 동남쪽), 그 다음에는 新田(山西省 曲沃縣 서북쪽, 新絳이라고 한다)으로 옮겼다. 기원전 355년, 韓, 趙, 魏 세 가문에 의해서 멸망당하였다.
2) 武王 : 周 왕조의 건립자. 姬發.
3) 成王 : 武王의 아들 姬誦.
4) 武王의 正妃로 齊 太公 姜尙의 딸.
5) 唐 : 夏, 商 때의 제후국으로, 전해지는 말로는 唐의 임금 堯의 후예라고 한다. 성은 祁이다.
6) 史佚 : 史官의 이름.

당숙의 아들은 섭(燮)[7]이니, 그가 곧 진후(晉侯)이다. 진후의 아들은 영족(寧族)으로 무후(武侯)이다. 무후의 아들은 복인(服人)으로 성후(成侯)이다. 성후의 아들은 복(福)으로 여후(厲侯)이다. 여후의 아들은 의구(宜臼)로 정후(靖侯)이다. 정후 이후부터 재위한 연수를 추산할 수 있다. 당숙우에서 정후까지 5대는 그 재위 연수를 알 수 없다.

정후 17년, 주 여왕(周厲王)이 미혹하고 포학하여 주나라 사람들이 난을 일으켰는데[8] 여왕은 체(彘) 지방으로 도망을 가고 대신들이 정치를 대행하였다. 이를 '공화(共和)'라고 불렀다.

18년에 여후가 죽고 아들 희후(釐侯) 사도(司徒)가 왕위에 올랐다. 희후 14년, 주 선왕(周宣王)이 즉위하였다. 18년, 희후가 죽고 아들 헌후(獻侯) 적(籍)이 왕위를 이었다. 헌후는 재위 11년 만에 죽고 아들 목후(穆侯) 비왕(費王)이 왕위에 올랐다.

목후 4년, 제나라의 여자 강씨(姜氏)를 부인으로 삼았다. 7년, 조(條)[9] 지방을 정벌하였다. 태자 구(仇)를 낳았다. 10년, 천무(千畝)[10]를 정벌하고 전공을 세웠다. 둘째 아들을 얻었는데 이름을 성사(成師)라고 하였다. 진나라 대부 사복(師服)이 말하기를 "괴이하도다! 군왕이 아들들에게 이름을 붙인 것이! 태자는 구(仇)라고 하였는데 구는 원수라는 뜻이다. 그리고 작은아들을 성사(成師)라고 하였는데 성사는 큰 이름으로 무엇을 이룬다는 뜻이다. 이름이라는 것은 그 사람 자신을 칭하는 것이며 그 실질적인 내용은 자신이 결정하는 것이다. 지금 적자와 서자의 이름이 반대로 되었으니 이것은 이후에 진나라가 혼란에 빠질 것을 예고하는 것이 아니겠는가?"라고 하였다.

27년에 목후가 죽고 아우 상숙(殤叔)이 스스로 왕위에 오르자 태자 구는 피신하였다. 상숙 3년에 주 선왕이 붕어하였다. 4년, 목후의 태자 구가 그의 무리들을 이끌고 상숙을 습격하여 왕위에 올랐는데 이 사람이 곧 문후(文侯)이다.

---

7) 燮：성명은 姬燮이지만 이후 姓인 姬는 빼기로 한다.
8) 기원전 842년의 일이다.
9) 條：晉나라의 땅으로 지금의 어디인지 자세히 알 수는 없으나 일설에는 安邑 鳴條 岡(지금의 山西省 夏縣의 서북쪽)이라고 한다.
10) 千畝：晉나라의 지명으로 지금의 山西省 介休縣 남쪽이다.

문후 10년, 주 유왕(周幽王)이 무도(無道)하여[11] 견융(犬戎)이 유왕을 시해하자 주나라는 동쪽으로 옮겼다.[12] 진 양공(秦襄公)이 처음으로 제후의 열에 올랐다.

35년에 문후가 죽고 아들 소후(昭侯) 백(伯)이 왕위를 이었다.

소후 원년, 문후의 아우 성사를 곡옥(曲沃)[13]에 봉하였다. 곡옥의 성읍(城邑)은 익성(翼城)보다 컸다. 익성은 진나라의 도성(都城)이다. 성사가 곡옥에 봉해지자 환숙(桓叔)으로 칭해졌다. 정후의 서얼 손자 난빈(欒賓)이 재상이 되어 환숙을 보좌하였다. 환숙은 이때 58세로 덕치를 즐겨 베풀었으므로 진나라 사람들은 모두 그를 따랐다. 군자가 말하기를 "진나라의 환란은 장차 곡옥에 있을 것이다. 그 가지가 근본보다 크고 민심을 얻었으니 어찌 난이 없기를 바라겠는가?"라고 하였다.

7년, 진나라의 대신 반보(潘父)가 그의 주군 소후를 시해하고 곡옥의 환숙을 맞아들였다. 환숙은 진나라의 도성으로 들어가려고 하였으나 진나라 사람들이 군사를 일으켜 환숙을 공격하였다. 환숙은 실패하자 곡옥으로 돌아갔다. 진나라 사람들은 함께 소후의 아들 평(平)을 임금으로 삼았다. 이 사람이 효후(孝侯)이다. 그리고 반보를 주살하였다.

효후 8년, 곡옥의 환숙이 세상을 떠나고 아들 선(鮮)이 환숙을 대신하였다. 그가 곡옥의 장백(莊伯)이다. 효후 15년, 곡옥의 장백이 익성에서 그의 주군 효후를 시해하였다. 진나라 사람들이 장백을 공격하자 장백은 다시 곡옥으로 후퇴하였다. 진나라 사람들은 또 효후의 아들 극(郄)을 주군으로 옹립하였으니 그가 악후(鄂侯)이다.

악후 2년, 노나라의 은공(隱公)[14]이 새로 즉위하였다.

악후는 재위 6년 만에 세상을 떠났다. 곡옥의 장백은 진 악후가 죽었다

11) 幽王은 姬宮湼으로 재위 기간은 기원전 781년에서 기원전 771년까지이다. 虢石父를 임용하여 착취가 심하자 백성들은 유리걸식하며 갈 바를 모르게 되었다. 또 褒姒를 총애하여 申后와 태자 宜臼를 폐위시켰다. 그러자 申侯가 繒와 犬戎 등과 연합하여 周나라를 공격하였다. 幽王은 驪山 아래에서 犬戎에게 피살되었다.
12) 幽王이 피살된 후 태자 宜臼는 申, 魯, 許 등의 나라에 의해서 옹립되었는데, 후에 수도는 동쪽 洛邑(지금의 河南省 洛陽市)으로 옮겼다. 그가 東周의 平王이다.
13) 曲沃 : 晉나라의 도성. 권32 「齊太公世家」의 〈주 165〉, 권37 「衛康叔世家」의 〈주 15〉 참조.
14) 隱公 : 姬息. 기원전 722년에서 기원전 711년까지 재위하였다. 『春秋』의 기록은 여기에서 시작된다. 권32 「齊太公世家」의 〈주 52〉 참조.

는 말을 듣고 군사를 일으켜 진의 도성을 공격하였다. 주 평왕이 괵공(虢公)을 파견하여 군사를 이끌고 장백을 토벌하도록 하자 장백은 도망가서 곡옥을 지켰다. 진나라 사람들은 다 함께 악후의 아들 광(光)을 옹립하였는데 그가 애후(哀侯)이다.

애후 2년, 곡옥의 장백이 세상을 떠나고 그의 아들 칭(稱)이 뒤를 이었는데 그가 곧 곡옥의 무공(武公)이다. 애후 6년, 노나라가 그의 주군 은공을 시해하였다. 애후 8년, 진나라는 형정(陘廷)을 침략하였다. 형정 사람들은 곡옥의 무공과 상의하여 9년에 진나라를 공격하여 분하 근방에서 애후를 포로로 잡았다. 진나라 사람들은 애후의 아들 소자(小子)를 주군으로 옹립하였는데 그가 소자후(小子侯)[15]이다.

소자 원년에 곡옥의 무공이 한만(韓萬)[16]을 보내어 포로인 애후를 죽였다. 곡옥은 더욱 강성해져 진나라는 그곳을 어찌할 수 없었다.

소자 4년, 무공이 소자를 유인하여 그를 시해하였다. 주 환왕(周桓王)은 괵중(虢仲)을 보내어 무공을 정벌하려 하자 무공은 곡옥으로 후퇴하여 애후의 아우 민(緡)을 진후(晉侯)로 세웠다.

진후 희민 4년, 송나라가 정(鄭)나라의 대부 제중(祭仲)을 잡고 강제로 희돌(姬突)을 정나라 주군으로 옹립하려고 하였다. 진후 19년, 제나라 사람 관지보(管至父)가 그의 주군 양공(襄公)을 시해하였다.

진후 28년, 제 환공이 패자(覇者)로 칭하기 시작하였다. 곡옥의 무공이 진후 민을 공격하여 진나라를 멸망시키고 그가 가지고 있던 모든 보화와 기물을 주 희왕(周釐王)[17]에게 뇌물로 바쳤다. 희왕은 곡옥의 무공을 진나라의 주군으로 임명하고 제후로 삼았다. 이때 무공은 진나라의 토지를 전부 병탄하여 자신의 소유로 삼았다.

곡옥 무공은 재위한 지 37년이 되었을 때 진 무공(晉武公)으로 이름을 바꾸었다. 그제서야 진 무공은 진나라의 도성으로 옮겼다. 이전에 곡옥에서 즉위한 것을 통합하면 모두 38년이 된다.

---

15) 小子侯 : 고대의 제왕이나 제후는 그의 부친상이 끝나지 않았으면 정식으로 그 직위에 오를 수 없으므로 그 아들을 小子라고도 불렀다.
16) 韓萬 : 曲沃 桓叔의 아들로 莊伯의 아우.
17) 周 釐王 : 姬胡齊. 기원전 681년에서 기원전 677년까지 재위하였다.

 무공 칭은 이전 진 목후(晉穆侯)의 증손이며, 곡옥 환숙의 손자이다.
환숙은 곡옥에서 처음으로 봉작을 받았다. 무공은 장백의 아들이다. 환숙
이 곡옥에서 봉작을 받을 때부터 무공이 진나라를 멸망시킬 때까지 도합
67년이 걸려서야 마침내 진나라를 대신하여 제후가 된 것이다. 무공은 진
나라를 대신한 지 2년 만에 죽었다. 곡옥에서 있을 때부터 합산하면 재위
39년에 세상을 떠난 것이다. 아들 헌공(獻公) 궤제(詭諸)가 그 뒤를 이
었다.

 헌공 원년, 주 혜왕의 아우 퇴(穨)가 혜왕을 공격하였다. 혜왕은 도성
을 빠져나가 난을 피하고, 정나라의 역읍(櫟邑)에 머물렀다.

 5년, 헌공은 여융(驪戎)을 정벌하고 여희(驪姬)와 여희의 여동생을 얻
었는데, 그는 그 둘을 모두 총애하였다.

 8년, 대부 사위(士蒍)가 헌공에게 건의하며 말하였다. "진나라의 공자
들은 원래 많아서 그들을 다 죽이지 않으면 환란이 발생할 것입니다." 그
래서 헌공은 사람을 파견하여 그 공자들을 모두 살해하였다. 그리고 성을
쌓아 도읍으로 하고 이름은 강(絳)이라고 하였으니, 이때부터 강은 도성
이 되었다.

 9년, 진나라의 공자들이 이미 괵나라로 도망을 하고 괵나라는 이를 트
집삼아 진나라를 재차 공격하였으나 실패하였다. 10년, 진나라가 괵나라
를 공격하려고 하자 사위가 "그들이 난을 일으킬 때까지 기다리시는 것이
좋을 것입니다"라고 하였다.

 12년, 여희가 해제(奚齊)를 낳았다. 헌공은 의도적으로 태자를 폐할
생각이 있었다. 그래서 말하기를 "곡옥은 우리의 선조의 묘소가 있는 곳
이며, 포읍(蒲邑)은 진(秦)나라와 가까우며, 굴읍(屈邑)은 적(翟)[18]과
가깝다. 만약 아들들을 보내 그곳을 지키게 하지 않는다면 난이 일어날까
걱정스러울 것이다"라고 하였다. 그래서 태자 신생(申生)은 곡옥에, 공
자 중이(重耳)는 포읍에, 공자 이오(夷吾)는 굴읍에 각각 머물도록 하였
다. 헌공과 여희의 아들 해제는 도성인 강(絳)에 머물렀다. 진나라 사람
들은 이로써 태자가 왕위에 오르지 못할 줄을 알았다. 태자 신생의 어머

---

18) 翟 : 부족의 이름으로, 狄이라고도 한다. 齊, 魯, 晉, 衛, 宋, 邢 등의 나라들 사
   이에서 오래도록 활동하였다. 그들의 주요 거주지는 북방이기 때문에 통칭 '北狄'이
   라 한다.

니는 제 환공의 딸로 이름은 제강(齊姜)이었는데 일찍 죽었다. 어머니가 같은 신생의 누이동생은 진 목공(秦穆公)의 부인이 되었다. 중이의 어머니는 적족(翟族) 고씨(孤氏)의 딸이었다. 이오의 어머니는 중이의 어머니의 여동생이었다. 헌공에게는 8명의 아들이 있었는데 태자 신생과 공자 중이, 이오가 현명하고 품행이 선량하였다. 그러나 여희를 얻고 난 후, 헌공과 그의 세 아들은 소원해졌다.

16년, 진 헌공이 상, 하 2군(二軍)[19]을 만들었다. 헌공 자신은 상군, 태자 신생은 하군을 각각 통솔하였다. 그리고 조숙(趙夙)은 어가와 병거를 담당하고, 필만(畢萬)은 호위를 담당하게 하여 곽(虢), 위(魏), 경(耿) 나라를 공격하여 멸망시켰다. 군대를 거두고 돌아와 태자더러 곡옥에 성을 쌓도록 하고 경나라의 땅은 조숙에게, 위나라의 땅은 필만에게 주어 그들을 대부로 삼았다. 사위가 태자 신생에게 말하기를 "태자께서는 왕위에 오르지 못할 것입니다. 도성을 나누어주고 경(卿)의 작위를 주었는데 이것으로 녹위(祿位)의 극점에 도달했으니 어찌 다시 직위를 얻을 수 있겠사옵니까? 차라리 도망하여 죄가 이르는 것을 미연에 피하는 것이 나을 것입니다. 오나라 태백(太伯)[20]이 되는 것도 가능하지 않겠사옵니까? 그러면 좋은 이름을 남길 것이옵니다." 태자는 이를 따르지 않았다. 복언(卜偃)이 말하기를 "필만의 후손들은 반드시 발전할 것이다. 만(萬)이란 수가 가득 찬 것이요, 위(魏)[21]는 높고 크다는 뜻이다. 위나라 땅을 필만에게 상으로 주었으니 하늘이 그의 복을 열어준 것이다. 천자에게는 억조창생이 있고 제후에게는 만민(萬民)이 있는데 지금 그에게 큰 이름을 내리고 그로써 숫자를 채우게 하니 반드시 무리들이 따를 것이다" 라고 하였다. 처음에 필만이 점을 쳐서 진나라에서의 관리생활을 물었더니 "둔(屯)" 괘에서 "비(比)" 괘로 변하였다. 신료(辛廖)가 예측하기를 "길하다. 둔은 견고하다는 뜻이며 비는 들어간다는 의미가 있으니, 무엇이 이보다 길할 것인가! 그의 후대는 반드시 번창할 것이다"라고 하였다.

17년, 헌공은 태자 신생을 보내어 동산(東山)을 정벌하게 하였다. 이

---

19) 二軍 : 周나라의 군사제도. 周王은 6軍을, 제후의 대국은 3軍을 설립하였고, 그 나머지는 점점 적었다. 1軍은 12,500명이다.
20) 太伯 : 周 太王의 장자. 권31 「吳太伯世家」 참조.
21) 魏 : '巍'와 통한다.

극(里克)이 헌공에게 간하여 다음과 같이 말하였다. "태자는 종묘의 제사와 사직의 제물을 봉헌하며, 조석으로 주군의 음식을 점검하는 사람이옵니다. 그래서 '적자 맏아들'이라고 하는 것이옵니다. 주군께오서 밖으로 행차하오시면 안에서 지키시고, 주군께오서 안에서 지키시오면 태자는 수행하십니다. 수행하는 것을 '무군(撫軍),' 즉 주군을 보필하며 군사들을 위무하는 것이라 하고, 지키는 것을 '감국(監國),' 즉 주군을 대신해서 국정을 관리 감독하는 것이라 하옵니다. 이는 옛날부터 내려온 제도이옵니다. 군대를 통솔하는 것은 군무를 전담하는 것이요, 명령을 내리는 것은 주군과 경(卿)이 도모하는 것이오니 이는 태자가 할 일은 아니옵니다. 군대의 총사령관은 명령을 제정하고 발포(發布)하는 데에 있을 뿐, 만약 주군께 보고하고 지시를 받는다면 위엄이 없어질 것이요, 독단으로 전횡한다면 이것은 불효이옵니다. 하여 주군의 왕위를 이을 적자(嫡子)는 군대를 통솔할 사령관이 될 수는 없사옵니다. 주군께서 태자더러 군대를 통솔하라 하시어 사람을 잘못 쓰시면, 태자께서 군대를 통솔하시는 데 위엄이 없어지실 것이니 이렇게 되면 장차 어떻게 하시겠사옵니까?"

그러자 헌공이 말하기를 "과인에게는 몇명의 아들이 있는데 장차 누구를 태자로 세울지 아직 모르겠소"라고 하였다. 이극은 대답을 하지 않고 물러났다. 태자를 만났는데 태자가 말하였다. "나는 장차 폐위될 것인가?" 이극이 말하였다. "태자께서는 노력하십시오. 군사 일을 배우시고 임무를 잘 완성하지 못할까만을 걱정하신다면 폐출될 이유가 있겠사옵니까? 또 태자께서는 불효하지 않을까만을 걱정하시고 왕위를 계승하지 못할까 하는 것은 걱정하실 필요가 없사옵니다. 자신을 닦으며 남을 질책하지 않으시면 위난을 면하실 수 있을 것이옵니다." 태자가 군대를 통솔하자 헌공은 그에게 좌우가 서로 다른 옷을 입게 하고 병권을 상징하는 금제(金製) 패옥을 차게 하였다. 이극은 병이 있다고 사양하고 태자를 따르지 않았다. 태자는 마침내 동산을 정벌하였다.

19년, 헌공이 말하기를 "예전 우리들의 주군이신 장백과 무공께서 진(晉)나라의 난신을 주살할 때, 곽나라는 항상 진(晉)나라를 도와 우리를 공격했으며 진나라에서 도망한 공자를 은닉하기도 하였다. 만약 그들을 토벌하지 않으면 이후 자손들에게 우환을 남길 것이다"라고 하였다. 그래서 순식(荀息)을 파견하여 굴읍에서 난 말을 타고 우(虞)나라에게 길을 빌려달라고 하였다. 우나라가 길을 빌려주자 마침내 괵나라를 정벌하여 그 하양(下陽) 지방을 취하고 돌아왔다.

헌공은 비밀리에 여희에게 말하기를 "과인은 태자를 폐출하고 해제로 그를 대신하려고 하오"라고 하자, 여희가 울며 말하기를 "태자의 지위는 모든 제후가 이미 다 알고 있는 일이며, 또 그는 수 차례나 군대를 통솔하여 백성들이 그에게 기울어져 있는데 천첩이 어떻게 고의로 적자를 폐하고 서자를 세운다는 말씀이십니까? 군왕께서 반드시 그리 하셔야겠다면 첩은 자살하겠사옵니다"라고 하였다. 여희가 태자를 칭찬하는 척하였으나 암암리에 사람들로 하여금 태자를 비방하게 하여 자신의 자식을 태자로 세우려고 한 것이었다.

21년, 여희가 태자에게 말하였다. "군왕께서 꿈에 돌아가신 어머니 제강을 보셨사온데 태자는 곧 곡옥으로 가서 제사를 올려야겠소. 그리고 제사에 올렸던 음식은 군왕께 보내시오." 태자는 곡옥에 가서 그의 어머니 제강에게 제사를 드리고 제사 고기를 헌공에게 보냈다. 헌공은 이때 밖으로 사냥을 나간 터라 태자는 고기를 궁중에 놓아두었다. 여희는 사람을 시켜 그 속에 독을 넣게 하였다. 이틀이 지나 헌공이 사냥터에서 돌아오자 주방장이 제사 고기를 헌공에게 바쳤다. 헌공이 그것을 먹으려고 하자 여희가 옆에서 나오며 제지하였다. "제사 고기가 온 곳이 멀기 때문에 반드시 검사해보아야 하옵니다"라고 하며 땅에 던져 개에게 주니 개가 먹고 죽었다. 어린 환관에게 먹였더니 그 역시 죽었다. 여희가 눈물을 흘리며 말하였다. "태자가 이렇게도 잔인하다니! 자신의 부친도 시해하고 그 자리를 대신하려고 하는데 하물며 다른 사람이야? 군왕께서는 늙으셔서 머지 않아 돌아가실 분이신데 그걸 참지 못하고 시해하려 하다니!" 그리고 헌공에게 말하였다. "태자가 이렇게 하는 까닭은 소첩와 해제 때문이옵니다. 저와 해제 두 사람은 다른 나라로 피할까 하옵니다. 혹여 다소 일찍이 자살하더라도 우리 두 모자가 태자의 어육(魚肉)이 되지 않기를 바라옵니다. 애초에 군왕께서 그를 폐출하시려 할 때 소첩은 오히려 유감이라 느꼈는데 이제 보니 소첩이 크게 잘못했사옵니다." 태자는 이 소식을 듣고 곡옥의 신성(新城)으로 도망쳤다. 헌공은 분노하여 그의 사부 두원관(杜原款)을 죽였다. 어떤 사람이 태자에게 묻기를 "독약을 넣은 사람은 여희인데 태자께서는 어찌하여 스스로 해명을 하지 않으시옵니까?"라고 하자, 태자는 "우리의 군왕께서는 늙으셔서 여희가 아니면 잠도 편안히 들 수 없고 식사도 달게 드시지 못하오. 만약 해명을 하면 군왕께서 여희에게 화를 내실 터인데, 그러면 아니 되오"라고 대답하였다. 또 어떤 사람이 태자에게 말하기를 "다른 나라로 도망하시는 것이 좋을 것이옵니다"라고 하자 태자는 "이 오명을 지고 밖으로 도망한다면 누가 나를 받아주겠소? 스스로 자살할 뿐이오"라고 대답하였다. 12월 무신일(戊申日)에 태자 신생이 신성에서 자살하였다.

이때 중이와 이오가 헌공을 알현하였다. 어떤 사람이 여희에게 말하였다. "두 공자는 여희께서 참언을 하셔서 태자를 죽게 한 사실을 원망하고 있사옵니다." 여희는 두려워하여 헌공에게 두 사람의 잘못을 말하였다. "신생이 제사 고기에 독약을 넣을 때 이 두 공자들은 이 사실을 알았사옵니다." 두 공자는 이 소식을 듣고 두려워하여 중이는 포읍으로, 이오는 굴읍으로 도망을 가서 그들의 성을 굳게 닫고 친히 방비를 하였다. 애초에 헌공은 사위를 보내어 두 공자를 위해서 포읍과 굴읍의 성벽을 수리하고 축조하게 하였으나 완공을 하지 못하였다. 이오는 이러한 상황을 보고하였고 헌공은 사위를 질책하였다. 사위가 사죄하며 말하기를 "변경의 성읍에는 도적이 적은데 성벽을 쌓을 필요가 있겠사옵니까?"라고 하고 물러나왔다. 이후 그는 노래를 지어 부르기를 "호피로 만든 옷 털이 어수선한데, 한 나라에 세 군주라, 나는 누구를 따라야 할꼬?"라고 하였다. 그리고는 마침내 포읍과 굴읍의 성벽이 완성된 것이었다. 신생이 죽자 두 공자도 돌아가 그들의 성읍을 방비하였다.

22년, 헌공은 두 아들이 말도 없이 돌아간 것에 분노하여 과연 모반할 의사가 있었다고 인정하고 군대를 보내 포읍을 치게 하였다. 포읍의 환관 발제(勃鞮)가 중이에게 빨리 자진하라고 명하였다. 중이는 담을 넘어 달아났고 그 환관은 뒤를 쫓아가서 그의 옷소매를 베었다. 중이는 적(翟)나라로 도망을 갔다. 헌공은 또 사람을 보내 굴읍을 치도록 하였으나 굴읍은 견실하게 방어하여 깨뜨릴 수 없었다.

이해 진나라는 또 우(虞)나라에게 괵나라를 정벌하겠노라고 길을 빌려달라고 하였다. 우나라의 대부 궁지기(宮之奇)가 우나라 주군에게 간언하기를 "진나라에게 길을 빌려주셔서는 아니 되옵니다. 이렇게 하면 장차 우리나라도 멸망시킬 것이옵니다"라고 하였다. 우나라의 주군이 "진나라

176

군주와 과인은 성이 같으니 과인을 공격하지는 않을 것이다"라고 말하였다. 그러나 궁지기가 다시 말하였다. "태백(太伯)과 우중(虞仲)은 주 태왕(周太王)의 아들로서, 태백이 도망하자 이 때문에 왕위를 계승할 수 없게 되었사옵니다. 괵중과 괵숙은 왕계(王季)의 아들이며 문왕(文王)의 경사(卿士)로 그들의 공훈은 조정에 기록되어 있고 맹약의 서류를 보존하고 있는 맹부(盟府)에 저장되어 있사옵니다. 장차 괵나라가 멸망한다면 어찌 우나라를 애석해하겠사옵니까? 다시 말씀드려 우나라가 환숙과 장백의 자손들보다 더 친하옵니까? 환숙과 장백의 자손은 무슨 죄가 있어 전부 멸망했사옵니까! 우나라와 괵나라는 마치 이와 입술과도 같아서 입술이 없으면 이빨이 시리게 될 것이옵니다." 우공은 듣지 않고 진나라에게 길을 허락해주었다. 궁지기는 그의 가솔들을 데리고 우나라를 떠났다. 이해 겨울 진나라는 괵나라를 멸망시켰고 괵공 축(丑)은 주나라의 수도로 도주하였다. 진나라의 군대가 돌아오면서 우나라를 습격하여 멸망시키고 우공과 그의 대부 정백(井伯)과 백리해(百里奚)를 포로로 잡아 헌공의 여식 진 목희(秦穆姬)의 몸종으로 삼았다. 그리고 사람을 보내 우나라의 제사를 모시게 하였다. 순식이 예전에 우나라에게 주었던 굴읍에서 난 말을 끌고 헌공에게 바쳤더니 헌공이 웃으며 말하기를 "말은 과인의 말이지만 이빨이 늙었도다!"라고 하였다.

23년, 헌공은 가화(賈華) 등을 보내 굴읍을 토벌하게 하였다. 굴읍 사람들은 도망하여 흩어졌고 이오는 적나라로 도주하려고 하였다. 기예(冀芮)가 말하였다. "아니 되옵니다. 중이가 이미 그곳에 있는데 당신께서 또 그곳으로 간다면 진나라는 반드시 군대를 몰아 적나라를 칠 것이옵니다. 적나라는 진나라를 무서워하기 때문에 화는 우리들의 머리 위에 떨어질 것이옵니다. 그럴 바이면 양(梁)나라로 도주하시는 편이 나을 것이옵니다. 양나라는 진(秦)나라와 가까이 있고 진(秦)나라는 강대하여 우리들의 군주가 죽고 나면 그들에게 당신을 환국하도록 청할 수 있을 것이옵니다." 그래서 이오는 양나라로 피신하였다.

25년, 진(晉)나라가 적나라를 공격하였다. 적나라는 중이가 있었기 때문에 설상(齧桑)[22]에서 진나라를 공격하니 진나라는 후퇴하고 말았다.

---

22) 齧桑:『左傳』에는 "采桑"으로 되어 있다. 晉나라 땅으로 지금의 山西省 吉縣이다. 또 다른 齧桑은 衛나라에 있는데 그곳은 지금의 江蘇省 淇縣 서남쪽이다.

이때 진나라는 강대하여 서쪽으로는 하서(河西) 지역[23]을 차지하여 진
(秦)나라와 접경을 이루었고, 북쪽으로는 적나라와 인접하였으며, 동쪽
으로는 하내(河內) 지역[24]에 이르렀다.

여희의 동생이 도자(悼子)를 낳았다.

26년 여름, 제 환공이 규구(葵丘)[25]에서 각국의 제후와 성대한 회맹
(會盟)을 가졌다. 진 헌공(晉獻公)은 병이 나서 출발이 늦어 아직 도착하
지 않았을 때 주 왕실의 재공(宰孔)[26]을 만났다. 재공이 말하기를 "제 환
공이 더욱더 교만해져 덕을 닦지 않고 변방을 경략하려 하여 제후들이 불
평하고 있습니다. 공께서는 굳이 회맹에 참석할 필요가 없을 것입니다.
그는 진나라를 어찌할 수 없을 것이외다"라고 하였다. 헌공도 병이 심하
므로 돌아갔다. 병이 매우 위중하게 되자 순식을 불러 물었다. "과인은
해제를 후사로 삼을 것이오. 그러나 나이가 적어 대신들이 복종하지 않고
난을 일으킬지도 모르니 그대가 그를 능히 옹립할 수 있겠소?" 순식은
할 수 있다고 대답하였다. 헌공이 "무엇으로 보증할 수 있겠소?"라고 하
니 순식은 "반드시 군왕께서 사후에도 다시 살아나신 듯하게 명령을 따를
것이옵니다. 그래서 살아 있는 자가 부끄럽지 않도록 할 것이오니 이로써
보증하옵니다"라고 대답하였다. 그러자 헌공은 해제를 순식에게 맡겼다.
순식은 재상이 되어 국정을 주관하였다.

가을 9월에 헌공이 세상을 떠났다. 이극과 대부 비정(邳鄭)은 중이를
영접하고자 하여 3공자의 무리를 이용하여 난을 일으켰다. 순식에게 말하
기를 "세 사람의 원한이 일어나려고 하며 밖으로는 진(秦)나라가 안으로
는 나라 사람들이 도우려고 하는데 그대는 장차 어떻게 할 것이오?"라고
하자 순식이 말하였다. "나는 선군의 말씀을 어길 수 없소이다."

10월, 이극이 장례를 지내는 곳에서 해제를 살해하였다. 헌공의 장례
는 아직 끝나지 않았다. 순식이 해제를 따라서 죽고자 할 때 어떤 사람이
"해제의 아우 도자를 옹립하여 그를 보좌하는 것이 낫지 않겠소?"라고
말하였다. 순식은 곧 도자를 옹립하고 헌공의 장례를 완전히 마쳤다.

---

23) 河西 지역 : 지금의 山西省과 陝西省 사이의 황하 남단 서쪽.
24) 河內 지역 : 河南省 황하 이북 지구.
25) 葵丘 : 宋나라의 읍 이름. 권32 「齊太公世家」의 〈주 93〉, 권38 「宋微子世家」의 〈주 77〉 참조.
26) 宰孔 : 周의 太宰 姬孔을 말한다.

178

11월, 이극은 조정에서 도자를 시해하였다. 순식도 따라서 죽었다. 군자가 말하기를 "『시경』에서 말하기를 '백옥의 반점은 더욱 닦을 수 있으나, 말이 잘못된 것은 고칠 수 없다'²⁷⁾라고 하였으니 이 말은 순식을 두고 한 말인가 한다. 그는 그의 말을 어기지 않았다"라고 하였다. 애초에 헌공이 여융을 공격할 때 점[卜]에 말하기를 "치아(齒牙)가 화근이 된다"²⁸⁾라고 하였다. 뒷날 여융을 쳐서 여희를 얻고 그녀를 총애하였으나 마침내 이로써 난이 일어나게 된 것이다.

이극 등이 이미 해제와 도자를 죽이고 적나라에 사람을 보내어 공자 중이를 영접하고 그를 왕으로 옹립하고자 하였다. 중이는 사양하며 말하였다. "어버이의 명령을 거역하여 나라 밖으로 도주하였고, 어버이가 돌아가셨는데도 자식의 예로써 장례를 치르지도 못했으니 내 어찌 감히 환국하겠소! 대부들은 다른 공자를 옹립하시오." 사자가 이극에게 보고하니 이극은 양나라에 사람을 보내 이오를 영접하고자 하였다. 이오는 가려고 했으나 여성(呂省)과 극예(郤芮)가 말하였다. "국내에 아직 왕위를 이을 공자가 있는데 국외에서 찾는다는 것은 믿을 수 없사옵니다. 만약 진(秦)나라로 가서 강국의 도움을 받지 않고 환국한다면 위험이 있을지도 모릅니다." 그래서 극예로 하여금 후한 뇌물을 가지고 진(秦)나라로 가게 하여 "만약 환국할 수 있게 한다면 진(晉)나라의 하서(河西) 지방을 진(秦)나라에게 주도록 한다"라는 약속을 하였다. 동시에 이극에게 서신을 보내어 "진실로 왕위를 이을 수 있다면 분양(汾陽)²⁹⁾의 성읍을 당신에게 봉토로 주겠다"라고 하였다. 진 목공(秦穆公)은 곧 이오에게 군대를 보내어 환국할 수 있도록 하였다. 제 환공도 진(晉)나라에 내란이 발생하였다는 소식을 듣고 제후들을 인솔하여 진나라로 갔다. 진(秦)나라 군대와 이오도 진나라에 도착하였다. 제나라에서 습붕(隰朋)을 보내 진(秦)나라와 회동하여 함께 이오를 환국시키고 그를 진(晉)나라의 군왕으로 옹립하였으니 그가 곧 혜공(惠公)이다. 제 환공은 진(晉)나라의 고량(高梁)³⁰⁾

---
27) 「大雅」"抑" 편 참조. 원문은 다음과 같다. "白圭之玷, 尙可磨也. 斯言之玷, 不可爲也."
28) 점을 칠 때 龜甲(거북등) 좌우에 갈라진 무늬가 마치 치아와 같고 중간에 직선이 있으면 이는 讒言에 의해서 해를 당하는 것으로 푼다.
29) 汾陽 : 晉나라의 땅 이름. 옛 성은 지금의 山西省 靜樂縣 동쪽에 있다.
30) 高梁 : 지금의 山西省 臨汾縣 동북쪽. 권32 「齊太公世家」의 〈주 99〉 참조.

에 이르렀다가 돌아갔다.

　혜공 이오 원년, 비정을 진(秦)나라에 보내어 사과의 말을 전하였다. "처음에 이오가 하서 지방을 군왕에게 드리기로 하여 이제 다행히 환국하여 왕위에 올랐소이다. 대신들이 말하기를 '토지는 선군의 토지인데 주군께서 국외로 도주하셨다가 무엇을 믿고 마음대로 진(秦)나라에게 허락하셨습니까?'라고 해서 과인은 수 차례 논쟁을 하였으나 어쩔 도리가 없어 이렇게 귀국에 대해서 사과를 드리는 바입니다." 그리고 분양의 땅을 이극에게 봉하지 않았을 뿐만 아니라 그의 권력을 빼앗았다. 4월, 주 양왕(周襄王)이 주공(周公) 기보(忌父)를 보내어 제나라와 진(晉)나라의 대부와 회동하여 공동으로 진 혜공(晉惠公)을 방문하기로 하였다. 혜공은 중이가 국외에 있기 때문에 이극이 정변을 일으킬까 두려워 그에게 자살을 명하였다. "그대가 없었더라면 과인은 왕위에 오르지 못했을 것이오. 비록 그렇더라도 그대 역시 두 군주와 한 명의 대부를 살해하였으니 그대의 임금된 사람으로 어찌 난처하지 않겠소?" 이극이 대답하였다. "이전에 주군을 폐하지 않았다면 주군께서 어떻게 일어날 수 있었겠사옵니까? 그러나 이미 즉위하신 지금, 저를 죽이시려 하신다면 그 또한 어찌 구실이 없겠사옵니까? 마침내 이같이 말씀하신다면 신은 명령을 따르겠사옵니다." 그리고는 자신의 칼로 자진하였다. 비정은 진(秦)나라로 사과차 갔다가 돌아오지 않았기 때문에 변을 당하지 않았다.

　진나라의 주군 이오는 태자 신생의 무덤을 개장(改葬)하였다.[31] 가을에 호돌(狐突)이 옛 도성, 즉 곡옥으로 갔다가 신생을 만났다. 신생이 호돌더러 수레를 함께 타라고 하며 그에게 말하였다. "이오는 무례하다.[32] 내가 천제(天帝)께 청을 드려 진(晉)나라를 진(秦)에게로 귀속시키게 할 것이다. 그러면 진(秦)나라는 나를 위해서 제사를 지낼 것이다." 호돌이 대답하였다. "제가 듣기로 신령은 자신의 친족이 아닌 사람이 지내는 제사는 흠향하지 않는다고 했는데, 그렇게 한다면 당신의 제사가 단절되지 않는다는 말씀입니까? 당신께서는 이러한 이치를 다시 한번 고려하셔야

---

31)　獻公 때 申生을 예에 따라 안장하지 않았기 때문에 惠公이 改葬한 것이다.
32)　즉 申生의 장례를 다시 치른 일은 부친 晉 獻公의 과오를 폭로하는 셈이 된다는 것이다. 다른 견해도 있을 수 있다.

합니다."신생이 말하였다. "내 천제께 다시 청해보겠다. 열흘 이후 신성 (新城) 서쪽에 무당이 있어 나의 신령을 현현시킬 것이다."호돌이 대답 하자 신생은 홀연히 자취를 감추었다. 호돌은 기한이 되자 약속 장소로 가서 신생을 또 만났다. 신생이 그에게 말하였다. "천제께 죄 있는 사람 을 징벌해도 좋다는 허락을 받았다. 한원 (韓原)[33]에서 패배하게 될 것이 다."그래서 "태자의 묘 개장했네. 14년 이후 진나라도 창성 (昌盛)하지 못하리. 창성하는 것은 형 (兄)에게 있지"라는 동요가 생겼다.

비정은 진나라로 사신을 갔다가 이극이 피살되었다는 소식을 들었다. 그래서 진 목공 (秦穆公)에게 말하였다. "여성 (呂省), 극칭 (郤稱), 기예 (冀芮)는 확실히 하서 지역을 진 (秦)나라에게 주기를 반대했사옵니다. 만약 그들에게 많은 재물을 주고 상의하여 진군 (晉君) 이오를 축출하고 중이를 환국시키도록 한다면 일은 반드시 성공할 것이옵니다."진 목공은 이를 허락하고 사람을 파견하여 바정과 함께 진 (晉)나라로 들어가서 세 사람에게 뇌물을 듬뿍 보냈다. 세 사람은 말하였다. "선물이 많고 말이 달콤한 것으로 보아서 이것은 비정이 우리를 진 (秦)나라에게 팔아넘기려 는 수작임에 틀림없다."그래서 그들은 비정과, 이극·비정의 무리인 일 곱 명의 대부[34]를 주살하였다. 비정의 아들 비표 (邳豹)는 진 (秦)나라로 도주하여 진나라를 공격하자고 건의하였으나 목공은 듣지 않았다.

혜공은 즉위한 이후 진 (秦)나라에게 땅을 주겠다는 약속과 이극에게 봉 토를 주겠노라는 약속을 어겼을 뿐 아니라 일곱 대부를 살해하였으니 민 심이 그에게로 향하지 않은 것은 당연하였다. 2년, 주 왕실이 소공 (召 公) 과 (過)를 보내어 진 혜공을 방문하게 하였는데 혜공의 태도가 오만하 여 소공은 그를 비난하였다.

4년, 진 (晉)나라는 기근이 발생하자 진 (秦)나라에게 양식을 구매할 수 있도록 해달라고 요청하였다. 목공은 백리해 (百里奚)에게 물었다. 백리 해가 대답하였다. "하늘의 재앙은 돌고 도는 것이라 각국에서 돌아가며 발생하는 것이옵니다. 기근의 재앙을 구제하고 이웃 나라를 두루 도와주 는 것은 국가의 정당한 도리일 것이옵니다. 도와주시지요."비정의 아들

---

33) 韓原 : 晉나라의 지명. 지금의 陝西省 韓城縣 서남쪽.
34) 申生이 통솔하던 下軍의 大夫들을 말한다. 당시 申生에게는 수레 7乘이 있었는데 한 乘마다 한 사람의 大夫가 주관하였으므로 '七輿大夫'라고 하였다.

표가 말하였다. "그들을 공격해야 하옵니다." 목공이 말하였다. "그 나라의 국왕은 과인도 매우 싫어하지만 그의 백성에게 무슨 잘못이 있는가!" 마침내 그들에게 양식을 주기로 하고 진(秦)나라의 도성 옹(雍)[35]에서 진(晉)나라의 강읍(絳邑)까지 수송해주었다.

5년, 진(秦)나라에 기근이 발생하여 진(晉)나라에게 식량을 청하였다. 진(晉)나라의 혜공은 신하들과 상의하였다. 경정(慶鄭)이 말하였다. "진(晉)나라의 도움으로 왕위에 오르셨고 그들에게 땅을 주기로 한 약속도 어겼는데도 우리 진나라가 기근이 들자 그들은 우리에게 양식을 팔아주었사옵니다. 이제 그들이 기근이 들어 우리에게 식량판매를 요청하는데 주어야 하는 것이 당연한데 무슨 의문이 있어 상의하오리까?" 괵석(虢射)이 말하였다. "작년에 하늘이 진(晉)나라를 진(秦)나라에게 주고자 하였을 때 진(秦)나라는 공격할 줄 모르고 오히려 우리에게 식량을 팔아주었습니다. 지금 하늘이 진(秦)나라를 우리 진(晉)나라에게로 주고자 하는데 어찌 하늘의 뜻을 거역하겠사옵니까? 이 기회를 이용해서 그들을 쳐야 하옵니다." 혜공은 괵석의 계획을 채택하여 진(秦)나라에게 식량을 팔지 않고 오히려 군사를 일으켜 그들을 공격하였다. 진(秦)나라는 크게 노하여 역시 군대를 일으켜 진(晉)나라를 공격하였다.

6년 봄, 진 목공(秦穆公)이 군대를 통솔하여 진나라를 공격하였다. 진 혜공(晉惠公)이 경정에게 물었다. "진(秦)나라의 군대가 국경으로 깊히 들어오는데 어찌해야 하오?" "진(秦)나라가 주군(主君)을 환국시켜 왕위를 잇게 했는데 주군께서는 그와의 약속을 어겼사옵고, 우리 진나라가 기근이 들었을 때 진(秦)나라는 양곡을 수송해주었는데 그 진(秦)나라가 기근이 들자 우리 진나라는 오히려 은혜를 저버리고 그 기근을 틈타 그들을 공격하였사옵니다. 그러니 이제 진(秦)나라가 국경 깊이 침공해들어오는 것 또한 당연한 일이 아니겠사옵니까?" 진(晉)나라는 점을 쳐서 수레와 호위를 담당할 사람으로 경정이 모두 길하다고 하여 그로 결정하였다. 그런데 혜공이 "경정은 불손하다"라고 말하였다. 그래서 보양(步陽)으로 하여금 수레와 병거를 맡게 하고, 가복도(家僕徒)로 하여금 호위를 책임지게 해서 진공하게 하였다. 9월 임술일(壬戌日), 진 목공과 진 혜공이 한원에서 접전하였다. 혜공의 말은 매우 무거워 진흙 속에 깊이 빠

---

35) 雍 : 秦나라의 도성으로 지금의 陝西省 鳳翔縣 동남쪽이다.

져 움직이지 못하는데 진(秦)나라 병사가 다가왔다. 혜공은 매우 급해서 경정에게 수레를 끌어오라고 소리를 쳤다. 경정이 말하였다. "점쳐서 나온 말을 믿지 않으셨으니 실패해도 당연하지 않겠사옵니까?"라고 하며 떠나갔다. 다시 양유미(梁繇靡)를 보내 수레를 끌게 하고 괵석에게 호위를 담당하게 하여 진 목공을 맞아 싸웠다. 진 목공의 장사가 진(晉)나라의 군대를 치니 진나라는 패퇴하여 마침내 진 목공을 놓치고, 진(秦)나라는 오히려 진 혜공을 사로잡아 귀환하였다. 진(秦)나라는 장차 그를 죽여 하늘에 제사를 올리려고 하였다. 진 혜공의 누이가 바로 진 목공의 부인이었는데 소복을 입고 통곡하며 눈물을 흘렸다. 진 목공이 말하였다. "진(晉)나라의 주군을 잡아 장차 그를 즐거운 일에 쓰려고 했는데 지금 그대가 이와 같이 하다니! 그리고 과인은 들었소. 기자(箕子)가, 당숙(唐叔)이 비로소 봉작을 받는 것을 보고 말하기를 '그의 후손은 반드시 창대할 것이다'라고 하였는데 진(晉)나라가 실로 멸망하겠소?" 그래서 진 혜공과 왕성(王城)[36]에서 회맹을 하고 그를 석방할 것을 허락하였다. 진 혜공도 여성(呂省) 등을 파견하여 백성들에게 알리기를 "과인이 비록 귀국할 수 있지만 종묘사직을 뵈올 면목이 없노라. 길일을 잡아 자어(子圉)로 하여금 왕위를 잇게 하라"라고 하였다. 진(晉)나라 백성들은 이 말을 듣자 모두 통곡을 하였다. 진 목공이 여성에게 물었다. "진(晉)나라는 화목한가?" 여성은 "화목하지 않사옵니다. 백성들은 주군을 잃고 양친까지 희생당할까봐 두려워할 뿐 자어를 옹립하는 것은 걱정하지 않고, 말하기를 '원수는 반드시 갚을 것이다. 비록 융(戎)이나 적(狄)과 같은 오랑캐를 섬길지언정 진(秦)나라는 섬기지 않을 것'이라고 하옵니다. 귀족들은 주군을 사랑하고 보호하려 하나 자신들이 죄 있는 줄 아는 까닭에 진(秦)나라의 명령을 기다리면서 '반드시 은혜에 보답할 것'이라고 하고 있으니 이러한 두 종류의 주장이 있어 화목하지 않다고 말씀 드리는 것이옵니다"라고 말하였다. 그래서 진 목공은 진 혜공이 머무는 곳을 바꾸고 그에게 7뢰(牢)의 가축을 보냈다.

11월, 진 혜공을 돌려보냈다. 진 혜공은 국내로 돌아오자 경정을 주살하고 정치와 교화를 밝게 닦았다. 신하들과 계획하기를 "중이가 국외에 있다. 제후들은 대부분 그를 환국시켜 옹립하는 것이 유리하다고 생각한

---

36) 王城 : 秦나라의 지명. 지금의 陝西省 大荔縣에 해당된다.

다"라고 판단하고서 사람을 적나라로 보내어 중이를 살해하고자 하였다. 중이는 이 소식을 듣고 제나라로 피신하였다.

8년, 태자 어를 진(秦)나라에 인질로 보냈다. 애초에 혜공이 양나라에 도망해 있을 때 양나라의 임금, 즉 양백(梁伯)이 자신의 딸을 그에게 출가시켰는데 그녀는 1남 1녀를 낳았다. 양백이 점을 쳐보았더니 남자 아이는 다른 사람의 신하가 될 것이며 여자 아이는 타인의 첩이 될 것이라고 했다. 그래서 남자 아이의 이름은 어(圉)[37]라고 하였고 여자 아이는 첩(妾)이라고 하였다.

10년, 진(秦)나라가 양나라를 멸망시켰다. 양백은 토목공사를 크게 일으키는 것을 좋아해서 성벽을 쌓고 호구(壕溝)를 만드는 등 백성들을 피로하게 하였으므로 원한을 샀다. 그리고 백성들은 수차 자기들끼리 소란을 피우며 말하기를 "진(秦)나라 놈들이 온다!"라고 하여 두려워하다가 결국 진나라에게 멸망당한 것이다.

13년, 진 혜공이 병이 났는데 그에게는 국내에 많은 자식이 있었다. 태자 어가 말하였다. "나의 어머니의 친정은 양나라에 있는데 양나라는 지금 진(秦)나라에게 망하였다. 나는 국외에서 진나라에게 경시되고 있으며 국내에도 도와주는 사람이 없다. 주군께서 일어나지 못하신다면 대부들이 나를 경시할까 걱정이다. 다른 공자를 옹립하라." 그리고 그의 처와 상의하여 함께 도주하려 하였다. 그러자 진(秦)나라 여자인 태자 어의 처가 말하기를 "그대는 일국의 태자로서 여기에서 곤욕을 치르고 있습니다. 진(秦)나라가 저더러 그대를 시봉케 하여 그대의 마음을 안정시키라고 했지요. 그대가 도주하면 저는 그대의 뒤를 따를 수 없고 또 감히 도주했다고 보고할 수도 없습니다." 어는 마침내 진(秦)나라로 돌아갔다. 14년 9월, 혜공이 죽고 태자 어가 뒤를 이었다. 이 사람이 회공(懷公)이다.

태자 어가 도주하자 진(秦)나라는 그를 원망하였다. 그래서 공자 중이를 찾아 그로 하여금 돌아가서 왕위를 잇게 하려고 하였다. 태자 어는 왕위에 오르자 진(秦)나라가 공격할까 두려워, 국내에 중이를 따라 도망한 사람들을 기간내에 환국하라고 명령을 내리고 기간내에 도착하지 않는 사람은 그의 가족들을 몰살시키겠다고 하였다. 호돌의 아들 호모(狐毛)와 호언(狐偃)이 중이를 따라 진(秦)나라에 있었는데 호돌은 그들을 돌아오

37) 圉 : 말을 기르는 사람이라는 뜻. 여기에서는 사람 이름으로 사용하였다.

게 하려고 하지 않았다. 회공은 화가 나서 호돌을 구금하였다. 호돌이 말하기를 "나의 아들은 중이 공자를 모신 지 몇해나 되었는데 지금 그들을 소환한다면 그들로 하여금 그들의 주군을 배반하라고 교사하는 것입니다. 하면 무슨 이치로 그들을 설복시킬 수 있겠습니까?"라고 하였다. 회공은 마침내 호돌을 죽였다. 진 목공은 군대를 파병하여 중이를 보내고, 사람을 보내어 난지(欒枝), 극곡(郤穀)의 무리와 내응하고는 고량에서 회공을 죽이고 중이를 환국시켰다. 중이가 왕위에 오르니 이 사람이 문공(文公)이다.

진 문공(晉文公)은 희중이(姬重耳)로 진 헌공의 아들이다. 어릴 때부터 선비를 좋아하여 나이 17세에 이미 현사(賢士) 5명을 곁에 둘 정도였다. 그들은 조최(趙衰)와 문공의 외삼촌인 호언구범(狐偃咎犯)과 가타(賈佗), 선진(先軫), 위무자(魏武子) 등이었다. 중이는 헌공 시절 태자로 있을 때 이미 성년이었다. 헌공이 즉위할 때 중이는 21세였다. 헌공 13년, 여희 때문에 중이는 포성(蒲城)에 주둔하며 진(秦)나라를 방어하였다. 헌공 21년, 헌공이 태자 신생을 죽이고 여희가 그를 모함하자 그는 두려워 헌공에게 인사도 하지 않고 포성을 지켰다. 헌공 22년, 헌공이 환관 이제(履鞮), 즉 발제를 보내어 급히 중이를 주살하라고 명하였다. 중이가 담을 넘어 도주하자 환관은 그를 추격하여 그의 옷소매를 베어갔다. 중이는 적(狄)나라로 도주하였다. 적나라는 모친의 나라였다. 이때 중이의 나이는 43세였고, 수행한 5명의 현사 외에 이름이 드러나지 않은 사람들 수십명이 적나라에 도착하였다.

적나라는 구여(咎如)[38]를 토벌하고 두 여자를 얻었다. 장녀는 중이에게 보내어져 백조(伯儵)와 숙유(叔劉)를 낳았다. 어린 여자는 조최에게 시집을 가서 조순(趙盾)을 낳았다. 중이가 적나라에서 5년 동안 머무르고 있을 때, 진 헌공이 죽자 이극이 이미 해제와 도자를 시해하고 사람을 보내어 중이를 맞아 그를 옹립하려고 하였다. 중이는 피살될까 두려워 극구 사양하고 돌아가지 않았다. 오래지 않아 진나라는 그의 아우 이오를 맞아 왕위를 잇게 하였으니, 그가 바로 혜공이었다. 혜공 7년, 중이를 두려워하여 환관 이제로 하여금 장사들을 데리고 가서 중이를 살해하고자

---

38) 咎如 : 狄族 중 赤狄의 일파.

하였다. 중이는 이 소식을 듣고 조최 등과 의논하였다. "애초에 내가 적 나라로 도망했으나 적나라가 나를 지원해줄 것으로는 결코 믿지 않았소. 다만 거리가 가까워 쉽게 오갈 수 있었기 때문에 잠시 머무른 것뿐이오. 머무름이 오래되었으니 이제 큰 나라로 옮기기를 바라오. 제 환공은 선행 을 좋아하고 패왕(覇王)이 되어 왕도를 펼치고 제후들을 거두어들여 도우 는 데 마음을 쓰고 있지요. 이제 들으니 관중과 습붕이 죽었다는데 이때 는 현명하고 능력 있는 선비를 얻고자 할 것이니 어찌 가지 않겠소?" 그 래서 제나라로 출발하였다. 중이가 그의 처에게 말하였다. "25년을 기다 려도 내가 오지 않으면 재가하시오." 처가 웃으며 말하기를 "25년을 기다 리면 제 무덤의 측백나무도 이미 크게 자랐겠사옵니다. 비록 말은 그렇지 만 소첩은 그대를 기다릴 것입니다." 이렇게 하여 중이는 적나라에서 무 려 12년을 머무른 후 떠났다.

중이가 위(衛)나라를 지나가게 되었다. 위 문공(衛文公)은 예로써 그 를 접대하지 않았다. 그가 다시 출발하여 오록(五鹿)[39]을 지나가는데 배 가 고팠다. 시골 사람에게 밥을 구걸하자 시골 사람은 그릇에다 흙을 숨 겨서 그에게 주었다. 중이가 성을 냈다. 조최가 말하였다. "진흙은 토지 를 가진다는 것을 상징하고 있사옵니다. 그에게 절을 하고 받으셔야 하옵 니다."

중이가 이번에는 제나라에 도착하였다. 제 환공(齊桓公)은 융성하고 엄 중한 예절로 그를 대접하였다. 그리고 그의 친족 여자를 그에게 시집 보 내고 말 20승을 주었다. 중이는 이러한 생활에서 안정을 찾았다. 중이가 제나라에 온 지 2년 만에 환공이 세상을 떠나고 수조(竪刁)[40] 등이 내란 을 일으켰다. 제 효공(齊孝公)이 즉위하자 제후의 군대가 수 차례 쳐들어 왔다. 중이가 제나라에 있은 지 5년이 지났다. 중이는 제나라의 여인을 사랑하게 되어 제나라를 떠날 생각이 없었다. 조최와 구범이 뽕나무 아래 에서 앞으로의 행동을 상의하였다. 그 여인의 시종이 뽕나무 아래에서 그 들의 말을 듣고 여인에게 알렸다. 여인은 시종을 죽이고 중이에게 급히 움직이기를 권하였다. 중이가 말하였다. "사람이 태어나 안락하면 누가

---

39) 五鹿 : 衛나라의 지명. 지금의 河南省 清豐縣 서북쪽. 일설에는 지금의 河北省 大 名縣 동쪽이라고도 한다.
40) 竪刁 : 齊나라의 환관. 권32 「齊太公世家」 참조.

그 다른 일을 하려고 하겠소? 반드시 여기에서 죽을 일이지 떠나지는 않 겠소." 그러자 그 제나라 여인이 말하였다. "당신은 일국의 공자로서 사 정이 곤궁하여 여기에 오셨사옵니다. 저 현사들은 당신에게 생명을 맡기 고 있는데 당신께서는 급히 환국하여 신하들의 노고에 보답하시지 않고 여색에 마음을 두시니 첩은 당신을 대신하여 부끄럽사옵니다. 또한 만약 지금 움직이지 않으시면 언제 공을 이루시겠사옵니까?" 그래서 조최 등 과 상의하여 중이를 취하게 해서는 수레에 그를 태우고 가게 하였다. 일 행이 한참 멀리 간 뒤 중이가 깨어났다. 그는 매우 화가 나서 창을 들고 구범을 죽이려고 하였다. 구범이 말하였다. "저를 죽이시어 주군의 뜻을 이루신다면 그건 저의 바람이옵니다." 중이가 말하였다. "만약 성공하지 않는다면 외삼촌의 살을 씹어먹을 것이오." "만약 일을 성공시키지 못하 시더라도 저의 살은 비리고 상하여 드시기에 충분하지는 않을 것이옵니 다." 중이는 그제서야 멈추고 계속 전진하였다.

조(曹)⁴¹⁾나라를 지나갔으나 조나라의 공공(共公)은 예로써 대하지 않 고 중이의 변협(駢脇)⁴²⁾이라는 신체만을 보고자 할 따름이었다. 조나라 의 대부 희부기(釐負羈)가 말하였다. "진나라의 공자는 현명하고 능력이 있으며 또 같은 성씨로 곤궁에 빠져 우리나라를 경유하게 되었는데 어찌 예로써 대하시지 않으십니까?" 공공은 그의 의견을 듣지 않았다. 희부기 는 사사로이 음식물을 중이에게 보내고 그 음식물 밑에다 옥구슬을 놓아 두었다. 중이는 그의 음식을 받고 옥구슬은 돌려보냈다.

다시 조나라를 떠나 송나라를 지나갔다. 송 양공(宋襄公)은 최근 초나 라의 군대에게 곤욕을 치르고 홍수(泓水)⁴³⁾에서 부상을 입었다. 그는 중 이가 현명하고 능력이 있다는 소식을 듣고 한 나라의 국왕을 대하는 예절 로 중이를 접대하였다. 송나라의 사마(司馬) 공손고(公孫固)는 구범과 서로 친하여 그에게 말하였다. "송나라는 작은 나라인 데다 최근에 곤란

---

41) 曹 : 기원전 11세기에 周나라가 봉한 제후국으로 성은 姬氏이다. 나라를 연 군주 는 周 武王의 아우 叔振鐸이다. 도읍은 陶丘(옛 성은 지금의 山東省 定陶縣 서북쪽 에 있다)였다. 山東省 서부에 위치하였으며 기원전 487년 宋나라에게 멸망당하였 다.
42) 駢脇 : 일종의 신체의 기형으로 갈빗대가 나란히 붙어서 통뼈로 이루어진 것처럼 보이는 늑골.
43) 泓水 : 지금의 河南省 柘城縣 서북쪽에 있다.

함을 당했지요. 송나라를 의지해서는 진나라로 들어갈 수 없을 것이니 큰 나라로 가시지요."그래서 다시 떠났다.

정나라를 지나갔으나 정 문공(鄭文公)은 예로써 접대하지 않았다. 정나라의 대부 숙첨(叔瞻)이 그의 주군에게 간하였다. "진나라의 공자는 현명하고 능력이 있으며 그의 추종자들은 모두 국가의 대들보들이옵고 또한 같은 성이옵니다. 우리 정나라는 주 여왕(周厲王)에서 나왔으나 진나라는 무왕(武王)에서 나왔사옵니다." 정 문공이 말하였다. "각국에서 망명해 온 제후들의 공자들 중 여기를 거쳐간 사람이 매우 많은데 어떻게 그들을 모두 예로써 대한단 말이요!" 숙첨이 말하였다. "주군께서 예로써 대하시지 않으시겠다면 그를 주살하시는 것이 좋사옵니다. 그렇지 않으면 이후에 나라의 우환이 될 것이옵니다." 문공은 듣지 않았다.

중이는 정나라를 떠나 초나라로 갔다. 초 성왕(楚成王)은 제후에 상당하는 예절로 그를 접대하였다. 중이는 사양하고 감히 받을 수 없다고 하였다. 조최가 말하였다. "주군께서 국외에 도망한 지 10여 년이라 작은 나라들도 경시하는데 큰 나라들이야 오죽하겠사옵니까? 지금 초나라는 큰 나라인데 주군을 우대한다면 주군께서도 겸양해하실 필요가 없습니다. 이건 하늘이 주군께 길을 열어주는 것입니다." 그래서 중이도 객의 예로써 초 성왕을 대하였다. 성왕은 중이를 후대했으나 중이는 매우 겸손하게 행동하였다. 성왕이 말하였다. "당신이 만약 환국하신다면 무엇으로 나에게 보답하시겠소?" 중이가 말하였다. "진기한 금수나 옥구슬이나 비단과 같은 물건들은 국왕께도 남아도는 바일 것이니 무엇으로 보답해야 할지를 모르겠습니다." 성왕이 말하였다. "비록 그렇다고 하지만 어쨌든 무엇으로 보답을 해야 하지 않겠소?" 중이가 말하였다. "만약 부득이하여 평원(平原)의 너른 못 지역에서 병거(兵車)가 서로 만나게 되면 국왕께 90리를 피해드리겠습니다." 이 말을 전해들은 초나라의 장군 자옥(子玉)이 화를 내며 말하였다. "주군께서 진나라의 공자를 지극히 후대하셨는데 이제 중이의 말이 이처럼 불손하니 그를 죽일 수 있도록 허락해주십시오" 성왕이 말하였다. "진나라의 공자는 현명하고 능력이 있는데 오히려 국외에서 곤궁하고 군색하게 지낸 지 매우 오래되었소. 그리고 그를 따르는 사람들은 모두 치국의 인재들이라 이것은 모두 하늘께서 안배하신 것! 어떻게 그를 죽일 수 있겠는가? 또 그가 어떻게 말을 해야 했는지 그대가 말해보라."중이가 초나라에서 수개월을 머무르고 있을 때 진(晉)나라의 태자 어가 진(秦)나라에서 탈출하였다. 진(秦)나라는 그를 매우 원망하며, 중이가 초나라에 있다는 소식을 듣고 그를 청하였다. 초 성왕이 말하였다. "초나라는 거리가 많이 떨어져 다시 몇 나라를 경유해야 진(晉)나라에 도착할 수 있을 것이오. 진(秦)나라와 진나라는 서로 접경하고 있으니 그대는 부디 잘 가시오!"그는 많은 예물을 중이에게 주었다.

중이가 진나라에 도착하자 진 목공(秦穆公)은 친척 여자 다섯 명을 중이의 처로 삼게 하였다. 원래 태자 어의 전처도 여기에 있었다. 중이는 받아들이지 않으려고 하였으나 사공계자(司空季子)가 말하였다. "그의 나라도 정벌하고자 하는데 하물며 그의 전처이겠사옵니까? 받아들여 진나라와 친분을 맺고 환국을 하셔야 할 터인데 주군께서는 어찌 소소한 예절에 구속되어 큰 치욕을 잊으시옵니까?"그래서 중이는 받아들이기로 하였다. 목공은 크게 기뻐하여 중이와 함께 술을 마셨다. 조최가 "서묘(黍苗)"[44] 시를 낭송하였다. 목공이 말하였다. "그대가 황급히 환국하고 싶어하는 마음을 알겠소."조최가 중이와 함께 좌석을 떠나면서 재배(再拜)하며 말하였다. "떠돌아다니던 외로운 신하가 군왕을 숭앙(崇仰)함이 마치 온갖 곡식이 때맞게 내리는 비를 바라는 것과 같사옵니다."이때가 진 혜공(晉惠公) 14년 가을이었다. 혜공은 9월에 세상을 떠나고 태자 어가 뒤를 이었다. 11월, 혜공을 안장하였다. 12월, 진(晉)나라의 대부 난지와 극곡 등이 중이가 진(秦)나라에 있다는 소문을 듣고 암암리에 와서 중이와 조최에게 환국하기를 권하였으며, 내응하는 사람이 매우 많았다. 이때 진 목공이 중이에게 파병하여 환국을 지원하였다. 진(晉)나라는 진(秦)나라의 군대가 온다는 소식을 듣고 군대를 일으켜 그들에게 대항하였다. 그러나 모든 백성들은 공자 중이가 돌아온다는 것을 암암리에 알고 있었다. 다만 혜공의 옛 신하 여성과 극예와 같은 사람들은 중이를 옹립하려 하지 않았다. 이로써 중이는 망명한 지 19년 만에 귀국하였는데 이때 그의 나이는 62세였다. 진나라의 대부분의 백성이 그에게 기울어져 있

---

44) "黍苗":『詩經』「小雅」에 있는 시로 行役을 마치고 돌아감을 노래한 시이다. "가지런히 자라난 기장 싹/촉촉히 내린 비에 젖어 있구나/멀고먼 남쪽 땅의 行役이었지/召伯께서 노고를 위로하시네/짐지는 사람, 손수레꾼/내 수레 내 소/이제는 行役도 끝이 났으니/어찌 아니 돌아가랴, 내 고향 내 집(芃芃黍苗, 陰雨膏之. 悠悠南行, 召伯勞之. 我任我輦, 我車我牛. 我行既集, 蓋云歸哉)."

었다.

문공 원년 봄, 진(秦)나라가 중이를 황하까지 환송하였다. 구범이 말하였다. "신이 주군을 따라 천하를 주유한 지 이미 오래되었사옵니다. 신자신도 그것을 잘 알고 있사온대 하물며 주군께선 어떠하시겠사옵니까? 청컨대 이곳을 떠나시지요." 중이가 말하였다. "만약 환국한다면 그대 구범과 마음이 같지 않는 사람이 있을 것이니, 하백(河伯)이시여! 굽어살피소서!" 그리고는 구슬을 황하 속으로 던지고 구범과 맹서하였다. 이때 개자추(介子推)가 뒤에서 따르고 있다가 배 위에서 웃으며 말하였다. "실제로 하늘이 공자께 길을 열어주셨는데 구범이 자신의 공이라 생각하고 주군께 그 대가를 구하려고 하는 것은 실로 매우 부끄러운 일이옵니다. 저는 그와 함께 관직에 있기를 원하지 않사옵니다." 그래서 개자추는 자신을 숨기고 황하를 건넜다. 진(秦)나라 병사들이 영호(令狐)를 포위하자 진(晉)나라는 여류(廬柳)에 군대를 주둔시켰다.[45] 2월 신축일(辛丑日), 구범과 진(秦) 및 진(晉) 나라의 대부들이 순(郇)에서 회맹을 하였다. 임인일(壬寅日)에 중이가 진(晉)나라의 군영 속으로 들어갔다. 병오일(丙午日), 곡옥으로 진격하였다. 정미일(丁未日), 무궁(武宮)[46]에 도착하여 묘에 배알하고 즉위하여 진나라의 국왕이 되었으니 이 사람이 곧 문공(文公)이다. 대신들은 모두 곡옥으로 갔다. 회공 어는 고량으로 도주하였다. 무신일(戊申日), 사람을 보내어 회공을 주살하였다.

회공의 옛 대신 여성과 극예는 본래 문공에게 귀속하지 않았다. 문공이 즉위하자 피살될까 두려워 그들의 무리들과 함께 궁을 불사르고 문공을 시해할 계획을 세웠다. 문공은 이것을 알지 못하였다. 옛날에 문공을 살해하려고 하였던 환관 이제(履鞮)가 그들의 음모를 알고 이러한 일을 문공에게 알리고 과거의 죄를 갚으려고 문공을 알현하기를 청하였다. 그러나 문공은 그를 접견하지 않고 사람을 보내 그를 질책하기를 "포성에서는 네가 과인의 옷소매를 베었지. 그후 과인이 적나라의 군왕과 사냥을 갔을 때 너는 혜공을 위하여 과인을 추적하고 과인을 죽이려고 하였다. 혜공이 너에게 3일의 기한을 주었는데 너는 하루 만에 이르렀으니 어찌 그리 빨

---

45) 令狐, 廬柳 : 모두 晉나라 땅이다. 令狐는 지금의 山西省 臨猗縣 서쪽이고, 廬柳는 臨猗縣 서북쪽이다.
46) 武宮 : 文公의 조부 武公의 묘.

랐느냐? 너는 그것들을 생각해야 할 것이야"라고 하였다. 이제가 말하였
다. "저는 궁형을 받은 사람으로서 감히 두 마음으로 주군을 섬기거나 주
인을 배반할 수 없었사옵니다. 그래서 주군께 죄를 지었던 것이옵니다.
주군께서는 이미 환국하셨는데 설마 포성과 적나라에서의 이러한 일을 잊
으셨다는 말씀이십니까? 하물며 관중(管仲)은 활을 쏘아 제 환공(齊桓
公)의 대구(帶鉤)를 맞추었으나 제 환공은 관중에게 의지하여 패자로 불
리지 않았사옵니까? 이제 궁형을 받은 이 사람이 매우 긴요한 일을 보고
하려 하옵는데 주군께서는 접견을 허락하지 않으시니 재난이 임박하였사
옵니다."그래서 문공은 그를 접견하였다. 그 환관은 여성과 극예 등의
행동을 문공에게 고하였다. 문공은 여성과 극예를 부르려고 하였으나 저
들의 무리가 너무 많았다. 또 문공은 처음 환국하여 즉위할 때 백성들이
자기를 배반할까봐 두려워, 변복(變服)을 하고 미행(微行)하여 왕성(王
城)에 도착해서 몰래 진 목공(秦繆公)을 만났다. 이때 백성들은 아무도
몰랐다. 3월 기축일(己丑日), 여성과 극예 등이 과연 반란을 일으켜 궁
성을 불살랐으나 문공을 찾지 못하였다. 문공의 호위군들은 그들과 싸웠
다. 여성과 극예 등이 군대를 이끌고 도주하려 하자 진 목공이 여성과 극
예 등을 유인하여 황하 강변에서 그들을 죽였다. 진(晉)나라가 평정을 회
복하자 문공은 다시 환국하였다. 여름, 문공은 진(秦)나라에 도착해서
부인을 맞아들였는데, 진 목공이 문공에게 주어서 처로 삼았던 사람들은
마침내 모두 부인이 되었다. 진(秦)나라는 3,000명을 보내어 문공을 경호
하고 진(晉)나라의 반란을 방비하였다.

문공은 정치를 잘하여 백성들에게 은혜를 베풀었다. 즉 문공은 자신을
따라서 떠돌던 사람과 공이 있는 신하들에게 상을 내렸는데, 공이 많은
사람에게는 봉토를 내리고 적은 사람에게는 작위를 내렸다. 아직 모두에
게 논공행상을 마치기 전인데 주 양왕(周襄王)의 아우 희숙(姬叔)이 난
을 일으켜 양왕은 정나라로 도망하여 그곳에 거주하고 있다고 하며 진나
라에게 급하다고 알렸다. 진나라는 이제 안정되기 시작하는데 군대를 파
병한다면 다른 변란이 일어날지도 모른다고 염려하고 있었다. 그래서 이
래저래 은자(隱者) 개자추에게는 아직 상이 돌아오지 않았다. 개자추도
봉록을 말하지 않았고, 실제로 봉록 또한 그에게 미치지 않았다. 개자추
가 말하였다. "헌공의 아들이 아홉이 있는데 지금의 주군만이 살아 계실

뿐이다. 혜공과 회공은 가까운 사람이 없었고 국내외에서도 그를 버렸다.
그러나 하늘은 진나라를 멸절(滅絶)시키지 않으셨다. 반드시 주인이 있
어 제사를 주관하게 할 것이니 지금의 주군이 아니시면 누구이겠는가?
실로 하늘께서 그분의 길을 여셨는데 몇몇 사람이 자신의 공이라 생각하
고 있으니 이 또한 황당한 일이 아니겠는가? 타인의 재물을 훔치는 것을
도둑이라고 한다면, 황차 하늘의 공을 탐내어 자신의 공으로 삼는 사람은
무엇이라고 해야겠는가? 신하들이 그들의 죄를 덮고 주군께서는 그들의
간사함에 상을 내려 상하가 서로 속이고 있으니 그들과 함께 거하기 어렵
도다!"
　그의 어머니가 말하였다. "어째서 가서 구하지 않느냐? 죽음으로써 누
구를 원망하겠느냐?" 추가 말하였다. "더욱이 그들을 본받는 것은 죄가
더욱 심해질 뿐입니다. 하물며 이미 원망하는 말을 했으니 그들의 봉록을
먹지 않을 것입니다." 어머니가 말하였다. "그래도 그들로 하여금 알도록
하는 것이 어떻겠느냐?" "말이란 사람의 꾸미는 것일 뿐인데 사람이 자
신을 숨기려고 한다면 무엇 때문에 꾸미겠습니까? 꾸미는 것은 현달(顯
達)함을 추구하는 것입니다." 어머니가 말하였다. "능히 그렇게 할 수 있
겠느냐? 그렇다면 나도 너와 함께 은둔하겠다." 그리하여 죽을 때까지
그들을 두번 다시 볼 수 없었다.
　개자추의 시종이 그들을 가련하다 생각하고 궁문에다가 글을 써서 붙였
다. "용이 하늘에 오르고자 하니 다섯 마리의 뱀이 보좌한다. 용이 이미
구름 속에 오르니 네 마리 뱀은 각각 자기의 집으로 들어가는데 한 마리
는 홀로 원망하여 마침내 그 처소를 볼 수가 없도다." 문공이 나와서 이
글을 보고 말하였다. "이것은 개자추이다. 과인이 왕실의 일을 우려하고
있다가 그의 공로를 아직 생각하지 못했구나." 사람을 보내어 그를 청하
였으나 그는 이미 가고 없었다. 문공은 그의 소재를 찾았다. 그가 이미
금상(錦上)⁴⁷⁾에 있는 산속으로 들어갔다는 것을 듣고 문공은 금상 산속
그 주위를 그에게 봉토로 주었다. 그리고 그 이름을 '개산(介山)'이라고
하고 "이로써 과인의 과실을 기억하게 하며, 선한 사람을 표창하노라"라
고 하였다.
　함께 따라 망명생활을 하였던 천신(賤臣) 호숙(壺叔)이 말하였다. "군

---

47)　錦上 : 晉나라의 지명. 지금의 山西省 介休縣 동남부 지역.

왕께서 3차에 걸쳐 논공행상을 하셨는데 저에게는 돌아오지 않으니 청컨대 저는 무슨 죄가 있사옵니까?" 문공이 대답하였다. "인의로써 과인을 인도한 사람과 덕혜(德惠)로써 과인을 방어한 사람은 일등상을 받았다. 행동으로 과인을 보좌하여 마침내 공업(功業)을 이루게 한 사람은 이등상을 받았으며, 활과 바위의 위험을 무릅쓰고 땀을 흘린 공로가 있는 사람은 그 다음 상을 받았다. 힘을 다하여 과인을 섬겼으나 과인의 잘못을 보완해주지 못한 사람은 그 다음 상을 받았다. 이 상을 다 내린 다음에는 그대에게도 돌아갈 것이다." 진나라 사람들은 이 말을 듣고 모두들 기뻐하였다.

2년 봄, 진(秦)나라 군대가 황하가에 주둔하고 있다가 주 양왕을 수도로 호송하려고 하였다. 조최가 말하였다. "패자가 되시려면 양왕을 수도로 호송하며 주(周)나라를 존중하는 것보다 중요한 것은 없사옵니다. 양왕은 주군과 같은 성인데 진(晉)나라가 먼저 양왕을 수도로 모시지 않고 진(秦)나라로 하여금 양왕을 모시게 하신다면 각국을 향해서 호령할 수 없을 것입니다. 지금 양왕을 존중하는 것이 진나라의 크나큰 자본이 될 것이옵니다." 드디어 3월 갑진일(甲辰日), 진(晉)나라가 양번(陽樊)[48]에 군대를 파병하여 온(溫)[49]을 포위하고 주 양왕을 주나라 수도로 호송하였다. 4월, 양왕의 아우 희숙 대(帶)를 죽였다. 주 양왕은 하내의 양번 지방을 진나라에게 상으로 내렸다.

4년, 초 성왕과 제후들이 송나라를 포위하였다. 송나라의 공손고(公孫固)가 진(晉)나라에 와서 시급함을 알렸다. 선진(先軫)이 말하였다. "송 양공의 은혜에 보답하고, 패업을 확립하시려면 바로 지금이옵니다." 호언(狐偃)이 말하였다. "초나라가 최근 조(曹)나라를 얻고 위(衛)나라와 혼약을 맺었으니 만약 조와 위 나라를 공격하면 초나라는 반드시 그들을 구하고자 할 것이옵니다. 그렇다면 송나라는 포위를 면할 수 있을 것입니다." 이때 진(晉)나라는 삼군(三軍)을 만들었다. 조최는 극곡이 중군(中軍)을

---

48) 陽樊 : 周 왕실의 경기지역에 속하는 읍 이름. 지금의 河南省 濟源縣 동남부.
49) 溫 : 周 왕실 경기지역내의 읍 이름. 일설에는 나라 이름이라고도 한다. 지금의 河南省 溫縣의 서남부. 당시에는 姬叔 帶가 여기에 거주하였다. 陽樊과 溫은 모두 뒷날 晉나라의 땅이 되었다.

통솔하도록 추천하였고, 극진(郤臻)은 그를 보좌하게 하였다. 호언은 상
군(上軍)을 통솔하고 호모(狐毛)가 그를 보좌하였으며, 조최는 경(卿)에
임명되었다. 난지는 하군(下軍)을 통솔하고 선진이 그를 보좌하였다. 순
임보(荀林父)가 어가와 병거를 담당하였고, 위주(魏犨)는 호위를 담당하
였다. 그리고는 정벌하러 나갔다. 겨울 12월, 진나라 군사가 태행산 동
쪽 지방을 먼저 공격하여, 원읍(原邑)[50]을 조최에게 봉토로 주었다.

5년 봄, 진 문공이 장차 조(曹)나라를 공격할 생각으로 위(衛)나라에
게 길을 빌려달라고 하자 위나라는 허락하지 않았다. 진나라는 방향을 바
꾸어 황하의 남쪽으로 건너 조나라를 습격하고 이어서 위나라를 공격하였
다. 정월, 오록을 탈취하였다. 2월, 진 문공과 제나라의 군왕이 위나라
의 염우(斂盂)[51]에서 회맹하였다. 위나라의 군왕이 진나라와 동맹을 맺
기를 청하였으나 진나라는 응낙하지 않았다. 그래서 위나라의 군왕은 초
나라에 귀속하려고 하였으나 백성들이 원하지 않았으며, 그뿐 아니라 그
들의 군왕을 축출하고 진나라의 환심을 사기에 이르렀다. 위나라의 군왕
은 양우(襄牛)[52]에 있었고 공자 매(買)[53]가 위나라를 지키고 있었다. 초
나라가 위나라를 원조했으나 성공하지 못하였다. 진 문공이 조나라를 포
위하였다. 3월 병오일에 진나라의 군대가 조나라의 도성으로 들어가서 조
나라의 임금을 질책하였다. 그가 희부기의 말을 듣지 않고 오히려 미녀
300명을 화려한 수레에 태워보냈기 때문이었다. 그러나 군사들에게 희부
기 일족의 집에는 들어가지 말라고 명령을 내렸으니 이로써 그의 은덕에
보답한 것이 되었다. 초나라가 송나라를 포위하자 송나라는 또 진(晉)나
라에게 시급함을 알렸다. 문공은 그들을 원조하고 초나라로 진공하고 싶
었으나 초나라에게 일찍이 은혜를 입었으므로 진격할 수 없었다. 또 송나
라를 구하고 싶지 않았으나 송나라도 일찍이 진(晉)나라에게 은혜를 베푼
적이 있었다. 난감하였다. 이때 선진이 말하였다. "조나라의 군왕을 잡고
조와 위 나라의 땅을 송나라에게 주면 초나라는 조와 위 두 나라를 구하
기에 급급할 것이고, 이러한 상황이라면 송나라를 놓아둘 것이옵니다."

50) 原邑 : 지금의 河南省 濟源縣 서북 지역. 일설에는 山西省 沁水縣 경계지역이라고
한다.
51) 斂盂 : 지금의 河南省 濮陽縣 동남부.
52) 襄牛 : 지금의 河南省 雎縣의 경계지역.
53) 買 : 魯나라의 大夫로 魯나라에서 파견한 사람이다.

194

진 문공은 그의 말을 받아들였다. 초 성왕도 군대를 끌고 돌아갔다.

　초나라의 장군 성자옥(成子玉)이 말하였다. "군왕께서 진나라의 군왕을 특별히 우대하셨는데 현재 우리 초나라가 조나라와 위나라를 구하기에 급하다는 것을 알면서도 고의로 그들을 공격하고 있으니 이것은 군왕을 경시하는 것이옵니다." 성왕이 말하였다. "진(晉)나라의 군왕이 국외에서 유망(流亡)한 지 19년! 곤욕스럽고 군색하였던 시기가 꽤 오래되었노라. 그러다가 마침내 환국하게 되었으니 모든 어려움과 곤란을 알고 있을 터! 그의 백성들을 능히 이용할 수 있으니 이것은 하늘이 그에게 길을 열어준 것이라, 우리는 그를 감당할 수 없을 것이다." 성자옥이 청하였다. "반드시 공을 세울 것이라고는 감히 말씀을 드릴 수 없사옵니다만 저 사악한 소인의 입을 막아버리시기를 바라옵니다." 성왕이 노해서 그에게 군대를 적게 주었다. 이때 자옥이 대부 완춘(宛春)을 보내어 진나라에 통고하였다. "위나라 임금을 복위하고 조나라를 보존케 하신다면 우리도 송나라를 풀어놓을 것입니다." 구범이 말하였다. "자옥은 무례하구나. 주군께서는 하나를 취하시는데 그는 두 개를 취하려 하니, 이는 허락할 수 없을 것입니다." 선진이 말하였다. "백성들을 안정시키는 것을 예(禮)라고 합니다. 초나라가 한마디 말로써 세 나라를 보존하고 당신은 한마디 말로써 그들을 멸망하게 하려고 하니 우리들이 오히려 무례한 것이오. 초나라의 요구에 응낙하지 않으면 이것은 송나라를 포기하는 것이오. 비밀리에 조나라와 위나라를 회복시키려고 한다고 대답하여 그들을 유인한 뒤 완춘을 포로로 잡아 초나라를 격노하게 하여 결전을 치른 다음에 다시 의논하는 것이 나을 것이오." 진 문공은 완춘을 위나라에 감금하고 조나라와 위나라를 회복시킨다고 비밀리에 허락하였다. 조나라와 위나라는 초나라와의 관계를 단절한다고 선포하였다. 자옥은 성이 나서 진나라의 군대를 공격하였다. 진나라의 군대는 후퇴하였다. 한 장수가 말하였다. "왜 후퇴를 하시는 겁니까?" 문공이 말하였다. "과인이 예전에 초나라에 있을 때 대치하게 되면 90리를 후퇴하겠다고 약정한 적이 있었는데, 이를 위배할 수는 없지 않겠느냐?" 초나라 군대도 철수하려 하였으나 자옥이 찬성하지 않았다. 4월 무진일(戊辰日), 송나라의 군왕, 제나라의 장군, 진(秦)나라의 장군 등이 진나라 문공의 군대와 함께 성복(城濮)[54]에 주

54) 城濮 : 衛나라의 지명. 지금의 山東省 鄄城縣 서남쪽.

둔하였다. 기사일(己巳日), 진과 초 나라의 군대가 회전하였는데 초나라 군사가 패배하자 자옥은 나머지 병사들을 거두어 철수하였다. 갑오일(甲午日), 진나라의 군대가 형옹(衡雍)으로 돌아가서 천토(踐土)에 왕궁을 건립하였다.[55]

처음에 정나라는 초나라를 도왔는데 초나라가 패하자 두려워서 진후(晉侯)에게 사람을 보내어 맹약을 청하였다. 진후는 정백(鄭伯)과 동맹을 맺었다.

5월 정미일, 초나라의 포로들을 주(周)나라에 바쳤는데 모두 네 마리 말이 끄는 사마(駟馬) 수레 100승과 보병 1,000명이었다. 천자는 왕자호(王子虎)[56]를 보내어 진후를 백(伯), 즉 제후국의 맹주(盟主) 또는 패주(霸主)로 선포하고 큰 수레와 붉은 색 화살 100개, 검은 색 화살 1,000개, 좋은 술 한 독, 옥 주걱 그리고 용사 3,000명을 내렸다. 진 문공은 3차례 사양한 후에 절을 하고 선물을 받았다. 주나라 왕이 「진문후명(晉文侯命)」[57]을 지었다. "왕께서 말씀하셨다. '의화 숙부여! 크게 빛나는 문왕, 무왕의 밝은 덕이 삼가 하늘 위에까지 알려지고 아래로 백성들에게 널리 퍼졌습니다. 그리하여 천제는 천명을 문왕, 무왕에게 내렸습니다. 과인을 돌보아주시오. 그대들이 공을 세우면 과인은 길이 왕위에 편안히 앉을 수 있을 것입니다.'"

그래서 진 문공은 패자로 칭해졌다. 계해일(癸亥日), 왕자호는 왕궁[58]에서 제후들과 동맹을 맺었다.

진나라 군대가 초나라 군대를 불살랐다. 불은 며칠이 지나도 꺼지지 않

55) 晉나라가 楚나라를 패퇴시킨 후 周 襄王이 직접 踐土로 와서 晉侯라는 이름을 내렸다. 晉侯는 周 襄王을 대신하여 踐土에다 行宮을 건립하였다. 踐土는 鄭나라의 지명으로 지금의 河南省 原陽縣 서남쪽, 衡雍의 서남쪽에 있다.
56) 王子虎 : 周나라 조정의 大夫.
57) 현존하는 『尙書』 중의 "文侯之命"은 周 平王이 晉 文侯에게 명령한 말이다. 여기에서는 周 襄王이 晉 文公에게 명한 말이라고 하였으나 그 사이의 시간적 거리는 130여 년이나 있으니 이것은 착오이다. 그리고 여기에서 인용되어 있는 원문도 많은 차이가 있으며 당연히 해석에서도 현격한 차이를 보일 수밖에 없다. 대표적으로 "父義和"를 들면, '도의로써 제후들을 화목하게 하다'라고 해석하고 있으나, 일반 『尙書』 해석은 '父'는 부친과 같은 연배, 즉 尊長이란 의미로 숙부라고 해석하기도 하고 또는 天子가 같은 성의 제후를 부를 때 사용하는 칭호이며, '義和'는 晉 文侯의 字(그의 이름은 仇)라는 것이다. 즉 '숙부, 義和여!'라는 뜻이라는 것이다. 여기에서는 후자를 따랐다.
58) 踐土의 行宮을 말한다.

196

앉다. 문공이 탄식하자 좌우의 신하들이 말하였다. "초나라에게 전승하였는데 주군께서 근심하시니 무슨 까닭이옵니까?" 문공이 말하였다. "내가 듣기로 전쟁에서 이겨도 마음이 편안한 사람은 오직 성인뿐이라고 하였으니 그래서 두려운 것이오. 하물며 자옥이 아직도 살아 있는데 어찌 즐거워할 수 있다는 말인가?"

자옥은 전쟁에서 패하고 돌아갔다. 초 성왕은 그가 자기의 말을 듣지 않고 공을 탐해서 진나라와 접전했다고 노여워하며 자옥을 견책하였다. 그러자 자옥은 자살하였다. 진 문공이 기뻐하며 말하였다. "우리들은 그 바깥을 공격하였는데 초나라의 국왕은 안에서 대신을 주살하였으니 안과 밖이 상응하도다."

6월, 진나라가 위나라 임금을 환국시켰다. 임오일(壬午日), 진 문공이 황하를 건너 북쪽으로 귀국하였다. 논공행상을 하니 호언이 으뜸이었다. 어떤 사람이 말하였다. "성복의 일은 선진의 책모였사옵니다." 문공이 말하였다. "성복의 일을 말하자면, 호언은 과인에게 믿음을 잃지 말라고 권했었소. 선진은 '군대는 오직 이기는 것을 으뜸으로 삼는다'라고 말하였는데 과인은 그것으로써 승리를 획득하였지. 그러나 이것은 한때의 유리한 방법이었고 호언의 말은 만세의 공적이니, 어찌 한때의 유리함으로 만세의 공적을 뛰어넘을 수 있겠소? 이것이 과인이 호언을 앞에 둔 이유요."

겨울, 진 문공은 온읍에서 제후들과 만나 제후를 이끌고 주 천자를 알현하고자 하였다. 그러나 역량이 충분하지 않았기 때문에 제후들이 반란을 일으킬까 두려워 사람을 보내어 주 양왕으로 하여금 하양(河陽)⁵⁹⁾에 와서 순시하시라고⁶⁰⁾ 전하게 하였다. 임신일(壬申日), 제후들을 이끌고 천토에 와서 주 양왕을 알현하였다. 공자(孔子)가 역사서를 읽다가 문공 부분에 이르러 말한 "제후는 왕을 부를 수 없다," "왕이 하양을 순시하다"라고 한 것은 『춘추(春秋)』가 이를 피한 것이다.⁶¹⁾

59) 河襄: 晉나라의 지명. 지금의 河南省 孟縣 서남쪽.
60) 天子는 겨울에 사냥을 하는데 그래서 '狩'를 썼다. 여기에서는 巡狩하며 視察하는 것을 말한다.
61) 『春秋』는 편년체의 역사서로, 전하는 말로는 孔子가 魯나라의 사관이 편찬한 『春秋』를 정리, 수정하여 완성한 것이라고 한다. 襃貶의 뜻을 기탁하고 있다고 전해지지만 견강부회한 해설도 있다. '諱'는 꺼린다 또는 숨긴다는 뜻으로, 여기에서는 周 襄王이 이번 제후들의 회맹에 참가한 것은 본래 晉 文公의 부름에 의한 것인데, 당시의 예의와 제도에 근거하면 이것은 있을 수 없는 일이었다. 그래서 『春秋』에 "周

정축일(丁丑日), 제후들이 허(許)⁶²⁾나라를 포위하였다. 조백(曹伯)의 대신 중에 어떤 사람이 진 문공에게 말하였다. "제 환공은 제후들을 모아 성이 다른 나라를 보존하고 있는데, 현재 주군께서는 제후들을 모아 성이 같은 나라를 멸망시키고 있사옵니다. 조(曹)나라는 숙진탁(叔振鐸)의 후예이고, 진나라는 당숙(唐叔)의 후예인데 제후들을 모아 형제 나라를 멸망시킨다면 예가 아니옵니다." 진 문공은 기뻐하며 조백을 복위시켰다.

이때 진나라는 좌, 우, 중 3행(三行)의 보병 부대를 처음으로 만들었다. 순임보는 중행을, 선곡(先穀)은 우행을, 선멸(先蔑)은 좌행을 통솔하였다.

7년, 진 문공(晉文公)과 진 목공(秦穆公)은 공동으로 정나라를 포위하였다. 문공이 국외로 유망하고 있을 때 정나라가 무례하였으며, 성복 전쟁 당시 정나라가 초나라를 도와주었기 때문이었다. 정나라를 포위한 것은 희숙첨(姬叔瞻)을 잡기 위해서였다. 숙첨이 이 소식을 듣고 자살하였다. 정나라는 숙첨의 일로써 진 문공에게 고하였다. 그러나 진 문공은 "반드시 정나라의 국왕을 잡아야만 마음에 찰 것이다"라고 말하였다. 정나라의 군주 정백(鄭伯)은 두려워하며 틈을 타서 진 목공에게 사자를 보내 말하였다. "정나라를 멸망시키는 것은 진(晉)나라를 증강시키는 것으로, 이것은 진(秦)나라에게는 득이 될 것이지만 진(晉)나라에게는 이익이 없을 것이옵니다. 군주께서는 왜 정나라를 놓아주어 동쪽 길의 친구⁶³⁾로 삼지 않으십니까?" 진 목공은 기뻐하며 병사를 철수하였다. 진 문공도 철병하였다.

9년 겨울, 진 문공이 세상을 떠나고 아들 양공(襄公) 희환(姬歡)이 뒤를 이었다. 이해에 정나라의 군주도 죽었다. 정나라의 어떤 사람이 나라를 진(秦)나라에게 팔려고 하자 진 목공은 군대를 보내어 정나라를 습격하였다. 12월, 진(秦)나라의 군대가 진(晉)나라의 교외를 지나갔다. 양공 원년 봄, 진(秦)나라 군대가 주(周)나라의 도성을 지나갔다. 왕손만

襄王이 河陽을 순시하였다"라고 하는 것은 周 襄王의 자발적인 행동이었다는 것을 표시한 것인데, 이것을 '諱'라고 말한 것이다.

62) 許 : 기원전 11세기의 周나라의 제후국으로 그 지역은 지금의 河南省 許昌市 동쪽이다. 전국시대 초기에 楚나라에게 멸망당하였다.

63) 鄭나라는 秦나라의 동쪽에 있었기 때문에 이렇게 말한 것이다.

(王孫滿)이 그들을 무례하다고 비방하였다. 진나라의 군대가 활(滑)⁶⁴⁾나라에 도착하자 정나라 상인 현고(弦高)가 장차 주나라의 도성에 가서 장사를 하려고 그들을 만났다. 그리고 열두 마리의 소로 그들을 위로하였다. 진나라의 군대는 매우 놀라 되돌아가서 활나라를 멸망시키고 갔다.

진(晉)나라 대부 선진이 말했다. "진(秦)나라의 군주는 건숙(蹇叔)의 말을 듣지 않고 백성들의 마음과 위배되고 있으니 공격할 만합니다." 난지가 말하였다. "진(秦)나라가 선군께 베푼 은혜를 아직 보답하지 않았는데 공격한다는 것은 불가합니다." 선진이 말하였다. "진(秦)나라는 우리의 새로운 주군을 모욕하고 우리와 성이 같은 나라를 공격하고 있는데 보답할 무슨 은덕이 있다는 말씀이시오?" 그래서 진(晉)나라는 진(秦)나라를 공격하였다. 양공은 검은 색의 상복을 입었다. 4월, 효산(殽山)에서 진나라를 패퇴시키고 진의 세 장수 맹명시(孟明視), 서기술(西乞秫), 백을병(白乙丙)을 포로로 잡아 돌아왔다. 그리고 검은 색 상복을 입고 문공을 안장하였다. 문공의 부인은 진(秦)나라 여자로, 양공에게 이렇게 말하였다. "진(秦)나라의 군주가 그의 세 장수를 죽이려고 한답니다." 양공은 이를 허락하고 그들을 보내주었다. 선진이 이 소식을 듣고 양공에게 말하였다. "우환이 생겼사옵니다." 선진은 진의 세 장수를 쫓아갔으나 그들은 이미 황하를 건너 배 위에서 고개를 숙이며 감사인사를 올리고는 돌아오지 않았다.

3년 후, 진(秦)나라는 맹명시를 보내어 진(晉)나라를 쳐서 효산에서의 패배를 설욕하고 진(晉)나라의 왕(汪) 땅을 취하고 돌아왔다. 4년, 진목공이 대대적으로 진(晉)나라를 침공하여 황하를 건너고 왕관(王官)⁶⁵⁾을 탈취하고 효산에 병사들의 무덤을 세운 다음 떠났다. 진(晉)나라는 두려워하며 감히 나오지 못하고 성을 방어하고 있었다. 5년, 진(晉)나라가 진(秦)나라를 쳐서 새로 지은 성을 탈취하고 왕관의 일을 보복하였다. 6년, 조최성자(趙衰成子), 난정자(欒貞子) 즉 난지, 구계자범(咎季子犯), 곽백(霍白) 등이 모두 세상을 떠났다. 조순(趙盾)이 조최의 뒤를 이어 집정하였다.

---

64) 滑 : 지금의 河南省 偃師縣 동남쪽에 있었다.
65) 王官 : 晉나라의 지명. 지금의 山西省 聞喜縣 남쪽.

7년 8월, 양공이 세상을 떠났다. 태자 이고(夷皐)는 아직 어렸다. 진나라 사람들은 누차 환난이 있어왔던 까닭에 나이가 많은 군주를 옹립하려고 하였다. 조순이 말하였다. "양공의 아우님이신 옹(雍)을 세웁시다. 그는 선행을 좋아하며 나이도 많소. 뿐만 아니라 선군께서도 그분을 총애하셨소이다. 또 진(秦)나라와 가까운데 진나라는 본래 우리와 우방이었지요. 선량한 사람을 세우면 공고해지고, 나이든 사람을 섬기면 순리에 맞으며, 선군께서 총애하신 분을 시봉하는 것은 효가 되며, 오랫동안 잘 지낸 나라와 손을 잡으면 안정이 될 것이오."

가계(賈季)가 말하였다. "그분의 아우 공자 낙(樂)을 세우니만 못하오. 신영(辰嬴)⁶⁶⁾은 두 군주의 총애를 받았으니 그녀의 아들을 옹립하면 백성들은 반드시 안심할 것이오."

조순이 말하였다. "신영은 비천하여 그 지위가 아홉 사람 다음에 있소. 그런데 그의 아들에게 무슨 위망(威望)이 있겠소! 또 그녀가 두 군주의 총애를 받은 것은 음란한 일이며, 선군의 아들로서 큰 것을 구하지 않고 작은 나라에 거처하고 있는 것은 고립된 것이오. 모친이 음란하고 그 아들은 고립되어 있으니 어찌 위망이 있을 수 있겠소! 또 진(陳)나라는 작고도 멀어 도움이 되지 않는데 장차 어찌 가능하겠소?" 그래서 사회(士會)를 진(秦)나라에 보내어 공자 옹을 맞으려고 하였다. 가계도 사람을 진(陳)나라에 보내어 공자 낙을 부르게 하였다. 조순이 가계를 폐출하였다. 그가 양거보(陽處父)를 살해하였기 때문이었다. 10월, 양공을 안장하였다. 11월, 가계가 적(狄)나라로 도주하였다. 이해에 진 목공도 세상을 떠났다.

영공(靈公) 원년 4월, 진 강공(秦康公)이 말하기를 "예전에 문공이 환국할 때 경호 인원이 없었기 때문에 여성과 극예의 환란이 있었다"라고 하면서 공자 옹에게 많은 경호 인원을 붙여주었다. 태자 이고의 모친 목영(穆嬴)은 조정에서 낮이나 밤이나 태자를 껴안고 울면서 말하였다. "선군께서 무슨 죄가 있으셨는가? 또 그의 아들이 무슨 죄가 있는가? 적자를 버리고 밖에서 주군을 찾아온다면 이를 장차 어찌할 것인가?" 궁궐을 나와서 태자를 안고 조순의 처소로 갔다. 조순에게 머리를 숙이고 말하였

---

66) 辰嬴 : 즉 懷嬴을 말한다. 본래 晉 懷公의 처였는데 후에 晉 文公의 처가 되었다. 그녀는 晉 文公의 부인들 중에서 서열이 열번째였다.

200

다. "선군께서 이 아이를 그대에게 맡기면서 말씀하셨지요. '이 아이가 쓸모 있는 재목이 되면 내 그대의 은혜에 감사할 것이오. 그렇지 않으면 그대를 원망할 것이오'라고. 지금 선군께서 돌아가셨으나 그 말씀이 귀에 쟁쟁한데 그대는 오히려 이를 버리려 하니 어떻게 하실 셈이오?" 조순과 대부들은 모두 목영을 두려워하였다. 뿐만 아니라 견책을 받을까 염려하여 맞아들이려 하던 공자 옹을 버리고 태자 이고를 옹립하였다. 이 사람이 곧 영공(靈公)이다. 그리고 군대를 보내어 공자 옹을 호송하고 있는 진(秦)나라 호위군을 제지시켰다. 조순이 장군이 되어 진나라의 군대를 공격하고 영호(令狐)에서 그들을 퇴패시켰다. 선멸(先蔑)과 사회(士會)는 진(秦)나라로 도주하였다. [67] 가을, 제, 송, 위(衛), 정, 조(曹) 등 각국의 군주와 조순이 회합하여 호읍(扈邑)에서 동맹을 맺었다. 영공이 막 왕위에 올랐기 때문이었다.

4년, 진(秦)나라를 쳐서 소량(少梁)[68]을 탈취하였다. 진(秦)나라도 진(晉)의 효읍(郇邑)을 탈취하였다. 6년, 진 강공이 진(晉)나라를 공격하여 기마(羈馬)[69] 지역을 탈취하였다. 영공이 성이 나서 조순과 조천(趙穿), 극결(郤缺)을 보내어 진나라를 치게 하여 하곡(河曲)[70]에서 크게 싸웠다. 조천에게 가장 큰 공이 돌아갔다.

7년, 진(晉)나라의 육경(六卿)은 사회가 진(秦)나라에 있으면서 반란을 획책할까 우려하여 위수여(魏壽餘)로 하여금 진(晉)나라에 반란한 척하며 진(秦)나라에 투항하게 하였다. 진(秦)나라가 사회를 보냈는데 그가 위읍(魏邑)에 도착하자 위수여는 즉시 그를 붙잡아 진(晉)나라로 돌아왔다.

8년, 주 경왕(周頃王)이 세상을 떠나자 공경대부들이 권력을 다투느라 상을 치르지도 못하였다. 진나라는 조순에게 병거 800승을 거느리고 가서 주 왕실의 내란을 평정하게 하고 광왕(匡王)을 옹립하였다. 이해에 초

67) 두 사람은 명을 받아 공자 雍을 영접하러 秦나라에 갔던 사람으로 태자 夷皋가 왕위를 이었으므로 秦나라로 도주한 것이다. 士會를 '隨會'로 쓰기도 하는데 여기에서는 士會로 통일하였다.
68) 少梁: 秦나라의 읍 이름. 지금의 陝西省 韓城縣 남쪽
69) 羈馬: 晉나라의 지명. 지금의 山西省 風陵渡 북쪽. 일설에는 지금의 陝西省 合陽縣 동쪽이라고도 한다.
70) 河曲: 晉나라의 읍 이름. 지금의 山西省 永濟縣 서쪽.

장왕이 왕위에 올랐다. 12년, 제나라 사람들이 그들의 군주 의공(懿公)을 시해하였다.

14년, 영공이 성장하자 생활이 사치스럽고 심하게 착취하여 담벽에까지 채색으로 장식할 정도였다. 게다가 무대에서 사람에게 탄환을 쏘게 하고, 또한 사람이 그것을 피하는 것을 보고 즐거워하였다. 궁중 요리사가 곰발바닥 요리를 덜 구웠다고 화를 내며 그를 죽이고는 그의 부인으로 하여금 그의 시신을 들고 나가버리라고 하였다. 조순과 사회가 이전에 수 차례나 간하였으나 영공은 듣지 않았으며, 또 오래지 않아서 죽은 사람의 손을 보게 되자 두 사람이 나아가 간하였다. 사회가 먼저 간언하였으나 영공은 듣지 않았다. 영공은 그들을 두려워하여 역사(力士) 서마(鉏麑)를 시켜 조순을 죽이도록 하였다. 조순의 내실 문은 열려 있었고 처소는 절제가 있었다. 그래서 서마는 물러나서 탄식하기를 "충신을 죽이는 것과 주군의 명령을 어기는 것! 그 죄는 같다"라고 하면서 스스로 나무에 부딪쳐서 죽었다.

일찍이 조순은 자주 수산(首山)에 사냥을 가곤 하였다. 하루는 뽕나무 아래에서 기아에 허덕이는 사람을 보았다. 그 사람은 시미명(示眯明)이었다. 조순이 그에게 먹을 것을 주자 그가 반 정도만을 먹었다. 그 이유를 물었다. 그가 말하였다. "바깥에서 관직생활 3년이 되었는데 지금 어머니께서 어디에 계시는지 알지를 못합니다. 남겨놓아 어머니께서 드시도록 해야겠습니다." 조순은 그가 의로운 사람이라 생각하고 그에게 먹을 것과 고기를 더 많이 남겨놓았다. 그리 오래 지나지 않아서 그 사람이 진 영공의 주방장이 되었으나 조순은 그를 알아보지 못하였다. 9월, 진 영공이 조순을 청하여 술을 먹인 후 병사를 매복시켜놓고 그를 살해하려고 하였다. 영공의 주방장 시미명이 이 사실을 알았다. 그는 조순이 술에 취해서 일어서지 못할까 우려하여 앞으로 나아가서 말하였다. "주군께서 저에게 술 석 잔을 마셔도 좋다고 하셨습니다." 그래서 조순으로 하여금 먼저 떠나게 하여 화가 미치지 않도록 하였다. 조순이 이미 떠나자 매복한 병사들은 이 사실을 깨닫지 못하고 우선 무서운 맹견 한 마리를 풀었다. 시미명이 조순을 위하여 개를 죽였다. 조순이 말하였다. "사람을 버리고 개를 쓰다니. 비록 사납기는 하나 무슨 소용이 있겠는가?" 그러나 조순은 시미명이 은연중에 자신을 보호해준 은덕을 알지 못하였다. 영공의 지휘에 따라 매복해 있던 병사들이 조순을 추격하자 시미명이 그들에 반격을 가하며 그들의 추격을 저지하여 마침내 조순이 도주할 수 있게 하였다. 조순이 시미명에게 자신을 구해준 이유를 물었다. 조순이 "저는 뽕나무 아래에서 배고파 죽어가던 그 사람입니다"라고 말하였다. 조순이 이름을 물어도 말해주지 않았다. 시미명도 기회를 보아 도주하였다.

조순이 도주했으나 아직 진나라의 경계를 벗어나지는 못하였다. 을축일(乙丑日), 조순의 아우 조천이 도원(桃園)에서 영공을 습격하여 시해하고는 조순을 맞이하였다. 조순은 평소 고귀하게 행동하는 사람이라 민심을 얻었고, 영공은 나이도 적은데 사치하여 백성들이 그를 따르지 않았기 때문에 그를 시해하기가 용이했던 것이다. 조순은 원래의 관직을 회복하였다. 진(晉)나라의 태사(太史) 동호(董狐)가 "조순은 그의 주군을 시해하였다"라고 쓰고, 그것을 조정에서 모두에게 보였다. 조순은 말하였다. "주군을 시해한 것은 조천이다. 나는 죄가 없다." 태사가 말하였다. "당신은 수석 대신으로서 도주를 하였으나 국경을 벗어나지 않았고, 돌아와서도 난을 일으킨 사람을 주살하지 않으니 당신이 아니면 누구란 말이요?" 공자(孔子)가 이 말을 듣고 말하였다. "동호는 옛날의 훌륭한 사가(史家)로서 그의 역사 기록원칙은 숨기지 않는 것이었다. 조선자(趙宣子)[71]는 훌륭한 대부로서 원칙을 준수하다가 오명을 썼다. 안타깝도다. 만약 국경을 벗어났더라면 오명을 면할 수 있었을 것이다. [72]"

조순은 조천을 주나라의 도성으로 보내어 양공의 아우 흑둔(黑臀)을 영접하게 하였으니, 이 사람이 성공(成公)이다.

성공은 문공의 작은아들로, 그의 모친은 주 왕실의 여자였다. 임신일(壬申日), 그는 무궁(武宮)으로 가서 조종(朝宗)을 배알하였다.

성공 원년, 상으로 조씨(趙氏)를 공족대부(公族大夫)[73]에 임명하였다. 정나라를 정벌하였다. 진나라를 배반하였기 때문이다. 3년, 정나라의 군주가 갓 왕위에 올라 진(晉)나라를 가까이하고 초나라를 버렸다. 초나라

---

71) 趙宣子 : 趙盾의 시호.
72) 국경 밖으로 도주한다는 것은 군신관계의 단절을 의미한다. 그래서 '주군을 시해하였다'는 책임을 지지 않아도 되는 것이다.
73) 公族大夫 : 周君과 同族의 大夫를 말한다.

왕이 화가 나서 정나라를 공격하자 진나라가 그들을 구원하였다.

6년, 진(秦)나라를 쳐서 진나라의 장군 적(赤)[74]을 포로로 잡았다.

7년, 성공과 초 장왕이 강함을 다투며 호읍에서 제후들과 회합하였다. 진(陳)나라는 초나라를 두려워하여 회맹에 참가하지 않았다. 진(晉)나라의 군주가 중항환자(中行桓子), 즉 순임보를 보내어 진나라를 공격하였다. 그는 정나라를 구원하려고 초나라와 싸워 초나라의 군대를 패퇴시켰다. 이해에 성공이 세상을 떠나고 그의 아들 경공(景公) 거(據)가 즉위하였다.

경공 원년 봄, 진(陳)나라의 대부 하징서(夏徵舒)가 그의 군주 영공(靈公)을 시해하였다. 2년, 초 장왕이 진(陳)나라를 정벌하여 하징서를 주살하였다.

3년, 초 장왕이 정나라를 포위하자 정나라는 진(晉)나라에 시급함을 알렸다. 진나라는 순임보로 하여금 중군(中軍)을, 사회로 하여금 상군(上軍)을, 조삭(趙朔)으로 하여금 하군을 통솔하게 하였고, 극극(郤克), 난서(欒書), 선곡(仙穀), 한궐(韓厥), 공삭(鞏朔) 등으로 하여금 그들을 보좌하게 하였다. 6월, 그들은 황하에 도착하였다. 초나라의 군대가 이미 정나라를 항복시켰으며 정나라의 군주가 옷을 벗어 어깨를 드러내고 초나라와 동맹을 맺으러 갔다는 소식을 듣고 순임보는 군대를 돌려 귀국하려고 하였다. 선곡이 말하였다. "어쨌든 정나라를 구원하러 왔는데 가 보지 않아서는 안 될 것입니다. 그렇지 않으면 군사들의 마음이 흩어질 것입니다." 마침내 황하를 건넜다. 초나라는 이미 정나라를 항복시키고 황하 강변에서 말에게 물을 먹이며 위명을 뽐내려고 생각하였다. 그래서 초나라는 진나라와 크게 싸웠다. 정나라는 최근 초나라에 복속되었기 때문에 오히려 초나라의 군대를 도와서 진나라의 군대를 공격하였다. 진나라가 패전한 후 황하로 도주하여 배를 다투어 타며 강을 건넜다. 배 안에는 사람들의 잘라진 손가락이 매우 많았다. 초나라의 군대는 진나라의 장군 지앵(智罃)을 포로로 잡았다. 돌아온 후 순임보가 말하였다. "소신은 전군을 통솔하는 대장으로서 군대가 패하였으니 응당 처벌받아야 할 것이옵니다. 청컨대 죽여주시옵소서." 경공이 이를 허락하려고 하였다. 그

---

74) 赤 : 사람 이름. 일설에는 '赤'은 '斥'과 통하며, '斥候'의 뜻이 있다고 하여 秦나라의 정탐꾼으로 해석하기도 한다.

러자 사회가 말하였다. "예전에 문공께서 초나라와 성복에서 싸우셨을 때 초 성왕이 돌아가서 자옥을 죽이자 문공께서는 기뻐하셨사옵니다. 지금 초나라가 이미 우리의 군대를 패퇴시켰는데 또 우리가 우리의 장수를 죽인다면 이것은 초나라를 돕는 일이 되옵니다." 경공은 그만두었다.

4년, 선곡은 먼저 황하 강변으로 가자고 의견을 내었다가 패하였기 때문에 죽음을 당할까 두려워서 적(狄)나라로 도주했다가 적나라와 상의하여 진(晉)나라를 치기로 하였다. 진나라에서 이를 알고 선곡의 모든 친족을 주살하였다. 선곡은 선진의 아들이다.

5년, 정나라를 공격하였다. 초나라를 도왔기 때문이다. 이때 초 장왕은 강대해져 있었다. 황하 강변에서 진나라의 군대를 패퇴시켰기 때문이다.

6년, 초나라가 송나라를 공격하자 송나라는 진(晉)나라에 시급함을 알렸다. 진나라는 송을 구원하려고 하였다. 그때 백종(伯宗)이 계책을 올리며 말하였다. "초나라는 하늘이 길을 열어주고 있으니 감당할 수 없사옵니다." 그래서 해양(解揚)으로 하여금 송나라를 구하려 한다고 유언비어를 퍼뜨리게 하였다. 정나라 사람이 그를 잡아 초나라 군대로 보냈다. 초나라의 군대는 그에게 매우 많은 재물을 주며 그더러 반대의 말을 하게 하여 송나라로 하여금 빨리 투항하게 할 셈이었다. 해양은 가짜로 응답한 척하였으나 결국은 진나라의 주군의 말을 송나라에 전하였다. 초나라의 군대는 그를 죽이려고 하였으나 어떤 사람이 간언해서 해양을 석방하여 돌려보냈다.

7년, 진나라는 사회를 적적(赤狄)에 사신으로 보냈다.

8년, 극극을 제나라에 사신으로 보냈다. 제 경공(齊頃公)의 모친이 누각 위에서 사신들을 보고 웃었다. 웃는 이유인즉 극극이 꼽추였고 노나라의 사신은 절름발이였으며 위(衛)나라의 사신은 애꾸눈이었기 때문인데, 그래서 제 경공도 또한 이 사신들과 같은 비정상적인 사람을 택하였던 것이다. 극극은 노하여 황하 강변으로 돌아와서 말하였다. "반드시 제나라에 보복할 것이다. 하백께서 보고 계신다!" 도성으로 돌아와서 진나라의 군주에게 제나라를 공격하기를 청하였다. 경공은 그 이유를 물어 알고 난 뒤 말하였다. "그대의 원한으로 어찌 나라를 번거롭게 하겠소!"라고 하며 그의 말을 듣지 않았다. 위 문자(魏文子)가 연로하여 은퇴하기를 간청하며 극극을 추천하였다. 극극은 이로써 집권하게 되었다.

9년, 초 장왕이 세상을 떠났다. 진(晉)나라가 제나라를 공격하자 제나라는 태자 강(彊)을 진나라에 인질로 삼게 하였다. 그러자 진나라의 군대가 물러났다.

11년 봄, 제나라가 노나라를 공격하여 융읍(隆邑)을 탈취하였다. 노나라가 위(衛)나라에 시급함을 알리니 위나라와 노나라가 극극을 거쳐 진(晉)나라에게 시급함을 알렸다. 진나라는 극극과 난서, 한궐을 보내어 병거 800승으로써 노나라, 위나라와 공동으로 제나라로 진격하였다. 여름, 안(鞍)⁷⁵⁾이라는 땅에서 제 경공과 교전하여 그에게 상처를 입히고 곤란을 당하게 하였다. 경공은 그의 시위병과 위치를 바꾸고 우물물을 마시며 겨우 탈출하였다. 제나라의 군대가 도주에 실패하자 진나라의 군대는 북쪽 제나라까지 쫓아갔다. 경공은 보물과 옥을 바치며 강화를 청하였으나 진나라의 군대는 듣지 않았다. 극극이 말하였다. "반드시 소동(蕭桐)의 질녀를 인질로 삼아야 할 것이다!" 제나라의 사신이 말하였다. "소동의 질녀는 경공의 모친이요. 경공의 모친은 진나라의 주군의 모친과 같은데 어떻게 그녀를 인질로 요구하십니까? 이치에 닿지 않습니다. 다시 결전을 치릅시다." 그러자 진나라는 제나라와 강화를 맺고 떠났다.

초나라의 신공무신(申公巫臣)이 하희(夏姬)⁷⁶⁾를 훔쳐 진(晉)나라로 도망하여 진나라는 무신을 형(邢) 지역의 대부(大夫)로 삼았다.

12년 겨울, 제 경공이 진나라에 와서 진 경공을 왕으로 삼으려고 하였으나 경공은 사양하여 받아들이지 않았다. 진나라가 비로소 6군(六軍)을 만들고, 한궐, 공삭, 조천, 순추(荀騅), 조괄(趙括), 조전(趙旃)을 경(卿)으로 삼았다. 포로로 있던 지앵이 초나라에서 귀국하였다.

13년, 노 성공이 진나라를 방문하였으나 진나라가 그를 존경하지 않았기 때문에 노 성공은 화가 나서 떠나버렸고 그는 진나라를 배반하였다. 진나라가 정나라를 공격하여 범(氾)⁷⁷⁾ 땅을 빼앗았다.

14년, 양산(梁山)⁷⁸⁾이 붕괴되었다. 진나라의 군주가 백종에게 물었으

75) 鞍 : 齊나라의 지명. 지금의 山東省 濟南市 서북쪽
76) 夏姬 : 鄭나라 穆公의 딸로 陳나라 大夫 夏御叔의 처이다. 申公巫臣이 마음을 다하고 기지를 발휘해서 그녀를 손에 넣었다.
77) 氾 : 鄭나라의 지명. 지금의 河南省 襄城縣 남쪽.
78) 梁山 : 지금의 山西省 離石縣 동북쪽에 있는 呂梁山을 가리킨다. 陝西省 韓城縣

나 백종은 괴이할 것이 없다고 생각하였다.

16년, 초나라의 장수 자반(子反)이 신공무신에게 반감을 가져 그의 종족을 몰살시켰다. 무신은 화가 나서 자반에게 서신을 보냈다. "반드시 그대로 하여금 쫓겨다니다가 죽게 할 것이다!" 그리고 오나라에 사신으로 나가기를 청하여 그의 아들을 오나라의 행인(行人)⁷⁹⁾으로 있게 하였으며 오나라의 수레를 몰고 용병하는 방법을 배우도록 하였다. 오나라와 진나라가 바야흐로 왕래를 하게 되어 공동으로 초나라를 공격하기로 약정하였다.

17년, 진나라는 조동(趙同)과 조괄을 주살하고 그의 집안을 멸족시켰다. 한궐이 말하였다. "조최와 조순의 공로를 어찌 잊을 수 있겠는가? 어찌 그의 제사를 단절시킬 수 있겠는가?" 그래서 다시 조씨의 서자 조무(趙武)를 조씨의 후손으로 삼고 다시 그에게 봉읍을 주었다.

19년 여름, 경공의 병이 깊어 태자 수만(壽曼)을 주군으로 세웠다. 이 사람이 여공(厲公)이다. 그후 1개월쯤 지나자 경공은 세상을 떠났다.

여공 원년, 여공은 갓 즉위하여 제후들과 잘 지내려고 진 환공(秦桓公)과 황하를 사이에 두고 회맹하였다. 귀국하자마자 진(秦)나라가 동맹을 깨고 적나라와 상의하여 진(晋)나라를 치고자 하였다. 3년, 여상(呂相)을 진(秦)나라에 보내어 질책하고 제후들과 함께 진나라를 쳤다. 경하(涇河)⁸⁰⁾에 도착하자 마수(麻隧)⁸¹⁾에서 진나라의 군대를 패퇴시키고 진나라의 장수 성차(成差)를 포로로 잡았다.

5년, 세 명의 극씨⁸²⁾가 여공에게 백종을 참언하여 그를 죽였다. 백종은 직언과 간언을 좋아하였기 때문에 이로써 화를 입은 것이다. 백성들은 그리하여 여공을 따르지 않았다.

6년 봄, 정나라가 진나라를 배반하고 초나라와 동맹을 맺자 여공은 화가 났다. 난서가 말하였다. "우리들의 이 세대에서 제후들의 신뢰를 잃어

<hr />

경계에 있다고 한다.
79) 行人: 조정에서의 배알이나 사신의 방문 등을 관장하는 관직. 또는 사신의 통칭으로 사용되기도 한다.
80) 涇河: 陝西省 중부에 있는 강.
81) 麻隧: 지금의 陝西省 涇陽縣 서북쪽에 있었던 秦나라의 땅.
82) 三郤은 郤錡, 郤犨, 郤至를 말한다.

버릴 수가 없사옵니다." 그리고 병사를 일으켰다. 여공은 스스로가 원수가 되어 5월에 황하를 건넜다. 초나라 군대가 와서 정나라를 구하려 한다는 소식을 듣고 범문자(范文子)가 군대를 돌리기를 청하였다. 극지(郤至)가 말하였다. "군사를 일으켜 반역의 무리를 주살하고자 하는데 강한 적을 만났다고 해서 피한다면 제후들을 명령할 수가 없게 된다." 마침내 초나라와 교전하였다. 계사일(癸巳日), 화살로 초 공왕(楚共王)의 눈을 쏘아 맞히자 초나라의 군대는 언릉(鄢陵)에서 패배하였다. 자반(子反)이 남은 병사들을 거두어 위무하고 다시 접전을 하고자 했으나 진나라는 이것을 우려하였다. 공왕이 자반을 소환하였는데 마침 자반의 시종 수양곡(豎陽穀)이 술을 올려 자반은 술에 취하였기 때문에 공왕을 알현할 수 없었다. 공왕은 노발대발하여 자반을 질책하였다. 자반은 자살하였다. 공왕은 군대를 이끌고 돌아갔다. 진나라는 이 이후로 제후들을 위협하여 패권을 잡게 되었다.

여공에게는 총애하는 첩이 많았다. 언릉에서 귀국한 후 모든 대부들을 면직시키고 첩의 형제들을 임용하려고 하였다. 어떤 첩의 오빠는 서동(胥童)이라고 하였는데 일찍이 극지와 원한이 있었다. 그런데 또 난서도 극지가 그의 계획을 받아들이지 않고 초나라의 군대를 패배시킨 일에 대해서 원한을 가지고 있었다. 그래서 사람을 보내어 기회를 만들어서 몰래 초나라 왕에게 사죄를 하였다. 초나라 왕은 사람을 보내어 여공을 속였다. "언릉의 전쟁은 실은 극지가 초나라의 군대를 불러 전란을 만들려고 한 것이며 그는 공자 주(周)를 맞아 옹립하려 하였소이다. 마침 다른 동맹국이 없어서 이 일이 성사되지 않았던 것이오." 여공이 난서에게 묻자 난서가 말하였다. "이건 거의 있을 만한 일이옵니다! 주군께서 시험삼아 주나라 도성으로 사람을 보내어 암암리에 그를 살펴보게 하기를 원하옵니다." 그러자 여공은 극지를 주나라로 보냈다. 난서는 또 공자 주로 하여금 극지를 만나게 했으나 극지는 속았다는 사실을 몰랐다. 여공이 생각해보니 그것은 사실이었다. 그래서 극지를 미워하게 되어 그를 죽이려고 하였다. 8년, 여공이 사냥을 나가서 희첩과 술을 마셨는데 극지가 산돼지를 잡아 바쳤다. "계자(季子)[83]가 과인을 속였도다!" 그리고는 세 사람의

---

83) 季子 : 郤至의 字이다. 厲公은 반대로 季子가 산돼지를 탈취한 것으로 생각하였다.

극씨를 죽이려고 하였으나 아직 손을 쓰지 않았다. 극의(郤錡)가 여공을 공격하려고 하면서 말하였다. "내 비록 죽을지 모르나 그도 재앙을 만날 것이다." 극지가 말하였다. "신의는 주군을 배반하지 않는 것이요, 지혜는 백성을 해롭게 하지 않는 것이며, 용맹은 난을 일으키지 않는 것입니다. 이 세 가지를 잃게 되면 누가 나와 함께 하겠소? 나는 죽게 될 것이오." 12월 임오일, 여공은 서동에게 병사 800명을 주어 세 극씨를 습격하게 하였다. 서동은 이 때문에 조정에서 난서와 중항언(中行偃)을 위협하며 말하였다. "그들 두 사람을 죽이지 않는다면 반드시 당신들에게 우환이 미칠 것이오." 여공이 말하였다. "하루아침에 세 사람의 대신을 죽이게 된다면 과인은 차마 더 이상 죽이지는 않을 것이오." 서동이 다시 말하였다. "사람들은 장차 주군을 잔혹하게 해할 것입니다." 여공은 듣지 않고 난서 등에게 감사하며 극씨의 죄를 처벌하려고 할 뿐이었다. "대부들의 직위를 회복시키는 바이오." 두 사람은 머리를 조아렸다. "매우 다행이옵니다." 여공은 서동을 경(卿)으로 임명하였다. 윤달 을묘일(乙卯日), 여공은 장려씨(匠驪氏)[84]의 집으로 가서 놀았는데 난서와 중항언이 그들의 무리를 보내어 여공을 습격, 체포하게 하였다. 그리고 그를 구금시키고 서동을 죽이고 사람을 주나라의 도성에 보내어 공자 주를 영접하게 하여 그를 옹립하였다. 이 사람이 도공(悼公)이다.

도공 원년 정월 경신일(庚申日), 난서와 중항언이 여공을 죽이고 한 량의 수레로 그를 매장하였다.[85] 여공은 구금된 지 6일 만에 죽임을 당한 것이다. 사후 열흘이 지난 경오일(庚午日)에 지앵이 공자 주를 맞아들여 강성(絳城)으로 왔다. 닭을 잡아 대부들과 상의한 후 그를 옹립하였다. 이 사람이 곧 도공인 것이다. 신사일(辛巳日), 무궁(武宮)으로 가서 참배하고, 2월 을유일(乙酉日)에 즉위하였다.

도공 주(周)의 조부는 희첩(姬捷)으로 진 양공(晉襄公)의 작은아들이라 왕위를 이을 수 없기 때문에 환숙(桓叔)이라고 불렸다. 그는 양공에게 가장 총애를 많이 받았다. 환숙이 혜백(惠伯) 희담(姬談)을 낳았고, 담은 도공 주를 낳았다. 도공 주가 즉위하였을 때의 나이는 14세였다. 그가

---

84) 匠驪氏 : 厲公의 총애하는 신하로 翼城에 살았다.
85) 당시의 禮制에 의하면 제후의 장례는 7乘으로 하는데 欒書 등이 厲公의 장례를 이렇게 박하게 한 것은 그를 주군으로 생각하지 않았기 때문이다.

말하였다. "조부와 부친께서는 왕위에 오를 수 없기 때문에 난을 피해서 주나라의 도성으로 가셨다가 거기에서 객사하셨소. 과인 자신도 진나라와 는 많이 소원(疏遠)하게 생각되어 임금이 되기를 원하지 않았소. 지금 대 부들이 문공과 양공의 뜻을 잊지 않고 은혜롭게 환숙의 후손을 옹립하였 으니 조종과 대부들의 영혼에 의지하여 진(晉)나라의 제사를 받들며 어찌 감히 삼가고 두려워하지 않겠소? 대부들은 모름지기 과인을 잘 보좌해주 시오!" 그리하여 여공에게 불충한 신하 7명을 축출하고 조종(朝宗)의 옛 공업(功業)을 계승하며 백성들에게 은혜를 베풀고 문공이 환국할 때의 여 러 공신들의 후손을 거두었다. 가을, 정나라를 공격하였다. 정나라를 패 배시키고 다시 진(陳)나라까지 침공하기에 이르렀다.

3년, 진나라가 계택(鷄澤)에서 제후들과 회합하였다. 도공은 여러 신 하에게 등용할 만한 사람을 물었다. 기해(祁傒)가 해호(解狐)를 추천하 였다. 해호는 기해와 원수지간이었다. 도공이 다시 물으니 기해는 자신의 아들 기오(祁午)를 추천하였다. 그때 군자가 말하였다. "기해는 진실로 공평무사하도다! 바깥 사람을 추천함에는 원수라고 해서 숨기지 않았고, 안쪽의 사람을 추천함에는 아들을 숨기지 않았다." 제후들이 회합할 때 도공의 아우 양간(楊干)이 대열을 혼란하게 하였다. 위강(魏絳)이 그의 마부를 죽였다. 도공이 노하자 어떤 사람이 도공에게 간언하였다. 도공은 마침내 위강이 현명하고 능력 있음을 알게 되어 그에게 정사를 맡기고 융 족(戎族)에게 사신으로 보냄으로써, 융족이 아주 가까이 따르게 되었다. 11년, 도공이 말하였다. "과인이 위강을 등용한 후 아홉 차례나 제후들을 회합하며 융(戎), 적(翟)과 화목하게 된 것은 모두 위강의 힘이다." 도 공은 그에게 음악을 내렸다. 위강은 세 차례나 사양하다가 받았다. 겨울, 진(秦)나라가 정나라의 역(櫟) 땅을 빼앗았다.

14년, 진 도공이 6경으로 하여금 제후들을 이끌고 진(秦)나라를 공격 하게 했다. 경하(涇河)를 건너서 진(秦)나라의 군대를 대패시키고 혹림 (棫林)에 이르렀다가 돌아왔다.

15년, 도공이 악사(樂師) 광(曠)에게 나라를 다스리는 이치에 대해서 물었다. 사광이 말하였다. "오직 인의가 있을 뿐이옵니다." 겨울, 도공이 세상을 떠나고 그의 아들 평공(平公) 표(彪)가 왕위에 올랐다.

평공 원년, 제나라를 쳤다. 제 영공(齊靈公)은 진의 군대와 미하(靡

下)⁸⁶⁾에서 교전했으나 패하고 도주하였다. 제나라의 안영(晏嬰)이 말하였다. "주군께서는 용기가 없으십니다. 어찌 계속 싸우시지 않으십니까?" 마침내 제나라의 군대는 떠났다. 진나라의 군대가 추격하여 도성 임치(臨菑)⁸⁷⁾를 포위하고 외성(外城)의 모든 집을 모조리 불태우고 사람들을 도살하였다. 동쪽으로는 교수(膠水),⁸⁸⁾ 남쪽으로는 기수(沂水)⁸⁹⁾에까지 이르자 제나라는 모든 성을 굳게 닫고 방어하였다. 진나라는 군대를 이끌고 철수하였다.

6년, 노 양공(魯襄公)이 진나라를 방문하였다. 진나라의 난령(欒逞)⁹⁰⁾이 죄를 지어 제나라로 도주하였다. 8년, 제 장공(齊莊公)이 비밀리에 난령을 곡옥으로 보내며 병사를 뒤따르게 하였다. 제나라 병사들이 태행산(太行山)에 오르자 난령이 곡옥으로 가는 중도에서 돌아와 진나라의 도성 강성을 기습하였다. 강성은 경계를 하지 않았다. 평공은 자살하려고 하였으나 범헌자(范獻子)가 평공을 말리고 그의 무리로 난령을 반격하자 난령은 패하여 곡옥으로 도주하였다. 평공은 곡옥에서 난령을 공격하여 그를 죽였다. 마침내 그의 집안을 멸족시켰다. 난령은 난서의 손자이다. 그는 강성으로 들어와서 위씨(魏氏)와 모의하였다. 제 장공은 난령이 패하였다는 소식을 듣고 곧 돌아와 진나라의 조가(朝歌)⁹¹⁾를 쳐서 빼앗았다. 그래서 임치의 일을 보복하였다.

10년, 제나라의 최서(崔杼)가 그의 주군 장공을 시해하였다. 진나라는 제나라의 내란을 틈타 고당(高唐)⁹²⁾에서 제나라의 군대를 패퇴시키고 태행의 일을 보복하였다.

14년, 오나라 연릉계자(延陵季子)⁹³⁾가 사신으로 와서 조문자(趙文子), 한선자(韓宣子), 위헌자(魏獻子)와 이야기를 나눈 후 이렇게 말하였다. "진나라의 정권은 마침내 이 세 사람의 손에 돌아갈 것이다."

19년, 제나라가 안영을 진나라에 사신으로 보냈다. 안영은 숙향(叔向)

---

86) 靡下:靡笄山 아래를 가리킨다. 지금의 山東省 濟南市 서남쪽에 있다.
87) 臨菑:齊나라의 도성. 지금의 山東省 淄博市 동북쪽에 있다.
88) 膠水:지금의 山東省 경계에 있다.
89) 沂水:지금의 山東省 남쪽 경계에 있다. 권33 「魯周公世家」의 〈주 135〉참조.
90) 欒逞:『左傳』에는 "欒盈"으로 되어 있다.
91) 朝歌:晉나라의 읍 이름. 그 옛 성은 지금의 河南省 淇縣에 있다.
92) 高唐:齊나라의 읍 이름. 권32 「齊太公世家」의 〈주 164〉참조.
93) 延陵季子:吳王 壽夢의 아들 季札을 가리킨다.

과 이야기하였다. 숙향이 말하였다. "진나라는 현재 쇠하는 시기입니다. 주군은 조세를 많이 거두어 누대나 연못을 만들며 정사를 돌보지 않아서 정사는 마침내 사가(私家)들의 문(門)에서 나오고 있으니 어찌 오래갈 수 있겠소?" 안영도 이 말이 옳다고 생각하였다.

22년, 연나라를 공격하였다. 26년, 평공이 죽고 그의 아들 소공(昭公) 이(夷)가 왕위에 올랐다.

소공은 재위 6년 만에 세상을 떠났다. 이때 6경들은 강성해지고 공실(公室)[94]은 쇠미해졌다. 아들 경공(頃公) 거질(去疾)이 왕위에 올랐다.

경공 6년, 주 경왕(周景王)이 세상을 떠나고 왕자들의 왕위 쟁탈전이 시작되었다. 진나라의 6경이 왕실의 내란을 평정하고 경왕(敬王)을 옹립하였다.

9년, 노나라의 계씨가 그의 주군 소공(昭公)을 축출하였다. 소공은 간후(乾侯)[95]에 머물렀다. 11년, 위(衛)와 송 두 나라가 사신을 파견하여 진나라가 노나라의 주군을 환국할 수 있도록 해주기를 청하였다. 노나라의 계평자는 비밀리에 범헌자에게 뇌물을 주었고, 범헌자는 이를 받아 진나라의 주군에게 말하였다. "계씨는 죄가 없사옵니다." 그래서 노나라의 주군을 환국시키지 않았다.

12년, 진나라의 종실 집안인 기해의 손자와 숙향의 아들이 주군의 면전에서 서로를 비방하였다. 6경은 종실의 힘을 약화시키고자 법을 이용해서 그들의 일족을 멸하고 그들의 봉읍을 10개 현으로 나누어 각각 자신들의 아들을 보내 대부로 삼았다. 진나라의 주군의 권력은 더욱 약화되었고 6경은 더욱 강대해졌다.

14년, 경공이 세상을 떠나고 그의 아들 정공(定公)이 즉위하였다.

정공 11년, 노나라의 양호(陽虎)가 진나라로 도망하자 조앙간자(趙鞅簡子)가 그를 머무르게 하였다. 12년, 공자(孔子)가 노나라의 재상이 되었다.

15년, 조앙이 한단(邯鄲)의 대부 경오(耿午)를 사신으로 보냈으나 믿을 수 없어 그를 죽이려고 하였다.[96] 경오는 중항인(中行寅), 범길석(范

---

94) 公室 : 主君이 왕이면 왕실일 것이나 公이기 때문에 公室이라고 한 것이다.
95) 乾侯 : 晉나라의 읍 이름. 옛 성은 지금의 河北省 成安縣 동남쪽에 있다. 권33 「魯周公世家」의 〈주 130〉 참조.

吉射)⁹⁷⁾과 함께 직접 조앙을 공격하였고, 조앙은 도주하여 진양(晉陽)⁹⁸⁾을 지켰다. 정공이 진양을 포위하였다. 순력(荀櫟), 한불신(韓不信)과 위치(魏侈) 등은 범길석과 중항인 등과 원수를 졌으므로 군대를 되돌려 범길석, 중항인을 공격하였다. 범길석과 중항인이 반란을 일으키자 정공은 그들을 공격하여 패퇴시켰다. 범길석과 중항인이 조가로 도망가서 성을 굳게 지켰다. 한불신과 위치가 조앙을 위하여 정공에게 사죄하여 정공은 조앙을 사면해주고 그의 직위를 복직시켰다. 22년, 진나라가 범길석과 중항인을 공격하여 패배시키자 그 두 사람은 제나라로 도주하였다.

30년, 정공과 오왕(吳王) 부차(夫差)가 황지(黃池)⁹⁹⁾에서 회맹하여 수장(首長)을 다투었다. 조앙이 이때 수행하여 마침내 오왕이 수장으로 되었다. 31년, 제나라의 전상(田常)이 그의 주군 간공(簡公)을 시해하고 간공의 아우 오(驁)를 옹립하였다. 이 사람이 제 평공(齊平公)이다. 33년, 공자(孔子)가 세상을 떠났다. 37년, 정공이 세상을 떠나고 그의 아들 출공(出公) 착(鑿)이 뒤를 이었다.

출공 17년, 지백(知伯)이 조씨, 한씨, 위씨와 함께 범씨와 중항씨의 땅을 나누어 자신들의 봉읍으로 하였다. 출공이 화가 나서 제와 노 두 나라에게 알려 그들에게 의지해서 4명의 경들을 토벌하려고 하였다. 4명은 두려워하여 마침내 출공에게 반격을 가하였다. 출공은 제나라로 도망가다 길에서 죽었다. 그래서 지백은 소공의 증손자 교(驕)를 주군으로 옹립하였다. 이 사람이 애공(哀公)이다.

애공의 조부 옹(雍)은 진 소공의 작은아들이며 대자(戴子)로 불렸다. 대자는 기(忌)를 낳았다. 희기(姬忌)는 지백과 잘 통하였으나 일찍이 죽었다. 그래서 지백은 진나라를 완전히 삼키려고 하였다. 그러나 감히 그러지를 못하고 기의 아들 교를 군주로 옹립한 것이다. 이때 진나라의 정치는 모두 지백에 의해서 결정되었고, 애공은 그에게 어떠한 제재도 가할 수 없었다. 지백이 마침내 범씨와 중항씨의 땅을 소유하게 되자 가장 강

---

96) 趙鞅은 衛나라가 공물로 보내온 105家를 자신의 영지인 晉陽으로 수송하는 것을 邯鄲의 大夫인 耿午에게 부탁하였다. 그런데 耿午가 일단 이를 승낙하였다가 다시 생각을 바꾸어 이를 실행하지 않았기 때문이다.

97) 范吉射 : 范獻子를 가리킨다.

98) 晉陽 : 晉나라의 읍 이름. 지금의 山西省 太原市 남쪽.

99) 黃池 : 宋나라의 지명. 지금의 河南省 封丘縣 서남쪽.

성해졌다.

애공 4년, 조양자(趙襄子), 한강자(韓康子), 위환자(魏桓子)가 공동으로 지백을 살해하고 그의 전영토를 삼켰다.

18년, 애공이 죽고 그의 아들 유공(幽公) 유(柳)가 왕위에 올랐다.

유공의 시대에는 진(晉)나라의 군주가 권신을 매우 두려워하여 오히려 반대로 한씨, 조씨, 위씨의 군주를 알현하였다. 진나라의 군주는 다만 강성과 곡옥을 가지고 있을 뿐 그 나머지는 모두 이 삼진(三晉)[100]에게로 돌아갔다.

15년, 위 문후(魏文侯)[101]가 새로 즉위하였다. 18년, 유공(幽公)이 부녀자를 간음하며 밤에 사사로이 성 밖을 나섰다가 강도에게 살해되었다. 위 문후가 군대로 진나라의 동란을 평정하고 유공의 아들 지(止)를 옹립하였다. 그가 열공(烈公)이다.

열공 19년, 주나라의 위열왕(威烈王)이 한(韓), 조(趙), 위(魏) 나라에게 봉작을 내리고 제후로 임명하였다.

27년, 열공이 죽자 그의 아들 효공(孝公) 기(頎)가 즉위하였다. 효공 9년, 위 무후(魏武侯)가 새로 즉위하여 조(趙)나라의 한단을 기습하였으나 승리를 거두지 못하고 돌아왔다. 17년, 효공이 세상을 떠나고 그의 아들 정공(靜公) 구주(俱酒)가 왕위에 올랐다. 이해가 제 위왕(齊威王) 원년이다.

정공 2년, 위 무후, 한 애후(韓哀侯), 조 경후(趙敬侯)가 진나라를 멸망시키고 그 토지를 공평하게 분배하였다. 정공은 평민으로 강등되고 진나라는 제사가 단절되었다.

태사공은 말하였다.

"진 문공(晉文公)은 고대에서 말하는 영명한 군주로서 국외에서 19년 동안을 떠돌며 매우 곤궁하였다. 왕위에 오른 후 논공행상을 하던 중 비록 개자추(介子推)를 잊기는 하였으나 어찌 교만한 군주라고 할 것인가? 영공(靈公)은 이미 시해되었고 이후 성공(成公), 경공(景公)은 극히 엄

---

100) 三晉 : 韓氏, 趙氏, 魏氏 세 사람이 卿이 되어 晉나라를 나누어 다스렸기 때문에 三晉이라고 한다.
101) 魏 文侯 : 魏斯를 가리킨다. 기원전 424년에서 기원전 387년까지 재위하였다.

격하였으며 여공(厲公)에 이르러 특히 가혹하였으니 대부들이 모두 살해될까 두려워하여 마침내 화란(禍亂)이 일어난 것이다. 도공(悼公) 이후 하루하루 쇠약해져 6경(六卿)들이 전횡하였다. 그래서 군주가 자신의 신하를 부리는 책략은 본시 쉬운 일이 아닌 것이다!"

권40 「초세가(楚世家)」 제10

　초(楚)나라의 선조는 고양씨(高陽氏) 전욱(顓項)[1]에게서 나왔다. 고양은 황제(黃帝)[2]의 손자이며, 창의(昌意)[3]의 아들이다. 고양은 칭(稱)을 낳았으며, 칭은 권장(卷章)을 낳았고, 권장은 중려(重黎)를 낳았다. 중려는 제곡(帝嚳)[4] 고신씨(高辛氏)의 화정(火正)[5]으로 있으면서 공적을 쌓았으며, 능히 천하를 밝게 비출 수 있어서 제곡이 그에게 축융(祝融)[6]의 칭호를 하사하였다. 공공씨(共工氏)[7]가 반란을 일으키자, 제곡은 중려에게 반란자들을 정벌하도록 명령하였는데, 철저히 소탕하지 못하였다. 제곡은 경인일(庚寅日)에 중려를 죽이고, 그의 동생 오회(吳回)로 하여금 중려의 계승자로 삼아, 화정에 임명하고 축융이라고 하였다.

　오회는 육종(陸終)을 낳았다. 육종은 여섯 아들을 낳았는데, 모두 배를 절개하여 낳았다. 큰아들은 곤오(昆吾)[8]이고, 둘째 아들은 참호(參胡)[9]이며, 셋째 아들은 팽조(彭祖)[10] 넷째 아들은 회인(會人)[11] 다섯째 아들은 조성(曹姓)[12] 여섯째 아들은 계련(季連)이다. 계련의 성은

---

1) 　顓項 : 전설로 전해지는 五帝 중의 한 사람으로 高陽氏는 그의 호이다. 帝丘(지금의 河南省 濮陽縣 남서쪽)에 살았다.
2) 　黃帝 : 전설상의 中原 지방 각 부족의 공동 조상이다. 성은 姬이며, 軒轅氏, 熊氏라고도 한다. 권1 「五帝本紀」 참조.
3) 　昌意 : 黃帝의 둘째 아들로, 嫘祖가 낳았다. 嫘祖는 西陵氏의 딸로, 黃帝의 妃이다. 그녀가 처음으로 養蠶을 가르쳤기 때문에 '先蠶'이라고도 하고 遠遊를 즐기다가 旅路에서 죽었기 때문에 '道路神'이라고도 한다.
4) 　帝嚳 : 중국 전설상의 五帝 중의 한 사람으로, 黃帝의 증손이며 堯의 祖父로 高辛氏라고도 한다. 亳(지금의 河南省 偃師縣)에 거주하였다. 권1 「五帝本紀」 참조.
5) 　火正 : 불을 담당하는 관리.
6) 　祝融 : 불을 담당하는 관리의 封號.
7) 　共工氏 : 고대 부족의 하나. 전설에 의하면 顓項, 帝嚳, 堯, 禹 등과 충돌하였다.
8) 　昆吾 : 나라 이름. 지금의 河南省 濮陽縣 일대이다.
9) 　參胡 : 나라 이름. 지금의 陝西省 韓城縣 남쪽에 있다.
10) 　彭祖 : 사람 이름. 大彭國의 조상으로, 지금의 江蘇省 徐州市에 대대로 살았다.
11) 　會人 : 鄶나라를 말한다. 옛 터는 지금의 河南省 密縣 동북쪽에 있다.

미(芈)로, 초(楚)나라 왕족은 바로 그의 후손이다. 곤오씨는 하(夏)[13])나라에서 후백(侯伯)을 지냈으며, 걸왕(桀王)[14]) 때 탕왕(湯王)[15])에 의해서 멸망하였다. 팽조씨는 은(殷)[16])나라에서 후백을 지냈으며, 은나라 말기에 멸망하였다. 계련은 부저(附沮)를 낳았으며 부저는 혈웅(穴熊)을 낳았다. 그후 점점 쇠락하여 어떤 사람은 중원(中原)[17]) 지방에 살기도 하고, 어떤 사람은 동남쪽 만이(蠻夷)[18]) 지방에 살기도 하여 그들의 가계(家系)를 기록할 수 없게 되었다.

주 문왕(周文王)[19]) 때, 계련의 후손인 죽웅(鬻熊)이라고 불리는 사람이 있었다. 죽웅은 아들을 돌보듯이 문왕을 섬겼으나 일찍 죽었다. 그의 아들은 웅려(熊麗)이고, 웅려는 웅광(熊狂)을 낳았으며, 웅광은 웅역(熊繹)을 낳았다.

웅역은 주 성왕(周成王)[20]) 시기에 살았다. 성왕이 문왕과 무왕(武王)[21])의 공신 후손들에게 논공행상을 하여 웅역을 초만(楚蠻)[22]) 지방에 봉하고 자남(子男)[23])의 작위와 토지를 하사하고, 성을 미(芈)라고 하여,

---

12) 曹姓 : 曹氏의 조상. 지금의 山東省 서남쪽에 봉지를 받아 나라를 세웠다.
13) 夏 : 중국 역사상 첫번째 왕조(기원전 21세기-기원전 16세기 전후)로서 陽省(지금의 河南省 登封縣 동쪽), 斟鄩(지금의 登封縣 서북쪽), 安邑(지금의 山西省 夏縣) 등에 도읍을 정하였다. 권2「夏本紀」참조.
14) 桀王 : 夏나라 마지막 군주. 포학무도하여 商나라 湯王에게 전복되어, 鳴條(지금의 山西省 夏縣 북쪽. 夏縣 서쪽이라는 설도 있다. 夏縣은 古安邑이다)에서 패하고, 南巢(지금의 安徽省 巢縣)를 떠돌아다니다 죽었다.
15) 湯王 : 商나라를 세운 군주. 成湯이라고도 한다. 亳(지금의 河南省 商丘縣 남쪽)에 도읍하였다. 권3「殷本紀」참조.
16) 殷 : 왕조 이름. 商나라 王 盤庚은 奄(지금의 山東省 曲阜市)에서 殷(지금의 河南省 安陽市 서북쪽)으로 천도하였기 때문에 商을 '殷'이라고도 한다. 권3「殷本紀」참조.
17) 中原 : 華夏族이 거주하던 곳을 말한다. 上古시대 '中國'이라고 함은 이곳을 말한다.
18) 蠻夷 : 邊境에서 멀리 떨어진 부족의 卑稱.
19) 周 文王 : 姬昌으로, 商나라 말기 周族의 지도자이다. 商 紂王 때 西伯에 봉해졌다. 豐邑(지금의 陝西省 長安縣 서남쪽)에 도읍하였다. 권4「周本紀」참조.
20) 周 成王 : 姬誦. 武王의 아들. 어린 나이에 왕위에 올랐다. 숙부인 周公 旦이 보좌하여 禮樂을 제정하고 봉건질서를 확립하여 西周 통치의 기틀을 마련하였다.
21) 周 武王 : 姬發. 文王의 아들. 西周를 세운 왕으로, 鎬京(지금의 陝西省 西安市 서쪽)에 도읍하였다.
22) 楚蠻 : 楚나라의 황폐한 지방.
23) 子男 : 爵位. 다섯 등급으로 나눈 작위 중에서 네번째와 다섯번째에 해당된다. 楚나라는 子爵에 속한다.

단양(丹陽)²⁴⁾에 도읍하게 하였다. 웅역은 노공(魯公) 백금(伯禽), ²⁵⁾ 위 강숙(衛康叔)²⁶⁾의 아들 모(牟), ²⁷⁾ 진후(晉侯) 섭(燮), ²⁸⁾ 제 태공(齊太 公)²⁹⁾의 아들 여급(呂伋)³⁰⁾과 함께 성왕을 섬겼다.

　웅역은 웅애(熊艾)를 낳고, 웅애는 웅달(熊䵣)을 낳고, 웅달은 웅승 (熊勝)을 낳았다. 웅승은 동생 웅양(熊楊)을 후계자로 삼았다. 웅양은 웅거(熊渠)를 낳았다.

　웅거는 아들 셋을 낳았다. 주 이왕(周夷王)³¹⁾ 때 왕실이 약해지자 제 후들 중에서 천자를 알현하지 않은 이도 있었으며, 제후들간에 서로 공격 하였다. 웅거는 장강(長江)과 한수(漢水) 일대 농민의 환심을 얻어, 군 사를 일으켜 용(庸)³²⁾과 양월(楊粵)³³⁾을 공격하여 악(鄂)³⁴⁾까지 빼앗았 다. 웅거는 "나는 만이(蠻夷) 지방에 있으니 중원 여러 나라와 마찬가지 로 같은 국호와 시호를 사용하지 않겠다"라고 말하고, 큰아들 웅강(熊康) 을 구단왕(句亶王)³⁵⁾으로, 둘째 아들 웅홍(熊紅)을 악왕(鄂王)³⁶⁾으로, 막내 아들 웅집자(熊執疵)를 월장왕(越章王)³⁷⁾으로 삼았다. 주 여왕(周 厲王)³⁸⁾ 때 여왕이 포악무도하여 웅거는 여왕이 초나라를 공격할까 두려 워 자신들의 왕호를 없앴다.

24) 丹陽 : 고을 이름. 옛 성은 지금의 湖北省 秭歸縣 동남쪽에 있다.
25) 伯禽 : 周公 旦의 아들. 公爵이며 魯나라에 봉해졌다.
26) 衛 康叔 : 衛나라의 시조. 周 武王의 동생이다. 처음에 康(지금의 河南省 禹縣 서 북쪽)에 봉해졌기 때문에 '康叔'이라고 불린다.
27) 牟 : 姬牟. 康叔의 아들. 侯爵으로 衛(지금의 河南省 淇縣 일대)에 봉해졌다.
28) 晉侯 燮 : 成王이 동생 叔虞에게 侯爵의 작위를 내리고 唐에 봉하였는데, 아들 燮 이 이어받아 국호를 晉으로 고쳤다.
29) 齊 太公 : 呂尙. 齊나라 시조. 周 武王을 보좌하여 商나라를 멸하는 데 공로가 있 어, 齊에 봉해졌다.
30) 呂伋 : 公爵으로, 齊나라 제후에 봉해졌다.
31) 周 夷王 : 姬燮. 재위 기간 동안 왕권이 점점 약해졌다.
32) 庸 : 나라 이름. 지금의 湖北省 竹山縣 서남쪽에 있었다.
33) 楊粵 : 나라 이름. '楊雩'이라고 하기도 하고 '楊越'이라고도 한다. 위치는 확실히 알 수 없다. 지금의 湖北省 江陵縣 일대라는 설이 있다.
34) 鄂 : 지명. 지금의 湖北省 鄂城縣 부근이다.
35) 句亶은 지명으로 지금의 湖北省 江陵縣을 말한다.
36) 鄂은 지금의 湖北省 武昌市로, 앞에서 말하였던 鄂과 다른 곳이다.
37) 越章은 지명으로 현재의 위치를 알 수 없다. 지금의 湖北省 江陵縣 일대라는 설 이 있다.
38) 周 厲王 : 姬胡. 탐욕적이고 포학하여 전국에서 폭동이 일어나, 彘(지금의 山西省 霍縣) 지방으로 도망쳤다가 14년 후에 죽었다. 권4 「周本紀」 참조.

웅거의 계승자는 큰아들 웅무강(熊毋康)이었는데, 웅무강은 일찍 죽었다. 웅거가 죽자, 둘째 아들 웅철홍(熊摯紅)이 즉위하였다. 웅철홍이 죽자 그의 동생이 웅철홍의 아들을 죽이고 즉위하니 그가 바로 웅연(熊延)이다. [39] 웅연은 웅용(熊勇)을 낳았다.

웅용 6년(기원전 841년), 주나라 사람들이 반란을 일으켜 주 여왕을 공격하니, 여왕은 체(彘) 지역으로 피난하였다. 웅용 10년(기원전 837년)에 웅용이 죽자 동생 웅엄(熊嚴)이 즉위하였다.

웅엄 10년(기원전 828년), 웅엄이 죽었다. 그에게는 아들 넷이 있었는데, 큰아들은 백상(伯霜), 둘째 아들은 중설(仲雪), 셋째 아들은 숙감(叔堪), 막내 아들은 계순(季徇)이다. 웅엄이 죽자, 큰아들 백상이 왕위를 계승하니 이 사람이 웅상(熊霜)이다.

웅상 원년(기원전 827년), 주 선왕(周宣王) [40]이 새로 왕위에 올랐다. 웅상 6년, 웅상이 죽자, 세 동생들이 왕위 계승을 놓고 혈육상잔을 벌였다. 결과적으로 중설은 죽고, 숙감은 복(濮) [41]으로 피난하였고, 막내 동생 계순이 즉위하였다. 이 사람이 웅순(熊徇)이다. 웅순 16년, 정 환공(鄭桓公) [42]이 정나라의 제후에 봉해졌다. 웅순 22년, 웅순이 죽자 아들 웅악(熊咢)이 왕위를 계승하였다. 웅악 9년, 웅악이 죽자 아들 웅의(熊儀)가 왕위를 계승하니 이 사람이 약오(若敖)이다.

약오 20년, 주 유왕(周幽王) [43]이 견융(犬戎) [44]에게 피살되어 주 왕실은 동쪽으로 천도하고, [45] 진 양공(秦襄公) [46]이 제후에 봉해졌다.

---

39) 三國時代 蜀의 譙周는 이곳에 누락된 문장이 있다고 하였다. 즉 "熊渠卒, 子熊翔立. 卒, 長子摯有疾, 少子熊延立"이라는 것이다.

40) 周 宣王: 姬靜. 기원전 827년에서 기원전 782년까지 재위하였다. 仲山甫, 尹吉甫, 召虎 등을 중용하여 북쪽으로는 獵狁을 정벌하고 남쪽으로는 荊蠻, 淮夷, 徐戎을 정벌하였다. 역사서에서는 이를 '中興'이라고 한다.

41) 濮: 부족 이름. '百濮'이라고도 한다. 지금의 湖北省 서남쪽과 湖南省 서북쪽에 살았다.

42) 鄭 桓公: 姬友. 鄭나라를 개국한 군주. 기원전 806년에서 기원전 771년까지 재위하였다. 처음 鄭(지금의 陝西省 華縣 지방)의 제후에 봉해졌다.

43) 周 幽王: 姬宮湦. 기원전 781년에서 기원전 771년까지 재위하였다. 세금 수탈이 심하고 褒姒를 총애하여, 申后와 太子 宜臼를 폐하였다. 후에 申侯는 繒國, 犬戎과 연합하여 西周를 공격하고 幽王을 驪山 아래에서 죽였다.

44) 犬戎: 西戎의 부족 이름. 지금의 陝西省 彬縣, 岐山縣 부근에 살았다.

45) 幽王의 아들 平王은 鎬京이 폐허가 되고 犬戎이 침범하는 것이 두려워 洛邑으로

27년(기원전 764년), 약오가 죽자, 아들 웅감(熊坎)이 왕위를 계승하니 이 사람이 소오(霄敖)이다. 소오 6년, 소오가 죽자 아들 웅순(熊眴)이 왕위를 계승하니 이 사람이 분모(蚡冒)이다. 분모 13년, 진(晉)나라에 내란이 일어났는데 곡옥(曲沃) 사건[47]이 그 원인이 되었다. 분모 17년, 분모가 죽자 분모의 동생 웅통(熊通)이 분모의 아들을 죽이고 자신이 즉위하니, 이 사람이 초 무왕(楚武王)이다.

무왕 17년, 진(晉)나라 곡옥의 장백(莊伯)[48]이 종주국(宗主國)[49]인 진 효후(晉孝侯)[50]를 살해하였다. 19년, 정군(鄭君)의 동생 단(段)[51]이 반란을 일으켰다. 21년, 정나라가 주 천자의 장원을 빼앗았다.[52] 23년, 위(衞)나라에서 환공(桓公)[53]이 시해되었다. 29년, 노(魯)나라에서는 은공(隱公)[54]이 시해되었다. 31년, 송(宋)나라의 태재(太宰)[55] 화독(華督)[56]이 상공(殤公)[57]을 시해하였다.

35년, 초나라가 수(隨)[58]나라를 정벌하였다. 수군(隨君)이 "저에게는

천도하니, 역사상 이를 '東周'라고 한다.

46) 秦 襄公: 춘추시대 秦나라의 건국자. 기원전 777년에서 기원전 766년까지 재위하였다. 군대를 이끌고 周를 구원하고 平王을 호위하여 東遷하는 데 공이 있어 제후에 봉해졌으며, 岐(지금의 陝西省 岐山縣 동북 지역)의 서쪽 지방을 봉지로 받았다.

47) 曲沃: 晉나라 고을 이름. 지금의 山西省 聞喜縣 동북쪽에 있다. 東周 원년, 晉나라 昭侯가 桓叔을 이곳의 제후에 봉하자, 내란이 일어났다. 권39 「晉世家」 참조.

48) 莊伯: 桓叔의 아들.

49) 宗主國: 曲沃은 晉나라에서 나누어진 것이다. 그래서 原文에서 晉을 "主國"이라고 하였다.

50) 晉 孝侯: 姬平. 기원전 739년에서 기원전 724년까지 재위하였다.

51) 段: 鄭 莊公의 동생 姬段을 가리킨다. 그는 모친인 武姜과 공모하여 왕위를 찬탈하였다. 권42 「鄭世家」 참조.

52) 鄭 莊公 24年(기원전 720년), 祭足에게 군대를 주어 周나라의 보리와 쌀을 빼앗아오게 하였다. 권42 「鄭世家」 참조.

53) 桓公: 姬寵. 기원전 734년에서 기원전 719년까지 재위하였다. 동생 州는 桓公의 교만하고 방탕한 생활을 탄식하여 다른 나라에 도망쳤다가 잔당을 모아 桓公을 습격하여 죽였다.

54) 隱公: 姬息姑. 기원전 722년에서 기원전 712년까지 재위하였다. 배다른 동생 揮가 隱公에게 桓公을 죽이라고 권하였으나, 隱公이 이 말을 듣지 않자, 揮는 오히려 桓公에게 隱公을 죽이라고 교사하였다.

55) 太宰: 관직 이름. 국왕을 보좌하여 나라를 다스리는 직위. 줄여서 '宰'라고 한다.

56) 華督: 大司馬 孔父嘉를 죽이고, 그의 아내를 빼앗았다. 殤公이 이 사실을 알고 크게 노하자, 華督은 殤公을 죽였다.

57) 殤公: 姓은 子이고, 이름은 與夷이다. 기원전 719년에서 기원전 711년까지 재위하였다.

과실이 없습니다"라고 말하니, 초왕이 "과인은 만이 지방에 살고 있다. 지금 제후들이 모두 주 왕실을 배반하고 서로 침범하고 살육을 자행하고 있다. 과인은 무장하여 중원 지방 정치에 관여하고자, 주 왕실에 과인의 작위를 높여달라고 요구할 것이다"라고 말하였다. 수나라 사람이 그를 위해서 주 왕실로 가서 초나라에게 국호를 높여줄 것을 요구하였으나, 주 왕실이 이를 허락하지 않자, 돌아와서 초나라에 보고하였다. 37년, 초나라 웅통은 분노하여 "과인의 조상 죽웅은 문왕의 스승인데 일찍 돌아가셨다. 성왕이 과인의 조상을 뽑아 단지 자남의 작위와 봉지를 하사하고 초나라 땅에 살게 하였다. 만이 부족이 모두 우리 초나라에 복종하였으나 주 왕실이 작위를 높여주지 않으면 과인이 스스로 높이겠다"라고 말하고, 무왕(武王)으로 자칭하고, 수나라와 맹약을 맺고 떠나갔다. 이때부터 초나라는 복(濮)⁵⁹⁾ 지역을 개간하고 점령하였다.

51년, 주 천자는 수나라 제후를 불러들여, 초나라 제후가 칭왕(稱王)하는 것을 수나라가 옹호하였다고 질책하였다. 초나라 왕은 분노하고, 수나라 제후가 자신을 배반하였다고 여겨, 그 즉시 수나라를 정벌하러 떠났다. 무왕이 행군중에 병사(病死)하자 군사를 거두어들였다. 무왕의 아들 문왕(文王) 웅자(熊貲)가 왕위를 계승하고 처음으로 영(郢)⁶⁰⁾으로 천도하였다.

문왕 2년, 신(申)⁶¹⁾나라를 정벌하고 등(鄧)⁶²⁾나라를 지나게 되었다. 등나라 사람이 "초왕을 쉽게 사로잡을 수 있습니다"라고 말하였으나, 등나라 제후는 허락하지 않았다. 6년, 채(蔡)나라를 정벌하고 채 애후(蔡哀侯)⁶³⁾를 사로잡아 돌아와서, 얼마 후 그를 석방하였다. 초나라가 강해져서 장강, 한수 유역의 작은 여러 나라⁶⁴⁾를 괴롭히니, 작은 나라들이 모

58) 隨 : 周나라 초기 姬氏 姓의 제후국. 지금의 湖北省 隨縣내에 도읍을 정하였다.
59) 濮 : 지명. 지금의 湖北省 漢水 남쪽이다. 지금의 四川省 남쪽이라는 설도 있다.
60) 郢 : 고을 이름. 옛 성은 지금의 湖北省 江陵縣 서북쪽 紀南城에 있다(후에 楚나라는 다른 곳으로 천도하였으나 그곳 역시 '郢'이라고 하였다).
61) 申 : 伯夷의 후예를 말한다. 지금의 陝西省과 山西省 접경에 살았다. 周 宣王 때, 일부분이 동쪽으로 옮겨가 謝(지금의 河南省 唐河縣 남쪽)를 봉지로 받고 申나라를 세웠다. 후에 楚 文王에 의해서 멸망당하였다.
62) 鄧 : 나라 이름. 성은 曼氏이다. 지금의 河南省 鄧縣 북쪽에 있었다. 기원전 678년 楚 文王에 의해서 멸망당하였다.
63) 蔡 哀侯 : 姬獻舞. 기원전 694년에서 기원전 675년까지 재위하였다.
64) 長江과 漢水 유역에 자리한 隨나라, 絞나라, 州나라, 蓼나라, 隕나라, 羅나라 등

두 초나라를 무서워하였다. 11년, 제 환공(齊桓公)⁶⁵⁾이 처음으로 패자 (覇者)라고 칭하였다. 초나라도 또한 강대해졌다.

12년, 등나라 정벌에 나서 등나라를 멸하였다. 13년, 문왕이 죽자 아들 웅간(熊囏)이 왕위를 계승하니, 이 사람이 장오(莊敖)⁶⁶⁾이다. 장오 5년, 그의 동생 웅운(熊惲)을 죽이려고 하였으나, 웅운은 수나라로 도망가서 수나라 사람과 장오를 습격하여 죽이고 왕위를 계승하니, 이 사람이 성왕(成王)이다.

성왕 원년, 웅운은 왕위에 오르자 은덕을 내리고 제후들과 과거의 우호 관계를 회복하였다. 사람을 보내어 예물을 주 천자에게 바치자, 주 천자는 제육(祭肉)⁶⁷⁾을 하사하고 "남방에 있는 이월(夷越)⁶⁸⁾의 반란을 잘 진압하고 중원 각국을 침범하지 마시오"라고 말하였다. 이때, 초나라 영토는 천리로 확장되었다.

16년, 제 환공은 군대를 이끌고 초나라를 침범하여 형산(陘山)⁶⁹⁾에 이르렀다. 초나라 성왕은 장군 굴완(屈完)에게 군사를 주어 방어하게 하고 환공과 맹약을 맺었다. 환공은 초나라가 주 왕실에 받치는 공물을 왕실에 내지 않았다고 질책하니 초나라가 잘못을 인정하여 환공은 물러갔다.

18년, 성왕은 군사를 이끌고 북으로 올라가 허(許)⁷⁰⁾나라를 정벌하니, 허나라 제후가 웃통을 벗고 황공히 사죄하여, 그를 석방하였다. 22년, 황(黃)⁷¹⁾나라를 정벌하였고, 26년, 영(英)⁷²⁾나라를 멸하였다.

을 말한다.

65) 齊桓公 : 姜小白. 기원전 685년에서 기원전 643년까지 재위하였다. 管仲과 鮑叔牙 등을 중용하고 개혁에 힘써 국력이 부강해져, 춘추시대에 제일의 覇者가 되었다. 권32「齊太公世家」참조.

66) 莊敖 : 楚나라는 武王 때 稱王하고 시호를 쓰면서부터 시호를 쓰지 않는 군주를 '敖'라고 칭하면서 '王'이라고는 하지 않았다. 이는 武王 이전의 若敖와 霄敖와는 상황이 다르다.

67) 원문은 "胙"로 이것은 宗廟에 제사 지낼 때 쓰는 고기를 말한다. 고대 제왕이 祭肉을 하사하는 것은 은총을 나타낸다.

68) 夷越 : 동남쪽 각 부족의 卑稱.

69) 陘山 : 楚나라의 땅. 지금의 河南省 漯河市 동쪽에 있었다.

70) 許 : 나라 이름. 기원전 11세기 周나라 초기에 제후국이 되었다. 성은 姜氏이다. 도성은 지금의 河南省 許昌市 동쪽에 있었다.

71) 黃 : 나라 이름. 도성은 지금의 河南省 潢川縣 서북쪽에 있었다. 『史記會注考證』에는 다음과 같이 기록되어 있다. "伐黃, 『左傳』及「年表」俱在二十三年, 二十四年滅之."

33년, 송 양공(宋襄公)⁷³⁾은 회맹(會盟)을 조직할 생각으로 초나라를 불렀다. 초나라 왕이 분노하여 "나더러 오라고! 내가 그를 습격하여 모욕을 주겠다"라고 말하고, 출병하여 우(盂)⁷⁴⁾에서 송 양공을 사로잡아 모욕을 준 다음, 얼마 후 그를 돌려보냈다. 34년, 정 문공(鄭文公)⁷⁵⁾이 남하하여 초나라 왕을 알현하였다. 초나라 성왕은 북상하여 송나라 정벌에 나섰다. 홍수(泓水)⁷⁶⁾에서 송나라 군사를 대패시키고 활로 송 양공에게 부상을 입히니 송 양공은 그 부상으로 인해서 죽었다.

35년, 진(晉)나라 공자 중이(重耳)⁷⁷⁾가 초나라를 지나가자, 성왕은 제후를 맞는 예의를 갖추어 연회를 베풀어 그를 환대하고, 풍부한 예물을 선물하여 진나라로 돌려보냈다.

39년, 노 희공(魯僖公)⁷⁸⁾이 출병하여 제나라를 정벌할 것을 요구하자, 초나라는 신후(申侯)에게 군사를 주어 제나라를 치러 가서 곡(穀)⁷⁹⁾을 점령하고, 제 환공의 아들 강옹(姜雍)⁸⁰⁾에게 다스리도록 하였다. 제 환공의 일곱 아들이 초나라로 도망쳐오자, 초나라 왕은 그들을 상대부(上大夫)⁸¹⁾에 봉하였다. 기(夔)⁸²⁾나라가 그의 선조 축융(祝融)과 죽웅(鬻熊)에게 제사를 지내지 않자 기나라를 멸하였다.

그해 여름, 송나라를 치러 가자, 송나라가 진(晉)나라에 위급함을 알

---

72) 英 : 나라 이름. 지금의 安徽省 서쪽 金寨縣 지역이다. 다른 설에 의하면 英은 蓼로, 지금의 河南省 固始縣 동북쪽이라고도 한다. 梁玉繩은 英이 망한 것은 24년의 일로, 26년은 잘못된 것이라고 하였다.
73) 宋 襄公 : 성은 子氏이고 이름은 茲甫이다. 기원전 650년부터 기원전 637년까지 재위하였다.
74) 盂 : 宋나라 고을 이름. 옛 성은 지금의 河南省 睢縣 서북쪽에 있다.
75) 鄭 文公 : 姬捷. 기원전 762년에서 기원전 628년까지 재위하였다.
76) 泓水 : 물 이름. 이곳에서는 지금의 河南省 柘城縣 서북쪽에 있는 泓水 북쪽을 말한다.
77) 重耳(기원전 697-기원전 628년) : 晉 文公을 말한다. 기원전 636년에서 기원전 628년까지 재위하였다. 일찍이 19년 동안 국외를 떠돌아다니다, 귀국하여 부국강병에 힘쓰고 내정을 정돈하여, 齊 桓公의 뒤를 이어 춘추시대의 두번째 覇主가 되었다. 권39「晉世家」참조.
78) 魯 僖公 : 姬申. 기원전 659년부터 기원전 627년까지 재위하였다.
79) 穀 : 齊나라 고을 이름. 옛 성은 지금의 山東省 東阿縣 동쪽에 있다.
80) 姜雍 : 그의 형과의 권력다툼에 져서 쫓겨났다.
81) 上大夫 : 관직 이름. 周나라 때는 卿 밑에 大夫를 두었는데, 이것을 上, 中, 下 세 등급으로 나누었다.
82) 夔 : 나라 이름. 楚나라와 같은 姓이다. 지금의 湖北省 秭歸縣 동남쪽에 있었다.

리니, 진나라가 송나라에 구원병을 보내어, 성왕은 회군하고자 하였다. 장군 자옥(子玉)이 맞서 싸우자고 요구하자, 성왕은 "중이(重耳)는 나라 밖으로 떠돌아다닌 지 오래이나, 결국은 진나라로 돌아올 것이오. 이것은 하늘이 그를 인도하는 것이니, 막을 수는 없소"라고 말하였다. 자옥이 싸울 것을 굽히지 않자 그에게 소수의 군사를 주어 보냈다. 진나라 군대는 성복(城濮)[83]에서 자옥을 물리쳤다. 성왕은 노기에 차서 자옥을 죽였다.

46년의 일이었다. 처음에 성왕은 상신(商臣)을 태자로 삼으려는 생각을 영윤(令尹)[84] 자상(子上)에게 말하였다. 자상은 "주군의 나이가 아직 젊고, 거느리는 처첩 또한 많아서, 태자에 봉하였다가 폐하시면 난이 일어날 것입니다. 초나라가 봉한 태자는 언제나 어린 사람이었습니다. 더구나 웅상신은 두 눈이 독사와 같고 음성 또한 차고 냉혹한 잔인한 사람이니 태자로 삼아서는 안 됩니다"라고 하였다. 성왕은 자상의 말을 듣지 않고 상신을 태자로 삼았다. 후에 다시 태자 상신을 폐하고 태자를 세우려고 하였다. 상신은 이 소식을 듣고 사실 여부를 조사하지 않고 그의 선생인 반숭(潘崇)에게 "어떤 방법으로 진실된 상황을 알 수 있겠습니까?" 하고 물었다. 반숭은 "태자께서는 왕이 총애하는 강미(江芉)를 식사에 초대하되, 그녀에게 공경하는 태도를 보이지 마십시오"라고 하였다. 상신이 반숭의 말을 쫓아 그대로 하였다. 강미는 화가 나서 "대왕께서 당신을 죽이고 태자를 따로 봉하는 것도 당연하지"라고 하였다. 상신은 반숭에게 "사실입니다"라고 알렸다. 반숭이 "태자께서 대왕을 섬길 수 있습니까?" 라고 물으니, 상신이 대답하기를 "할 수 없습니다"라고 하였다. 반숭이 다시 "다른 나라로 도망치시겠습니까?" 하고 물으니, 상신은 "그럴 수 없습니다"라고 대답하였다. 반숭이 또 "정변을 일으킬 수 있습니까?" 하고 물으니, 상신은 "할 수 있습니다"라고 대답하였다. 겨울 10월에 상신은 궁중 경비병으로 성왕을 에워쌌다. 성왕은 곰발바닥 요리를 먹은 후 죽여달라고 요구하였으나,[85] 상신은 이를 허락하지 않았다. 정미일(丁未日)에 성왕은 목을 매어 자살하였다. 상신이 왕위에 오르니, 이 사람이

---

83) 城濮: 晉나라 고을 이름. 지금의 山東省 鄄城縣 서남쪽 臨濮集에 있었다. 지금의 河南省 開封縣 陳留鎭 부근이라는 설도 있다.

84) 令尹: 관직 이름. 楚나라의 병권을 장악하는 최고 관직.

85) 곰발바닥은 익히기 어렵기 때문에, 成王은 구원병이 올 시간을 벌려고 곰발바닥 요리를 먹게 해달라고 한 것이다.

목왕(穆王)이다.

목왕은 왕위에 오른 후, 자신이 살던 태자궁을 반숭에게 하사하고, 그를 태사(太師)[86]에 임명하여 국가 대사를 관장하게 하였다. 목왕 3년, 강(江)[87]나라를 멸하였다. 4년, 육(六)[88]나라와 요(蓼)[89]나라를 멸하였다. 육나라와 요나라는 모두 고요(皐陶)[90]의 후손들이다. 8년, 진(陳)[91]나라를 토벌하였다. 12년에 목왕이 죽고 아들 장왕(莊王) 웅려(熊侶)가 왕위를 계승하였다.

장왕은 즉위하고 나서 3년 동안 호령(號令)도 발하지 않고, 밤낮으로 향락만을 즐기면서, 국중(國中)에게 명령하였다. "감히 간하는 자가 있으면 용서치 않고 죽음으로 다스리도록 하라." 오거(伍擧)[92]가 간하러 입궐해보니, 장왕은 왼손으로 정희(鄭姬)[93]를 껴안고, 오른손으로 월나라의 여인을 껴안고 무희들 속에 앉아 있었다. 오거가 말하였다. "제가 수수께끼를 내고자 합니다." 그리고 계속해서 말하였다. "새 한 마리가 언덕에 앉아 있는데, 3년 동안 날지도 않고 지저귀지도 않았습니다. 이 새는 무슨 새입니까?" 장왕이 말하였다. "3년 동안 날지 않았으나, 날면 하늘을 치솟아오를 것이고, 3년 동안 지저귀지 않았으나, 한 번 지저귀면 사람을 놀라게 할 것이다. 오거, 그대는 가도 좋다. 과인이 그대의 뜻을 알겠노라." 몇달이 지나도록 장왕은 계속 더욱더 황음에 빠져들었다. 대부 소종(蘇從)이 입궐하여 간하였다. 장왕이 말하였다. "그대는 금지령을 듣지 못하였느냐?" 소종이 대답하여 말하였다. "죽음으로써 주군을 깨닫게 하는 것이 저의 소원입니다." 장왕은 비로소 황음을 그만두고 정

---

86) 太師 : 관직 이름. 三公(太師, 太傅, 太保) 중에서 우두머리이다. 穆王이 특별히 이 관직을 설치하였으며, 직위는 令尹보다 높다.

87) 江 : 나라 이름. 성은 嬴氏이다. 도성은 지금의 河南省 息縣 서남쪽에 있었다.

88) 六 : 나라 이름. 도성은 지금의 安徽省 六安市 동북쪽에 있었다.

89) 蓼 : 나라 이름. 도성은 지금의 河南省 固始縣 동북쪽에 있었다.

90) 皐陶 : 東夷族의 부족장. 舜임금 때에는 형벌을 관장하는 관리였으며, 禹임금 때에는 후계자로 지목되었으나, 이어받지 못하였다. 권36 「陳杞世家」의 〈주 42〉 참조.

91) 陳 : 나라 이름. 지금의 河南省 동쪽과 安徽省 일부분에 해당한다. 도읍은 陳(지금의 河南省 淮陽縣)이다.

92) 伍擧 : 椒邑을 封地로 받아, 椒擧라고도 한다.

93) 鄭姬 : 미녀의 卑稱.

사를 처리하였다. 그에게 죽임을 당한 나쁜 무리들이 수백을 헤아렸으며, 등용된 사람들도 수백을 헤아렸다. 장왕은 오거와 소종에게 국정을 다스리게 하여 나라 사람들이 크게 기뻐하였다. 그해에 용(庸)나라를 멸망시켰다. 6년, 송(宋)나라를 정벌하고 500여 대에 달하는 마차를 노획하였다.

8년, 장왕은 육혼(陸渾)[94]에 사는 융족(戎族)을 정벌하고, 낙하(洛河)[95]에 이르렀다. 주(周)나라 도성 교외에서 열병식을 가지며 힘을 과시하였다. 주 정왕(周定王)[96]은 왕손만(王孫滿)[97]을 보내어 장왕을 위로하였다. 장왕이 구정(九鼎)[98]의 대소경중을 물으니, 왕손만이 대답하였다. "그것은 덕행에 있지, 보정(寶鼎)에 있지 않습니다." 장왕이 말하였다. "그대는 구정을 막을 수 없소. 초나라가 창칼의 예봉을 꺾는다면 구정을 만들기에 족하오." 왕손만이 말하였다. "아! 주군께서는 잊으셨는지요? 옛날 순(舜)임금과 하우(夏禹)가 흥성할 때는 주변의 국가들이 모두 조공을 바치러 왔고, 구주(九州)의 제후들이 금속을 헌납하여 구정을 만들어 많은 나라들이 여러 가지 괴이한 물건을 그려넣어, 사람들로 하여금 이 괴이한 물건들이 해를 끼치는 것이라는 것을 알게 하였습니다. 하(夏)나라 걸왕(桀王)[99]이 혼란에 빠지자 구정은 은(殷)나라로 옮겨가 600년 동안 나라가 지속되었습니다. 은나라 주왕(紂王)[100]이 포학하여 구정은 주나라로 넘어갔습니다. 세상에 덕행이 행해지면 구정은 작아지나 무거워져서 옮기기 어렵고, 세상이 혼란하여 간사한 사람이 들끓으면 구정은 커지나 가벼워져서 쉽게 옮길 수 있습니다. 옛날 성왕(成王)이 겹욕(郟鄏)[101]에 구정을 안치하였을 때, 대대로 30대에 걸쳐 700년 동안 나라가 지속될 것이라는 복점(卜占)[102]이 나왔으니, 이것은 하늘의 뜻[103]입

94) 陸渾 : 지금의 河南省 嵩縣 서북쪽에 있다. 嵩縣 동북쪽이라는 설도 있다.
95) 洛河 : 하천 이름. 지금의 河南省 서북부를 통과하여 흐른다.
96) 周 定王 : 姬瑜. 기원전 606년에서 기원전 586년까지 재위하였다.
97) 王孫滿 : 周 왕실의 大夫.
98) 九鼎 : 夏나라 禹임금이 九州의 銅을 수집하여 만든 아홉 개의 鼎으로, 그후로는 나라에 대대로 전해지는 보물이 되었다. 권32 「齊太公世家」의 〈주 31〉 참조.
99) 桀王 : 夏나라 마지막 군주. 商나라 湯王에게 쫓겨나 남쪽으로 도망쳤다가, 그곳에서 죽었다. 앞의 〈주 14〉 참조.
100) 紂王 : 商나라의 마지막 군주. 교만과 사치, 황음무도하여 민심을 잃자, 周 武王이 군사를 일으켜 牧野(지금의 河南省 淇縣)에서 紂王을 무찌르니, 그는 자결하였다.
101) 郟鄏 : 지금의 河南省 洛陽市 西王城公園 일대.

니다. 주 왕실의 덕정(德政)이 비록 미약하기기는 하지만, 하늘의 뜻은 바뀌지 않았습니다. 구정의 경중(輕重)을 물으실 수 없습니다." 장왕은 (이 말을 듣고) 비로소 돌아갔다.

9년, 약오씨(若敖氏)[104]를 재상에 임명하였다. 어떤 사람이 장왕의 면전에서 약오씨를 모함하자, 약오씨는 죽임을 당할까 두려워, 오히려 장왕을 공격하였다. 장왕이 반격하여 약오씨의 가족을 주살하였다. 13년, 서(舒)[105]나라를 멸망시켰다.

16년, 장왕은 진(陳)나라를 정벌하고, 하징서(夏徵舒)[106]를 죽였다. 하징서가 자신의 임금을 시해하였기[107] 때문에 그를 처벌한 것이다. 진(陳)나라를 점령한 후, 진나라 지역을 현으로 편입시켰다. 신하들이 모두 축하하는데, 신숙시(申叔時)[108]는 제(齊)나라에 사신으로 갔다 돌아와서도 장왕에게 축하의 말을 하지 않았다. 장왕이 그 까닭을 물으니, 그가 대답하였다. "옛 속담에 이르기를, 소를 끌고 다른 사람 밭에 들어가면 밭 주인이 소를 빼앗는다고 합니다. 밭에 들어가는 것이 잘못한 것이니, 그의 소를 빼앗아도 지나친 것이 아니겠지요? 다시 말해서, 대왕이 진나라에 난이 일어나 제후들을 이끌고 그 난을 평정한 것은 도의(道義)로 한 것인데, 오히려 진나라의 토지를 탐한다면, 어떻게 천하를 호령하시겠습니까?" 장왕은 그 즉시 진나라 후손들에게 나라를 재건시켜주었다.[109]

17년 봄, 초나라 장왕은 정나라를 포위하여 3개월간 공격하였다. 황문(皇門)[110]으로 들어가니 정 양공(鄭襄公)[111]이 상반신을 드러내고 양을 끌면서 영접하며 말하였다. "저는 하늘의 도움을 얻지 못하고, 대왕을 섬

---

102) 卜占 : 거북의 껍질을 불에 태워서 그 갈라진 무늬를 근거로 하여 길흉화복을 점쳤다.
103) 원문은 "天命"이다. 고대 사람들은 하늘이 인간의 운명을 결정한다는 관념을 가지고 있었다. 그래서 통치자들은 스스로 '受命於天'하였다고 말하기도 하고, 자신들의 의지를 하늘의 명령이라고 假托하기도 하였다.
104) 若敖는 楚나라 왕족으로 대대로 執政大臣을 지냈으며, 여기에서는 越椒를 가리킨다.
105) 舒 : 나라 이름. 지금의 安徽省 廬江縣 서남쪽.
106) 夏徵舒 : 陳나라 大夫.
107) 夏徵舒는 그의 모친과 陳 靈公이 간통하였기 때문에 靈公을 죽였다.
108) 申叔時 : 楚나라 大夫.
109) 陳나라에 태자 嬀午로 하여금 나라를 다시 세우게 한 일을 말한다.
110) 皇門 : 鄭나라 都城 新鄭의 바깥 성문.
111) 鄭 襄公 : 姬堅. 기원전 604년에서 기원전 587년까지 재위하였다.

기지 못하여, 대왕께서 진노하시어 친히 저희 나라에 오셨으니, 이 모든
것이 저의 잘못입니다. 어떻게 감히 대왕의 명령에 따르지 않겠습니까 !
대왕께서 저를 남해(南海)¹¹²⁾로 귀양을 보내시거나 저를 노예로 삼아 제
후에게 준다 하더라도 대왕의 명령에 따르겠습니다. 만약에 대왕이 주나
라 여왕(厲王), 선왕(宣王)¹¹³⁾ 그리고 환공(桓公), 무공(武公)¹¹⁴⁾의 얼
굴을 봐서 그들의 사직(社稷)¹¹⁵⁾에 제사 지내게 하고 대를 끊지 않게 하
고, 저의 지위를 낮추어서 대왕을 모시게 한다면, 그것은 저의 더 바랄
것이 없을 소망입니다. 그러나 제가 감히 이런 사치스러운 생각을 가질
수 있겠습니까 ! 감히 대왕에게 저의 마음을 내보이는 것입니다. ”초나라
대신들이 말하였다. “주군께서는 허락하시면 안 됩니다. ”장왕이 말하였
다. “정나라의 군주가 이처럼 자신을 낮추고 겸손하니 틀림없이 그의 백
성들을 믿을 수 있겠노라. 어떻게 대를 끊는단 말이오 ! ”장왕은 친히 군
기를 들어 좌우 군대를 지휘하여 30리 떨어진 곳에 후퇴하여 주둔하고 정
나라와의 강화를 허락하였다. 조나라 대부 반왕(潘尫)¹¹⁶⁾이 정나라에 가
서 맹약을 체결하고, 정나라 군주의 동생 자량(子良)¹¹⁷⁾을 인질로 삼아
초나라로 데려왔다. 여름 6월, 진(晉)나라 군대가 정나라를 구원하기 위
해서 초나라 군대와 교전하였으나, 황하변에서 크게 패하고, 위옹(衛
雍)¹¹⁸⁾에서 회군하였다.

　20년, 송나라 도성을 공격하였는데, 이는 송나라 사람이 초나라 사신
을 죽였기 때문이었다.¹¹⁹⁾ 송나라 도성을 포위한 지 5개월이 지나자, 성
안에 양식이 떨어져 사람들이 서로 아이들을 바꾸어 먹고, 죽은 사람의
뼈를 뗄나무로 삼기까지 하였다. 송나라 화원(華元)¹²⁰⁾이 성 밖으로 나와
서 이 사실을 초나라 왕에게 알리자, 장왕은 “군자로다 ! ”라는 말을 하
고, 포위를 풀고 물러갔다.

112)　南海 : 남쪽 해변. 이곳에서는 편벽하고 멀리 떨어진 곳을 뜻한다.
113)　厲王, 宣王 : 周 厲王과 周 宣王을 가리킨다. 鄭나라 건국 이전의 조상.
114)　桓公, 武公 : 鄭 桓公과 鄭 武公을 가리킨다. 鄭나라 건국 초기의 군주.
115)　社稷 : 土神과 谷神을 말한다. 고대에는 ‘나라’라는 뜻으로 사용되었다.
116)　潘尫 : 楚나라 大夫.
117)　子良 : 鄭 襄公의 동생.
118)　衛雍 : 鄭나라 고을 이름. 옛 성은 지금의 河南省 原陽縣 서남쪽에 있다.
119)　2년 전, 宋나라가 楚나라 사신 申舟를 죽인 일을 말한다.
120)　華元 : 宋나라 大夫.

23년, 장왕이 죽고, 아들 공왕(共王) 웅심(熊審)이 왕위를 계승하였다.

공왕 16년, 진(晋)나라가 정나라에 쳐들어왔다. 정나라가 초나라에게 위급함을 알리니, 공왕은 정나라에 구원병을 보냈다. 언릉(鄢陵)[121]에서 진나라 군대와 교전하였는데, 진나라 군대가 초나라 군대를 격퇴하고, 공왕의 눈에 부상을 입혔다. 공왕은 장군 자반(子反)을 불러들였다. 자반은 술을 좋아하여, 호위병 수양곡(竪陽穀)이 술을 보내와 자반은 술에 취하였다. 공왕은 노기를 띠고 자반을 죽이고 회군하였다.

31년, 공왕이 죽고, 아들 강왕(康王) 웅초(熊招)가 왕위를 계승하였다. 강왕이 15년 동안 재위하고 죽자, 아들 웅원(熊員)[122]이 왕위를 계승하니, 이 사람이 겹오(郟敖)이다.

강왕이 총애하는 동생으로는 자위(子圍), 자비(子比), 자석(子晳), 기질(棄疾) 등이 있었다. 겹오 3년, 숙부인 강왕의 동생 자위를 영윤(令尹)으로 삼아 군사권을 장악하게 하였다. 4년, 공자 위가 정나라에 사신으로 가던 도중, 국왕이 병들었다는 말을 듣고 돌아왔다. 12월 기유일(己酉日)에 공자 위는 입궐하여 국왕의 병세를 살피고, 갓끈으로 겹오를 목을 매어 죽이고, 겹오의 아들 막(莫)과 평하(平夏)를 죽였다. 초나라는 사신을 정나라에 파견하여 비보를 알려야 하였다. 오거(伍擧)는 사신에게 정나라 왕인 양 물었다. "누가 계승자입니까?" 사신이 대답하였다. "저희 나라 대부이신 자위이십니다." 오거는 사신의 부음을 고쳐서 말하게 하였다. "당신은 정나라 왕에게 다음과 같이 말하시오. '공왕의 아들 자위가 장자입니다.'" 공자 자비는 진(晋)나라로 도망치고, 자위가 왕위에 오르니, 그가 영왕(靈王)이다.

영왕 3년 6월, 초나라는 사신을 진(晋)나라에 파견하여 제후와 회합을 가질 것이라고 통보하였다. 제후들이 모두 신(申) 지역에 와서 초나라 왕과 회합을 가졌다. 오거가 말하였다. "옛날 하계(夏啓)[123]가 균대(釣臺)[124]에서 연회를 베풀었고, 상(商)나라 탕왕(湯王)은 경박(景亳)[125]에

---

121) 鄢陵 : 鄭나라 고을 이름. 옛 성은 지금의 河南省 鄢陵縣 서북쪽에 있다.
122) 熊員 : 『左傳』에는 '員'이 '麇'이라고 쓰여 있다.
123) 夏啓 : 夏禹의 아들. 夏나라 건립자.

서 명령을 내렸으며, 주나라 무왕은 맹진(盟津)[126]에서 군사들에게 맹세하였으며, 성왕은 기양(岐陽)[127]에서 모여 사냥을 하였으며, 강왕(康王)[128]은 풍궁(豐宮)[129]에서 만조백관을 접견하였으며, 목왕(穆王)[130]은 도산(塗山)[131]에서 회합을 가졌으며, 제 환공은 소릉(召陵)[132]에서 (초나라와) 맹약을 맺었으며, 진 문공(晉文公)은 천토(踐土)[133]에서 맹세하였는데, 대왕께서는 어떤 예의를 갖추시겠습니까?" 영왕이 말하였다. "제 환공의 방법을 택하겠소." 그 당시, 정나라 자산(子産)[134]이 그 자리에 있었지만, 진(晉)나라, 송나라, 노나라, 위(衛)나라는 참가하지 않았다. 영왕은 제후들과 맹약을 맺은 후, 교만한 기색을 드러냈다. 오거가 말하였다. "하나라의 걸왕은 유잉(有仍)[135]에서 회맹을 거행하였는데, 유민(有緡)[136]이 그에게 반기를 들었습니다. 상나라 주왕(紂王)은 여산(黎山)[137]에서 회맹을 하자 동이(東夷)[138]가 그에게 반란을 일으켰습니다. 주 유왕(周幽王)이 태실(太室)[139]에서 맹약의 모임을 가졌는데, 융족(戎族)과 적족(翟族)[140]이 그에게 반기를 들었습니다. 대왕께서는 반

---

124)　釣臺 : 누각. 옛 터는 지금의 河南省 禹縣 남쪽에 있다.
125)　景亳 : 北亳. 商나라 발상지. 옛 성은 지금의 河南省 商丘縣 남쪽에 있다.
126)　盟津 : '孟津'이라고도 한다. 黃河 津渡口의 옛 이름. 옛 터는 지금의 河南省 盟津縣 동쪽에 있다. 武王은 紂王을 무찌르고 난 후, 이곳에서 제후들과 모임을 가지고 강을 건넜다.
127)　岐陽 : 岐山의 남쪽. 지금의 陝西省 岐山縣 동북쪽 일대.
128)　康王 : 姬釗. 재위 기간 동안 부친 成王의 정책을 이어받아 통치를 강화하여, '成康之治'라고 부른다.
129)　豐宮 : 周 成王의 묘. 지금의 陝西省 戶縣 동쪽.
130)　穆王 : 姬滿. 일찍이 서쪽으로 犬戎을 정벌하고 동쪽으로 徐戎을 정벌하였다.
131)　塗山 : 산 이름. 지금의 安徽省 蚌埠市 서쪽. 지금의 安徽省 當塗縣이라는 설도 있다.
132)　召陵 : 楚나라 고을 이름. 옛 성은 지금의 河南省 偃城縣 동쪽에 있다. 齊 桓公은 제후의 군대를 통솔하여 蔡나라를 무찌르고 난 후, 이곳에서 楚나라를 위협하여 맹약을 맺었다.
133)　踐土 : 鄭나라의 지명. 지금의 河南省 原陽縣 서남쪽. 晉 文公은 제후들과 이곳에서 會盟을 맺어 霸權을 확립하고 盟主가 되었다.
134)　子産 : 公孫僑를 말한다. 字가 子産이다. 鄭나라 大夫로 춘추시대의 유명한 정치가이다.
135)　有仍 : 나라 이름. 지금의 山東省 濟寧縣 부근.
136)　有緡 : 나라 이름. 지금의 河南省 虞城縣 북쪽.
137)　黎山 : 옛 지명. 지금의 河南省 浚縣 동남쪽.
138)　東夷 : 동쪽에 있는 여러 부족의 卑稱.
139)　太室 : 산 이름. 지금의 河南省 登封縣 북쪽에 있는 嵩山을 가리킨다.

230

드시 신중하게 뒷일을 염두해두셔야 합니다!"

7월, 초나라 왕은 제후의 군대를 이끌고 오나라를 정벌하러 가서 주방 (朱方)¹⁴¹⁾을 포위하였다. 주방을 점령하여 경봉(慶封)을 가두고 그의 일 족을 멸하였다. 경봉을 본보기로 군중들에게 보이면서 선포하였다. "여러 분, 제나라 경봉을 본받지 마시오. 자기의 국왕을 죽이고, 어린 군주¹⁴²⁾ 를 속이고, 대부들을 위협하여 자신을 지지하게 하였습니다." 경봉이 반 박하며 말하였다. "초나라 공왕의 서자 위(圍)를 본받지 마시오. 자신의 국왕인 형의 아들 원(員)을 시해하고 왕위에 등극하였습니다!" 이때, 영 왕은 즉시 사람을 보내어 그를 죽였다.

7년, 영왕은 장화대(章華臺)¹⁴³⁾를 세우려고, 영을 내려 유랑민들을 마 을에 머물게 하고 부역에 종사하게 하였다.

8년, 공자 기질(棄疾)에게 군사를 주어 진(陳)나라를 멸하게 하였다. 10년, 채후(蔡侯)¹⁴⁴⁾를 불러 술에 취하게 한 다음 그를 죽였다. 공자 기 질을 파견하여 채나라를 평정하고 그를 진채공(陳蔡公)에 임명하였다.

11년, 서(徐)¹⁴⁵⁾나라를 정벌하고 오(吳)나라를 위협하였다. 영왕은 간 계(乾谿)¹⁴⁶⁾에 주둔하여 동정을 살폈다. 영왕이 말하였다. "제(齊)나라, 진(晉)나라, 노(魯)나라, 위(衛)나라는 제후에 봉해질 때 모두 주 왕실 로부터 보물을 받아갔는데, 우리나라는 없었소. 지금 내가 사신을 파견하 여 주 왕실에 구정을 요구하여 제후의 보물로 삼으려고 하는데, 과연 나 에게 주겠소?" 석보(析父)¹⁴⁷⁾가 대답하여 말하였다. "반드시 국왕에게 줄 것입니다! 옛날에 우리의 선조 웅역(熊繹)이 멀리 형산(荊山)¹⁴⁸⁾에 있으면서, 낡은 수레를 타고 해어진 옷을 입고 초원지방에 살면서도 산과 물을 건너 천자를 받들고, 복숭아나무로 만든 활과 가시나무로 만든 화살

140) 戎, 翟: 서북 지역에 사는 여러 부족의 卑稱. '翟'은 '狄'과 통한다.
141) 朱方: 吳나라의 지명. 지금의 江蘇省 丹徒縣 부근. 당시에 齊나라 大夫 慶封이 가족을 데리고 도망하여 이곳에 살았다.
142) 어린 나이에 왕위를 계승한 齊 景公을 말한다.
143) 章華臺: 누각. 지금의 湖北省 監利縣 서북쪽.
144) 蔡侯: 蔡 靈侯 姬般. 기원전 542년에서 기원전 531년까지 재위하였다.
145) 徐: 나라 이름. 지금의 江蘇省 泗洪縣 남쪽.
146) 乾谿: 楚나라의 지명. 지금의 安徽省 亳縣 동남쪽. 권31 「吳太伯世家」의 〈주 64〉 참조.
147) 析父: 楚나라 大夫.
148) 荊山: 산 이름. 지금의 湖北省 南漳縣 서쪽.

을 주 왕실에 공급하였습니다. 제나라 제후는 주 천자의 큰아버지[149]이
고, 진(晉)나라의 제후와 노나라의 제후 그리고 위(衛)나라의 제후는 각
각 주나라 성왕 혹은 무왕과 같은 어머니의 형제들이어서,[150] 초나라가
받지 못한 보물을 그들은 모두 가지고 있습니다. 주 왕실은 지금 쇠퇴하
여 네 나라와 함께 모두 국왕을 섬기고 있으니, 국왕의 명령에 복종할 것
이고, 어떻게 감히 어리석게 구정을 아까워하겠습니까?" 영왕이 말하였
다. "옛날에 나의 먼 조상인 계련(季連)의 큰형 곤오(昆吾)가 원래 허
(許)나라에 살았는데, 지금 정나라 사람들이 그곳을 탐하여 점령하고 나
에게 주려고 하지 않는데, 만약에 내가 그것을 달라고 하면 나에게 주겠
소?" 석보가 대답하여 말하였다. "주나라가 구정을 아까워하지 않는데,
정나라가 어떻게 감히 허나라 땅을 아까워하겠습니까?" 영왕이 말하였
다. "옛날에 제후들이 나를 멀리하고 진(晉)나라를 두려워하였는데, 지
금 내가 진(陳),[151] 채(蔡),[152] 불갱(不羹)[153]의 성지(城池)를 크게 수
리하고 이곳에 천승(千乘)[154]의 병사를 주둔시키고 있는데, 제후들이 나
를 두려워하겠소?" 대답하기를 "두려워할 것입니다!" 영왕은 기뻐서 말
하였다. "석보는 정말로 옛 일을 잘 아는군."[155]

　12년 봄, 초나라 영왕은 간계를 좋아하여 그곳을 떠나는 것을 아쉬워하
였다. 초나라 백성들이 요역으로 고생을 하였다. 먼저 영왕은 신읍(申
邑)에서 제후들과 모임을 가지고, 월(越)나라 대부 상수과(常壽過)를 모
욕하고, 채나라 대부 관기(觀起)를 죽였다. 관기의 아들 관종(觀從)은
오나라로 도망쳐서 오나라 왕에게 초나라를 공격하고 월나라 대부 상수과
에게 반란을 일으키라고 권하고 (자신은) 오나라 첩자가 되었다. 사람을
파견하여 공자 기질의 명령을 거짓으로 유포시키고, 진(晉)나라에서 공

---

149)　齊 丁公 呂伋은 周 成王의 백부이다.
150)　晉 唐叔은 成王의 동생이고, 魯 周公과 衛 康叔은 모두 武王의 동생이다.
151)　陳 : 원래 陳나라 都城 宛丘(지금의 河南省 淮陽市)를 말한다.
152)　蔡 : 원래 蔡나라 都城 新蔡(지금의 河南省 新蔡縣)를 말한다.
153)　不羹 : 두 성으로 나뉘었다. 東不羹의 옛 성은 지금의 河南省 舞陽縣 서북쪽이
　　고, 西不羹의 옛 성은 지금의 河南省 襄城縣 동남쪽이다. 여기에서는 西不羹을 말한
　　다.
154)　乘은 甲車로서 1乘은 甲士 3人에 步卒 72人으로 구성되어 있다.
155)　여기에서 靈王과 대화한 사람은 析父가 아니고 '子革'이다. 『左傳』의 "昭公十二
　　年" 참고.

자 비(比)를 채읍으로 불러들였으며, 관종은 오나라와 월나라의 군대와
연합하여 채읍을 습격할 준비를 하였다. 공자 비로 하여금 공자 기질을
만나게 하고, 등읍(鄧邑)에서 맹약을 맺었다. 그리고 영도(郢都)에 들어
가 영왕의 태자 녹(祿)을 죽이고, 공자 비를 초왕에 옹립하고, 공자 석
(晳)을 영윤에 임명하였으며, 공자 기질을 사마(司馬)[156]로 삼았다. 먼
저 왕궁을 평정하고, 관종은 군대를 이끌고 간계에 가서 초나라 군사들에
게 선포하였다. "나라에 왕이 새로 들어섰으니 먼저 돌아가는 사람은 원
래 가지고 있던 관직과 봉지·전답·가옥을 회복시켜줄 것이며, 늦게 돌
아가는 사람은 귀양을 보낼 것이다." 초나라 병사들이 이 말을 듣고 모두
흩어져 도망치고 영왕 혼자만 남게 되었다.

영왕은 태자 녹이 살해되었다는 소식을 듣고 마차 아래로 쓰러지면서
말하였다. "사람들이 아들을 사랑하는 것이 나와 같단 말인가?" 시종이
대답하였다. "이것보다 훨씬 더합니다." 영왕이 말하였다. "내가 다른 사
람들의 자식을 많이 죽였으니 이런 지경에 이르지 않을 수 있었겠소?"
우윤(右尹)[157]이 말하였다. "왕께서는 영도(郢都) 교외로 돌아가셔서 백
성들의 처분을 기다리십시오." 영왕이 말하였다. "사람들이 모두 나를 배
반하였는데도." 우윤이 다시 말하였다. "그러면 잠시 제후에게 의탁하시
고 나라가 안정되기를 기다리십시오." 영왕이 말하였다. "복을 다시 누릴
수 없을 것이니 내 스스로 치욕을 당하는 수밖에 없구려." 이때 영왕은
배를 타고 언성(鄢城)[158]에 들어갈 생각이었다. 우윤은 영왕이 그의 계책
을 받아들이지 않을 것이라고 생각되자, 죽는 것이 걱정되어 영왕을 떠나
도망쳤다.

영왕이 단신으로 산속을 헤매었지만, 산야의 백성들이 모두 그를 받아
들이지 않았다. 옛날 견인(涓人)[159]을 만나 그에게 말하였다. "나에게 먹
을 것을 좀 주시오. 나는 벌써 3일 동안 아무 것도 먹지 못하였소." 견인
이 말하였다. "새 왕이 조서를 내려, 당신에게 음식을 제공하거나 당신을
따르는 사람은 삼족(三族)[160]에게 벌을 내린다고 하였습니다. 그리고 지

---

156) 司馬 : 관직 이름. 군사권을 장악하였다.
157) 右尹 : 관직 이름. 슈尹 다음의 직위.
158) 鄢 : '鄢郢'이라고도 한다. 楚나라의 또 다른 都城. 옛 성은 지금의 湖北省 宜城
　　　縣 남쪽에 있다.
159) 涓人 : 宮廷을 청결하게 청소하는 사람. '涓'은 '湏'과 같다.

금은 음식을 찾을 만한 곳도 없습니다." 영왕은 그의 다리를 베개 삼아 잠이 들었다. 견인은 흙더미를 가져다가 다리를 대신하고 도망쳤다. 영왕이 깨어보니 사람은 보이지 않았고 배가 고파서 일어서지도 못하였다. 우윤(芋尹)[161]의 지방관 신무우(申無宇)의 아들 신해(申亥)가 말하였다. "저의 부친께서 두 번이나 국왕의 명령을 어겼는데도[162] 국왕은 그를 죽이지 않았으니 그 은덕이 이보다 큰 것은 없을 것입니다." 그리고 사방으로 영왕을 찾아다녔다. 이택(釐澤)[163]에서 영왕이 배가 고파 쓰러져 있는 것을 발견하고 그를 부축하여 집으로 데리고 왔다. 여름 5월 계축일(癸丑日)에 영왕은 신해의 집에서 세상을 떠났다. 신해는 두 딸로 하여금 순절하게 하여 영왕과 함께 묻었다.

이때, 초나라는 공자 비(比)를 왕으로 옹립하였으나 영왕이 살아 돌아올까 걱정만 할 뿐 영왕이 죽었다는 소식을 듣지 못하였다. 이 때문에 관종은 초왕(初王)[164] 비에게 말하였다. "공자 기질을 죽이지 않으면, 왕께서 비록 나라를 얻기는 하였지만 화를 당할 것입니다." 초왕이 말하였다. "나는 차마 그럴 수 없소." 관종이 말하였다. "사람들이 대왕을 해치려고 참고 있습니다." 초왕이 말을 듣지 않자 관종은 비의 곁을 떠났다. 공자 기질이 귀국하자, 도성(都城) 사람들[165]이 밤마다 놀라 허둥대며 말하였다. "영왕이 성으로 돌아왔다!" 을묘일(乙卯日) 저녁, 공자 기질은 사람을 보내어 강에서 배를 타고 왔다갔다 하면서 다음과 같이 소리치게 하였다. "영왕이 돌아왔다!" 도성 사람들은 더욱더 놀라고 두려워하였다. 그리고 만성연(曼成然)을 파견하여 초왕 비와 영윤 자석(子晳)에게 알렸

---

160) 三族 : 여러 가지 설이 있다. 하나는 父母, 兄弟, 妻子를 말하는 것이고, 둘째는 父系, 母系, 妻系를 일컫는 것이며, 셋째는 父, 子, 孫 三代를 말하는 것이다.

161) 芋尹 : 두 가지 설명이 있다. 하나는 芋邑의 大夫를 말하고, 다른 하나는 芋園을 관리하는 관직을 말한다.

162) 申亥가 王旗를 부러뜨린 일과 章華臺에 무단침입하여 도망친 하인을 잡아간 일을 가리킨다.

163) 釐澤 : 지명. 지금의 위치를 알 수 없다. 지금의 湖北省 監利縣 서북쪽이라는 설이 있다.

164) 初王 : 子比가 재위한 기간이 아주 짧아 죽은 후에도 연호가 없어서 '初王'이라고 불렀다.

165) 원문에는 "國人"으로 되어 있다. 춘추시대에 수도에 거주하는 사람을 통칭하여 이렇게 불렀다. 이들은 통치계급에 속하는 사람들로 국가대사 토론에 참여한 권리를 가지고 있다.

다. "군왕이 돌아왔습니다! 성 안의 사람들이 대왕을 죽이려고 합니다. 사마(司馬), 즉 기질이 곧 돌아올 것입니다. 대왕께서 빨리 방책을 세워 치욕을 당하지 않으시기 바랍니다. 백성들이 분노하여, 물이 넘치고 불이 타오르는 것같이 되면 돌이킬 수 없습니다." 초왕과 자석은 자살하였다. 병진일(丙辰日)에 기질이 왕으로 등극하고 이름을 웅거(熊居)라고 바꾸니, 이 사람이 바로 평왕(平王)이다.

평왕은 속임수로 두 왕[166]을 죽이고 등극하여, 백성들과 제후들이 반란을 일으킬까 두려워 백성들에게 은혜를 베풀었다. 진(陳)나라와 채(蔡)나라의 땅을 되돌려주고, 두 나라의 후예를 그곳의 제후로 삼았으며, 빼앗았던 정(鄭)나라 땅을 되돌려주었다. 백성들을 편안하게 하고 정령(政令)을 내려 교화에 힘썼다. 오나라는 초나라가 혼란한 틈을 타서 초나라 장군 5명[167]을 사로잡아 회군하였다. 평왕은 관종에게 말하였다. "그대는 어떤 관직을 원하오?" 관종이 복윤(卜尹)[168]을 원하여 평왕은 그것을 그에게 허락하였다.

원래, 공왕(共王)에게 총애하는 아들 5명이 있었지만, 적자(嫡子)에게 왕위를 물려주려 하지 않고, 산천 군신들에게 제사 지내어 신령이 그중에서 한 사람을 점지하면 그에게 나라를 맡기고자 하였다. 그래서 공왕과 파희(巴姬)는 사당에 몰래 옥벽(玉璧)을 묻어두고, 다섯 아들에게 목욕재계하고 사당 안으로 들어가게 하였다. 강왕(康王)은 옥벽을 뛰어넘었고, 영왕(靈王)은 팔꿈치를 옥벽 위에 올려놓았고, 자비(子比)와 자석(子晳)은 옥벽에서 멀리 떨어졌다. 평왕(平王)은 나이가 어려 그 위에 무릎을 꿇고 절하는데, 그것이 옥벽의 중심을 내리누르게 되었다. 그래서 강왕은 나이가 들어 등극하였으나 그의 아들 손에 왕위를 빼앗겼고, 공자 위(圍)는 영왕이 되어 살해되었고, 공자 비(比)는 10여 일 동안 왕이 되었으며, 공자 석은 등극하지도 못하고 죽임을 당하였던 것이다. 이 네 아들은 후손이 끊어져 멸문하였다. 오직 공자 기질만이 후에 등극하여 평왕

---

166) 靈王과 初王을 말한다.
167) 靈王이 徐나라를 공격할 때 파견하였던 다섯 장군, 즉 蕩侯, 潘子, 司馬督, 囂尹午, 陵允喜를 가리킨다.
168) 卜尹: 卜筮를 관장하는 관리. 大夫와 같은 직위이다.

이 되어 초나라 종묘사직에 계속 제사 지낼 수 있게 되었으니, 이것은 모두 신령의 계시 때문인 것 같다.

처음에, 공자 비가 진(晉)나라에서 돌아오자, 한선자(韓宣子)[169]가 숙향(叔向)[170]에게 물었다. "공자 비가 성공하겠습니까?" 숙향이 대답하였다. "성공하지 못할 것입니다." 선자가 말하였다. "초나라 백성들이 모두 초왕을 싫어하여, 장사꾼이 이익만을 취하는 것과 같이 새 임금을 세우려고 하는데 왜 성공할 수 없습니까?" 숙향이 대답하였다. "그와 친밀한 사람도 없으며, 그와 원망을 함께 할 사람이 누가 있겠습니까? 나라를 취하는 데는 다섯 가지 어려움이 있습니다. 총애하는 사람은 있지만 현인이 없는 것이 그 하나요, 현인이 있기는 하지만 중요한 지지기반이 없는 것이 그 두번째요, 중요한 지지기반이 있기는 하지만 전반적인 계략이 없는 것이 그 세번째요, 전반적인 계략은 있지만 백성들의 호응이 없는 것이 그 네번째요, 백성들의 호응은 있지만 자신에게 덕행이 없는 것이 그 다섯번째입니다. 자비는 진(晉)나라에서 13년 동안 있었는데, 진나라와 초나라에서 그를 따르는 사람 중에 학식이 박학한 사람이 있다는 소리를 들어보지 못하였으니 현인이 없는 것이고, 가족이 없고 친척과 친구들이 그를 배반하였으니 중요한 지지기반이 없다고 말할 수 있으며, 때가 되지도 않았는데 정변을 일으키고자 하니 전반적인 계략이 없다고 할 수 있습니다. 평생 동안 국외에서 살았으니 백성이 없다고 할 수 있고, 국외를 떠돌아다녔는데도 어느 누구도 그의 행적을 기록하기 좋아하는 사람이 없으니 덕행이 없다고 말할 수 있습니다. 초왕이 포학하여 거리끼는 바가 없기는 하지만(자멸하였지만), 자비가 이 다섯 가지 어려움에 직면하여 임금을 죽이려 하는데 누가 그를 도와 성공시키겠습니까? 초나라를 얻는 사람은 아마 기질이 아니겠습니까? 기질은 진(陳)나라와 채나라 땅을 통치하고 있고, 방성(方城)[171] 이외의 지역도 모두 그에게 귀속되었습니다. 혼란스럽고 사악한 일이 일어나지 않고 도적들이 숨을 죽이고 숨어 있고, 사리사욕으로 백성들의 이익을 거스르지 않았기 때문에 백성들도 원망하는 마음이 없습니다. 조상들이 그를 점지해주셨으니 초나라 백성들

---

169) 韓宣子 : 韓起를 말한다. 晉나라 執政大臣.
170) 叔向 : 羊舌肹을 말한다. 晉나라 大夫로 박학다식하였다.
171) 方城 : 山 이름. 지금의 河南省 葉縣 남쪽에 있는 큰 산.

이 그를 신임합니다. 미성(芈姓)은 난이 일어나면 반드시 막내가 왕위를 계승하는 것이 초나라의 관례입니다.[172] 자비의 관직은 우윤(右尹)일 뿐이고, 그의 귀천을 논하자면 서자에 불과할 뿐입니다. 신령의 뜻에 의하면 아주 요원하고 백성들이 그를 생각하지 않으니, 어떻게 왕위에 오를 수 있겠습니까!" 선자가 말하였다. "제 환공(齊桓公), 진 문공(晉文公)도 그렇지 않았습니까?" 숙향이 대답하였다. "제 환공은 위희(衛姬)의 아들로 희공(釐公)[173]의 총애를 받았습니다. 포숙아(鮑叔牙),[174] 빈수무(賓須無),[175] 습붕(隰朋)[176]이 보좌하였고, 거(莒)[177]와 위(衛)[178] 나라가 밖에서 지원하였으며, 고씨(高氏)와 국씨(國氏)[179]가 안에서 도왔습니다. 그는 즐거운 마음으로 정확한 의견을 듣고, 끊임없이 은혜를 베풀었으니, 제나라를 향유하는 것이 마땅하지 않습니까? 옛날 우리나라 진 문공(晉文公)은 호계희(狐季姬)의 아들로, 헌공(獻公)[180]의 총애를 받았습니다. 학문도 게을리 하지 않았습니다. 17세에 5명의 현사(賢士)[181]가 있었고, 대부 자여(子餘)[182]와 자범(子犯)[183]이 심복이 되었으며, 위주(魏犫)와 가타(賈佗)가 힘을 다하여 보좌하였고, 제나라, 송나라, 진(秦)나라, 초나라가 밖에서 지지하였고, 난(欒), 극(郤), 호(狐), 선(先) 네 집안[184]이 안에서 도왔습니다. 19년 동안 떠돌아다녔지만 부국강

---

172) 楚나라에서는 季連이 陸終의 막내 아들로 왕위에 오른 뒤, 여러 차례에 걸쳐 막내가 왕위에 오른 일이 있다.

173) 釐公 : 齊 釐公을 가리킨다. 桓公의 부친.

174) 鮑叔牙 : 齊나라 大夫. 齊 桓公을 도와 公子 糾를 살해한 후, 管仲을 宰相으로 추천하여 齊 桓公이 패업을 이루게 하였다.

175) 賓須無 : 齊나라 賢臣. 管仲을 도와 개혁에 공로가 많았다.

176) 隰朋 : 齊나라 大夫.

177) 莒 : 나라 이름. 都城은 지금의 山東省 莒縣이었다. 齊 桓公은 일찍이 이곳으로 피난하였다. 권32 「齊太公世家」의 〈주 65〉 참조.

178) 衛 : 나라 이름. 都城은 楚丘(지금의 河南省 滑縣 동쪽)였다. 衛나라도 齊 桓公을 도와 귀국할 수 있도록 하였다.

179) 高氏와 國氏 : 齊나라 귀족들.

180) 獻公 : 晉 獻公을 말한다. 文公의 부친.

181) 越衰, 狐偃, 賈佗, 先軫, 魏犫를 말한다.

182) 子餘 : 趙衰子를 가리킨다. 文公을 따라 19년 동안 떠돌아다니다가, 귀국 후 文公을 도와 覇業을 이루었다.

183) 子犯 : 狐偃子를 가리킨다. 文公의 伯父인 까닭에 '舅犯'이라고도 한다. 지모가 뛰어나 文公을 도와 패업을 달성하였다.

184) 欒枝, 郤縠, 狐突, 先軫 네 사람을 가리키는 것으로 모두 晉나라 大夫이다.

병에 대한 의지가 더욱더 강해졌습니다. 혜공(惠公)과 회공(懷公)이 백성을 배신하여, 백성들이 서로를 이끌며 문공에게 왔습니다. 그래서 문공이 진(晉)나라를 향유하는 것이 마땅하지 않았습니까? 자비는 백성들에게 이익을 준 적이 없고, 밖에서도 지원하지 않고, 진나라를 떠나는데도 진나라에서 호위하지 않았으며, 초나라에 돌아왔는데도 초나라가 환대하며 맞아들이지 않았습니다. 어떻게 초나라를 향유할 수 있겠습니까!" 자비는 과연 나쁜 종말을 맞았고, 결과적으로 왕위에 오른 사람은 기질이었다. 숙향이 말한 그대로였다.

평왕 2년, 비무기(費無忌)[185]를 진(秦)나라에 보내어 태자 건(建)을 위해서 태자비를 맞아들이려고 하였다. 태자비는 대단히 아름다웠다. 비무기는 태자비를 영접해오는 도중에 먼저 성으로 돌아와서 평왕을 부추기며 말하였다. "진나라 여자가 아름다우니 대왕께서 직접 그녀를 취하시고, 태자에게는 다른 사람을 구해주시지요." 평왕은 그의 말에 따라 자신이 진나라 여자를 취하여 웅진(熊珍)을 낳았다. 태자에게는 따로 신부를 구하여 결혼시켰다. 이때 오사(伍奢)[186]가 태자의 태부(太傅)가 되고 비무기는 소부(少傅)[187]가 되었다. 비무기는 태자의 총애를 얻지 못하자 자주 태자 건을 모함하였다. 태자 건은 이 당시 15세였고, 그의 모친은 채나라 사람으로 평왕의 총애를 얻지 못하여, 평왕은 점점 태자 건을 소원하게 대하였다. 6년, 태자 건을 성보(城父)[188]에 머물게 하고 변방을 지키게 하였다. 비무기는 다시 밤낮으로 평왕 면전에서 태자 건을 모함하였다. "제가 진나라 여자를 대왕의 후궁으로 모셔온 그날부터 태자 건은 저를 미워하고 있으니, 대왕에 대한 원망이 없을 수 없습니다. 대왕께서 좀더 경계하셔야 합니다. 더구나 태자는 성보에서 병권을 쥐고 대외적으로 제후와 결탁하여 쳐들어올 것입니다." 평왕은 태자의 태부 오사를 불러이 사건을 철저히 규명하라고 명하였다. 오사는 비무기가 태자를 모함한 것이라는 것을 알고 말하였다. "대왕께서는 어찌하여 하찮은 소인의 말을 듣고 혈육을 멀리하십니까?" 비무기가 말하였다. "지금 그를 제압하지

---

185) 費無忌 : 楚나라 大夫. 平王의 총애를 받았다.
186) 伍奢 : 伍擧의 아들. 楚나라 大夫.
187) 太傅, 少傅 : 太子를 가르치고 보좌하는 관리.
188) 城父 : 楚나라 고을 이름. 옛 성은 지금의 安徽省 亳縣 동남쪽에 있다.

않으면 후회할 것입니다!" 그리하여 평왕은 오사를 옥에 가두고, 사마 분양(奮揚)을 보내어 태자 건을 불러오게 하여 태자 건을 죽이려고 하였다. 태자는 이 소식을 듣고 송나라로 도망쳤다.

비무기가 말하였다. "오사에게 두 아들이 있는데, 함께 죽이지 않으면 초나라의 화근이 될 것입니다. 부친의 죄를 사해준다는 명분을 내세워 그들을 불러들인다면 틀림없이 올 것입니다." 그래서 평왕은 사신을 보내어 오사에게 보내어 말을 전하게 하였다. "너의 두 아들을 불러오면 살려줄 것이고, 불러오지 못하면 죽음뿐이다." 오사가 말하였다. "상(尙)은 오겠지만 서(胥)[189]는 오지 않을 것입니다." 평왕이 말하였다. "왜?" 오사가 말하였다. "상의 사람됨은 품행이 단정하고 절개를 위해서 죽을 수 있고, 효가 지극하고 어질어서, 왕명을 받고 부친의 죄를 면할 수 있다면 틀림없이 와서, 자신의 생사를 돌보지 않을 것입니다. 서의 사람됨은 기지가 있고 계략을 꾸미기를 좋아하고, 용감하면서 공명을 바라고, 오면 반드시 죽는다는 것을 알기 때문에 틀림없이 오지 않을 것입니다. 그러나 장차 초나라는 이 아이 때문에 우환이 있을 것입니다." 평왕은 그들을 소환하기 위해서 사람을 파견하였다. "자, 내가 너희 부친의 죄를 사해주겠노라." 오상(伍尙)이 오서(伍胥)에게 말하였다. "아버지의 죄를 사해준다는 말을 듣고 가지 않는 것은 불효이다. 아버님이 돌아가신 후 복수할 사람이 없다면 지모가 없는 것이다. 일을 처리하는 능력을 헤아리는 것도 지혜로운 것이다. 너는 도망치고 나는 돌아가서 죽겠다." 오상은 영도(郢都)로 갔다. 오서는 활에 화살을 메겨 사신에게 말하였다. "부친에게 죄가 있는데 어찌하여 아들을 불러들인단 말입니까?" 활을 쏘려고 하자 사신은 도망치고, 오서는 오나라에 망명하였다. 오사는 이 소식을 듣고 "서가 도망쳤으니, 초나라가 위험하겠군!"이라고 말하였다. 초나라 왕은 오사와 오상을 죽였다.

10년, 초나라 태자 건의 모친은 거소(居巢)[190]에서 몰래 오나라 군사와 내통하였다. 오나라는 공자 광(光)[191]을 파견하여 초나라를 정벌하기

---

189) 胥: 伍子胥를 가리킨다. 이름은 員이다. 吳나라로 도망친 후, 吳王 闔閭를 도와 吳王 僚를 살해하고 왕위를 빼앗아 吳나라를 강대국으로 만들었다. 吳王 夫差 때 자살하였다.
190) 居巢: 楚나라 고을 이름. 옛 성은 지금의 安徽省 巢縣 동북쪽에 있다. 지금의 合肥市 서북쪽이라는 설도 있다. 권31 「吳太伯世家」의 〈주 71〉 참조.

위해서, 진(陳)나라와 채나라를 격퇴하고 태자 건의 모친을 오나라로 데려갔다. 초나라는 겁을 먹고 영성(郢城)을 옮기고 다시 성을 쌓았다. [192] 처음에, 오나라의 변경 마을 비량(卑梁)[193]과 초나라 변경 마을 종리(鍾離)[194]의 아이들이 뽕나무 잎을 서로 빼앗으려고 싸움이 나서, 두 집안이 발끈하여 싸우다가 비량 일가가 죽임을 당하였다. 이에 비량의 대부(大夫)[195]가 발끈하여 병사를 보내어 종리를 공격하였다. 초나라 왕이 이 사건을 듣고 노하여 군대를 보내어 비량을 초토화하였다. 오나라 왕이 이 소식을 듣고 대노하여 군대를 보내어, 태자 건의 모친이 거소에 사는 것을 이유로 공자 광으로 하여금 종리와 거소를 공격하게 하였다. 초나라는 두려워하여 다시 영성을 보수하였다. [196]

13년, 평왕이 서거하였다. 장군 자상(子常)이 말하였다. "태자 진(珍)이 나이가 어리고, 그의 모친은 전 태자 건이 취해야 할 사람이었습니다." 그리고 영윤(令尹) 자서(子西)를 옹립하려고 하였다. 자서는 평왕의 배다른 동생으로 절의가 있는 사람이었다. 자서가 말하였다. "나라에는 정상적으로 시행해야 할 법도가 있는데, 계승질서를 바꾸면 나라가 어지러워집니다. 그리고 자상과 같은 말을 하는 사람은 죽어 마땅합니다." 이리하여 태자 진을 옹립하니, 이 사람이 소왕(昭王)이다.

소왕 원년(元年), 초나라 백성들은 모두 비무기를 싫어하였다. 그의 모함으로 태자 건이 도망하였고, 오사(伍奢) 부자와 극완(郤宛)[197]이 죽었기 때문이었다. 완과 동성동본인 백씨(伯氏)의 아들 비(嚭)[198]와 오자서는 모두 오나라로 도망쳤다. 오나라 군대가 여러 차례 초나라에 쳐들어오자 초나라 백성들은 비무기를 몹시 원망하였다. 영윤 자상은 백성들의 환심을 사려고 비무기를 죽이니 백성들이 기뻐하였다.

---

191) 公子 光：吳나라 왕 闔閭를 말한다. 그는 吳나라 왕 僚를 죽이고 왕위에 올랐으며, 후에 越나라 왕 句踐에게 패하여 중상을 입고 죽었다.

192) 平王이 郢都를 지금의 湖北省 江陵縣 동북쪽으로 옮겼다.

193) 卑梁：지금의 安徽省 天長縣 서북쪽. 권31 「吳太伯世家」의 〈주 73〉 참조.

194) 鍾離：楚나라 고을 이름. 지금의 安徽省 豊陽縣 동쪽에 있다.

195) 大夫：지방 행정 장관.

196) 『左傳』에 의하면 昭王 23년에 郢에 성을 쌓았다는 기록은 있으나, 24년에 郢城을 다시 증축하였다는 기록이 없다. 잘못된 기록임을 알 수 있다.

197) 郤宛：楚나라 左尹. 費無忌가 子常에게 그를 죽이도록 유도하였다.

198) 嚭：吳나라로 도망가서 吳나라 왕 夫差의 총애를 받아 太宰에 등용되었다. 吳나라가 멸망한 후, 越나라 句踐에게 죽임을 당하였다.

4년, 오나라 공자 세 사람[199])이 초나라에 투항하였다. 초나라 왕은 그들에게 토지와 관직을 주고 오나라에 대항하게 하였다. 5년, 오나라는 초나라의 육읍(六邑)과 잠읍(潛邑)[200])을 공격하여 점령하였다. 7년, 초나라는 자상을 파견하여 오나라를 공격하였지만, 오나라 군대가 예장(豫章)[201])에서 초나라 군대를 크게 격퇴하였다.

10년 겨울, 오왕 합려(闔閭), 오자서(伍子胥), 백비(伯嚭)가 당(唐)나라,[202]) 채나라와 연합하여 초나라를 공격하여[203]) 초나라 군대를 대파하고, 영도(郢都)에 입성하였다. 오나라 군사는 평왕의 무덤을 파헤쳐 시체에 채찍을 가하는 모욕을 주었으니, 이것은 오자서가 한 일이다. 오나라 군대가 쳐들어오자 초나라는 자상을 보내어 응전하게 하여 두 나라 군대는 한수(漢水)를 마주하고 진을 쳤다. 오나라 군대가 자상을 격퇴시키니, 자상은 정(鄭)나라로 도망쳤다. 초나라 군대가 패하여 후퇴하니, 오나라 군대는 승기를 타고 줄곧 추격하여 다섯 번의 싸움을 거쳐서 영도로 쳐들어갔다. 기묘일(己卯日)에 소왕이 성을 벗어나 도망쳤다. 경진일(庚辰日)에 오나라 군대가 영도에 입성하였다.

소왕은 운몽(雲夢)[204])으로 도망쳤다. 운몽 사람들은 그가 국왕인지 모르고 활을 쏘아 상처를 입혔다. 소왕이 운읍(鄖邑)[205])으로 도망치니, 운공(鄖公)의 동생 회(懷)가 말하였다. "평왕이 나의 부친[206])을 죽였으니, 이제 우리가 그의 아들을 죽여도 되지 않겠습니까?" 운공은 그를 제지하였으나 그가 소왕을 살해할까봐 걱정이 되어 소왕과 함께 수(隨)나라로 도망쳤다. 오나라 왕은 소왕이 도망갔다는 소식을 듣고, 그 즉시 수나라

199) 『左傳』의 기록에 의하면 俺餘와 燭庸 두 사람뿐이다.
200) 潛邑：楚나라 고을 이름. 옛 성은 지금의 安徽省 霍山縣 동북쪽에 있다.
201) 豫章：漢水의 동쪽과 長江의 북쪽의 지명. 그 지역을 정확히 고증할 수 없다. 漢 高祖 6년, 豫章이라는 명칭이 처음으로 江南으로 옮겨져 郡 이름이 되었다.
202) 唐：나라 이름. 都城은 지금의 湖北省 隨縣 서북쪽 唐縣鎭에 있었다. 권31 「吳太伯世家」의 〈주 85〉 참조.
203) 唐나라와 蔡나라 국왕은 楚나라 왕을 만나서 玉佩와 寶馬를 子常에게 바치려고 하지 않자 구금당하였다. 이에 吳나라와 더불어 楚나라를 공격하였다.
204) 雲夢：호수 이름. 크기에 대해서 많은 異論이 있다. 대체로 지금의 湖北省 漢江 平原과 그 주위 지역을 말하며, 楚王의 사냥지였다.
205) 鄖邑：楚나라 고을 이름. 옛 성은 지금의 湖北省 安陸縣에 있다. 원래는 제후국이었으나 楚나라에 의해서 멸망당하였다.
206) 曼成然을 말한다. 平王은 曼成然을 죽인 후, 그가 이전에 세웠던 공로를 잊지 않고 그의 아들 鬪辛을 鄖邑의 大夫에 임명하였다.

로 쳐들어와서 수나라 사람에게 "주(周)의 자손이 장강(長江)·한강(漢江) 지역의 제후에 봉해졌으나, 초나라가 그들을 전부 없앴다"라고 말하면서 소왕을 죽이려고 하였다. 소왕의 시종 자기(子綦)가 소왕을 은밀하게 숨기고, 자신이 소왕으로 분장한 다음 수나라 사람에게 말하였다. "나를 오나라 군대에 넘겨주시오." 수나라 사람들이 점괘를 보니, 소왕을 오나라에 넘기는 것이 불길하다는 점괘가 나와 오나라 왕에게 거절하며 말하였다. "소왕이 도망치고 수나라에 없습니다." 오나라 군대가 성에 들어와 직접 수색하겠다고 요구하였으나 수나라 사람들이 허락하지 않자, 오나라 군대도 철수하였다.

소왕은 영도에서 피신할 때, 신포서(申包胥)[207]를 진(秦)나라에 보내어 구원병을 요청하였다. 진나라는 전차 500대를 초나라에 지원해주고, 초나라도 패잔병을 모아, 진나라 군대와 함께 오나라 군대를 공격하였다. 11년 6월, 직(稷)[208]에서 오나라 군대를 물리쳤다. 때마침 오나라 왕의 동생 부개(夫槪)가 오나라 왕의 군사들이 많은 사상자를 내고 패하는 광경을 보고 도망쳐서 스스로 오나라 왕이 되었다. 합려는 이 소식을 듣고 초나라에서 후퇴하여 부개를 공격하였다. 부개는 패하여 초나라로 도망치자, 초나라는 그를 당계(堂谿)[209]에 봉하고 당계씨(堂谿氏)라고 하였다. 초 소왕이 당나라를 멸하였다. 9월, 영도로 돌아왔다. 12년, 오나라가 다시 초나라를 공격하여 번읍(番邑)[210]을 빼앗았다. 초나라는 두려워하여 영도를 버리고 북쪽 약읍(鄀邑)[211]으로 천도하였다.

16년, 공자(孔子)[212]가 노(魯)나라 국상(國相)에 임명되었다. 20년, 초나라가 돈(頓)[213]나라와 호(胡)[214]나라를 멸하였다. 21년, 오나라 합

---

207) 申包胥: 楚나라 大夫. 申鮑胥라고도 한다.
208) 稷: 楚나라 고을 이름. 옛 성은 지금의 河南省 桐柏縣 동남쪽에 있다.
209) 堂谿: 楚나라 고을 이름. 권31「吳太伯世家」의 〈주 91〉 참조.
210) 番邑: 楚나라 고을 이름. 옛 성은 지금의 江西省 波陽縣에 있다. 당시에 吳나라와 楚나라가 이곳에서 싸우는 것이 불가능하였기 때문에 지금의 安徽省 鳳臺縣 서북쪽이라는 설도 있다. 권31「吳太伯世家」의 〈주 93〉 참조.
211) 鄀邑: 楚나라 고을 이름. 鄢郢이라고도 한다. 원래 제후국이었는데 楚나라에 의해서 멸망당하였다.
212) 孔子(기원전 551-기원전 479년): 이름은 丘이며, 字는 仲尼이고, 魯나라 陬邑(지금의 山東省 曲阜市) 사람이다. 儒家學派의 창시자. 권47「孔子世家」참조.
213) 頓: 나라 이름. 지금의 河南省 項城縣 동쪽.
214) 胡: 나라 이름. 지금의 安徽省 阜陽市.

려가 월나라를 공격하였다. 월나라 왕 구천(句踐)이 오나라 왕을 활로 쏘아, 오나라 왕은 부상을 입고 죽었다. 오나라는 이 때문에 월나라를 증오하고 다시는 서쪽으로 초나라를 공격하지 않았다.

27년 봄, 오나라가 진(陳)나라를 공격하자, 초 소왕은 진나라에 구원병을 보내 성보에 진을 치게 하였다. 10월, 소왕이 진중에서 병으로 쓰러졌는데, 하늘에 빨간 구름이 새처럼 태양을 끼고 날아가는 것 같았다. 소왕이 주 왕실 태사(太史)[215]에게 물으니, 태사가 말하였다. "이것은 대왕께 해로운 것입니다. 그러나 재난을 장군과 재상들에게 돌릴 수 있습니다." 장군과 재상들이 이 말을 듣고 신에게 자신이 소왕의 재난을 대신하게 해달라고 기도하였다. 소왕은 "장군과 재상 여러분, 나의 어깨와 다리를 예로 듭시다. 지금 재난을 어깨와 다리로 옮긴다고 해서 내 몸의 병을 없앨 수 있겠소?"라고 말하면서 장군과 재상들의 요구를 받아들이지 않았다. 점괘로 병의 원인을 점쳐보니, 황하를 숭상해야 한다는 점괘가 나오자, 대부들이 하신(河神)에게 제사 지내며 소원을 빌었다. 소왕이 "나의 선조가 제후에 봉해진 이후로 제사를 지낸 강은 장강과 한수이고, 우리는 일찍이 황하 신에게 죄를 범한 적이 없다"라고 말하면서 기도하는 것을 허락하지 않았다. 공자(孔子)가 진(陳)나라에서 이 말을 듣고 "초 소왕은 대의를 통달하고 있으니, 나라를 잃지 않는 것이 당연하다!"라고 말하였다.

소왕의 병이 더욱 심해지자 여러 공자와 대부들을 불러 말하였다. "나는 재능이 없어 두 차례에 걸쳐 초나라 군대에 굴욕을 당하기는 하였지만,[216] 지금 천수를 누리고 죽는 것이니 나의 행운이오." 그는 큰아들 신(申)에게 왕위를 물려주려고 하였으나 신은 이를 받아들이지 않았다. 다시 둘째 아들 결(結)에게 물려주려고 하였으나 그도 받아들이려 하지 않았다. 다시 셋째 아들 여(閭)에게 다섯 번에 걸쳐 권하여 겨우 국왕이 되겠다는 응답 받아냈다. 초나라가 오나라와 교전하려고 할 때, 경인일(庚寅日)에 소왕이 군영(軍營)에서 죽었다. 공자 여가 말하였다. "부왕의

---

215) 太史 : 관직 이름. 西周, 춘추시대에 太史는 문서 초안, 제후와 卿大夫 임명장, 역사 사실 기록, 역사책 편찬 및 국가도서, 천문역법, 제사 등을 관리하는 조정의 대신이었다.

216) 昭王 7년 吳나라 군대가 豫章에서 楚나라 군대를 크게 이긴 일과, 10년 吳나라 군대가 郢都를 공격한 일을 말한다.

병세가 위중하여, 자신의 아들을 버려두고, 왕위를 신하들에게 양위하려고 하는 부왕의 말씀을 당시에 내가 받아들인 이유는 왕의 마음을 위로하고자 함이었습니다. 이제 왕께서 돌아가셨으니 내가 어떻게 감히 왕께서 양위하고자 하는 훌륭한 마음을 잊을 수 있겠습니까!" 그리고 자서(子西)와 자기(子綦)와 상의하여 몰래 군대를 파견하여 월나라 여자가 낳은 아들 자장(子章)을 영접해와서 왕위를 계승하게 하니, 이 사람이 혜왕(惠王)이다. 그런 다음 영도로 철수하고 소왕을 안장하였다.

혜왕 2년, 자서는 오나라에서 죽은 평왕 태자 건의 아들 승(勝)을 불러와서 그를 소읍(巢邑)[217]의 대부로 임명하고 백공(白公)[218]이라고 불렀다. 백공은 용병을 좋아하였고, 또한 겸손하게 선비들을 대함으로써 부친의 원수를 갚을 생각이었다. 6년, 백공은 영윤 자서에게 군대를 일으켜 정나라를 공격하자고 요청하였다. 먼저, 백공의 부친 태자 건이 정나라로 도망하였을 때, 정나라가 그를 죽였기 때문에 백공은 오나라로 도망쳤고, 자서가 다시 그를 불러들였기 때문에 정나라를 증오하여 정나라를 토벌하려고 하였다. 자서가 허락하기는 하였지만, 군대를 내지는 않았다. 8년, 진(晉)나라가 정나라를 공격하자, 정나라는 초나라에 위급함을 알렸다. 초나라는 자서를 보내어 정나라를 구원하게 하고, 재물을 얻어 돌아왔다. 백공 승은 화가 치밀어 죽음을 무릅쓴 용사 석기(石乞)[219] 등과 함께 조회에서 갑자기 영윤 자서와 자기를 습격하여 죽이고, 승기를 잡아 혜왕을 납치하여 고부(高府)[220]에 가두고 그를 죽일 준비를 하였다. 혜왕의 시종 굴고(屈固)가 혜왕을 엎고 소왕부인(昭王夫人)[221]의 궁으로 도망쳤다. 백공은 스스로 왕위를 계승하여 국왕이 되었다. 한 달 후, 섭공(葉公)[222]이 초나라 왕을 구원하러 오자, 초 혜왕의 잔당들이 섭공과 함께 백공을 공격하여 그를 죽였다. 혜왕이 다시 복위하였다. 이해에 초나라는 진

---

217) 巢邑 : 楚나라 고을 이름. 옛 성은 지금의 安徽省 巢縣 동북쪽에 있다.
218) 白은 楚나라의 고을 이름이다. 옛 성은 지금의 河南省 息縣 동북쪽에 있다. 楚나라는 고을 大夫를 모두 公이라고 한다.
219) 石乞(? -기원전 479년) : 춘추시대 말, 전국시대의 武士. 白公 勝의 수하에 있었다.
220) 高府 : 楚나라 왕의 별궁.
221) 昭王夫人 : 惠王의 모친인 越나라 여자.
222) 葉公 : 이름은 沈諸梁이다. 葉邑의 大夫를 지냈기 때문에 葉公이라고 부른다. 葉은 지금의 河南省 葉縣 남쪽이다.

(陳)나라를 멸하여 현(縣)으로 삼았다.

13년, 오왕 부차(夫差)는 세력이 강대해지자, 제나라와 진(晉)나라를 침범하고 초나라를 공격하였다. 16년, 월나라가 오나라를 멸하였다. 42년, 초나라가 채나라를 멸하였다. 44년, 초나라가 기(杞)[223]나라를 멸하고 진(秦)나라와 강화하였다. 이때, 월나라가 이미 오나라를 멸하였지만, 강북(江北)과 회북(淮北) 지방[224]을 통치할 수 없었다. 초나라는 동쪽으로 쳐들어가 땅을 사상(泗上)[225]까지 넓혔다.

57년, 혜왕이 죽고, 아들 간왕(簡王) 중(中)이 왕위에 올랐다.

간왕 원년, 북상하여 거(莒)나라를 공격하여 멸하였다. 8년, 위 문후(魏文侯),[226] 한 무자(韓武子),[227] 조 환자(趙桓子)[228]가 제후가 되었다. 24년, 간왕이 죽고, 아들 성왕(聲王) 웅당(熊當)이 즉위하였다. 성왕 6년, 강도가 성왕을 살해하여 아들 도왕(悼王) 웅의(熊疑)가 즉위하였다. 도왕 2년, 한 무자, 조 환자, 위 문후[229]가 초나라를 공격하여 승구(乘丘)[230]에까지 이르렀다가 철수하였다. 4년, 초나라가 주나라를 공격하고, 정나라가 자양(子陽)[231]을 죽였다. 9년, 한(韓)나라를 공격하여 부서(負黍)[232]를 탈취하였다. 11년 3월에 위 문후, 조 환자, 한 무자가 초나라를 공격하여 대량(大梁)[233]과 유관(楡關)[234]에서 초나라 군대를 물

---

223) 杞 : 나라 이름. 周代에 봉지를 받은 제후국. 처음에 도읍은 雍丘(지금의 河南省 杞縣)였으나, 후에 淳于(지금의 山東省 安丘縣 동북쪽)로 천도하였다. 기원전 445년 楚나라에 의해서 멸망당하였다. 권36 「陳杞世家」의 〈주 39〉 참조.

224) 江北, 淮北 : 지금의 江蘇省 江都縣에서 安徽省 盱眙縣에 이르는 지역을 말한다.

225) 泗上 : 泗水 유역으로, 지금의 山東省 泗水縣에서 江蘇省 徐州市에 이르는 지역을 말한다.

226) 魏 文侯 : 魏斯. 魏나라 건국자. 기원전 445년에서 기원전 396년까지 재위하였다. 일찍이 李悝, 吳起, 西門豹를 중용하여 水利에 힘쓰고 개혁을 단행하여, 魏나라를 强國으로 만들었다. 권44 「魏世家」 참조.

227) 韓 武子 : 韓啓章. 기원전 424년에서 기원전 409년까지 재위하였다. 권45 「韓世家」 참조.

228) 趙 桓子 : 趙嘉. 기원전 424년에 즉위하였다. 권43 「趙世家」 참조.

229) 원문은 "三晉"이다. 三晉은 晉나라가 韓, 魏, 趙 세 나라로 분열된 것을 뜻한다. 어떤 경우는 그중의 한 나라를 지칭하기도 한다.

230) 乘丘 : 고을 이름. 옛 성은 지금의 山東省 兗州縣 서쪽에 있다.

231) 子陽 : 鄭나라 재상.

232) 負黍 : 韓나라 고을 이름. 옛 성은 지금의 河南省 登封縣 서남쪽에 있다.

233) 大梁 : 옛 성은 지금의 河南省 開封市에 있다. 권34 「燕召公世家」의 〈주 76〉 참

리쳤다. 초나라가 많은 재물을 진(秦)나라에 보내와서 강화를 맺었다. 21년, 도왕이 죽자 아들 숙왕(肅王) 장(藏)이 즉위하였다.

숙왕 4년, 촉(蜀)[235]나라가 초나라를 공격하여 자방(茲方)[236]을 빼앗았다. 이때 초나라는 한관(扞關)[237]을 보수하여 촉나라를 방어하였다. 10년, 위(魏)나라가 초나라의 노양(魯陽)[238]을 빼앗았다. 11년, 숙왕이 죽었으나 아들이 없어서 그의 동생 웅양부(熊良夫)가 왕위를 계승하니, 이 사람이 선왕(宣王)이다.

선왕 6년, 주 천자가 진 헌공(秦獻公)[239]을 치하하였다. 진(秦)나라가 중흥하고, 위 문후, 조 환자, 한 무자의 세력이 더욱 커지고, 위 혜왕(魏惠王)[240]과 제 위왕(齊威王)[241]이 더욱 강성하였다. 30년, 진(秦)나라가 위앙(衛鞅)[242]을 상(商)에 봉하고, 남쪽으로 초나라를 침략하였다. 이해에 선왕이 죽고, 아들 위왕(威王) 웅상(熊商)이 왕위에 올랐다.

위왕 6년, 주 현왕(周顯王)[243]이 문왕(文王)과 무왕(武王)에게 제사를 지낸 제육(祭肉)을 진 혜왕(秦惠王)[244]에게 보냈다.

7년, 제(齊)나라 맹상군(孟嘗君)[245]의 부친 전영(田嬰)[246]이 초나라를

조.

234) 楡關 : 大梁 서쪽에 있는 關門.
235) 蜀 : 나라 이름. 지금의 四川省 巴縣에서 成都市에 이르는 지역.
236) 茲方 : 지명. 지금의 湖北省 松滋縣 서쪽.
237) 扞關 : 楚나라 관문 이름. 옛 터는 지금의 湖北省 長陽縣 서쪽에 있다.
238) 魯陽 : 楚나라 고을 이름. 옛날의 魯縣. 옛 성은 지금의 河南省 魯山縣에 있다.
239) 秦 獻公 : 嬴師隰. 기원전 384년에서 기원전 362년까지 재위하였다.
240) 魏 惠王 : 魏䓨. 기원전 369년에서 기원전 319년까지 재위하였다. 安邑에서 大梁으로 천도하고 왕을 칭하였다. 馬陵(지금의 河南省 范縣 서남쪽) 전투 후에 나라가 점점 기울었다.
241) 齊 威王 : 田因齊. 기원전 356년에서 기원전 320년까지 재위하였다. 鄒忌, 田忌, 孫臏 등을 중용하고 정치개혁을 단행하여 국력이 강해져서, 제후들이 그를 두려워하였다.
242) 衛鞅 : 公孫鞅. 衛나라 사람. 商(지금의 陝西省 商縣 동남쪽)을 봉지로 받아 商鞅이라고 불렸다. 권68 「商君列傳」 참조.
243) 周 顯王 : 姬扁. 기원전 368년에서 기원전 321년까지 재위하였다.
244) 秦 惠王 : 秦 惠文王 嬴駟를 가리킨다. 기원전 337년에서 기원전 311년까지 재위하였다.
245) 孟嘗君 : 田文. 齊나라 귀족. 齊 湣王에 의해서 相國에 등용되었다. 식객이 수천 명에 달하였으며, 田甲이 반란을 일으켰기 때문에 魏나라에 피난하여 魏나라 재상이 되었다. 이때 燕나라, 趙나라 등과 연합하여 齊나라를 공격하였다. 권75 「孟嘗君列傳」 참조.

속여,²⁴⁷⁾ 초 위왕이 제나라를 공격하여 서주(徐州)²⁴⁸⁾에서 제나라 군대를 물리치고 제나라에게 전영을 축출하도록 위협하였다. 전영이 두려워하자, 장축(張丑)²⁴⁹⁾이 거짓으로 초나라 왕에게 말하였다. "대왕이 서주에서 제나라를 이긴 원인은 제나라가 전반자(田盼子)²⁵⁰⁾를 등용하지 않았기 때문입니다. 반자는 제나라에 공이 있어 백성들이 그를 위해서 힘을 다합니다. 전영은 그를 싫어하여 신기(申紀)를 등용하였습니다. 신기는 대신들이 그를 가까이하지 않고, 백성들도 그를 위해서 애쓰지 않기 때문에 대왕이 제나라를 물리치실 수 있었습니다. 지금 대왕이 제나라에 전영을 축출하라고 한다면 전영이 쫓겨난 후 반자가 틀림없이 중용될 것입니다. 그가 제나라의 군대를 새롭게 정돈하여 대왕과 싸운다면 대왕에게 불리할 것입니다!" 이런 까닭에 초나라 왕은 전영을 축출하라는 요구를 다시는 들먹이지 않았다.

11년, 위왕이 죽자, 아들 회왕(懷王) 웅괴(熊槐)가 왕위에 올랐다. 위나라는 초나라 왕이 죽었다는 소식을 듣고, 초나라를 공격하여 초나라의 형산(陘山)을 빼앗았다.

회왕 원년, 장의(張儀)²⁵¹⁾는 진 혜왕(秦惠王)의 재상에 등용되었다. 4년, 진 혜왕이 왕을 칭하였다.

6년, 초나라는 주국(柱國)²⁵²⁾ 소양(昭陽)에게 군대를 통솔하게 하여 위(魏)나라를 공격하여, 양릉(襄陵)²⁵³⁾에서 위나라 군대를 물리치고 8개의 성을 취하였다. 다시 군대를 움직여 제나라를 공격하니, 제나라 왕은 이 일로 근심에 싸였다. 진진(陳軫)²⁵⁴⁾이 때마침 진(秦)나라의 사자로서

---

246) 田嬰 : 齊나라 國相. 薛(지금의 山東省 滕縣 남쪽)에 제후로 봉해져 薛君이라고도 한다.
247) 田嬰은 표면적으로는 楚나라와 친선을 맺는 척하고, 몰래 越나라 왕을 부추겨 楚나라를 공격하게 하였다.
248) 徐州 : 齊나라의 고을 이름. 옛 성은 지금의 山東省 滕縣 남쪽에 있다.
249) 張丑 : 田嬰의 門客.
250) 田盼子 : 齊나라 장군. 田嬰의 동족.
251) 張儀 : 魏나라 귀족 후예. 連橫說로 여러 나라를 돌아다니면서 秦나라를 위해서 봉사하여 武信君에 봉해졌다. 秦 武王이 왕위에 오른 후 魏나라에 가서 재상이 되었으나 오래지 않아 죽었다. 권70 「張儀列傳」 참조.
252) 柱國 : 楚나라 관직 이름. 최고 武官으로, 上柱國이라고도 하는데, 지위는 令尹 다음이다.
253) 襄陵 : 楚나라 고을 이름. 지금의 河南省 雎縣에 있다.
254) 陳軫 : 楚나라 사람. 일찍이 秦나라와 楚나라에서 관리를 지냈다.

제나라에 와 있었다. 제나라 왕이 물었다. "어떻게 초나라 군을 대적할
수 있겠소?" 진진이 말하였다. "대왕께서는 우려하실 필요가 없습니다.
제가 초나라에 가서 군대를 멈출 수 있도록 권해보겠습니다." 그리고 초
나라 진영으로 가서 소양을 알현하고 말하였다. "저는 초나라 군공법을
알고 싶습니다. 적군을 물치거나 적장을 죽이는 사람에 대해서 어떤 관직
을 내리시겠습니까?" 소양이 말하였다. "관직은 상주국(上柱國)에 임명
하고, 가장 높은 작위인 집규(執珪)²⁵⁵⁾를 하사하겠소." 진진이 말하였
다. "이보다 존귀한 관직이 또 있습니까?" 소양이 말하였다. "영윤이 있
소." 진진이 말하였다. "지금 당신께서는 이미 영윤이시니, 나라에서 가
장 높은 관직입니다. 제가 비유를 들어 설명해드리지요. 어떤 사람이 그
의 문객들에게 술 한잔을 주자, 문객들이 의논하며 말하였습니다. '몇 사
람이 이 술을 마시려고 한다면 다 마실 수 없습니다. 우리가 땅에 뱀을
그려서 먼저 뱀을 그린 사람이 이 술을 마십시다.' 어떤 사람이 말하였습
니다. '내가 그린 뱀이 먼저 완성되었어.' 그는 술잔을 바쳐들고 일어서서
말하였습니다. '나는 뱀에게 다리를 덧붙일 수 있습니다.' 그가 뱀에게 다
리를 그려넣자, 그 사람 다음으로 뱀을 그린 사람이 그의 술잔을 빼앗아
마시고 나서 말하였습니다. '뱀은 본래 다리가 없는데, 뱀에 다리를 그렸
으니 그것은 뱀이 아닙니다.' 지금 당신께서 초나라 재상의 지위에 있으
면서 위나라를 공격하여 위나라 군대를 물리치고 위나라 장군을 죽였으니
공로가 이보다 큰 것은 없는데도, 높은 관직에 있어 다른 것을 더 첨가할
수 없는 것과 같습니다. 이제 다시 군대를 정비하여 제나라를 공격하려
하시는데, 제나라를 물리쳐도 관직은 이보다 더 높아질 수 없습니다. 만
약에 공격하여 이기지 못하면 생명을 잃거나 관직을 잃을 것이며, 초나라
에 손실을 가져다줄 것입니다. 이것은 예를 들어 설명하였던 뱀에게 다리
를 그린 것과 같은 경우입니다. 그것은 당신께서 군대를 이끌고 떠나 제
나라에 이익을 주는 것만 못합니다. 이것이 바로 자신을 보호하는 방법입
니다." 소양이 말하였다. "좋소." 그리고 군대를 이끌고 떠났다.

　이해, 연(燕)나라와 한(韓)나라가 왕을 칭하였다. 진(秦)나라는 장의
를 파견하여 초나라, 제나라, 위나라의 대신들과 회합을 가지게 하여, 설
상(齧桑)²⁵⁶⁾에서 맹약을 맺었다.

---

255)　執珪 : 楚나라 최고 작위.

11년, 소진(蘇秦)²⁵⁷⁾은 산동(山東) 여섯 나라와 연합하여 함께 진(秦)나라를 공격하고, 초 회왕이 합종(合縱)의 맹주가 되었다. 연합군이 함곡관(函谷關)²⁵⁸⁾에 이르자, 진(秦)나라는 출병하여 여섯 나라를 맞아 싸웠다. 여섯 나라 군대가 모두 철수하고, 제나라 군대만 나중에 철수하였다. 12년, 제 민왕(齊湣王)²⁵⁹⁾이 조(趙)와 위(魏) 나라의 연합군을 물리치고, 진(秦)나라도 한(韓)과 조(趙) 나라의 군대를 물리친 후, 제나라와 패권을 다투었다.

16년, 진(秦)나라는 제나라를 공격하려고 하였지만, 초나라가 제나라와 친선을 맺고 합종하니, 진 혜왕은 이 상황을 걱정하여, 장의를 재상의 자리에서 해임한다고 선포하였고, 장의를 남쪽으로 내려보내 초나라 왕을 알현하게 하였다. 장의가 초나라 왕에게 말하였다. "저의 국왕께서 가장 좋아하는 분은 대왕임에 틀림이 없고, 만약 저 장의가 문지기가 된다면, 대왕이 저의 주인이시기를 바랍니다. 저의 국왕께서 증오하는 사람이 제나라 왕임에 지나침이 없고, 저 장의가 가장 증오하는 사람도 제나라 왕임에 틀림없습니다. 그러나 대왕이 제나라 왕과 우호관계를 맺으신다면 저의 국왕께서는 대왕을 모실 수 없고, 저 장의도 대왕의 문지기가 될 수 없습니다. 대왕께서 만약에 저를 위하여 동쪽의 관문(關門)을 봉쇄하여 제나라와 단교하고, 지금 저와 함께 사신을 서쪽으로 보내시어, 원래 진(秦)나라가 빼앗았던 사방 600리에 달하는 상오(商於)²⁶⁰⁾ 땅을 되돌려 받으신다면 제나라는 약해질 것입니다. 이것은 북쪽으로는 제나라를 약화시키고, 서쪽으로는 진(秦)나라와 우호적인 관계를 맺게 되는 것인 동시에, 초나라는 상오 지방을 보유함으로써 부유해질 것입니다. 이것은 한 가지 계책으로 세 가지 이익을 손에 넣는 것입니다." 회왕(懷王)은 몹시

---

256) 囂桑：魏나라 고을 이름. 옛 성은 지금의 江蘇省 沛縣 서남쪽에 있다.
257) 蘇秦：東周 洛陽 사람. 秦나라에서 유세하였으나 秦 惠王이 그를 중용하지 않았다. 후에 越나라, 魏나라, 韓나라, 燕나라, 齊나라, 楚나라 여섯 나라를 유세하고 난 후, 六國의 宰相 印을 받고 合縱의 장이 되었다. 후에 齊나라 客卿이 되었는데 암살당하였다.
258) 函谷關：關 이름. 옛 터는 지금의 河南省 靈寶縣 동북쪽에 있다.
259) 齊 湣王：田地. 기원전 300년에서 기원전 284년까지 재위하였다. 秦 昭王과 더불어 한때는 東西帝로 불렸다. 다섯 나라 연합군이 공격하는 것을 반대하여, 莒邑으로 도망쳤다가 楚나라 장군 淖齒에게 살해되었다.
260) 商於：지금의 河南省 淅川縣 서남쪽에 있다.

기뻐하였다. 그리하여 재상 직인을 장의에게 건네주고 날마다 연회를 베풀어 환대하고, 널리 선포하였다. "우리 초나라가 다시 상오 지방을 되찾았다." 대신들이 모두 초나라 왕에게 축하인사를 하였지만, 진진만이 애도의 뜻을 표하였다. 회왕이 말하였다. "무슨 까닭인고?" 진진이 말하였다. "진나라가 대왕을 중히 여기는 까닭은 대왕께서 제나라를 지원하기 때문입니다. 지금 땅을 얻지도 않았는데 제나라와 먼저 단교하신다면 초나라는 고립될 것입니다. 진나라가 어떻게 고립되고 지원이 없는 나라를 중히 여기겠습니까? 반드시 초나라를 얕잡아볼 것입니다. 다시 말해서 먼저 진나라에게서 땅을 되돌려 받으신 다음, 제나라와 단교한다면 진나라의 계략은 성공하지 못할 것입니다. 먼저 제나라와 단교하고 난 다음 진나라에게 땅을 내놓으라고 한다면 그것은 분명 장의에게 속는 것으로, 대왕께서는 틀림없이 그를 미워하게 될 것입니다. 그를 미워하는 것은 머지않아 서쪽에서 진나라가 도발하여 우환이 되게 하는 것이고, 북쪽으로 제나라와의 우호관계를 단절하게 되는 것입니다. 서쪽에서 도발한 진나라가 우환이 되고 북쪽으로 제나라와의 우호관계를 단절하신다면, 한(韓)나라와 위(魏)나라 군대가 틀림없이 쳐들어올 것이기 때문에 애도하는 것입니다." 초나라 왕은 그의 말을 듣지 않고 서쪽에 가서 땅을 받아올 장군을 파견하였다.

　장의는 진나라에서 돌아오자 거짓으로 술에 취한 척하고 마차에서 떨어져 병을 핑계로 3개월 동안 외출하지 않고 상오 지방을 되돌려주지 않았다. 초나라 왕이 말하였다. "장의는 내가 제나라와 단교하는 것만으로 부족하다고 여기는 것이 아닌지?" 그래서 용사(勇士) 송유(宋遺)를 북쪽으로 보내어 제나라 왕을 업신여기고 능멸하였다. 제나라 왕은 대노하여 초나라의 부절(符節)을 끊고[261] 진(秦)나라와 연합하였다. 진나라와 제나라가 국교를 맺자, 장의는 비로소 조정에 나와서 초나라 장군에게 말하였다. "당신은 왜 아직도 땅을 받지 않았소? 어디에서 어디까지 사방 6리 말이요." 초나라 장군이 말하였다. "내가 위임받고 받으러 온 땅은 600리이지 6리는 들어보지도 못하였소." 그리고 즉시 이 상황을 초 회왕에게 알렸다. 회왕은 대노하여 군사를 일으켜 진나라를 공격하려고 하였

---

261)　원문은 "楚符"이다. 符節은 楚나라 勇士 宋遺가 가지고 온 신표를 말한다. 齊나라 왕이 신표를 끊어버린 것은 단교를 뜻한다.

다. 진진이 다시 말하였다. "진나라를 공격하는 것은 좋은 계책이 아닙니다. 그것은 진나라에게 큰 도시를 주어 그와 함께 제나라를 공격하느니만 못합니다. 이렇게 하면 우리나라는 진나라에게 땅을 잃기는 하지만,[262] 제나라에서 보상받을 수 있고, 나라도 온전할 것입니다. 지금 대왕께서 제나라와 단교하시고 다시 진나라에 기만죄를 문책하신다면, 이것은 우리가 진나라와 제나라의 우의를 돈독하게 해주는 것일 뿐 아니라, 여러 나라 군대가 우리나라를 포위하는 상황을 초래하여, 나라에 크게 해가 될 뿐입니다." 초 회왕은 진진의 견의를 받아들이지 않고, 진나라와 단교하고, 군대를 서쪽으로 보내어 진나라를 공격하였다. 진나라 왕도 군사를 내어 초나라 군대를 맞아 싸웠다.

17년 봄, 진(秦)나라 군대와 단양(丹陽)[263]에서 교전하여, 진나라 군대가 초나라 군대를 크게 이겼다. 병사 8만 명을 죽이고, 대장군 굴개(屈匃), 부장군 봉후축(逢侯丑) 등 70여 명을 사로잡고, 한중(漢中)[264]의 군현(郡縣)을 빼앗았다. 초 회왕은 대노하여 전국에 징집령을 내려 군사를 모집하여 다시 진나라를 공격하였다. 남전(藍田)[265]에서 교전하였으나 다시 크게 패하였다. 한나라와 위나라는 초나라가 곤경에 빠졌다는 소식을 듣고, 남하하여 초나라를 습격하고, 등읍(鄧邑)[266]에 이르렀다. 초 회왕은 이 소식을 듣고 군대를 인솔하여 철수하였다.

18년, 진(秦)나라가 초나라와 다시 우호관계를 맺자고 사신을 보냈다. 한중의 반을 돌려주고 초나라와 화친을 맺자고 하는 것이었다. 초나라 왕이 말하였다. "장의를 바랄 뿐, 땅은 필요없다." 장의는 이 이야기를 듣고 초나라에 사신으로 보내달라고 청하였다. 진나라 왕이 말하였다. "초나라 왕이 그대를 잡아들여야지만이 만족할텐데 어찌하면 좋겠소?" 장의가 말하였다. "저는 초나라 왕의 대신 근상(靳尙)[267]과 잘 알고 지냅니다. 근상은 초왕이 총애하는 애첩인 정수(鄭袖)를 모시고 있습니다. 정

---

262) 秦나라에게 都邑을 뇌물로 주는 것을 말한다.
263) 丹陽 : 여기서 말하는 丹陽은 漢中 丹水 북쪽 강가 지역으로, 지금의 陝西省 丹鳳縣 동남쪽, 河南省 淅川縣 서쪽에 있다.
264) 漢中 : 고을 이름. 지금의 陝西省 남쪽과 湖北省 서북쪽에 있다.
265) 藍田 : 秦나라 고을 이름. 옛 성은 지금의 陝西省 藍田 서쪽에 있다.
266) 鄧邑 : 고을 이름. 지금의 河南省 鄧城縣 동남쪽으로, 춘추시대에는 蔡나라 읍이었으나 후에는 楚나라 땅이 되었다.
267) 靳尙 : 楚나라 懷王이 총애하는 신하.

수의 말이라면 초나라 왕도 들어주지 않을 수 없습니다. 게다가 제가 지난번에 초나라에 사신으로 가서 초나라에 상오 지방을 되돌려준다는 약속을 어겼기 때문에, 지금 진나라와 초나라가 크게 싸우고 서로 미워하고 있습니다. 제가 초나라 왕 앞에서 잘못을 인정하지 않으면 원한을 풀 수 없습니다. 더구나 제게는 대왕께서 계시니, 초나라가 무모하게 저를 죽일 수 없을 것입니다. 만약 초나라가 정말로 저를 죽인다면 그것은 오히려 우리나라에 유리할 것입니다. 이것이 제가 바라는 것입니다." 그리고 장의는 초나라에 사신으로 갔다.

장의가 초나라 도성에 도착하였으나, 회왕은 장의를 접견하지 않고 감옥에 가두고 그를 죽이려고 하였다. 장의는 몰래 근상과 내통하였다. 근상은 장의를 위해서 회왕에게 간청하였다. "장의를 옥에 가두면 진(秦)나라 왕이 반드시 대노할 것입니다. 그리고 여러 나라들은 초나라가 진나라와 관계가 석연치 않다는 것을 알면 틀림없이 대왕을 경시할 것입니다." 그리고 부인 정수(鄭袖)에게 말하였다. "진나라 왕이 장의를 대단히 총애하는데 대왕께서는 장의를 죽이시려 합니다. 지금 진나라는 상용(上庸)의 여섯 마을[268]을 초나라에 돌려주고, 미인을 보내 대왕과 결혼시키고, 궁중에서 가무에 뛰어난 사람을 대왕께 보내어 시녀로 삼게 하려고 합니다. 대왕께서는 땅을 중히 여기시고, 진나라 여자는 틀림없이 총애를 받게 될 터인데, 그러면 부인은 물러나야 합니다. 부인이 장의를 석방하라고 대왕을 설득하느니만 못합니다." 정수는 마침내 초 회왕에게 장의를 석방해달라고 간청하여 장의는 풀려났다. 장의를 석방한 후, 회왕이 정중하게 장의를 환대하자, 장의는 이 기회를 틈타 초나라 왕에게 합종의 맹약을 파기하고, 진나라와 연합하여 진나라와 친선을 맺어 형제지국이 되자고 권하였다. 장의가 떠난 후, 굴원(屈原)[269]이 제나라에서 돌아와 초 회왕에게 충언하였다. "왜, 장의를 죽이지 않았습니까?" 회왕은 후회하

---

268) 지금의 湖北省 房縣, 竹山, 保康, 竹溪 등의 고을을 말한다.
269) 屈原 : 이름은 平이고 字가 原이다. 중국 최초의 가장 위대한 시인이다. 처음에 楚나라 懷王을 보좌하였으며 左徒와 三閭大夫를 지냈다. 학식이 깊어, 法度를 세상에 널리 펼치고, 齊나라와 연합하여 秦나라에 맞설 것을 주장하였다. 후에 靳尙 등의 모함으로 頃襄王에 의해서 江濱으로 쫓겨나 우울한 나날을 보내다가 汨羅江에 뛰어들어 죽었다. 작품으로는 「離騷」, 「九歌」 등의 시가 있다. 권84 「屈原賈生列傳」 참조.

고 사람을 보내어 장의를 뒤쫓게 하였으나 장의를 따라잡지 못하였다. 이해에 진 혜왕(秦惠王)이 죽었다.

20년, 제 민왕은 합종의 맹주가 되려는 생각에, 초나라와 진나라가 연합하는 것을 꺼리어 초 회왕에게 사신을 보내 편지를 전하였다. "과인은 대왕이 존귀한 칭호를 돌보지 않는 것을 우려하고 있습니다. 지금 진(秦)나라는 혜왕이 죽고 무왕(武王)[270]이 즉위하고, 장의가 위(魏)나라로 도망치고, 저리질(樗里疾)[271]과 공손연(公孫衍)[272]이 중용되었는데도, 초나라는 진나라를 섬기고 있습니다. 저리질은 한(韓)나라와 우호적이고 공손연은 위(魏)나라와 사이가 좋습니다. 초나라가 진나라를 섬긴다면 한나라와 위나라는 두려워서 두 사람을 통하여 진나라와 연합하고자 할 것이고, 연나라와 조(趙)나라도 따라서 진나라를 섬길 것입니다. 네 나라가 다투어 진나라를 섬긴다면 초나라는 진나라의 군현으로 위상이 떨어질 것입니다. 대왕께서는 어찌하여 과인과 일심동체가 되어 한나라, 위나라, 연나라, 조나라 등 네 나라를 끌어들여 그들과 합종연맹하여 주 왕실을 섬기고, 군대를 움직이지 않고 백성을 편안하게 함으로써 천하를 호령하시려 하지 않습니까? 세상에 감히 대왕에게 복종하지 않을 사람이 없을 것이니, 반드시 대왕의 위명이 크게 떨쳐질 것입니다. 그런 연후에 대왕께서 여러 나라를 통솔하여 진나라를 토벌하신다면 능히 진나라를 무너뜨릴 수 있습니다. 그때, 대왕이 진나라의 무관(武關),[273] 파촉(巴蜀)[274] 그리고 한중(漢中) 땅을 얻고, 오나라와 월나라의 풍부한 물자를 독차지하고, 장강과 동해(東海)의 이익을 독점하고, 한나라와 위나라가 상당(上黨)[275]을 분할해주고, 서쪽으로 함곡관(函谷關)을 핍박하신다면, 초나라의 강대함이 지금보다 백만배가 될 것입니다. 다시 말해서 대왕께서

---

270) 武王 : 嬴蕩. 기원전 310년에서 기원전 307년까지 재위하였다.
271) 樗里疾 : 秦 惠王의 이복 동생. 樗里(지금의 陝西省 渭縣 남쪽)에 살았기 때문에 이 이름을 얻었다. 처음에 庶長에 임명되었으며, 후에 右丞相을 역임하였다. 지모가 뛰어나 號를 '智囊'이라고 하였다.
272) 公孫衍 : 호는 犀首이며, 魏나라 사람이다. 秦나라에서 大良造를 역임할 때 連橫策을 실행하여 六國의 合縱策을 파기시켰으며, 후에 魏나라에 가서 장군이 되었다가 재상이 된 다음 秦나라와 싸울 것을 주장하였다.
273) 武關 : 秦나라 關門 이름. 옛 터는 지금의 陝西省 丹鳳縣 동남쪽 丹江이다.
274) 巴蜀 : 지금의 四川省 長江 이북 지역을 말한다.
275) 上黨 : 고을 이름. 지금의 山西省 동남부 지역이다.

장의에게 기만당하여 한중을 잃고 대군이 남전에서 크게 패하여, 천하에 대왕을 위해서 마음속으로 분노하지 않은 사람이 없습니다. 지금 대왕께서 경솔히 진나라를 섬기려 하는 일을 다시 한번 생각해주시기 바랍니다."

초 회왕은 진(秦)나라와 강화를 맺을 준비를 하다가, 제나라 왕의 편지를 보고 주저하여 결정하지 못하고 이 일을 대신들과 의논하였다. 대신들 중에서 어떤 사람은 진나라와 사이좋게 지내자고 주장하였고, 어떤 사람은 제나라 왕의 의견에 따르자고 주장하였다. 소저(昭雎)[276]가 말하였다. "대왕께서 설령 동방의 월나라로부터 땅을 빼앗는다 해도 설욕이라고 하기에는 부족합니다. 진나라로부터 땅을 되돌려 받으신 연후에야 비로소 제후들 사이에서 설욕할 수 있습니다. 대왕께서는 제나라와 한나라와 깊은 관계를 맺고 저리질(樗里疾)의 권위를 높여주시는 것이 낫습니다. 이렇게 하면 대왕께서는 제나라와 한나라의 국력을 빌려 진나라가 점령하였던 땅을 찾을 수 있습니다. 진나라는 일찍이 의양(宜陽)[277]에서 한나라를 이겼지만, 한나라는 여전히 진나라를 섬기고 있습니다. 그 까닭은 한나라 왕 조상의 묘가 평양(平陽)[278]에 있기 때문입니다. 진나라의 무수(武遂)[279]는 평양에서 70리밖에 떨어져 있지 않기 때문에 특히 진나라를 두려워하는 것입니다. 이렇게 하지 않으면 진나라가 삼천(三川)[280]을 공격하고, 조나라가 상당(上黨)을 공격하고, 초나라가 하외(河外)[281]를 공격하면, 한나라는 반드시 멸망할 것입니다. 초나라가 한나라를 도와주면 한나라가 멸망하지 않을 것이라는 것을 보장할 수 없지만, 한나라를 보전하게 할 수 있는 나라는 초나라뿐입니다. 한나라가 진나라에게서 무수 지역을 빼앗고 황하와 효산(崤山)[282] 요새로 삼고 있으니, 보답해야 할 은덕

---

276) 昭雎 : 楚나라 大夫로 지모가 뛰어난 신하이다.

277) 宜陽 : 韓나라 고을 이름. 옛 성은 지금의 河南省 宜陽縣 부근에 있다.

278) 平陽 : 韓나라 고을 이름. 옛 성은 지금의 山西省 臨汾市 서남쪽에 있다.

279) 武遂 : 원래는 韓나라 땅이었으나, 당시는 秦나라의 땅이었다. 옛 성은 지금의 山西省 臨汾縣 서남쪽에 있다.

280) 三川 : 지역 이름. 韓나라 땅으로, 지금의 河南省 黃河, 伊水, 洛水 세 강의 유역을 말한다. 권34 「燕召公世家」의 〈주 73〉 참조.

281) 河外 : 당시 三晉 사람들이 黃河 이남 지역을 '河外'라고 하였다. 여기서는 韓나라 남쪽 지방을 말한다.

282) 崤山 : 韓나라 서부에 있는 산.

으로 말한다면 초나라보다 큰나라는 없을 것이기 때문에, 저는 한나라가 아주 빠른 시일내에 대왕을 섬길 것이라고 생각됩니다. 현재 제나라가 한 나라를 신임하고 있는 것은 한나라 공자 매(眜)가 제나라 재상을 역임하고 있기 때문입니다. 한나라가 이미 진나라로부터 무수를 되돌려 받은 것에 대해서 대왕께서 축하하시면 제나라와 한나라의 실력으로 저리질의 권위를 높일 수 있습니다. 저리질이 제나라와 한나라의 지지를 받으면 그 주인은 저리질을 버릴 수 없습니다. 지금 초나라가 그를 지지한다면 저리질은 진나라 왕에게 진언하게 되고, 그렇게 되면 다시 초나라가 점령하였던 땅을 되돌려 받으실 수 있습니다." 그 당시 회왕은 이 의견을 받아들여 결국 진나라와 연합하지 않고 제나라와 연합하여 한나라와 친선관계를 맺었다.

24년, 초나라는 제나라를 버리고 진나라와 연합하였다. 이해에 진 소왕(秦昭王)[283]이 새로 왕위에 오르자 많은 재물을 초나라 왕에게 보냈다. 초나라도 사람을 보내어 신부를 영접하였다. 25년, 회왕은 진나라에 가서 진 소왕과 회합을 가지고 황극(黃棘)[284]에서 맹약을 맺었다. 진나라는 다시 초나라에 상용(上庸)을 돌려주었다. 26년, 제나라, 한나라, 위나라는 초나라가 합종맹약을 파기하고 진나라와 연합하자, 세 나라는 함께 초나라 정벌에 나섰다. 초나라는 태자(太子)[285]를 진나라에 보내어 인질로 하고 구원을 요청하였다. 진나라가 객경(客卿)[286] 통(通)에게 군사를 주어 초나라를 구원하자, 세 나라는 군대를 이끌고 후퇴하였다.

27년, 진나라에는 초나라 태자와 암투를 벌이는 대부 한 사람이 있었는데, 초나라 태자는 그를 죽이고 본국으로 도망쳤다. 28년, 진나라는 제나라, 한나라, 위나라와 함께 초나라를 공격하여, 초나라 장군 당매(唐眜)를 죽이고 초나라의 중구(重丘)[287]를 빼앗고 물러갔다. 29년, 진나라는 다시 초나라를 공격하여 초나라 군을 대파하였으니, 전사한 초나라 병사

---

283) 秦昭王: 秦나라 昭襄王을 말한다. 이름은 嬴稷이다. 기원전 306년에서 기원전 251년까지 재위하였다. 魏冉, 白起, 范雎 등을 중용하여 三晉, 齊나라, 楚나라 등과 싸워 이겨서 秦나라가 천하통일을 할 수 있는 기틀을 마련하였다.
284) 黃棘: 楚나라 고을 이름. 옛 성은 지금의 河南省 新野縣 동북쪽에 있다.
285) 太子: 후에 왕위를 계승한 頃襄王을 말한다.
286) 客卿: 관직 이름. 본국에서 관리를 지내는 다른 나라 사람을 말한다.
287) 重丘: 楚나라 고을 이름. 옛 성은 지금의 河南省 泌陽縣 동북쪽에 있다.

가 2만 명에 달하였으며, 초나라 장군 경결(景缺)도 전사하였다. 회왕은
두려워서 태자를 제나라에 보내어 인질로 있게 하고 제나라와 강화할 것
을 요구하였다. 30년, 진나라는 다시 초나라를 공격하여 8개 성을 빼앗
았다. 진 소왕은 초나라 왕에게 편지를 보냈다. 편지에는 다음과 같이 쓰
여 있었다. "원래, 과인은 군왕과 결의형제를 맺어 황극(黃棘)에서 맹약
을 맺었으며, 군왕은 태자를 인질로 보내어 관계가 아주 원만하였습니다.
그런데 군왕의 태자가 과인을 기만하고 과인의 중신을 죽이고도 잘못을 인
정하지 않고 귀국으로 도망치니, 과인은 정말로 화를 억누를 길 없어 군
대를 보내어 군왕의 변경을 침범한 것입니다. 이제 군왕께서는 태자를 인
질로 하여 제나라와 강화를 맺고자 합니다. 과인은 초나라와 국경을 접하
고 있고, 대대로 서로 혼인관계를 맺어 우호적인 관계를 맺은 지 오래되
었습니다. 그러나 지금 초나라와 진나라는 관계가 악화되어 제후들을 호
령할 수 없게 되었습니다. 과인은 군왕과 무관(武關)에서 만나 그 자리에
서 동맹을 맺기를 희망합니다. 그리고 동맹을 맺은 다음 물러가는 것이
과인의 바람입니다. 과인은 우둔함을 무릅쓰고 이 생각을 군왕께 알려드
립니다." 초 회왕은 진나라 왕의 이 편지를 보고 걱정에 싸였다. 가자니
속을까봐 걱정이 되었고, 가지 않자니 진나라 왕이 진노할까봐 염려되었
다. 소저가 말하였다. "대왕께서는 가시지 말고, 군대를 보내어 국경을
굳게 수비하시면 됩니다. 진나라는 속이 검은 늑대와 같아 믿을 수 없습
니다. 그는 평소에 제후들을 제압하고자 하는 야심을 가지고 있습니다."
회왕의 아들 자란(子蘭)이 회왕에게 가도록 권하면서 말하였다. "왜 진나
라의 호의를 거절해야 합니까!" 그래서 회왕은 진 소왕을 만나러 갔다.
진 소왕은 회왕을 속이기 위해서, 장군에게 군사를 주어 무관에 매복하게
한 다음 진나라 왕의 깃발을 내걸게 하였다. 초나라 왕이 도착하자 무관
을 걸어 잠그고 회왕을 사로잡아 서쪽으로 가서 함양(咸陽)[288]에 도착하
였다. 회왕은 장대(章臺)[289]에서 진 소왕을 만났으나 속국의 신하와 같은
대우를 받았고, 진 소왕은 회왕에게 평등한 예의를 갖추지 않았다. 초 회
왕은 화를 내고 소저의 의견을 받아들이지 않은 것을 후회하였다. 진나라

---

288)　咸陽 : 秦나라 都城. 옛 성은 지금의 陝西省 咸陽市 동북쪽에 있다.
289)　章臺 : 秦나라 왕이 궁을 떠나 머물던 누각. 옛 터는 지금의 陝西省 長安縣 舊城
　　서남쪽 부근에 있다.

는 초나라 왕을 억류하고 있었기 때문에 그에게 무(巫)[290]와 검중(黔中)[291]의 군현을 떼어달라고 협박하였다. 초 회왕은 맹약을 맺으려고 하였지만, 진나라는 오히려 먼저 땅을 얻으려고 하였다. 초 회왕은 분노하여 말하였다. "진나라가 나를 속이고, 또 나에게 땅을 달라고 핍박하다니!" 다시 진 소왕에게 허락하지 않자, 진 소왕은 그를 옥에 가두었다.

초나라 대신들은 이 일을 걱정하며 함께 상의하였다. "우리나라 대왕께서 진나라에서 돌아오실 수 없고, 진나라가 그를 협박하여 땅을 달라고 하고, 태자는 제나라에 인질로 있으니, 만약 제나라와 진나라 두 나라가 공모한다면 우리는 나라를 잃게 될 것입니다." 그래서 국내에 있는 회왕의 아들을 옹립하려고 하였다. 소저가 말하였다. "대왕과 태자가 모두 다른 나라에 억류되어 있는데, 지금 우리가 다시 대왕의 명령을 어기고 서자를 옹립하려 한다는 것은 안 될 말입니다." 그래서 거짓으로 제나라에 국상이 났음을 알렸다. 제 민왕은 그의 재상에게 말하였다. "태자를 억류하는 것보다 초나라의 회북(淮北) 지방을 얻는 편이 낫겠소." 재상이 말하였다. "안 됩니다. 영도(郢都)가 만약 따로 새 왕을 옹립한다면 우리는 아무 쓸모없는 인질을 잡고 있는 것입니다. 그리고 오히려 세상 사람들에게 우리의 불의를 드러내 보이게 되는 것입니다." 어떤 사람이 말하였다. "그렇지 않습니다. 영도가 만약에 새 왕을 옹립한다면 그 새 왕과 교섭하면 됩니다. '우리에게 하동국(下東國)[292]을 주면, 우리가 초나라를 대신해서 태자를 죽이고, 그렇게 하지 않으면 조나라, 한나라, 위나라 이렇게 세 나라가 공동으로 태자를 옹립할 것입니다.' 이렇게 하면 하동국은 반드시 얻을 수 있습니다." 결과적으로 제나라 왕은 재상의 의견을 듣고 초나라 태자를 돌려보냈다. 태자 횡(橫)은 초나라에 돌아와서 국왕에 오르니, 이 사람이 경양왕(頃襄王)이다. 그리고 진나라에 통고하였다. "우리는 신령스러운 사직의 가호 아래 새 왕을 옹립하였습니다."

경양왕 원년, 진나라는 회왕(懷王)을 협박해도 땅을 얻을 수 없었는

---

290) 巫 : 楚나라 고을 이름. 지금의 四川省 巫山縣 일대.
291) 黔中 : 楚나라 고을 이름. 지금의 湖南省, 湖北省, 四川省과 貴州省 경계에 있는 지역.
292) 下東國 : 앞에서 언급한 淮北 지역을 말한다. 長江의 하류가 楚나라 동쪽에 속하기 때문에 '下東國'이라고 하였다. 뒤에 나오는 '東國' 역시 淮北 지역을 말한다.

데, 초나라가 새 왕을 옹립하여 진나라에 대항하자, 진 소왕(秦昭王)은
노기를 띠고 출병하여 무관에서 초나라를 공격하여 초나라 군대를 대파하
여 5만 명을 죽이고 석읍(析邑)²⁹³⁾ 등 15개 읍을 빼앗고 물러갔다. 2년,
초나라 회왕은 몰래 도망쳐 귀국하려는데, 진나라가 그 사실을 알고 초나
라로 통하는 길을 봉쇄하였다. 회왕은 두려워 계획을 바꾸어 조그만 길을
이용하여 조(趙)나라로 가서 길을 빌려 도망치려고 하였다. 이때, 조 주
부(趙主父)²⁹⁴⁾는 이미 은퇴하고 대(代)²⁹⁵⁾에 머물고, 그의 아들 혜왕(惠
王)²⁹⁶⁾이 새로 즉위하여 왕의 직무를 대행하였다. 조 혜왕은 진나라를 두
려워하여 회왕을 받아들이려고 하지 않았다. 결국 회왕이 위(魏)나라로
도망치려 하였지만, 진나라 군대가 추격해와서 하는 수 없이 진나라 사자
를 따라 진나라로 돌아갔다. 회왕은 이 때문에 병을 얻었다. 경양왕 3년,
회왕이 진나라에서 죽자 진나라는 그의 시신을 초나라로 보냈다. 초나라
사람들이 그를 애도하며 자신의 부모형제가 죽은 것처럼 애통해하였다.
여러 나라는 이 일로 진나라가 부도덕하다고 여기게 되었다. 진나라와 초
나라는 단교하였다.

경양왕 6년, 진(秦)나라는 백기(白起)²⁹⁷⁾를 이궐(伊闕)²⁹⁸⁾에 보내어
한(韓)나라를 공격하게 하여 대승을 거두고, 한나라 병사 24만 명을 죽
였다. 그리하여 진나라 왕은 초나라 경양왕에게 편지를 썼다. "초나라가
진나라를 배반하여, 진나라가 여러 나라를 이끌고 초나라를 공격하여 승
부를 다투고자 합니다. 군왕이 군대를 재정비하여 우리와 시원하게 싸울
수 있기를 바랍니다." 초나라 경양왕은 걱정이 되어 다시 진나라에게 강
화를 맺자고 건의하였다. 7년, 초나라가 진나라에 가서 신부를 맞아들임

---

293) 析邑 : 楚나라 고을 이름. 옛 성은 지금의 河南省 西峽縣에 있다.
294) 趙 主父 : 趙 武靈王을 말한다. 기원전 325년에서 기원전 295년까지 재위하였
  다. 오랑캐 복장으로 고쳐 입고 기마와 활쏘기를 배워 中山, 林胡 등의 나라를 멸하
  여 국력을 과시하였다. 후에 庶子인 何에게 왕위를 물려주고 자신을 '主父'라고 하였
  다. 나중에 內江에 있는 沙丘宮에 갇혀서 굶어 죽었다.
295) 代 : 趙나라 지명. 지금의 河北省 蔚縣 동북쪽. 권34 「燕召公世家」의 〈주 68〉 참
  조.
296) 惠王 : 趙나라 惠文王을 말한다. 기원전 298년에서 기원전 266년까지 재위하였
  다.
297) 白起(? -기원전 257년) : 公孫起를 가리킨다. 秦나라 명장. 70여 차례의 전투에
  서 연전연승하여 武安君에 봉해졌다. 후에 相國 范雎와 不和하여 자살하였다.
298) 伊闕 : 산 이름. 지금의 河南省 洛陽市 남쪽에 있다.

으로써 진나라와 초나라 두 나라는 다시 강화를 맺었다.

11년, 제나라 왕과 진나라 왕은 스스로 칭제(稱帝)하였다. 그러나 한 달 후, 다시 황제의 호칭을 버리고 왕이라고 하였다.[299]

14년, 초나라 경양왕과 진나라 소왕은 우호적으로 완읍(宛邑)[300]에서 회합을 가져서 강화를 맺고 친척관계를 맺었다. 15년, 초나라 경양왕은 진나라, 한나라, 조나라, 위나라, 연나라 등과 함께 제나라를 공격하여 회북(淮北) 지방을 빼앗았다. 16년, 초나라 왕은 진나라 소왕과 언(鄢)에서 우호적인 회합을 가졌다. 이해 가을, 다시 진나라 왕과 양읍(穰邑)[301]에서 회합을 가졌다.

18년에 있었던 일이다. 초나라에는 가벼운 화살과 가느다란 실로써 북쪽으로 돌아가는 기러기를 쏘아 맞추는 사람이 있었는데, 경양왕이 이 사실을 알고 그를 불러 물었다. 그는 대답하여 말하였다. "저는 작은 기러기나 작은 새를 맞추는 것을 좋아합니다. 이것은 조그만한 화살이 발휘하는 작용인데 어떻게 대왕께 말씀 드릴 가치가 있겠습니까? 만약에 초나라의 우세를 이용하고 대왕의 현명함을 빌린다면, 얻을 수 있는 수확은 이렇게 조그마한 것이 아닐 것입니다. 옛날에 삼왕(三王)[302]께서는 도덕으로써 천하를 영유하셨고, 오패(五覇)[303]께서는 여러 나라의 지지를 받으셨습니다. 지금의 진(秦)나라, 위(魏)나라, 연(燕)나라, 조(趙)나라 등은 작은 기러기와 같고, 제(齊)나라, 노(魯)나라, 한(韓)나라, 위(衛)나라 등은 들새와 같으며, 추(騶)[304]나라, 비(費)[305]나라, 담(郯)[306]나라, 비(邳)[307]나라 등은 작은 새와 같습니다. 나머지 나라들은 쏘아 잡을

---

299) 周 赧王 27년(기원전 288년) 10월, 秦나라 昭襄王은 西帝를 稱하고, 齊나라 湣王은 東帝를 稱하였다. 12월 齊나라 湣王이 稱帝를 포기하자, 秦나라 昭襄王도 稱帝를 포기하였다.
300) 宛邑 : 楚나라 고을 이름. 옛 성은 지금의 河南省 南陽市에 있다.
301) 穰邑 : 楚나라 고을 이름. 옛 성은 지금의 河南省 鄧縣에 있다.
302) 三王 : 夏禹, 商湯, 周 文王을 말하기도 하고, 夏禹, 商湯, 周 武王을 말하기도 한다.
303) 五覇 : 齊 桓公, 晉 文公, 楚 莊王, 宋 襄公, 秦 穆公을 말하기도 하고, 齊 桓公, 晉 文公, 楚 莊王, 吳王 夫差, 越王 句踐을 말하기도 한다.
304) 騶 : 나라 이름. 지금의 山東省 鄒縣, 費縣, 滕縣 일대.
305) 費 : 魯나라 고을 이름. 춘추시대에는 魯나라 大夫 季孫氏의 봉지였고, 전국시대에는 실제로 독립적인 조그만 나라였다. 옛 성은 지금의 山東省 費縣 서북쪽에 있다.
306) 郯 : 지금의 山東省 郯城縣 지역. 권32 「齊太公世家」의 〈주 72〉 참조.

가치도 없습니다. 이 열두 마리의 작은 새를 대왕께서는 어떻게 잡으시겠습니까? 대왕께서는 어찌하여 성인을 화살로 삼고 용사(勇士)를 실로 삼아 적당한 시기를 보아 활을 쏘아 잡으시지 않으십니까? 이 열두 마리의 새는 활을 쏘시기만 하시면 자루에 담아서 잡아오실 수 있습니다. 이 즐거움은 하루아침에 얻을 수 있는 즐거움이 아니고, 이 수확은 오리나 기러기 같은 사냥물이 아닙니다. 대왕께서 아침에 활을 쏘아 위(魏)나라 대량(大梁)의 남쪽을 맞추시면, 그의 오른팔에 상처를 입히는 것으로 직접 한나라에 영향을 미쳐서 중원 지방으로 통하는 길을 끊어, 상채(上蔡)[308] 일대는 공격하지 않고도 무너질 것입니다. 그리고 몸을 돌려 어(圉)[309]의 동쪽을 향해서 쏘는 것은 위나라의 어깨를 절단하는 것이며, 다시 밖으로 (눈을 돌려) 정도(定陶)[310]를 공격하시면 위나라 동쪽은 핍박을 당하여 포기하게 되고 그러면 대송(大宋)[311]과 방여(方與)[312] 두 고을을 얻을 수 있습니다. 위나라의 좌우 어깨가 절단되면 혼란스러워질 것이고, 다시 정면으로 담(郯)나라를 공격하시면 대량은 초나라의 소유가 될 수 있습니다. 대왕께서 난대(蘭臺)[313]에서 승리를 축하하시고, 서하(西河)[314]에서 열병식을 가진 뒤 위나라의 대량을 평정하시면, 이것이 바로 활을 쏘는 첫번째 즐거움입니다. 만약에 대왕께서 사냥을 정말 좋아하시고 싫증내지 않으신다면, 보궁(寶弓)을 꺼내고 새 줄을 준비하여 동해(東海)로 가서서 갈고리 모양의 부리가 있는 큰 물새[315]를 잡아 장성(長城)[316]을 수리하여 방어선으로 하는 겁니다. 그런 연후에 아침에 동거(東莒)[317]을 취하시고, 저녁에 패구(浿丘)[318]를 취하시고, 밤에 즉묵(卽墨)[319]을 취하시

---

307)　邳 : 나라 이름. 지금의 江蘇省 邳縣 부근.
308)　上蔡 : 韓나라 고을 이름. 지금의 河南省 上蔡縣 일대.
309)　圉 : 魏나라 고을 이름. 옛 성은 지금의 河南省 杞縣 남쪽에 있다.
310)　定陶 : 魏나라 고을 이름. 옛 성은 지금의 山東省 定陶縣 서북쪽에 있다.
311)　大宋 : 魏나라 고을 이름. 지금의 河南省 商丘市.
312)　方與 : 魏나라 고을 이름. 지금의 山東省 魚臺縣 서북쪽.
313)　蘭臺 : 桓山의 다른 이름. 지금의 江蘇省 銅山縣 서북쪽에 있다.
314)　西河 : 당시에는 魏나라 境內에 있는 黃河를 일컫는다. 지금의 河南省 安陽市 동쪽 일대.
315)　齊나라를 말한다.
316)　長城 : 齊나라가 세운 泰山의 서북쪽에서 琅邪臺에 이르는 長城을 가리킨다.
317)　東莒 : 齊나라 동쪽의 莒邑을 가리킨다.
318)　浿丘 : 齊나라의 지명. 지금의 山東省 博興縣 동남쪽.
319)　卽墨 : 齊나라 고을 이름. 옛 성은 山東省 平度縣 동남쪽에 있다.

고, 돌아오는 길에 오도(午道)[320]를 점거하신다면, 장성의 동쪽과 태산 (泰山)의 북쪽이 손 안에 들어오게 됩니다. 우리나라는 서쪽으로는 조나라와 인접해 있고, 북쪽으로는 연나라와 직통하고 있어, 제나라, 조나라, 연나라 세 나라는 새가 날려고 날개를 펼치는 형상과 같아, 합종은 맹약을 맺을 필요도 없이 자연히 형성될 것입니다. 대왕께서는 북쪽으로 연나라의 요동(遼東)[321]을 유람하실 수 있고, 남쪽으로 월나라의 회계 (會稽)[322]를 살펴보실 수 있으니, 이것은 활을 쏘는 두번째 즐거움입니다. 사수(泗水) 유역을 기반으로 한 제후들[323]은 왼손을 들어 가리키고 오른손을 들어 흔들기만 하면 하루아침에 전부 잡아들일 수 있습니다. 지금 진나라가 한나라와의 싸움에서 이겼지만 그것은 오히려 오랜 걱정거리가 되었으며, 한나라의 성들을 획득하였으면서도 점령한 성을 지키지 못하고 있고, 위(魏)나라를 공격하였으나 진전이 없고, 조나라를 습격하였으나 오히려 손해를 입었습니다. 진나라와 위나라의 사기와 세력이 곧 없어질 것이므로, 초나라가 잃었던 한중(漢中), 석(析), 역(酈)[324] 등의 땅은 다시 찾을 수 있습니다. 대왕께서 보궁을 꺼내시어 새 줄을 준비하여 명새(鄍塞)[325]에 가셔서 진나라가 피곤할 때를 기다리시면, 산동(山東)과 하내(河內)[326]의 광대한 땅을 하나로 하실 수 있습니다. 그리고 백성을 다스려 위로하고 군사를 쉬게 하시면, 남쪽을 바라보고[327] 왕으로 칭하실 수 있습니다. 그런데 진(秦)나라는 큰 새입니다. 등 뒤로는 대륙을 의지하고 살고, 얼굴은 동쪽을 향하고 서 있어, 왼쪽 어깨로 조(趙)나라의 서남쪽을 제어하고 있고, 오른쪽 어깨로는 초나라의 언(鄢)과 영

---

320) 午道 : 종횡으로 교차하는 大路를 말한다. 여기서는 齊나라와 楚나라가 접하고 있는 요충지를 말한다.

321) 遼東 : 燕나라 고을 이름. 지금의 遼寧省 동남쪽 遼河 동쪽으로, 襄平(지금의 遼陽市)을 말한다.

322) 會稽 : 산 이름. 지금의 浙江省 紹興縣 동남쪽.

323) 원문은 "十二諸侯"로서 이것은 宋나라, 衞나라, 魯나라, 鄒나라 등 작은 나라를 가리킨다.

324) 酈 : 고을 이름. 옛 성은 지금의 河南省 南陽市 서북쪽에 있다.

325) 鄍塞 : 冥阨이라고도 한다. 요충지. 지금의 河南省 信陽市 서남쪽의 平靖關.

326) 山東은 지금의 陝西省 華山 동쪽에서 河南省 북쪽에 이르는 광활한 지역을 말한다. 河內는 좁게는 河南省내의 黃河 이북 지역을 말하고, 넓게는 黃河 이북의 전지역을 말한다.

327) 원문은 "南面"이다. 고대 제왕들은 북쪽에 앉아서 남쪽을 향해서 제후와 신하들을 접견하였다. 즉 '南面'은 제왕의 권위를 상징한다.

(郢)을 위협하고 있고, 가슴으로 한나라·위나라를 대하고 있고, 아래로 는 중원의 여러 나라를 내려다보고 있으며, 살고 있는 지형이 편리하고, 지세(地勢)가 유리하여, 날개를 펴고 높이 날아 3천 리를 종횡무진하니, 진나라는 하룻밤 사이에 혼자의 힘으로 제압할 수 없음을 알 수 있습니 다.”그는 초 경양왕을 격노하게 할 생각으로 이렇게 말하였다. 경양왕이 다시 그를 소환하여 자세하게 묻자, 그는 계속해서 말하였다. “선왕께서 진나라에게 속임을 당하여 국외에서 돌아가셨으니 원한도 이보다 큰 것은 없을 것입니다. 지금 백성들이 원한을 가지고 있는데, 큰 나라의 왕에게 보복할 수 있는 사람은 백공(白公)과 오자서(伍子胥)뿐입니다. 지금 초 나라 국토는 종횡으로 5천 리에 달하고 백만의 군대를 가지고 있어서 전 쟁터에서 위세등등하게 마음대로 할 수 있습니다! 언제나 앉아서 속박만 당하시고 계시니 제가 은밀히 대왕께 이런 태도를 취해서는 안 된다고 한 것입니다.”그래서 경양왕은 사신을 여러 나라로 보내어 다시 합종연맹을 계획하고 연합으로 진나라를 정벌하려고 하였다. 진나라는 이 소식을 듣 고 군사를 내어 초나라를 공격하였다.

  초나라 왕은 제나라, 한나라와 강화를 맺고 연합하여 진나라를 공격하 고, 기회를 틈타 주 왕실을 공격할 생각이었다. 주 난왕(周赧王)[328]이 보 낸 무공(武公)[329]이 초나라 재상 소자(昭子)에게 말하였다. “세 나라[330] 가 무력으로 주나라 교외를 나누어 자신들의 물자 운송을 편하게 하고 주 나라의 보기(寶器)를 남쪽으로 옮겨 초나라 왕을 받들고자 하는데, 나는 그렇게 해서는 안 된다고 생각하오. 세상 사람들이 공동으로 받드는 종주 (宗主)를 죽이고, 노역세대가 천하의 군왕을 통치한다면 큰 나라가 그를 가까이하지 않을 것이오. 사람이 많은 것을 믿고 사람이 적은 나라를 핍 박하면 작은 나라가 그에게 복종하지 않을 것이오. 큰 나라가 가까이하지 않고 작은 나라가 복종하지 않으면 위명(威名)과 실리를 얻을 수 없을 것 이오. 위명과 실리를 얻지 못하면서 이렇게 백성을 손상시키는 것은 가치 가 없소. 주 왕실을 모해하는 명성으로 호령을 할 수 없소.”소자가 말하 였다. “만약에 주 왕실을 모해한다고 하더라도 그런 일은 없을 것입니다.

---

328) 周 赧王 : 姬延. 周 王朝의 마지막 왕.
329) 武公 : 西周의 작은 제후국 군주.
330) 齊나라, 楚나라, 韓나라를 말한다.

262

설령 그렇다 하더라도, 주 왕실을 왜 없애서는 안 됩니까?" 무공이 대답하였다. "병력이 적의 다섯 배가 넘지 않으면 공격하지 않고, 적의 열 배가 넘지 않으면 성을 포위하지 않는 법이오. 주 왕실은 모든 나라가 받드는 군주인 관계로 20개의 진(晉)나라에 해당된다는 것을 당신도 잘 알 것이오. 한나라가 일찍이 20만의 병력으로 진(晉)나라의 성 아래에서 모욕을 당하여, 적진 깊숙이 들어간 정예 군사들이 전사하였으며, 일반 군사들도 부상당하였으나 성은 빼앗을 수 없었소. 당신이 백 개의 한나라 병력으로 주 왕실을 없앨 수 없다는 것은 세상 사람들이 다 아는 사실이오. 서주와 동주 두 나라와 깊은 원한을 맺으면 예의지국인 추(鄒)나라, 노(魯)나라[331] 백성들의 초나라를 향한 마음이 단절될 것이며, 제나라와 국교를 단절하면 세상에서 명성을 잃어, 하는 일마다 위험할 것이오. 다시말해서, 당신들이 서주와 동주를 약화시키면 한(韓)나라[332]가 강해져, 당신들의 방성(方城) 이외에 다른 곳은 틀림없이 한나라에 의해서 약화될 것이오. 어떻게 해서 그렇게 될 것이라고 아느냐고요? 서주 땅은 이것거것 다 합쳐도 종횡으로 백리밖에 되지 않소. 명의상 천하가 받드는 군주이지, 그 땅을 나누어 가져도 나라를 부유하게 할 수 없고, 그 군사를 포로로 하여도 군대를 강하게 할 수 없다는 것이오. 비록 그곳을 공격하러 가지 않는다고 하더라도 군주를 시해할 죄명은 있소. 그러나 일을 벌이기 좋아하는 군주들[333]과 전쟁을 좋아하는 권신들[334]이 호령을 발하고 군대를 지휘하면서도 어찌하여 시종 창칼을 주 왕실에 겨누지 않았겠소? 이것은 무슨 까닭이겠소? 제기(祭器)와 보정(寶鼎)이 주나라에 있는 것을 알고 단지 그것을 옮겨서 자신을 과시하려고 하였을 뿐, 군주를 시해하고자 하는 화를 자초하지는 않았소. 지금 한나라가 제기와 보정을 초나라로 옮기려 한다면 나는 세상 사람들이 제기 때문에 초나라와 적이 될까 걱정이 되오. 예를 들어 이야기하리다. 원래 호랑이는 고기가 비려서 식용으로 적당하지 않고, 자신을 방어하는 예리한 발톱이 있는데도 사람들은 여

---

331) 두 나라는 대대로 周 王室을 받들었다.
332) 원문은 "三川"으로, 이것은 韓나라에 '三川'이 있기 때문에 韓나라를 가리키는 말이다. 앞의 〈주 280〉 참조.
333) 鼎에 관해서 물은 楚 莊王과 鼎을 요구한 楚 靈王, 그리고 周器를 남쪽으로 옮기고자 하였던 楚 頃襄王을 말한다.
334) 子玉과 昭雎를 가리킨다.

전히 호랑이를 사냥하려고 하오. 만약에 호수가에 사는 미록(麋鹿)에게
호랑이 가죽을 씌우면, 미록을 사냥하는 사람은 호랑이를 잡는 것보다 수
만배의 이익을 취할 수 있소. 초나라 땅을 나누어 가지면 각 나라가 부강
해지고, 초나라의 죄명을 질책하면 각 나라의 제후들에게 존경받기에 족
할 것이오. 지금 당신이 개인적인 욕심으로 천하가 받드는 군주를 살해하
여, 하, 은, 주 삼대에 걸쳐 전해내려오는 귀중한 보물을 점유하고 구정
을 삼키려고 하는 것은 스스로 지금의 제후들보다 높은 위치에 서려고 하
는 것이니, 이것이 탐욕이 아니고 무엇이겠소? 「주서(周書)」에는 다음과
쓰여 있소. '정치적으로 일가를 세우려면 먼저 소요를 주동하지 않아야
한다.'335) 주 왕실의 보기(寶器)를 남쪽으로 옮기면 초나라를 토벌하고자
하는 대군이 바싹 따를 것이오." 그래서 초나라는 계획을 포기하고 실행
하지 않았다.

  19년, 진(秦)나라가 초나라를 공격하였다. 초나라 군대가 패하여 상용
(上庸), 한북(漢北)336) 땅을 진나라에게 할양하였다. 20년, 진나라 장군
백기(白起)는 초나라 서릉(西陵)337)을 점령하였다. 21년, 백기는 다시
초나라 영도(郢都)를 점령하고 초나라 선왕의 묘지 이릉(夷陵)338)을 불
태웠다. 초 경양왕의 군대가 전부 흩어져 도망치니 다시 응전할 수 없어
서, 동북쪽으로 물러나 진성(陳城)339)에서 안전을 꾀하였다. 22년, 진나
라가 다시 초나라의 무군(巫郡)과 검중군(黔中郡)을 점령하였다.

  23년, 경양왕은 동부지역에서 10여 만 명의 군대를 모아, 다시 서쪽으
로 가서 진(秦)나라가 점령하였던 장강(長江) 연안 15개 읍을 빼앗고 군
(郡)을 설치하고 진나라를 제어하였다. 27년, 3만 명의 병사를 보내어
연나라를 공격하는 삼진(三晉)을 도왔다. 다시 진(秦)나라와 화해하고
태자(太子)340)를 인질로 진나라에 보냈다. 초나라 왕은 좌도(左徒)341)를

---

335) 今文『尙書』의「周書」에는 이 문장이 들어 있지 않다.
336) 漢北 : 漢江 이북을 가리킨다.
337) 西陵 : 楚나라 남쪽 요충지. 지금의 湖北省 宜昌市 서북쪽.
338) 夷陵 : 楚나라 先王의 묘지로 西陵에 있었다. 夷陵은 지금의 湖北省 宜昌市 동남
      쪽에 있었다는 설과, 지금의 宜城縣 서쪽 교외에 있었다는 설이 있다.
339) 陳城 : 원래는 陳나라 都城 宛丘를 말한다.
340) 太子 : 이름은 熊元으로 후에 孝烈王이 된다.
341) 左徒 : 楚나라 관직 이름, 국가대사 회의에 참여할 수 있고, 호령을 발하고, 빈
      객을 접대하는 관직. 여기서는 春申君 黃歇을 가리킨다.

진나라에 보내어 태자를 받들게 하였다.

36년, 경양왕이 병이 들어 태자가 도망쳐 돌아왔다. 이해 가을, 경양왕이 죽자 태자 웅원(熊元)이 왕위를 계승하니, 이 사람이 효열왕(孝烈王)이다. 효열왕은 좌도를 영윤(令尹)에 봉하여 오(吳)[342]를 하사하고 춘신군(春申君)[343]이라고 하였다.

효열왕 원년, 주(州)[344]를 진나라에 주고 강화를 맺었다. 이때 초나라는 더욱 약화되었다.

6년, 진나라가 한단(邯鄲)[345]을 포위하니, 조나라가 초나라에 위급함을 알려, 초나라는 장군 경양(景陽)을 보내어 조나라를 구원하였다. 7년, 초나라 군대가 신중(新中)[346]으로 진격하자 진나라 군대가 포위를 풀고 물러갔다. 12년, 진 소왕(秦昭王)이 죽자, 초나라 왕은 춘신군을 진나라에 조문사절로 파견하였다. 16년, 진(秦)나라 장양왕(莊襄王)[347]이 죽자 진왕(秦王) 조정(趙政)[348]이 왕위에 올랐다. 22년, 초나라가 여러 나라와 함께 진(秦)나라를 공격하였으나 패하여 물러났다. 초나라는 동쪽 수춘(壽春)[349]으로 천도하여 그곳을 영(郢)이라고 하였다.

25년, 효열왕이 죽고 아들 유왕(幽王) 한(悍)이 왕위를 계승하였다. 이원(李園)[350]이 춘신군을 죽였다. 유왕 3년, 진(秦)나라와 위(魏)나라

---

342) 吳 : 원래는 吳나라 땅으로, 지금의 江蘇省 蘇州 上海市 일대를 가리킨다. 上海는 申이라고도 하는데, 그것은 일찍이 春申君이 이곳에 살았기 때문이다.

343) 春申君 (? -기원전 238년) : 黃歇을 말한다. 그는 楚나라 귀족이다. 문하에 삼천 명의 식객이 있어서 魏나라의 信陵君, 齊나라의 孟嘗君, 趙나라의 平原君과 함께 전국시대 四公子로 이야기되곤 한다. 권78 「春申君列傳」 참조.

344) 州 : 고을 이름. 옛 성은 지금의 湖北省 江陵縣 경계에 있다. 지금의 沔陽縣 동남쪽이라는 설도 있다.

345) 邯鄲 : 趙나라 都城. 지금의 河北省 邯鄲市.

346) 新中 : 趙나라 고을 이름. 지금의 河北省 巨鹿縣. 趙나라의 고을 寧新中(지금의 河南省 安陽市)이라는 설도 있다.

347) 秦 莊襄王 : 嬴子楚를 말한다. 기원전 249년에서 기원전 247년까지 재위하였다.

348) 趙政 : 嬴政을 가리킨다. 秦나라 조상은 趙나라 조상과 같다. 嬴政이 趙에서 태어났기 때문에 趙政이라고 하였다. 秦 始皇을 가리킨다.

349) 壽春 : 楚나라 고을 이름. 옛 성은 지금의 安徽省 壽縣에 있다. 秦 始皇을 가리킨다.

350) 李園 : 孝烈王妃의 오빠이며, 幽王의 외삼촌이다. 孝烈王이 아들이 없자, 李園은 여동생을 먼저 春申君에게 시집 보낸 다음, 임신하자 春申君과 공모하여 그녀를 孝烈王에게 보내어 幽王을 낳게 하였다. 孝烈王이 죽은 후, 李園은 春申君이 이 사실을 누설하는 것이 걱정되어 春申君을 죽였다. 권78 「春申君列傳」 참조.

의 연합군이 초나라를 공격하였다. 진나라 재상 여불위(呂不韋)[351]가 죽었다. 9년, 진나라가 한나라를 멸하였다. 10년, 유왕이 죽고 같은 어머니 형제 중 동생 유(猶)가 왕위를 계승하니 이 사람이 애왕(哀王)이다. 애왕의 서형(庶兄) 부추(負芻)의 무리들이 갑자기 애왕을 죽이고, 부추를 왕으로 옹립하여, 애왕은 단 2개월 동안 재위하였을 뿐이다. 이해에 진나라는 조왕(趙王) 천(遷)[352]을 사로잡았다.

부추 원년, 연나라 태자 단(丹)[353]이 형가(荊軻)[354]를 보내어 진왕(秦王)을 암살하도록 하였다. 2년, 진나라는 장군을 파견하여 초나라의 군대를 대파함으로써, 10여 개의 성읍을 빼앗았다. 3년, 진나라가 위(魏)나라를 멸하였다. 4년, 진나라 장군 왕전(王翦)[355]은 기(蘄)[356]에서 초나라 군대를 이기고 장군 항연(項燕)[357]을 죽였다.

5년, 진나라 장군 왕전과 몽무(蒙武)는 마침내 초나라를 멸하고, 초나라 왕 부추를 사로잡고 초나라 국호를 없애고 삼군(三郡)[358]을 설치하였다.

태사공은 말하였다.

"초 영왕(楚靈王)은 신읍(申邑)에서 제후들과 회합을 가지고 제나라 경봉(慶封)을 죽이고, 장화대(章華臺)를 세우고, 주 왕실의 구정(九鼎)을 빼앗으려고 할 때에는 의기양양하여 천하를 깔보았으나, 후에 신해(申

---

351) 呂不韋(? -기원전 235년) : 陽翟(지금의 河南省 禹縣)의 大商人이다. 정치 투기로 집안을 일으켜 세우고 秦나라 재상이 되었다. 문하에 식객 삼천 명을 두고『呂氏春秋』를 편찬하였다. 후에 秦나라 왕 嬴政과 갈등이 생겨 蜀都로 좌천되었다가 우울증으로 죽었다.

352) 越王 遷 : 기원전 235년에서 기원전 228년까지 재위하였다.

353) 丹 : 燕나라 王喜의 아들. 일찍이 秦나라의 인질이 되었다가 후에 도망쳐 귀국한 다음, 荊軻를 秦나라에 보내어 秦王을 암살하고자 하였으나 뜻을 이루지 못하였다. 다음해, 秦나라가 燕나라를 쳐부수자, 그는 燕나라 王喜에게 죽임을 당하였다.

354) 荊軻 : 衛나라 사람. 燕나라 태자 丹의 부탁으로, 秦王에게 바칠 "燕國督亢地圖"에 비수를 숨겨 秦나라로 갔다. 지도를 현상할 때, 지도에서 비수가 발견되어 秦王을 찌르지 못하고 잡혀서 피살되었다. 권86「刺客列傳」참조.

355) 王翦 : 秦나라 장군. 趙나라, 燕나라, 楚나라를 차례로 무찌르고 武信侯에 봉해졌다. 권73「白起王翦列傳」참조.

356) 蘄 : 楚나라 고을 이름. 옛 성은 지금의 安徽省 宿州市 동남쪽에 있다.

357) 項燕 : 楚나라 장군. 下相(지금의 江蘇省 宿遷縣 서남쪽) 사람.

358) 三郡 : 秦나라는 楚나라를 멸하고, 楚나라 땅에 南郡, 九江, 會稽를 설치하였다.

亥)의 집에서 굶어 죽어 세상 사람들의 비웃음을 샀다. 지조와 품행이 없으니 정말로 슬프도다! 사람이 권세가 있다고 해서 남을 대하는 데 신중하게 하지 않는다는 말인가? 기질(棄疾)이 변란을 이용하여 왕위에 오르고, 진(秦)나라 여자를 총애함이 너무 지나쳐, 다시 나라가 망하게 되었도다!"

권41 「월왕구천세가(越王句踐世家)」제11

　월왕(越王) 구천(句踐)[1]의 조상은, 하후(夏后)의 임금 소강(少康)[2]의
서자로서 우(禹)[3]임금의 자손이다. 그의 선조는 회계(會稽) 땅에 봉해졌
고, 우임금의 제사를 모셨다. 그들은 몸에 문신을 하고 머리를 짧게 잘랐
으며,[4] 초목을 제거하고 황무지를 개척하여 도읍을 건설하였다. 이때로
부터 20여 대가 흘러 윤상(允常)의 시대에 이르렀다. 윤상이 왕으로 있
을 때, 오왕(吳王) 합려(闔廬)[5]와 싸우게 되니 그들은 서로 미워하여 공
격하였다. 윤상이 죽고 아들 구천이 즉위하니, 그가 곧 월왕이다.

　월왕 구천 원년(기원전 496년)에, 오왕 합려는 윤상이 죽은 것을 알고
는 군사를 일으켜 월나라를 공격하였다. 구천이 죽기를 각오한 병사들로
하여금 싸우게 하니, 그들은 세 줄을 이루어 오나라의 진영에 이르러 크
게 외치고 자살하였다. 오나라 군대가 쳐다만 보고 있는 사이 월나라의
군대는 그들을 습격하여 취리(檇李)[6]에서 물리치고, 오왕 합려를 쏘아

1)　句踐(？-기원전 465) : 越王 允常의 아들. 재위 기간은 32년간(기원전 496-기원전
　　465년)이었다. 越나라의 수도는 會稽(지금의 浙江省 紹興縣), 영토는 지금의 江蘇
　　省 북부 운하의 동쪽, 江蘇省과 安徽省 남부, 江西省 동부 및 浙江省 북부였다. 기
　　원전 306년 楚나라에 의해서 멸망당하였다.
2)　夏后는 禹임금이 다스렸던 부족 이름으로 나중에는 夏나라의 별칭이 되었다. 少康
　　은 夏나라 제6대 제왕이다.
3)　禹 : 夏后氏 부락 연맹의 수령으로, 夏나라를 건설하였다. 성은 姒, 이름은 文命이
　　다. 鯀의 아들로, 아버지를 이어 받아 치수사업을 하였다. 물을 터서 통하게 하는
　　방법을 사용하였는데, 13년 동안 집 앞을 세 번 지나게 되었지만 들어가지 않았고,
　　마침내 수해를 없앴다. 후에 虞舜의 禪讓을 받아 즉위하였다. 권2 「夏本紀」에 자세
　　한 기록이 나온다.
4)　옛날 吳나라와 越나라 일대의 풍속으로, 그것은 물 속에서 蛟龍류로부터의 해를
　　막기 위해서였다.
5)　闔廬 : 姬光(？-기원전 496년)을 가리킨다. '闔閭'라고도 한다. 원문에 "廬"로 되어
　　있어 이를 따랐다. 吳王 諸樊의 아들이며, 夫差의 아버지. 재위 기간은 19년간(기원
　　전 514-기원전 496년)이었다. 吳나라의 수도는 吳(지금의 江蘇省 蘇州), 그 영토는
　　지금의 江蘇省과 上海市의 대부분, 安徽省 및 浙江省의 일부분이었다. 기원전 473년
　　越나라에 의하여 멸망당하였다.

상처를 입혔다. 합려가 죽으려 할 때 그 아들 부차(夫差)⁷⁾를 불러, "월나라를 잊지 말라"고 당부하였다.

　구천 3년에, 오왕 부차가 밤낮으로 군대를 훈련시켜 월나라에 복수하려한다는 것을 듣고, 오나라가 군대를 일으키기 전에 선수를 쳐서 토벌하려고 하였다. 이에 범려(范蠡)⁸⁾가 다음과 같이 간하였다. "안 됩니다. 제가 듣기로 무기는 사람을 죽이는 흉기이고, 전쟁은 도리를 거스르는 것으로서 모든 일 중에서 가장 저급한 것입니다. 음모를 꾸며 도리를 거스르고, 흉기를 사용하기를 즐겨 전쟁에 친히 관여하시려 함은 하늘도 허락하지 않는 것으로서, 행하여도 이득이 없습니다." 구천은 "내가 이미 결정하였다"라고 말하면서, 즉시 군사를 일으켰다. 부차는 이 소식을 듣고, 정예 병사를 모두 동원하여 월나라 군사를 부초산(夫椒山)⁹⁾에서 패퇴시켰다. 이에 구천은 남은 병사 5,000명을 후퇴시켜 회계산(會稽山)을 지키게 하였는데, 부차는 추격하여 그들을 포위하였다.

　구천은 범려에게, "그대의 말을 듣지 않아 이 지경에 빠졌소. 어찌해야좋단 말이오?"라고 하자, 범려가 대답하기를, "충만함을 지속하려면 하늘의 도리를 본받아야 하고, 넘어지려는 것을 안정시키고자 하면 사람의도리를 알아야 하며, 사리를 통제하고자 하면 땅의 이치를 본받아야 합니다. 겸허한 말과 두둑한 예물을 갖추어 그에게 보내십시오. 만약 그가 받아들이지 않으면, 왕께서 스스로 볼모가 되어 그를 섬기십시오"라고 하였다. 구천이 대답하기를 "그렇게 하겠소"라고 말한 후, 대부 문종(文種)으로 하여금 강화를 청하게 하였다. 문종은 무릎걸음을 하고 머리를 조아려말하기를 "임금님의 신하인 구천이 저를 보내어 임금님의 하급관원에게'구천은 신하가 되고, 처는 첩이 되기를 청합니다'라고 감히 고합니다"라고 하였다. 부차가 이를 승낙하려 하자 오자서(伍子胥)¹⁰⁾가 말하기를

---

6)　檇李 : 지금의 浙江省 嘉興市 남쪽에 해당하는 땅 이름. 또한 '醉李,' '就李'라고도한다.
7)　夫差(?-기원전 473년) : 성은 姬氏이다. 재위 기간은 23년간(기원전 495-기원전473년)이었다.
8)　范蠡 : 越나라 大夫로서, 楚나라 宛(지금의 河南省 南陽) 태생이다.
9)　夫椒山 : 지금의 江蘇省 吳縣 서남쪽 太湖에 있는 산 이름.
10)　伍子胥(?-기원전 484년) : 이름은 員이다. 吳나라 大夫. 그의 부친과 형은 楚나라 平王에 의하여 살해되고, 그는 吳나라로 도망쳤다. 그는 극력 夫差에게 권하기를越나라의 강화를 거절하고 齊나라를 공격하는 것을 그만두라고 하였으나, 듣지 않아

"하늘이 월나라를 우리 오나라에 주는 것이니, 응낙하지 마십시오"라고 하였다. 문종이 돌아와 구천에게 이를 보고하자, 구천은 생각하기를 부인과 자녀는 죽이고 보물은 불태운 다음 죽음을 무릅쓰고 항전하려 하였다. 문종은 구천을 제지하며 이렇게 말하였다. "오나라의 태재(太宰) 백비(伯嚭)[11]는 탐욕스러운 사람이라 뇌물으로써 그를 유인할 수 있을 것입니다. 몰래 이를 알리십시오." 이에 구천은 문종을 시켜 미녀와 보물을 은밀히 백비에게 주니, 그는 문종을 부차에게 알현시켜주었다. 문종은 머리를 조아려 말하기를 "원컨대 대왕께서는 구천의 죄를 사하여주시고, 보물을 받아주시기 바랍니다. 불행하게도 사해주시지 않으면, 구천은 부인과 자식을 죽이고 보물을 불태운 후 5,000의 병사로서 결전을 할 터인즉, 반드시 대왕께서는 상당한 피해를 입게 될 것입니다"라고 하였다. 백비가 부차에게, "월나라가 이미 신하로 항복하니, 사해주시면 이는 나라의 이익이 됩니다"라고 권하자, 부차는 이를 허락하려 하였다. 오자서가 간하여 말하기를 "지금 월나라를 멸하지 않으면, 후에 반드시 후회하게 됩니다. 구천은 어진 왕이고, 범려와 문종은 훌륭한 신하입니다. 만약 지금 그들을 월나라로 돌려보낸다면, 틀림없이 반란을 일으킬 것입니다"라고 하였다. 부차는 이를 듣지 않고 마침내 구천을 사해주었고, 철병하여 돌아갔다.

구천이 회계산에 포위되어 있을 때 탄식하여 말하기를 "나는 이렇게 끝나는가?"라고 하자, 문종은 이와 같이 말하였다. "탕(湯)은 하대(夏臺)에 갇히었고[12] 문왕(文王)은 유리(羑里)에 구속되었습니다.[13] 중이(重

왕과 관계가 소원해졌다. 齊나라로 사신 가는 기회를 틈타 아들을 鮑牧(鮑叔의 후손)에게 맡겨, 太宰(즉 宰相) 伯嚭의 모함을 받았고, 왕이 노하여 칼을 내려 자결을 명하였다. 자세한 내용은 권66 「伍子胥列傳」에 보인다.

11) 伯嚭 : 원래는 楚나라 사람으로, 그의 조부 伯州黎가 주살되자 吳나라로 도망가 太宰로 발탁되었다. 영합하기에 뛰어나 夫差의 총애를 받았다. 참언을 하여 伍子胥를 죽였고, 吳나라가 망하자 살해되었다. 권40 「楚世家」의 〈주 198〉 참조.

12) 湯은 商 왕조의 건립자이다. 원래 商 부족의 수령으로서 伊尹을 임용하여 집정하게 하고, 후에 夏 왕조를 멸망시켰다. 夏臺는 均臺를 가리키는데 이것은 夏나라 桀王의 감옥으로서, 지금의 河南省 禹縣의 남쪽에 있었다. 자세한 내용은 권3 「殷本紀」에 보인다.

13) 文王은 周나라 文王으로, 姬昌을 말한다. 商나라 말기 周 부족의 영수로서, 商나라 紂王 때 西伯이었는데, 紂에 의해서 羑里(지금의 河南省 湯陰縣의 북쪽)에 구금되었다. 후에 그의 아들 武王(성과 이름은 姬發)이 紂를 멸하고, 周 왕조를 건립하였

耳)는 적(翟)나라로 도망쳤고,[14) 소백(小白)은 거(莒)나라로 도망쳤습니다만,[15) 그들은 모두 천하를 얻었습니다. 이를 볼 때, 지금 이 상황 역시 복이 되지 말란 법이 있습니까?"

부차가 구천을 사면해주자 구천은 월나라로 돌아가서, 고통을 받으며 고심을 하는데, 자리 옆에 쓸개를 매달아놓고서, 앉아 있거나 누워 있거나 간에 이를 쳐다보며, 음식을 먹을 때도 이것을 핥곤 하였다. 스스로에게 말하기를, "너는 회계산에서의 치욕을 잊지 않았겠지?"라고 하였다. 스스로 밭을 갈고, 부인은 길쌈을 하며, 음식으로는 고기를 먹지 않았으며, 의복은 이중으로 된 옷을 입지 않았다. 자세를 낮추어 어진 이를 공경하고, 손님을 후하게 접대하며, 가난한 사람을 돕고 죽은 자를 애도하며 백성과 함께 수고를 같이하였다. 범려에게 국정을 맡기려 하자, 범려가 말하기를 "군사의 일이라면, 제가 문종보다 낫습니다. 그러나 국가를 안정시키고 백성을 따르게 하는 일은 문종이 더 뛰어납니다"라고 하였다. 그래서 국정을 문종에게 맡기고, 범려와 대부 자계(柘稽)[16)를 보내 강화를 맺고 오나라에 인질로 남게 하였다. 2년이 지나자 오나라는 범려 등을 보내주었다.

구천이 회계산에서 돌아온 지 7년 되던 해에, 군대와 백성을 훈련시켜 오나라에 복수하려 하였다. 대부 봉동(逢同)이 간하여 말하기를 "나라가 망했다가 이제서야 조금 나아졌습니다. 우리가 군대를 정돈하면, 오나라는 반드시 두려워할 것입니다. 그들이 두려워하면 재난은 반드시 닥치게 되어 있습니다. 매나 수리와 같은 사나운 새는 습격을 할 때 자신의 모습을 감추는 법입니다. 지금 오나라는 제나라와 진(晉)나라를 치고 있으며, 초나라와 월나라에 깊은 원한을 심어주고 있습니다. 이름은 천하에

다. 자세한 내용은 권4 「周本紀」에 보인다.

14) 重耳(기원전 697-기원전 628년)는 성이 姬氏인 晉나라 文公의 이름이다. 재위 기간은 9년간(기원전 636-기원전 628년)이었다. 그는 부친의 박해를 받아 翟나라로 도망가서, 19년간 외국에서 유랑하였다. 翟은 '狄'과 통하는데 이는 부족 이름으로서, 지금의 山西省, 河北省, 河南省, 山東省 일대에서 활동하였다. 자세한 내용은 권39 「晉世家」에 보인다.

15) 小白(?-기원전 643년)은 성이 姜氏인 齊 桓公의 이름이다. 재위 기간은 43년간(기원전 685-기원전 643년)이었다. 齊나라에 내란이 일어났을 때, 莒나라(지금의 山東省 莒縣)로 도망쳤다. 자세한 내용은 권32 「齊太公世家」에 보인다.

16) 柘稽:越나라의 大夫.『國語』권19 「吳語」에는 "諸稽郢"으로 적혀 있다.

떨치고 있으나, 실제로는 주 왕실을 해하고 있습니다. 덕은 적은데 무력
으로 이룬 공이 많아 틀림없이 자만에 빠져 있을 것입니다. 우리나라를
위해서 계략을 도모하자면, 제나라와 교류를 하고 초나라와 친하게 지내
며, 진(晉)나라에 의지하고 오나라를 후하게 받드는 것이 좋습니다. 오
나라가 야심이 커지면 틀림없이 경솔하게 전쟁을 도발할 것입니다. 이렇
다면 우리는 제, 초, 진(晉) 나라의 힘을 한데 묶어 이들 세 나라가 오나
라를 공격하게 하고, 오나라가 지친 틈을 이용하면 이겨낼 수 있을 것입
니다"라고 하였다. 이에 구천은 "좋은 계책이오"라고 대답하였다.

　2년의 세월이 지나, 부차는 제나라를 치려 하였다. 오자서가 간하여 말
하기를 "안 됩니다. 신이 듣건대, 구천은 음식으로는 두 가지 이상 맛있
는 것을 먹지 않으며, 백성과 더불어 고락을 같이한다고 합니다. 이 사람
이 죽지 않으면 반드시 우리나라에게 화근이 될 것입니다. 우리나라에게
월나라는 뱃속의 큰 질병과 같으며, 제나라는 피부병인 옴 정도에 불과합
니다. 바라건대, 왕께서는 제나라는 놔두고 우선 월나라를 공격하시기 바
랍니다"라고 하였다. 부차는 듣지 않고 제나라를 공격하여 애릉(艾陵)[17]
에서 물리치고, 제나라의 대신 고장(高張)과 국하(國夏)를 포로로 데리
고 돌아와서 오자서를 책망하였다. 오자서가 "왕께서는 너무 기뻐하지 마
십시오"라고 말하자, 부차는 크게 노하였고 이에 오자서는 자결하려 하였
는데, 이것을 들은 부차가 그를 제지하였다. 월나라 대부 문종은 "신이
보건대, 부차는 정치하는 것이 매우 교만합니다. 시험삼아 식량을 빌려달
라고 하여, 우리나라에 대한 태도를 짐작해보십시오"라고 하였다. 과연
그들이 식량을 빌려달라고 하자, 부차는 그렇게 하려 하는데, 오자서가
반대를 하였다. 그러나 부차는 이내 빌려주니, 구천은 속으로 기뻐하였
다. 오자서는 말하기를 "왕께서 내 간언을 듣지 않으시는구나. 3년 후에
오나라는 폐허가 될 것이다"라고 하였다. 백비는 이를 듣고서 여러 차례
오자서와 함께 월나라를 처리하는 것에 대하여 쟁론을 벌였고, 왕에게 그
를 참언하여 말하기를 "오자서는 밖으로는 충성스러워 보이나, 실제로는
잔인한 사람입니다. 아버지와 형을 돌아보지 않았는데, 어찌 왕을 고려하
겠습니까? 왕께서 이전에 제나라를 치시려고 할 때, 그는 강하게 반대를

---

17)　艾陵 : 지금의 山東省 萊蕪縣 동북쪽에 해당하는 땅 이름. 또는 山東省 泰安縣 동
　　남쪽이라고도 한다.

272

하였는데, 전쟁에 이기자 오히려 이 때문에 왕을 원망하고 있습니다. 왕께서 그를 경계하지 않으시면, 그는 반드시 반란을 일으킬 것입니다"라고 하였다. 백비는 또한 월나라의 대부 봉동과 함께 음모를 꾸며, 왕에게 그를 비방하였다. 부차가 처음에는 믿지 않고서, 오자서를 제나라에 사신으로 보냈다. 오자서가 자기 아들을 제나라의 대부 포목(鮑牧)에게 맡겼다는 것을 뒤늦게 알고서, 부차는 크게 화를 내며, "오자서가 나를 속였구나!"라고 말하였다. 오자서가 돌아오자, 부차는 촉루검(屬鏤劍)을 보내 자결하게 하였다. 오자서는 크게 웃으며 말하기를 "나는 이전에 그대의 아버지가 천하를 얻도록 하였고, 또 그대를 옹립하였다. 그대는 애초에 나에게 오나라의 절반을 주려 하였는데, 나는 받지 않았다. 그 뒤로 얼마 지나지 않은 지금, 참언을 믿고 나를 죽이려 하는구나. 아아! 부차는 혼자 서지 못할 것이다!"라고 하였다. 또한 사자에게 말하기를 "반드시 내 눈을 오나라의 동쪽 문에 매달아놓아라. 월나라 군사가 쳐들어오는 것을 보겠다"라고 하였다. 마침내 부차는 백비로 하여금 집정하게 하였다.

3년이 지나, 구천은 범려를 불러 말하기를 "부차는 이미 오자서를 죽였고, 또한 주위에는 아부를 일삼는 자들만 있는데, 공격해도 되겠소?"라고 물었다. 범려는 "아직 안 됩니다"라고 대답하였다.

다음해 봄, 부차는 북쪽으로 가서 황지(黃池)18)에서 제후와 회맹하였는데, 정예 병사들로 하여금 왕을 수행하게 하였고, 수도는 노약한 병사와 태자로 하여금 지키게 하였다. 구천이 다시 범려에게 공격 여부를 묻자, 그는 "가능합니다"라고 대답하였다. 이에 수군(水軍)19) 2,000명, 훈련받은 병사 4,000명, 친위병 6,000명, 그밖에 영중에서 직무를 관장하는 군관(軍官) 1,000명을 보내 오나라 군대를 패배시키고, 태자를 죽였다. 오나라에서는 부차에게 급박한 상황을 보고하였는데, 부차는 황지에서 제후와 회맹중이어서, 천하가 이를 알까봐 두려워 비밀로 하였다. 부차가 회맹을 끝내고, 사람을 보내 예를 후하게 하여 구천에게 강화를 청하였다. 구천 역시 아직 오나라를 완전히 물리칠 수 없음을 알고, 오나라와 강화를 맺었다.

그후 4년이 흘러, 월나라는 다시 오나라를 공격하였다. 오나라 병사와

18) 黃池 : 지금의 河南省 封丘縣 서남쪽에 해당하는 땅 이름.
19) 원문은 "習流"인데, 이것은 '죄를 사해주고, 훈련시킨 병사'로 해석하기도 한다.

백성은 지치게 되었고, 정예 병사들은 모두 제나라 및 진(晉)나라와의 싸움에서 죽었다. 월나라는 오나라를 크게 물리쳤는데, 3년 동안 포위 공격하다가 마침내 부차를 고소산(姑蘇山)[20]에 가두었다. 부차는 대부 공손웅(公孫雄)을 보냈는데, 그는 어깻죽지를 드러내고 무릎걸음으로 앞으로 나아가 구천에게 강화를 청하며 말하기를 "왕의 신하 부차가 속마음을 털어놓겠습니다. 이전에 회계산에서는 왕께 죄를 지었습니다. 부차는 감히 왕의 명령을 거역하지 못하며, 강화를 맺어 돌아가기를 바랄 뿐입니다. 지금 왕께서는 친히 저를 징벌하려 하시는데, 절대적으로 명령을 따르겠습니다. 바라건대, 회계산에서 제가 왕께 그러했던 것처럼 역시 저를 용서해주실 수 없으시겠습니까?"라고 하였다. 구천은 차마 모질게 하지 못하여 그에게 허락하려 하였다. 그러나 범려가 말하기를 "회계산에서의 일은 하늘이 월나라를 오나라에게 주었던 것인데, 오나라는 취하지 않았습니다. 이제 하늘이 오나라를 월나라에게 넘겨주는데, 월나라가 어찌 하늘을 거스린다는 말입니까? 왕께서 조정에 일찍 납시고, 저녁에 늦게 물러나셨던 것은 오나라를 위한 것이 아니었습니까? 22년간 도모하였는데, 하루아침에 이를 버릴 수 있겠습니까? 하늘이 주는 것을 받지 않는다면 오히려 천벌을 받는 법입니다. 『시경(詩經)』에서도 '나무 베어 도끼자루 만들려면, 그 본이 가까운 데 있는 것을'[21]이라고 하지 않았습니까? 왕께서는 회계산에서의 재난을 잊지는 않으셨겠지요?"라고 하였다. 구천은 말하기를 "나는 그대의 말을 따르고 싶으나, 차마 그 사자(使者)를 그렇게 대할 수는 없소"라고 하였다. 이에 범려는 북을 쳐 병사를 진격시키며, "왕께서는 이미 나에게 소임을 맡기셨으니, 사자는 가시오. 그렇지 않으면 그대에게 죄를 묻겠소"라고 말하였다. 부차의 사자는 울면서 갔는데, 구천은 연민을 느껴 사람을 부차에게 보내서 "나는 그대를 용동(甬東)[22]으로 보내니, 그곳에서 100호의 통치자가 되시오"라고 하였다. 부차는 사절하며, "나는 이미 늙었으니, 왕을 섬길 수 없소"라고 말하고 나서 자결하였는데, 물건으로 얼굴을 덮으면서, "나는 오자서를 대할 면목

---

20) 姑蘇山 : 지금의 江蘇省 蘇州 서남쪽에 있는 산 이름.
21) 『詩經』「豳風」"伐柯" 참조. 원문은 "伐柯如何? 匪斧不克. 取妻如何? 匪媒不得. 伐柯伐柯, 其則不遠. 我覯之子, 籩豆有踐"이다.
22) 甬東 : 지금의 浙江省 定海縣 동북쪽의 舟山島를 가리키는 지명이다.

274

이 없다"라고 하였다. 구천은 부차를 장사 지내고, 태재 백비를 주살하였다.

　구천이 오나라를 평정한 후, 군대를 이끌고 북상하여 회하(淮河)²³⁾를 건너, 제나라 및 진(晉)나라 제후와 서주(徐州)²⁴⁾에서 회맹하고 주(周) 왕실에 공물을 올렸다. 주 원왕(周元王)²⁵⁾은 구천에게 제사 지낸 고기를 내리고, 제후의 수령으로 삼았다. 구천은 이곳을 떠나, 회하를 건너 남하하여 회하 유역 일대의 땅을 초나라에게 주고, 오나라가 약탈한 송나라의 땅은 송나라에 다시 돌려주었으며, 노나라에게는 사수(泗水)²⁶⁾ 동쪽의 사방(四方) 백리에 달하는 땅을 주었다. 당시, 월나라의 군대는 양자강 및 회하 동쪽을 주름잡았고, 제후들은 모두 축하하며 구천을 패왕(覇王) 이라고 칭하였다.

　범려는 월나라를 떠나, 제나라에서 대부 문종에게 편지로써 말하기를 "나는 새가 다 잡히면, 좋은 활은 거두어지는 것이고, 교활한 토끼가 모두 잡히면, 사냥개는 삶아지는 법이오. 월왕 구천은 목이 길고 입은 새처럼 뾰쪽하니, 어려움은 함께 할 수 있어도, 즐거움은 같이할 수 없소. 그대는 왜 월나라를 떠나지 않는 것이오?"라고 하였다. 문종이 편지를 읽고서 병을 핑계삼아 궁궐에 들어가지 않으니, 어떤 사람이 그가 반란을 일으키려 한다고 참언하였다. 구천은 그에게 칼을 내리며 말하기를 "그대는 오나라를 칠 수 있는 계책 일곱 가지를 가르쳐주었소. 나는 그중 세 가지만을 사용하여 오나라를 물리쳤소. 나머지 네 가지는 그대에게 있으니, 그대는 선왕(先王)을 뒤좇아가서 나를 위하여 그것을 시험해보기 바라오"라고 하였다. 문종은 이내 자결하고 말았다.

　구천이 죽자 그의 아들 석여(鼫與)²⁷⁾가 뒤를 잇고, 석여가 죽자 그의

---

23) 淮河 : 고대 네 개의 큰 강 중의 하나로, 나머지 세 개는 揚子江, 黃河, 濟水이다. 이것은 河南省 桐柏山에서 발원하여 동쪽으로 흘러 安徽省을 경유하고, 江蘇省에서 갈라져 각각 黃海와 揚子江으로 흘러들어간다. 주류는 약 1,000km 정도이다.
24) 徐州 : 지금의 山東省 滕縣 남쪽의 땅 이름.
25) 周 元王 : 敬王의 아들로 이름은 仁이다. 재위 기간은 7년간(기원전 475-기원전 469년)이었다.
26) 泗水 : 지금의 山東省 泗水縣 陪尾山에서 발원하는 강. 전체 길이가 천여 리 정도되며, 淮河 하류의 가장 큰 지류이므로, 옛날에는 자주 '淮泗'라고 합쳐 불렀다.
27) 鼫與 : 『竹書紀年』에 의하면, 晉 出公 10년(기원전 465년)에 즉위하였고, 재위

아들 불수(不壽)가 즉위하였다. 불수가 죽자 그의 아들 옹(翁)이 뒤를
잇고, 옹이 죽자 그의 아들 예(翳)가 즉위하였다. 예가 죽자 그의 아들
지후(之侯)가 뒤를 잇고, 지후가 죽자 그의 아들 무강(無彊)[28]이 즉위하
였다.

　무강이 왕으로 있을 때, 월나라는 군사를 일으켜 북쪽으로는 제나라를
공격하고, 서쪽으로는 초나라를 치며, 중원의 각 제후들과 힘을 다투었
다. 초나라 위왕(威王)[29] 때, 월나라가 북쪽으로 제나라를 치려 하자,
제나라 위왕(威王)[30]은 사신을 보내 무강에게 권하기를 "월나라가 초나
라를 치지 않으면, 크게는 천하를 통일할 수 없고, 작게는 제후들의 맹주
도 될 수 없습니다. 월나라가 초나라를 치지 않는 이유를 생각해보니, 한
(韓)나라와 위(魏)나라의 도움을 얻지 못해서인 듯합니다. 한나라와 위
나라는 본래부터 초나라를 공격하지 않습니다. 한나라가 초나라를 공격하
면, 군대가 전멸하고 장수가 죽으며 섭(葉)과 양책(陽翟)[31] 두 읍은 위
험에 빠지게 됩니다. 위나라 역시 군대가 전멸하고 그 장수가 죽으며 진
(陳)과 상채(上蔡)[32] 두 읍이 불안에 떨게 됩니다. 따라서 한나라와 위
나라가 월나라를 섬기는 이유는, 장수와 병사를 희생시키지 않기 위해서
이지, 월나라를 위해서 전공을 세우려고 하는 것은 아닙니다. 왜 한나라
와 위나라의 협조를 중시하십니까?"라고 하였다. 월왕 무강은 말하기를
"내가 한나라와 위나라에 바라는 것은 나아가서 초나라와 서로 베어 죽이
면서 싸우는 것이 아닌데, 하물며 성을 공격하거나 읍을 포위하는 것을
기대하겠소? 원하는 것은 위나라 군대가 대량(大梁)[33] 아래에 집결하
고, 제나라 군사가 　남양(南陽)과 거(莒)[34] 땅에서 훈련을 하여 상(常)

─────────────

기간은 6년간이라고 한다.
28)　無彊 : 대략 재위 기간은 기원전 343년에서 기원전 323년까지이다.
29)　楚 威王 : 熊商. 재위 기간은 11년간(기원전 339-기원전 329년)이었다.
30)　齊 威王(?-기원전 320) : 田嬰齊. 재위 기간은 37년간(기원전 356-기원전 320
　　년)이었다. 鄒忌를 재상으로, 田忌를 장군으로, 孫臏을 軍師로 임용하여 개혁정치를
　　펼쳐 국력이 점점 강해져 처음으로 '王'이라 칭하였다.
31)　葉은 지금의 河南省 葉縣 남쪽, 陽翟은 지금의 河南省 禹縣으로, 두 읍 모두 당
　　시 韓나라에 속하였다.
32)　陳은 지금의 河南省 淮陽縣이고, 上蔡는 지금의 河南省 上蔡縣 서남쪽으로, 두
　　읍 모두 당시 魏나라에 속하였다.
33)　大梁 : 魏나라의 수도로서, 지금의 河南省 開封市이다. 권34 「燕召公世家」의 〈주
　　76〉, 권40 「楚世家」의 〈주 233〉 참조.

과 담(郯) 35) 두 읍 경계에 집결하는 것이오. 이렇게 하면 초나라 군대는
방성산(方城山) 36) 이북에서 남하하지 못하고, 회하와 사수 사이에서 동
진하지 못하며, 상(商), 오(於), 석(析), 역(酈), 종호(宗胡) 읍37) 등
의 땅과 초나라의 서북부 일대에서 진(秦)나라를 방비하지 못하며, 강남
(江南)과 사수(泗水) 유역38)에서 월나라를 대비하지 못하게 될 것이오.
그러하면 제(齊), 진(秦), 한(韓), 위(魏) 네 나라는 초나라에서 자신들
의 희망을 실현시킬 수 있소. 한과 위 두 나라는 싸우지 않고 땅을 가를
수 있고, 경작하지 않고서도 양식을 수확할 수 있게 되오. 이러하지 않
으면 황하와 화산(華山) 사이에 군대를 배치하여 제나라와 진나라를 경계
하게 될 것이오. 한나라와 위나라가 이처럼 오산하고 있는데, 어찌 내가
이 방법을 사용하여 천하를 얻을 수 있겠소?"라고 하였다. 제나라의 사
신은 말하기를 "참 운좋게도 아직까지 월나가 망하지 않았군요! 저는 이
계략을 중하게 여길 수가 없습니다. 눈동자는 다른 곳의 미세한 솜털은
볼 수 있어도, 자신의 속눈썹은 보지 못하는 법입니다. 지금 왕께서 한과
위 나라의 오산은 아시면서도, 자신의 실수는 보지 못하시는 것이 방금
말한 눈동자와 같습니다. 왕께서 이 두 나라에 바라는 것은 전공을 세우
는 것도 아니요, 함께 연합하여 동맹을 결성하는 것도 아니며, 다만 초
나라 병력을 분산시키는 것입니다. 지금 초나라 병사는 이미 분산되어 있
는데, 이 두 나라로부터 무엇을 바랄 것이 있다는 말씀입니까?"라고 하
였다. 월왕 무강이 "어떻게 하면 좋겠소?"라고 묻자 그는 대답하기를
"지금 초나라는 세 명의 대부가 모든 군대를 넓게 펼쳐놓았습니다. 북쪽
을 향해서는 곡옥(曲沃), 오중(於中) 39)을 포위하여 곧장 무가관(無假

34) 南陽은 지금의 山東省 鄒縣, 莒는 지금의 山東省 莒縣(권34「燕召公世家」의 <주
58> 참조)으로, 모두 당시 齊나라에 속하였다.
35) 常은 '鄑'으로도 쓰는데 이곳은 지금의 山東省 棗莊市 서남쪽이며, 郯은 지금의
山東省 郯城縣 서북쪽인데, 모두 당시 齊나라 남쪽 변경에 있는 읍이었다.
36) 方城山 : 지금의 河南省 葉縣 서남쪽에 있는, 楚나라의 북쪽 경계가 되는 큰 산을
말한다.
37) 商과 於는 지금의 河南省 淅川縣 서남쪽(다른 곳에서는 商於가 한 지명으로 되어
있기도 하다)이고, 析은 지금의 河南省 西峽縣이며, 酈은 지금의 河南省 內鄉縣 동
북쪽에 해당하는 읍 이름으로, 당시 모두 楚나라에 속하였다. 宗胡 역시 지금의 安
徽省 阜陽市에 해당하는 읍 이름이다(宗胡는 어떤 판본에는 "宋胡"로 되어 있기도
하다).
38) 江南과 泗水 유역은 각각 楚나라의 동쪽과 북쪽 변경이다.

關)[40]에 이르니 3,700리 길이의 전선에 배치하였고, 경취(景翠)[41]의 군대는 북쪽의 노나라, 제나라 및 남양(南陽) 일대에 집결되어 있으니, 분산으로 말하자면 이보다 더 클 수 있겠습니까? 또한 왕께서 바라시는 바는 한나라와 위나라가, 초나라와 싸우는 것입니다. 만약 이들이 싸우지 않으면 군대를 일으키지 않을 생각이시니, 이는 두 개의 5는 알고 10은 모르는 것입니다. 지금 이때 초나라를 공격하지 않으시면, 신은 월나라가 크게는 왕 노릇을 할 수 없고 작게는 제후의 맹주 노릇도 할 수 없다고 생각하겠습니다. 또한 수(讎), 방(龐), 장사(長沙)[42] 등은 초나라의 곡창지대이며, 경택릉(竟澤陵)[43]은 목재가 나는 곳입니다. 월나라가 군대를 내보내서 무가관을 뚫으면, 이 네 읍은 초나라에 물품을 보낼 수 없게 됩니다. 신이 듣건대, 천하의 왕이 되려다가 실패하면 제후들의 맹주라도 되는데, 왕도를 잃으면 제후의 맹주도 될 수 없다고 합니다. 원컨대 왕께서는 병사를 돌려 초나라를 치시기 바랍니다"라고 하였다.

그래서 월나라는 제나라를 놔두고, 초나라를 치러 갔다. 초나라 위왕은 출병하여 월나라를 대패시키고, 월나라 왕 무강을 죽였으며, 절강(浙江)[44]까지 이르는 옛날 오나라 땅을 다 취하고, 북쪽으로 나아가 서주(徐州)에서 제나라를 물리쳤다. 이에 월나라는 분산되어 일족형제들의 아들들이 서로 다투는데, 어떤 이는 왕이라 칭하고 또 어떤 이는 군(君)이 되어, 강남(江南) 연해 일대에 흩어져 초나라에 조공을 바쳤다.

그후 일곱 세대가 지나, 민군(閩君) 요(搖)에 이르렀는데, 그는 제후를 도와 진(秦)나라의 전복을 꾀하였다. 한(漢)나라 고제(高帝)는 요를 월왕(越王)으로 삼아 월나라의 뒤를 잇게 하였다. 동월(東越)[45]과 민군(閩君)은 모두 월나라의 후예인 것이다.

---

39) 曲沃은 읍 이름으로 지금의 河南省 靈寶縣 동북쪽이고 당시 魏나라에 속하였다. 於中 역시 읍 이름으로 지금의 河南省 西峽縣으로 당시 秦나라에 속하였다.

40) 無假關: 『史記正義』에 의하면 지금의 湖南省 湘陰縣 북쪽인데, 정확하지 않다.

41) 景翠 : 楚나라의 大夫.

42) 모두 楚나라의 읍 이름으로, 讎는 지금의 河南省 魯山縣 동남쪽이고, 龐은 지금의 湖南省 衡陽市 동쪽이며, 長沙는 지금의 長沙市이다.

43) 竟澤陵 : 또는 '竟陵澤'이라고도 한다. 楚나라 일곱 개 못 중의 하나. 지금의 湖北省 潛江縣 서쪽이다.

44) 浙江 : 錢塘江을 일컫는다.

45) 東越 : 越나라 사람의 한 부류. 그 수령은 無諸로서, 越王 句踐의 후예라고 전해

범려는 월왕 구천을 보필하는 데에 고생을 겪으며 힘써 노력하고, 20여 년간 계획을 세워 마침내 오나라를 멸망시키고, 회계산에서의 치욕을 갚게 되었다. 이후 북쪽으로 출병하여 회하를 건너, 제나라와 진(晉)나라를 압박하여 중원(中原) 여러 나라에 명령을 발하게 되었으며, 주나라 왕실을 잘 받들었다. 구천은 패왕이 되었으며, 범려는 상장군이 되었다. 월나라로 돌아와서, 범려는 너무 커진 자신의 명성을 유지하기 어렵다고 여겼고, 게다가 구천의 사람됨은 어려울 때는 같이할 수 있어도, 편안할 때는 함께 하기 어려우므로, 사직서를 써서 구천에게 말하기를 "신이 듣건대, 국왕이 심려하시면 신하는 고생을 아끼지 말아야 하고, 국왕이 모욕을 당하시면 신하는 죽어야 한다고 합니다. 이전에 왕께서 회계에서 모욕을 당하셨는데, 제가 죽지 않았던 것은 복수하기 위해서였습니다. 이제 그 치욕도 설욕하였으니, 저는 회계의 모욕에 대한 죄를 받겠습니다"라고 하였다. 구천은 말하기를 "나는 월나라를 둘로 나누어 그대에게 주려 하오. 그렇게 하지 않으면, 나는 그대를 벌하겠소"라고 하였다. 범려는 말하기를 "군주는 자신의 명령을 집행하고, 신하는 자기의 희망을 실행할 뿐입니다"라고 하고, 가벼운 보물을 간단히 챙겨 집안 식솔들과 함께 배를 타고 가서 끝내 돌아오지 않았다. 이에 구천은 회계산에 표시를 하여 범려의 봉읍지로 삼았다.

범려는 배를 타고 나아가 제나라에 도착하여 성과 이름을 바꾸고 스스로 '치이자피(鴟夷子皮)'[46]라고 칭하였다. 그는 해변가에서 농사를 지었는데 고생을 하며 온 힘을 다하여, 아들과 함께 생산에 노력하였다. 오래되지 않아서 곧 재산이 수십만 금(金)에 달하게 되었다. 제나라 사람들이 그가 현명하다는 것을 듣고서 그를 상국(相國)[47]으로 삼았다. 범려는 탄식하며 말하기를 "집에서는 천금의 재산을 이루고, 벼슬살이로는 상국에까지 이르렀으니, 보통 사람으로서는 정점까지 간 것이다. 존귀한 이름을

진다. 현재의 福建省 및 浙江省 일대에서 살았고, 秦나라 말기에 無諸와 搖는 劉邦이 項羽를 칠 때 도와서, 후에 漢나라는 無諸를 閩越王에, 搖를 東海王에 즉위시켰다.

46) 鴟夷는 가죽으로 만든 자루를 말한다. 吳王 夫差는 伍子胥를 죽여 그의 시신을 가죽자루에 넣어 강물에 던졌다. 范蠡는 자신의 죄도 伍子胥의 경우와 같다고 여겨 이렇게 칭한 것이다.

47) 相國 : 군주를 도와 국사를 관장하는 최고의 관리.

오랫동안 가지고 있는 것은 불길한 것이다"라고 하였다. 곧 그는 상국의
인장을 돌려주고, 재산을 갈라 친구와 마을 사람들에게 나누어주고, 귀중
한 보물만 챙겨서 몰래 빠져나갔다. 도(陶)⁴⁸⁾에 이르러 생각하니 그곳은
천하의 중심이므로 교역을 하면 각지와 통하여서 재산을 모을 수 있을 것
같았다. 그는 스스로 '도주공(陶朱公)'이라고 칭하고, 아들과 함께 농사
를 짓고 가축을 기르며, 물건을 사서 쌓아놓았다가 시기를 기다려 되팔아
1할의 이윤을 남겼다. 그는 오래되지 않아 엄청난 재산을 모았고, 세상
사람들은 도주공을 찬양하였다.

　주공(朱公), 즉 범려는 도 땅에 살면서, 막내 아들을 낳았다. 이 막내
가 청년이 될 무렵, 둘째 아들이 사람을 죽여 초나라에 갇혔다. 주공은
말하기를 "살인했으면, 죽어 마땅하다. 그러나 듣자하니, 재력가의 아들
은 처형당하지 않을 수도 있다고 한다"라고 하고, 막내 아들을 시켜 살피
게 하였다. 그리고 황금 1,000일(鎰)⁴⁹⁾을 가져가게 하였는데, 그것은 헝
겊 자루에 넣어 한 대의 마차에 실었다. 막내 아들을 막 보내려고 하는
데, 큰아들이 자신이 가겠다고 하자 주공은 이를 승낙하지 않았다. 큰아
들은 말하기를 "집안에 장남이 있어 집안 일을 살피므로 그를 '가독(家
督)'이라 부릅니다. 지금, 동생이 죄를 지었는데, 아버님께서 저를 보내
지 않고 막내를 보내는 것은 제가 현명하지 않기 때문입니다"라고 하고
자결하려 하였다. 그의 어머니도 말하기를 "지금 막내를 보내 둘째 애를
반드시 살려낼지 알 수 없는 일인데, 그보다 먼저 큰애를 잃게 생겼으니
어떻게 하면 좋지요?"라고 하였다. 주공은 할 수 없이 장남을 보냈는데,
편지 한 통을 써서 오랜 친구인 장선생(莊先生)에게 건네주게 하면서 말
하기를 "그곳에 도착하면, 장선생 댁에 이 황금 천 일을 갖다드려라. 그
가 하는 대로 따르되, 절대 논쟁하지 말아라"라고 하였다. 장남은 떠날
때, 자신도 수백 금의 황금을 따로 챙겼다.

　초나라에 도착하니, 장선생 집은 외성 벽에 붙어 있었는데, 명아주풀
숲을 헤치고서 겨우 문 앞에 당도하여 보니, 거처가 매우 빈한하였다. 장
남은 아버지의 말씀대로 편지와 황금 천 일을 건네주었다. 장선생이 말하

---

48)　陶 : 읍 이름. 지금의 山東省 定陶縣 서북쪽. 춘추시대에는 宋나라에 속하였고,
　　전국시대에는 齊나라 땅이었다.
49)　鎰은 중량 단위이다. 1鎰은 24兩인데, 일설에는 20兩 또는 30兩이라고도 한다.

기를 "어서 빨리 떠나거라. 절대 머물러 있지 마라. 동생이 나오거든, 절대 그 까닭을 묻지 마라"라고 하니, 장남은 떠나, 이후로 장선생을 방문하지 않고 몰래 머물렀다. 그는 자신이 따로 가져간 황금을 초나라의 실력자에게 바쳤다.

장선생은 비록 빈민촌에서 살고 있을망정, 그의 청렴결백이 온 나라에 알려져, 왕 이하 모든 사람들이 그를 스승처럼 존경하였다. 그는 주공이 보내온 황금을 가지고 싶어서 받은 것이 아니라, 일이 성사된 후에 돌려주고 신용을 나타내고 싶었다. 그래서 황금이 도착하자, 부인에게 말하기를 "이것은 주공의 것이오. 내가 병들어 죽어 미리 주공에게 건네주지 못하더라도, 당신은 잊지 말고 돌려주도록 하시오. 절대 손대지 마시오"라고 하였다. 주공의 장남은 그의 속마음을 모르므로, 황금이 별다른 작용을 못 한 것으로 짐작하였다.

장선생은 적당한 때 입궐하여 왕을 알현하고 말하기를 "어떤 별이 모처로 움직였는데, 이는 나라에 불길한 것입니다"라고 하였다. 왕은 평소 그를 신임하였으므로, "그럼 어찌하면 좋겠소?" 하고 물었다. 장선생은 대답하기를 "덕을 베푸셔야만 이를 없앨 수 있습니다"라고 하였다. 왕이 말하기를 "그대는 조금 더 있어주오. 나는 그대가 시키는 대로 하리다"라고 하였다. 이에 왕은 사자를 시켜 금, 은, 동의 세 창고를 봉쇄시켰다. 뇌물을 받은 그 실력자는 깜짝 놀라 주공의 장남에게 말하기를 "왕께서 대사면을 하실 것이오"라고 하니, 장남은 "어떻게 그걸 아실 수 있습니까?"라고 물었다. 그는 "왕께서 매번 대사면을 할 때는 항상 그 세 창고를 봉쇄시켰소. 어제 밤에 왕께서 사자를 보내 봉쇄시키셨다고 하오"라고 대답하였다. 장남은 대사면이 있다면 동생은 당연히 나올텐데, 장선생에게 보낸 황금은 별 의미도 없게 되어 아깝다고 여겨졌다. 그래서 장선생을 다시 찾아가니, 그는 깜짝 놀라며 말하기를 "아니, 자네는 아직도 안 떠났단 말인가?"라고 하였다. 장남이 대답하기를 "그렇습니다. 저번에는 동생 일로 찾아 뵀었는데, 지금 대사면이 의논되고 있다 하니 동생은 당연히 풀릴 것 같습니다. 그래서 하직인사나 드리러 왔습니다"라고 하였다. 장선생은 그가 황금을 다시 가져가고 싶어함을 알고 말하기를 "자네는 방으로 들어가 황금을 가져가게"라고 하니, 장남은 곧장 들어가서 황금을 가지고 떠나면서 매우 기뻐하였다.

  장선생은 주공의 장남에게 배신당한 것이 수치로 느껴져, 이내 입궐하여 왕을 알현하고 말하기를 "신이 저번에 별의 움직임에 대하여 말씀 드리자, 왕께서는 덕을 베풀어 보답하고자 하셨습니다. 이제 제가 밖에서 듣자하니 오가는 사람들이 수근거리기를 도 땅의 부자 주공의 아들이 살인하여 갇혔는데, 그 집에서 황금으로 왕의 측근을 매수하였고, 이번 대사면도 백성을 아껴서가 아니라 주공의 아들을 위해서라고 한답니다"라고 하였다. 왕은 크게 노하여 말하기를 "내가 부덕하다 하더라도, 어찌 주공의 아들을 위해서 은혜를 베푼단 말이오!"라고 하고, 판결을 내려 둘째 아들을 처형시켰다. 그리고 그 다음날에서야 대사면령을 내리니, 주공의 장남은 동생의 시신을 지니고 돌아가는 수밖에 없었다.

  도착한 후에, 어머니와 마을 사람들이 모두 슬퍼하는데, 주공만은 웃으면서 말하기를 "나는 큰애가 동생을 죽음에 이르게 할 줄 원래부터 알았다. 그가 동생을 사랑하지 않아서가 아니라, 단지 아까워서 돈을 쓸 줄 모르기 때문이다. 큰애는 어려서부터 나와 함께 고생을 했고, 살기 위해서 고난을 겪었으므로, 함부로 돈을 쓰지 못한다. 막내는 태어나면서부터 내가 부유한 것을 보았고, 좋은 마차와 말을 타고 다니며 사냥이나 하고 다녔으니, 돈이 어떻게 생기는 줄 알기나 하겠느냐? 따라서 쉽게 돈을 쓰고, 아까워하지 않는다. 저번에 내가 막내 애를 보내려 하였던 것은 그가 돈을 아까워하지 않기 때문이었다. 그런데 큰애는 그렇게 하지 못해서, 동생이 죽은 것이다. 이치가 이러하거늘, 슬퍼할 것 없다. 나는 밤낮으로 둘째 애의 시신이 도착하기를 기다렸다."

  범려는 세 번이나 옮기고도 천하에 이름을 떨쳤다. 단지 떠나가기만 한 것이 아니라, 멈추는 곳에서는 반드시 이름을 떨쳤다. 범려가 마침내 도 땅에서 늙어 죽으니, 세상에서는 그를 '도주공'이라고 하였다.

  태사공은 말하였다.
  "우(禹)임금의 공로는 매우 크도다! 아홉 개의 하천[50]을 소통시켜 아홉 개의 주(州)[51]를 안정시키니, 오늘날까지 온 중국이 평안하구나. 그

---

50) 즉 九川을 말하는 것으로 弱水, 黑水, 河水, 瀁水, 江水, 沇水, 淮水, 渭水, 洛水를 가리킨다.
51) 九州, 즉 冀州, 兗州, 靑州, 徐州, 揚州, 荊州, 豫州, 梁州, 雍州를 가리킨다.

의 후예 구천(句踐)에 이르러 몸과 마음으로 고생하고 숙고하여, 마침내 힘센 오나라를 물리치고, 북쪽으로 중원 지방까지 위세를 떨치며, 주 왕실을 받들어서 패왕이라는 칭호를 얻게 되었다. 구천을 어찌 현명하지 않다고 할 수 있겠는가 ! 아마도 우임금이 남겨준 업적이 있었던 것 같다. 범려(范蠡)는 세 번 옮기고도, 모두 이름을 떨쳐, 후세에 전해지고 있다. 임금과 신하가 이러하거늘 드러나지 않고자 하여도 어찌 그것이 가능하겠는가 ? "

권42 「정세가(鄭世家)」 제12

정 환공(鄭[1]桓公) 희우(姬友)는 주 여왕(周厲王)의 작은아들이고, 주 선왕(周宣王)[2]의 서제(庶弟)이다. 주 선왕이 왕위에 오른 지 22년 만에 희우는 비로소 정에 봉지를 받았다. 희우가 봉지를 받은 33년 동안 백성들은 모두 그를 좋아하였다. 주 유왕(周幽王)이 그를 사도(司徒)[3]에 임명하였다. 그는 주 왕실의 직할지 백성들을 잘 다스렸기 때문에 백성들은 모두 기뻐하였고, 황하(黃河), 낙하(雒河)[4] 일대의 사람들은 모두 그를 사모하였다. 그가 사도로 지내는 1년 동안에 유왕이 포사(褒姒)[5]를 총애하고 조정의 정사는 돌보지 않았기 때문에 어떤 제후들은 그를 배반하였다. 당시 정 환공이 태사(太史) 백(伯)에게 "조정에 재난이 많은데 내가 어떻게 해야 죽음을 면할 수 있겠소?"라고 묻자, 태사 백이 대답하기를 "낙하 이동 지역과 황하, 제수(濟水) 이남에서는 편안히 지낼 수 있습니다"라고 말하였다. 환공이 "왜 그런가?"라고 묻자, 태사 백이 대답하기를 "그곳은 괵(虢),[6] 회(鄶)[7]와 가까이 있습니다. 괵, 회의 국왕은 이익에만 눈이 어둡기 때문에 백성들이 그를 따르고 있지 않습니다. 만약 지금 당신께서 사도가 되신다면 백성들은 모두 당신을 경애할 것이고, 당신이 만약 그곳에 살기를 희망하면 괵, 회의 국왕은 당신이 권력을 쥐고 있

---

1) 鄭 : 西周 畿內의 읍 이름. 기원전 806년에 周 宣王이 그의 庶弟 姬友를 鄭에 봉지를 주었다. 都城은 지금의 陝西省 華縣 서북쪽이었다. 周 幽王 때 東虢과 鄶의 중간으로 이주하였다. 鄭 武公 때 鄶와 東虢을 멸하고 鄭나라를 세웠다. 기원전 375년에 韓나라에게 멸망당하였다.
2) 周 厲王, 宣王 : 권4 「周本紀」 참조.
3) 司徒 : 西周 初에 설치한 국가의 토지와 백성들을 관장하던 벼슬.
4) 雒河 : 지금의 河南省의 洛河를 말한다.
5) 褒姒 : 周 幽王의 寵妃. 권4 「周本紀」 참조.
6) 虢 : 원래 東虢, 西虢, 北虢으로 구분되었다. 여기서의 虢은 東虢을 말한다. 지금의 河南省 滎陽縣 동북쪽에 위치하였으며, 기원전 767년에 鄭나라에게 멸망당하였다.
7) 鄶 : '檜'라고도 한다. 지금의 河南省 密縣 동남쪽에 위치하였으며, 기원전 769년 鄭나라에게 멸망당하였다.

음을 보고서 즐거운 마음으로 토지를 떼어줄 것입니다. 당신이 진실로 그곳에 사신다면 곧, 회의 백성들은 모두 당신의 백성입니다"라고 말하였다. 환공이 "나는 남쪽의 장강(長江)가로 가고 싶은데, 어떻겠소?"라고 물으니, 태사 백이 대답하기를 "옛날 축융(祝融)⁸⁾이 고신씨(高辛氏)⁹⁾의 화관(火官)을 지내면서 그는 커다란 공을 세웠습니다. 그러나 그의 후예들은 주나라에서 번성하지 못하였습니다. 초(楚)나라가 곧 그의 후예입니다. 주나라가 쇠퇴하면 초나라는 반드시 융성할 것입니다. 초나라가 흥성하면 정나라의 이익에는 도움이 되지 않습니다"라고 말하였다. 환공이 "내가 서쪽으로 가려고 하는데 그 생각은 어떻소?"라고 물으니, 태사 백이 대답하기를 "그곳의 백성들은 이익만 탐하기 때문에 오랫동안 머물기는 어렵습니다"라고 말하였다. 환공이 "주나라가 쇠퇴한 후에는 어느 나라가 흥성할 것 같소?"라고 물으니, 태사 백이 대답하기를 "아마도 제(齊)나라, 진(秦)나라, 진(晉)나라, 초(楚)나라가 흥성할 것입니다. 제나라는 성이 강씨(姜氏)로 백이(伯夷)¹⁰⁾의 후손입니다. 백이는 당요(唐堯)를 보좌하여 예의(禮義)를 맡아보았습니다. 진(秦)나라의 성은 영씨(嬴氏)로 백예(伯翳)의 후손입니다. 백예는 우순(虞舜)을 도와 모든 사물을 순하게 길들였습니다. 또 초나라의 조상들도 천하에 공로를 세웠습니다. 주 무왕(周武王)이 상 주왕(商紂王)을 정벌한 후, 주 성왕(周成王)은 숙우(叔虞)¹¹⁾에게 당(唐)을 봉지로 주었습니다. 그곳은 산천이 험악합니다. 이처럼 덕 있는 자손과 쇠락한 주 왕실이 병존하는 것으로 볼 때, 진(晉)나라도 반드시 흥성할 것입니다"라고 말하였다. 환공이 "좋소"라고 말하였다. 그리하여 신속히 유왕에게 청하여 그의 봉지 안의 백성들을 동쪽의 낙하 동쪽으로 옮겼더니, 곧, 회 지역에서 과연 10개의 읍(邑)¹²⁾을 내놓았다. 환공은 마침내 그곳에서 정나라를 세웠다.

그로부터 2년이 지나, 견융(犬戎)¹³⁾이 여산(驪山)에서 주 유왕을 살해

---

8) 祝融 : 帝嚳 때의 火官으로 後代에 火神으로 받들어졌다.
9) 高辛氏 : 즉 帝嚳을 가리킨다. 권1「五帝本紀」참조.
10) 伯夷 : 堯舜시대 때의 秩宗官. 首陽山에서 周나라의 곡식을 먹지 않고 굶어죽은 周 初의 伯夷가 아니다.
11) 叔虞 : 周 武王의 아들이며, 周 成王의 동생. 晉나라의 始祖. 권39「晉世家」참조.
12) 十邑은 지금의 河南省 新鄭縣 일대(虢, 鄶, 鄢, 蔽, 補, 丹, 依, 㽷, 歷, 莘)이다.
13) 犬戎 : 戎族 중의 한 부족으로 周 幽王을 살해하였다. 권4「周本紀」, 권32「齊太公世家」의 〈주 49〉 참조.

하고, 또 정 환공도 살해하였다. 이에 정나라 사람들이 공동으로 그의 아들 굴돌(掘突)을 옹립하니, 그가 곧 무공(武公)이다.

　정 무공 10년, 신후(申侯)[14]의 딸을 맞아들여 부인으로 삼으니, 그녀가 곧 무강(武姜)이다. 무강은 태자 오생(寤生)을 낳을 때 난산이었기 때문에, 낳고 나서 그녀는 아기를 좋아하지 않았다. 그후 무강은 숙단(叔段)을 낳았다. 숙단을 낳을 때에는 순산이었기 때문에, 낳은 후에 그 아기를 좋아하였다.

　27년, 무공이 병이 나자 부인은 무공에게 숙단을 태자로 옹립하자고 요구하였으나 무공은 듣지 않았다. 이해에 무공이 세상을 떠나자 오생이 왕위에 오르니, 그가 곧 장공(莊公)[15]이다.

　장공 원년, 동생 단에게 경읍(京邑)[16]을 봉지로 주고 태숙(太叔)이라고 칭하였다. 제중(祭仲)[17]이 "경읍은 수도보다 큽니다. 그러니 서출의 형제에게 주기에는 적합하지 않습니다"라고 아뢰자, 장공이 "무강께서 이렇게 하라고 하셨으니, 내가 감히 거역할 수가 없소"라고 대답하였다. 단은 경읍에 가서 무기를 정비하고 병사를 훈련시켜, 그의 어머니 무강과 정나라 수도를 습격하기로 비밀리에 계획하였다.

　22년, 과연 단이 수도를 습격하자, 무강이 성내에서 그를 맞이하였다. 장공이 파병하여 단을 토벌하자, 단은 도주하였다. 장공이 또 경읍을 토벌하자, 경읍의 백성들은 단을 배반하였다. 단은 또 언읍(鄢邑)[18]으로 도주하였다. 언읍의 백성들이 흩어지자, 단은 또 공(共)[19]나라로 도망갔다. 그리하여 장공은 그의 어머니 무강을 성영(城潁)으로 내쫓으면서 맹서하여 이르기를 "황천(黃泉)에 가기 전에는 다시 만나지 않겠습니다"라고 말하였다. 1년여의 시간이 지나자 장공은 후회하였다. 어머니가 보고 싶어졌다. 영곡(潁谷)[20]의 고숙(考叔)이 장공에게 예물을 바치자, 장공

---

14) 申은 지금의 河南省 南陽市 동북쪽에 위치하였던 나라이다. 춘추시대 초기에 楚 文王에게 멸망당하였다.
15) 鄭 莊公：기원전 743년에서 기원전 701년까지 재위하였다.
16) 京邑：지금의 河南省 榮陽縣 동남쪽.
17) 祭仲：鄭나라의 大夫. 즉 祭足을 말한다.
18) 鄢邑：지금의 河南省 鄢陵縣 서북쪽.
19) 共：지금의 河南省 輝縣. 西周 때 共伯의 封國. 뒤에 衛나라의 別邑이 되었다.
20) 潁谷：지금의 河南省 登封縣 서남쪽.

은 그에게 식사를 대접하였다. 이에 고숙이 "저에게는 어머니가 계십니다. 대왕의 음식물을 저의 어머니께 상으로 주시기를 바랍니다"라고 간청하자, 장공이 "나도 어머니가 매우 보고 싶은데, 맹서를 지키지 못할까 두렵소. 그러니 어떻게 하면 좋겠소？"라고 물으니, 고숙이 "황천(黃泉)[21]까지 땅을 파서, 그곳에서 만나면 되겠습니다"라고 대답하였다. 그리하여 장공은 그와 같은 방법에 의해서 어머니를 만났다.

24년, 송 목공(宋繆公)[22]이 세상을 떠나자 왕자 풍(馮)[23]이 정나라로 도피해왔다. 정나라는 주 왕실의 직할지를 침범하여 농작물을 훔쳐갔다.[24]

25년, 위(衛)나라의 주우(州吁)[25]가 그의 국왕 환공(桓公)을 살해하고 스스로 왕이 되어 송나라와 연합하여 정나라를 공격하였는데, 그것은 공자 풍이 정나라로 도망하였기 때문이었다.

27년, 정 장공이 비로소 주 환왕(周桓王)을 조회하였다. 환왕은 장공이 주나라 땅의 농작물을 훔쳐갔기 때문에 화를 냈으며, 예로써 그를 대우하지 않았다.

29년, 장공은 주 환공이 예로써 그를 접대하지 않음에 원한을 품고, 노(魯)나라와 멀지 않은 팽읍(祊邑)[26]을 정나라에 붙어 있는 허전(許田)[27]과 바꾸어버렸다.

---

21) 黃泉 : 지하 깊은 곳은 샘이 많기 때문에 黃泉이라고 한다. 앞의 黃泉은 무덤을 가리키고, 여기서의 黃泉은 지하에 샘이 흐르는 곳을 말한다.
22) 宋 繆公 : 宋 穆公이라고도 한다. 권38「宋微子世家」참조.
23) 馮 : 繆公의 아들로, 후에 宋 莊公이 되었다.
24) 『左傳』隱公 3年에 "4월에 鄭나라의 大夫 祭足이 군대를 이끌고 가서 溫의 보리를 훔쳐가고, 가을에는 또 成周의 벼를 훔쳐갔다(四月, 鄭祭足帥師取溫之麥. 秋, 又取成周之禾)"라는 기록이 있다. 周나라의 제도 중에는 제후에게 분봉한 영토 외에 京都 주위의 여러 城邑을 天子가 직접 直轄하였는데, 溫, 成周는 모두 周 왕실의 직할지였다.
25) 州吁 : 衛 莊公의 庶子. 기원전 719년 그의 형 桓公을 살해하고 즉위하였다가, 大臣 石碏에게 살해되었다.
26) 祊邑 : 지금의 山東省 費縣 동남쪽. 鄭나라가 泰山에 제사 지내는 데 보탬이 되도록 天子가 준 湯沐邑으로 魯나라 가까이에 위치하였다. 天子가 하사한 湯沐邑은 함부로 바꾸지 못하게 되어 있는데, 鄭 莊公이 魯나라와 바꾼 것은 周 桓王을 경시하여 周 桓王이 자기에게 예로써 대우하지 않음에 대해서 보복한 것이다.
27) 許田 : 지금의 河南省 許昌市 경계에 위치하였다. 魯나라 왕이 天子를 朝會할 때 숙식을 해결하기 위해서 天子가 하사한 邑으로 鄭나라 가까이에 있었다.

33년, 송나라는 공보(孔父)[28]를 살해하였다.

37년, 장공이 주나라에 조회하지 않자, 주 환공이 진(陳), 채(蔡), 괵(虢), 위(衛)[29] 나라의 군대를 이끌고 정나라를 토벌하였다. 장공은 제중(祭仲), 고거미(高渠彌)[30]와 함께 군대를 일으켜 방어하고, 주나라 왕실의 군대를 대파하였다. 축첨(祝瞻)[31]은 화살로 환공의 팔을 맞추었다. 축첨이 추격하기를 요청하자, 장공이 저지시키면서 "윗사람을 침범한다는 것은 잘못된 것이다. 하물며 천자를 욕되게 해서 되겠느냐?"라고 말하면서, 그만두었다. 밤에 장공은 제중을 보내어 환공의 상처를 위문하였다.

38년, 북융(北戎)[32]이 제나라를 공격하였다. 제나라는 사자를 보내 정나라에 구원을 요청하자, 정나라는 태자 홀(忽)을 파견하여 제나라를 구하였다. 제 희공(齊釐公), 즉 희공(僖公)은 공주를 태자 홀에게 시집 보내려고 하였다. 태자 홀은 사양하여 말하기를 "저희 나라는 작은 나라여서 제나라와 친척이 될 수 없습니다"라고 하였다. 이때 제중이 함께 있었는데, 태자에게 제 희공의 공주와 결혼할 것을 권하면서 "우리 국왕은 여러 명의 총희(寵姬)가 있습니다. 태자께서는 큰 나라의 원조가 없으면 도저히 국왕의 자리에 오르기 어렵습니다. 지금이라도 세 명의 공자가 모두 국왕이 될 수 있습니다"라고 말하였다. 세 명의 공자는 태자 홀(忽), 그의 아우 돌(突), 그 다음 동생 미(亹)를 말한다.

43년, 정 장공이 세상을 떠났다. 처음에 제중이 장공의 신임을 얻자, 장공은 그를 경(卿)[33]에 임명하였다. 장공은 제중을 등(鄧)[34]나라에 보내 등나라의 여자를 데려와 결혼하였다. 그리하여 태자 홀을 낳았으므로 제중은 태자 홀을 옹립하였는데, 그가 곧 소공(昭公)이다.

장공이 또 송나라에서 옹씨(雍氏)[35]의 여자와 결혼하여, 여공(厲公)

---

28) 孔父:孔父嘉. 宋 穆公, 殤公 때의 大司馬. 권38「宋微子世家」의 〈주 64〉 참조.
29) 陳, 蔡, 衛:춘추시대의 나라 이름. 권35「管蔡世家」, 권36「陳杞世家」, 권37「衛康叔世家」 참조.
30) 高渠彌:鄭나라의 大夫.
31) 祝瞻:鄭나라의 大夫. 『左傳』에는 "祝聃"으로 되어 있다.
32) 北戎:지금의 河北省 북부의 부족 이름. 권32「齊太公世家」의 〈주 53〉 참조.
33) 卿:西周, 춘추시대 때 天子, 제후에게 속해 있는 고위급 大臣을 가리킨다. 권36「陳杞世家」의 〈주 15〉 참조.
34) 鄧:지금의 河南省 鄧縣에 있던 나라. 기원전 678년 楚나라에 멸망당하였다.
35) 雍氏:宋나라의 大夫. 姓은 姞氏이다.

288

돌(突)을 낳았다. 옹씨는 송나라 왕의 총애를 받았다. 송 장공(宋莊公)은 제중이 태자 홀을 옹립한다는 소식을 듣고, 곧 사람을 보내 제중을 속여 납치하고 그를 억압하여 말하기를 "만약 왕자 돌을 옹립하지 않으면 죽이겠다"라고 하였다. 동시에 왕자 돌을 체포하고 그의 재물을 취하였다. 제중이 송 장공의 요구를 받아들여 송나라와 동맹을 맺었다. 그는 왕자 돌을 데리고 정나라로 돌아와 그를 왕으로 옹립하였다. 소공 홀은 제중이 송 장공의 강요에 의해서 그의 동생 돌을 옹립하였다는 소식을 듣고, 9월 정해일(丁亥日)에 위(衛)나라로 도망하였다. 기해일(己亥日)에 왕자 돌이 정나라의 수도로 돌아와 왕의 자리에 오르니, 그가 곧 여공(厲公)이다.

여공 4년, 제중이 국가의 대권을 잡자, 여공은 이 일을 걱정하여 몰래 제중의 사위 옹규(雍糾)로 하여금 제중을 살해하게 하였다. 옹규의 처는 제중의 딸로, 이 일을 알고서 그녀의 어머니에게 "아버지와 남편 중에 누구와 더 가깝습니까?"라고 물으니, 어머니가 "아버지는 단지 한 명밖에 없지만, 남자라면 누구나 남편이 될 수 있다"라고 말하였다. 이리하여 그녀는 이 일을 제중에게 알리자, 제중은 옹규를 살해하고 그의 시체를 거리에 전시하여 군중들로 하여금 구경하게 하였다. 여공은 제중을 어찌할 도리가 없었다. 옹규에게 실망하고 분노하여 "부인과 공모하다니, 죽어 마땅하다"라고 하였다. 여름에 여왕은 쫓겨나 변경의 역읍(櫟邑)[36]에 거주하였다. 제중은 소공 희홀을 맞이하여, 6월 을해일(乙亥日)에 소공이 다시 정나라의 수도로 돌아와 왕위에 오르게 하였다.

가을에, 정 여공 희돌은 역읍 사람들로 하여금 역읍을 다스리게 하기 위해서 정나라에서 파견된 대부(大夫) 선백(單伯)을 살해하게 하고 결국 그곳에 정착하였다. 제후들이 여공이 쫓겨났다는 소식을 듣고서, 함께 정나라를 토벌하였으나 정복하지 못하고 후퇴하였다. 송나라는 여공에게 매우 많은 원병을 주어 스스로 역읍을 지키게 하였다. 정나라 왕은 이러한 이유로 역읍을 토벌하지 않았다.

소공 2년의 일이었다. 소공이 태자였을 때, 그의 부친 장공은 고거미를 대신에 임명하려고 하자, 태자 홀이 그를 미워하여 반대하였다. 그러나 장공은 듣지 않고 마침내 고거미를 대신에 임명하였다. 소공이 즉위한 뒤

36) 櫟邑 : 지금의 河南省 禹縣에 위치하였다.

에, 고거미는 살해될까 두려워 이해 겨울 10월 신묘일(辛卯日), 소공과 사냥을 나갔다가 야외에서 소공을 쏘아 죽였다. 제중과 고거미는 여공을 입조시킬 수 없어서 소공의 동생 자미(子亹)를 왕위에 오르게 하였다. 자미라고 칭하는 것은 시호(諡號)가 없기 때문이다.

자미 원년 7월, 제 양공(齊襄公)이 수지(首止)[37]에서 제후들과 회합하였다. 정 자미도 참가하게 되었는데, 고거미가 보좌하여 동행하였고, 제중은 병 때문에 가지 않았다. 자미는 제 양공이 왕자였을 때 서로 싸운 적이 있어서, 그들은 원수관계였다. 제후들과 회합하려고 할 때 제중은 자미에게 가지 말 것을 건의하였다. 자미는 "제나라는 강대한 나라요. 여공이 역읍에 있는데, 만약 가지 않으면 제후들을 이끌고 우리를 정벌하여 여공에게 되돌려줄 것이오. 그러므로 내가 안 가느니만 못하오. 간다고 해서 어떻게 꼭 욕을 당한다고만 할 수 있겠소? 또 어찌 그대가 하라고 하는 대로만 할 수가 있겠소?"라고 말하고서, 자미는 끝내 참석하러 갔다. 당시 제중은 제 양공에게 자신도 죽음을 당할까 두려워하여 병을 핑계로 가지 않았던 것이다. 자미가 수지에 도착하여 제 양공에게 사과하지 않자, 제 양공은 화가 나서 복병(伏兵)으로 하여금 자미를 살해하게 하였다. 고거미는 도망쳤다가 돌아와서, 제중과 모의하고 진(陳)나라에 가서 자미의 동생 영(嬰)[38]을 데리고 와서 왕위에 오르게 하니, 그가 곧 정자(鄭子)이다. 이해에 제 양공은 팽생(彭生)을 시켜 노 환공(魯桓公)이 술에 취하였을 때를 틈타 늑골을 부러트려 죽게 하였다.[39]

정자 8년, 제나라 사람 관지보(管至父) 등이 난을 일으켜 그들의 국왕 양공을 살해하였다.

12년, 송나라 사람 장만(長萬)이 그의 국왕 민공(湣公)을 살해하였다. 정나라 대신 제중이 죽었다.

14년, 옛날 정나라에서 도망하여 역읍에 있는 여공 희돌이 사람을 보내 정나라 대부 보가(甫假)[40]를 유인하여 협박하고, 여공이 조정에 되돌아가 즉위할 수 있도록 도와달라고 강요하자, 보가가 "나를 풀어주면, 당신

---

37) 首止 : 鄭나라에서 가까운 衛나라 땅. 지금의 河南省 睢縣 동남쪽.
38) 嬰 : 『左傳』에는 "子儀"로 되어 있다.
39) 권33 「魯周公世家」 참조.
40) 甫假 : 甫瑕, 傳瑕라고도 한다. 鄭나라의 大夫.

을 위해서 정자(鄭子)를 죽이고 당신을 모셔가겠습니다"라고 말하였다.
여공이 그와 함께 신 앞에서 맹서하고, 그를 석방하였다. 그로부터 6월
갑자일(甲子日), 보가가 정자와 그의 두 아들을 죽이고 여공 희돌을 영접
하자 여공은 조정으로 되돌아와 왕이 되었다. 처음에 정나라 수도의 남문
(南門)에서 내사(內蛇)와 외사(外蛇)가 싸웠는데, 결국 내사가 죽었다.
6년 만에, 여공은 과연 조정으로 되돌아와 다시 왕이 되었던 것이다. 여
공이 조정에 되돌아온 후에 그의 백부(伯父) 희원(姬原)⁴¹⁾을 꾸짖어 "내
가 도망하여 국외에 살았는데, 백부는 나를 입조케 할 생각이 없었던 것
같은데 너무하오"라고 말하자, 희원이 "군주를 섬김에 두 가지 마음을 가
져서는 안 되는 것이 신하로서 가져야 할 직무입니다. 저는 저의 죄과가
무엇인지 알고 있습니다"라고 말하고, 곧 자살하였다. 그러자 여왕은 보
가에게 "너는 군주를 섬기면서 두 가지의 마음을 가지고 있다"라고 말하
고, 곧 그를 죽였다. 죽음에 이르러 보가가 "은혜는 갚지 않고 정말 이래
도 되는 거요!"라고 말하였다.

여공 후(後) 원년, 제 환공이 패(覇)라고 칭하였다.

5년, 연(燕)나라와 위(衛)나라가 주 혜왕(周惠王)의 동생 희퇴(姬頹)
와 함께 주 혜왕을 공격하여,⁴²⁾ 혜왕을 온읍(溫邑)⁴³⁾으로 내쫓고 혜왕의
동생 희퇴를 주나라 왕으로 옹립하였다.

6년, 혜왕이 정나라에 위급함을 알리자, 정 여왕은 군대를 이끌고 주나
라 왕자 퇴를 공격하였으나 정복하지 못하였다. 그래서 여왕은 주 혜왕과
함께 정나라로 되돌아와 혜왕을 역읍에 살게 하였다.

7년 봄, 정 여공은 괵숙(虢叔)과 함께 왕자 퇴를 공격하여 죽이고, 혜
왕을 주나라 수도로 되돌려보냈다. 가을에 여공이 세상을 떠나자, 아들
문공(文公)⁴⁴⁾ 희첩(姬踕)이 왕위를 계승하였다. 여공은 즉위한 지 4년이
지나자 역읍으로 도망갔다가, 역읍에서 17년간 살았으며, 다시 되돌아와
7년간 재위하였다. 밖으로 도망하였던 시기까지 합하면 재위 기간은 모두
28년이다.

---

41) 姬原 : 『左傳』에는 "姬原繁"으로 되어 있다.
42) 권4「周本紀」참조.
43) 溫邑 : 지금의 河南省 溫縣 서남쪽.
44) 鄭 文公 : 기원전 672년에서 기원전 628년까지 재위하였다.

문공 17년, 제 환공이 군대를 이끌고 채(蔡)나라를 공격하고, 이어서 초(楚)나라로 침공하여 소릉(召陵)⁴⁵⁾에까지 이르렀다.

24년, 문공의 천첩(賤妾) 연길(燕姞)⁴⁶⁾이라는 여자의 꿈에, 천제(天帝)가 그녀에게 한 포기의 난초를 주면서 "나는 백조(伯鯈)이다. 나는 너의 조상이다. 이 난초를 너의 아들로 삼거라. 그 난초에는 매우 진한 향기가 있다"라고 말하였다. 연길은 이 꿈을 문공에게 이야기하자, 문공은 곧 그녀와 잠자리를 같이하고, 그녀에게 한 그루의 난초를 주어 증거로 삼게 하였다. 그리하여 연길이 아들을 낳자, 이름을 희란(姬蘭)이라고 하였다.

36년, 진(晉)나라 공자 중이(重耳)⁴⁷⁾가 정나라를 지나갔는데, 문공은 그를 예로써 대우하지 않았다. 문공의 동생 희숙첨(姬叔詹)이 "중이는 현명하고, 또 우리와 동성(同姓)이고 곤궁할 때 이곳을 지나다 국왕을 방문하였는데 무례해서는 안 됩니다"라고 말하자, 문공이 "각 제후국의 왕자가 도망가다 이곳을 지나가는 일은 흔한 것인데, 내가 어찌 그들을 모두 예로써 대우하겠소?"라고 하였다. 또 숙첨이 "왕께서 만약 예로써 대접하지 않으려면, 곧 그를 죽이십시오. 죽이지 않고 만약 그가 진(晉)나라로 돌아간다면 장차 정나라의 재앙이 될 것입니다"라고 하였다. 문공은 이를 듣지 않았다.

37년 봄, 진(晉)나라 공자 중이가 진나라로 되돌아가 왕위에 오르니, 곧 진 문공(晉文公)이다. 가을에 정나라가 활(滑)⁴⁸⁾나라를 공격하자, 활나라가 항복을 표시하였다. 오래지 않아 활나라가 정나라를 배반하고 위(衛)나라를 따르자 정나라는 또 활나라를 공격하였다. 주 양왕(周襄王)이 백복(伯犕)⁴⁹⁾을 정나라에 파견하여 활나라와 화해할 것을 요청하였다. 정 문공은 주 혜왕이 역읍에 도망가 있는 것을 그의 아버지 여공이 조정에까지 호송하여 다시 왕위에 오르게 하였는데도 혜왕은 여공에게 작

45) 召陵 : 지금의 河南省 鄆城縣 동쪽.
46) 燕姞 : 燕나라의 姞姓을 가진 여자. 지금의 河南省 延津縣 동북쪽에 위치한 나라로, 나라를 세운 군주 伯鯈는 黃帝의 후예로 전해진다. 후대 사람들은 북방 姬姓의 燕과 구별하여 南燕이라고 칭하였다.
47) 重耳 : 즉 晉 文公을 말한다. 권39 「晉世家」 참조.
48) 滑 : 姬姓으로 費城(즉 緱氏, 지금의 河南省 偃師縣 동남쪽)에 도읍을 정하였기 때문에 費滑이라고도 한다. 기원전 627년 秦나라에게 멸망당하였다.
49) 伯犕 : 즉 伯服을 가리킨다. 周 王室의 大夫.

292

위나 봉록도 주지 않았고, 또 양왕이 위나라와 활나라를 도운 데 대해서
원한을 가지고 있었다. 그래서 문공은 주 양왕의 요청을 따르지 않고 백
복을 가두어버렸다. 주 양왕은 화가 나서 적인(翟人)⁵⁰⁾과 함께 정나라를
공격하였으나 정벌하지 못하였다. 겨울에 적인(翟人)은 또 주 양왕을 공
격하였다. 양왕이 정나라로 도주하자, 정 문공은 양왕을 범읍(氾邑)⁵¹⁾에
머무르게 하였다.

38년, 진 문공(晉文公)이 주 양왕을 성주(成周)⁵²⁾로 돌려보냈다.

41년, 정나라는 초나라를 도와 진(晉)나라를 공격하였다. 옛날 진 문
공이 정나라를 지나갈 때에도 예로써 대우하지 않았다. 그래서 정나라는
진(晉)나라를 배반하고 초나라를 도왔던 것이다.

43년, 진 문공(晉文公)과 진 목공(秦穆公)⁵³⁾이 공동으로 정나라를 포
위하여, 정나라가 초나라를 도와 진나라를 공격한 데 대해서 징벌하고,
진(晉) 문공이 정나라를 지나갈 때 무례한 행위에 대해서 응징하였다. 일
찍이 정 문공에게는 3명의 부인이 있었고, 5명의 총애하는 아들이 있었는
데, 그들은 모두 죄를 지어 일찍 죽었다. 정 문공이 노하여 여러 왕자들
을 모두 추방하였다. 왕자 난(蘭)은 진(晉)나라로 도망하였는데, 진(晉)
문공이 정나라를 포위할 때 함께 종군하였다. 당시 왕자 난은 진(晉) 문
공을 섬기면서 그를 매우 공경하였고, 진 문공도 그를 매우 좋아하였다.
그러던 중 왕자 난은 진나라에서 정나라로 되돌아가 태자가 되려고 비밀
리에 활동하였다. 진(晉)나라는 일찍이 숙첨(叔詹)이 진 문공을 살해할
것을 주장하였으므로 그를 체포하여 살해하려고 하였다. 정 문공은 두려
워하여 감히 숙첨에게 말하지 못하였다. 숙첨이 듣고서 정 문공에게 "제
가 일찍이 왕께 권고하였으나, 왕께서는 제 말을 듣지 않으셨습니다. 진
나라는 드디어 정나라의 재앙이 되었습니다. 그러나 진나라가 정나라를
포위한 원인은 저에게 있으므로, 제가 죽으면 정나라는 포위에서 풀려날
것이니 제가 그렇게 하겠습니다"라고 말하고 곧 자살하였다. 정나라 사람
이 숙첨의 시체를 진(晉)나라에 보냈다. 진 문공이 "반드시 정나라 왕을

50) '翟'자는 '狄'과 통한다. 춘추시대 전에 齊, 魯, 衛, 宋, 邢 나라와 빈번히 접촉한
    부족이다.
51) 氾邑 : 지금의 河南省 襄城縣에 위치한 鄭나라의 읍 이름이다.
52) 成周 : 지금의 河南省 洛陽市 동북쪽에 위치한 城 이름이다.
53) 秦 穆公 : 기원전 659년에서 기원전 621년까지 재위하였다. 권5「秦本紀」참조.

한 번 보고, 그를 한 번 욕보여야만 되돌아가겠다"라고 말하였다. 정나라 사람들은 이 일에 대해서 골머리를 앓다가, 곧 사람을 보내 몰래 진(秦)나라에게 "정나라가 무너지면 진(晉)나라가 강대해질 것인데, 이것은 진(秦)나라의 이익에 도움이 되지 못합니다"라고 말하자, 진(秦)나라의 군대는 후퇴해버렸다. 진 문공은 왕자 난을 되돌려보내 태자로 삼으려고 이일을 정나라에 알리자, 정나라의 대부 석규(石癸)가 "길씨(姞氏) 성의 딸은 후직(后稷)의 원비(元妃)이고, 그녀의 후손은 반드시 흥성한다고 들었습니다. 왕자 난의 모친은 길씨 성의 후손입니다. 하물며 부인의 아들들은 모두 죽고 없는데, 그 나머지 서자(庶子) 중에서도 난처럼 현능한 사람이 없습니다. 지금 진(晉)나라의 포위는 견고하고, 진나라는 계속 왕자 난을 태자로 삼을 것을 요구하고 있습니다. 이것보다 더 이상 좋은 조건은 없습니다"라고 하였다. 드디어 정나라가 진(晉)나라의 요구를 허락하고, 진나라와 동맹을 맺고 왕자 난을 태자에 앉히자, 진나라의 군대는 비로소 철수하였다.

45년, 정 문공이 세상을 떠나자 왕자 난이 왕위를 계승하니, 그가 목공(繆公)이다.

목공 원년 봄, 진 목공(秦穆公)이 세 명의 장군[54]으로 하여금 대규모의 군사를 이끌고 정나라를 습격하려고, 활나라에 도착하였다. 이때 정나라의 상인(商人) 현고(弦高)가 이것을 보고 정나라 국왕의 명령을 받았다고 사칭하여, 12마리의 소로써 진나라 군대의 노고를 위로하였다. 그래서 진(秦)나라 군대가 아직 정나라에 도착하지도 않은 채 되돌아가자, 진(晉)나라 군대가 효산(崤山)[55]에서 진(秦)나라 군대를 습격하여 대파하였다. 작년 정 문공이 죽었을 때 정나라의 사성(司城)[56] 증하(繒賀)가 정나라의 이러한 정보를 진(秦)나라에 팔았기 때문에 진(秦)나라 군대가 정나라를 공격해온 것이었다.

3년, 정나라가 파병하여 진(晉)나라와 함께 진(秦)나라를 공격하여, 왕읍(汪邑)[57]에서 진(秦)나라 군대를 대파하였다.

---

54) 三將은 즉 孟明視, 西乞秫, 白乙丙을 가리킨다.
55) 崤山 : 지금의 河南省 洛寧縣 서북쪽에 위치한 山. '殽山'이라고도 한다.
56) 司城 : 城門을 관장하는 관리.
57) 汪邑 : 지금의 陝西省 澄城縣 서북쪽에 위치한 秦나라의 읍 이름이다.

294

그 전 해[58]에, 초나라의 태자 상신(商臣)[59]이 그의 아버지 성왕(成王)을 살해하고 왕위에 올랐다.

21년, 상신이 송나라 화원(華元)[60]과 연합하여 정나라를 정벌하였다. 화원이 양(羊)을 잡아 병사들의 노고를 위로하였는데, 그의 마부 양짐(羊斟)에게는 나누어주지 않았다. 이에 양짐이 화가 나서 마차를 몰고 정나라 군대로 들어가버려 정나라는 화원을 포로로 잡을 수 있었다. 송나라가 재물로써 화원을 찾아가려고 할 때, 화원은 이미 정나라에서 도망가고 없었다. 진(晉)나라는 조천(趙穿)[61]으로 하여금 군대를 이끌고 정나라를 공격하게 하였다.

22년, 정 목공이 세상을 떠나자 아들 희이(姬夷)가 왕위를 계승하니, 그가 곧 영공(靈公)이다.

영공 원년 봄, 초나라 왕이 영공에게 자라〔黿〕를 보내왔다. 자가(子家), 자공(子公)[62]이 영공을 조회하려 할 때 자공의 집게손가락이 움직이자, 자가에게 "이전에 집게손가락이 떨리면 반드시 진기한 음식을 먹게 되더라"라고 말하였다. 조정에 들어가니, 영공이 마침 자라탕을 먹고 있었다. 자공이 웃으면서 "과연 그렇구나!"라고 말하였다. 영공이 자공에게 웃는 연유를 묻자, 자공이 영공에게 그 이유를 상세히 아뢰었다. 영공이 그를 올라오게는 해놓고 그에게 자라탕을 먹게 하지는 않았다. 자공이 매우 화가 나서 손가락에 자라탕을 묻혀 맛보고는 곧 나가버렸다. 영공이 매우 화가 나서 자공을 살해하려고 하였다. 자공은 자가와 밀약해서 미리 일을 꾸며, 여름에 영공을 살해하였다. 정나라 사람들이 영공의 동생 희거질(姬去疾)을 옹립하려고 하자, 거질이 사양하면서 "반드시 현명한 사람이 등용되어야 하는데 나는 불초하며, 반드시 나이의 순서에 따라야 하는데 그렇다면 왕자 견(堅)이 나보다 연장자입니다"라고 말하였다. 왕자 견은 영공의 서제(庶弟)이고, 거질의 형이었다. 이리하여 왕자 견을 옹립하니, 그가 곧 양공(襄公)이다.

---

58) 穆公 2年으로 기원전 626년을 말한다.
59) 商臣 : 즉 楚 穆王을 가리킨다.
60) 華元 : 宋나라의 右師(執政大臣).
61) 趙穿 : 晉나라의 大夫.
62) 子家, 子公 : 모두 鄭나라의 大臣이다.

양공이 왕위에 오르자, 목씨(繆氏)를 모두 제거하려 하였다. 목씨는 곧 영공을 죽인 자공의 가족이다. 거질이 "꼭 목씨를 제거해야 한다면, 내가 정나라를 떠나겠다"라고 말하자, 양공은 죽이지 않고 그들을 모두 대부(大夫)로 임명하였다.

양공 원년, 초나라는 정나라가 송나라의 뇌물을 받고 화원을 석방한 것에 대해서 불쾌하게 생각하고, 정나라를 공격하였다. 정나라는 초나라와의 조약을 파기하고 진(晉)나라와 친선을 맺었다.

5년, 초나라가 또 정나라를 공격하자, 진(晉)나라 군대가 와서 정나라를 도왔다.

6년, 자가(子家)가 세상을 떠나자, 정나라 사람들은 그가 영공을 살해하였기 때문에 그의 가족을 추방하였다.

7년, 정나라는 진(晉)나라와 언릉(鄢陵)[63]에서 회맹하였다.

8년, 초 장왕(楚莊王)[64]은 정나라가 진(晉)나라와 동맹을 맺었기 때문에 정나라를 침공하였다. 정나라의 수도를 3개월간 포위하여 공격하자, 정나라는 도성(都城)을 내어주고 초나라에 투항하였다. 초 장왕이 황문(皇門)[65]에서 정나라 수도로 들어가자, 정 양공은 사죄의 뜻으로 윗도리를 벗고 양(羊)을 끌고서 초나라 왕을 영접하면서 "저는 대왕의 변읍(邊邑)[66]을 잘 다스릴 수 없으며, 대왕께 불쾌한 마음으로 저의 읍에 오시게 하였는데 이것은 다 저의 죄과이니, 대왕께서 어떤 명령을 내린다 하더라도 어찌 명령을 따르지 않을 수 있겠습니까? 대왕께서 저를 강남(江南)으로 귀양 보내고, 정나라를 다른 제후들에게 준다 하더라도 제가 어찌 명령을 따르지 않겠습니까? 만약 대왕께서 주나라의 여왕(厲王), 선왕(宣王)과 정나라의 환공(桓公), 무공(武公)을 잊지 않으셨다면 저를 불쌍히 여기시어, 제발 저의 국가를 멸망시키지 마시고 저에게 불모의 땅이라도 조금 주시어 저로 하여금 다시 한번 대왕을 섬길 기회를 주십시오. 이것은 저의 소원입니다만 감히 그렇게 되리라고 바라지는 않습니다. 이것은 제가 대왕께 진심을 나타내 보인 것이며, 다만 대왕의 명령을 따를

---

63) 鄢陵 : 지금의 河南省 鄢陵縣 서북쪽.
64) 楚 莊王 : 권40 「楚世家」참조.
65) 皇門 : 鄭나라의 성문. 郭門이라고도 한다.
66) 여기서는 자신을 낮추어 鄭나라를 楚나라의 邊邑이라고 한 것이다.

뿐입니다"라고 말하였다. 그리하여 초 장왕은 초나라 군대를 30리 밖으로 후퇴하여 주둔하게 하였다. 이에 초나라 대신들이 "영도(郢都)⁶⁷⁾에서 여기까지 오느라고 사대부들도 피곤에 지친 지 오래되었습니다. 지금 정나라를 탈취해야 하는데도 오히려 방치하려고 하시는 것은 어떤 이유에서입니까?"라고 말하자, 장공은 "토벌하러 온 이유는 정나라가 복종하지 않았기 때문에 공격한 것이오. 지금 정나라는 이미 복종하였는데, 또 무엇을 요구하자는 것이오?"라고 말하고, 끝내 군대를 철수하였다. 진(晉)나라는 초나라가 정나라를 공격하였다는 소식을 듣고, 출병하여 정나라를 도우려고 하였다. 그런데 진나라가 출병하려고 할 때, 반대하는 무리가 있었기 때문에 늦게 도착하였다. 황하에 도착하였을 때, 초나라 군대는 이미 철수하고 없었다. 진(晉)나라 장수 중에 어떤 사람은 강을 건너 추격하려 하고, 또 어떤 사람들은 돌아가려고 하였다. 끝내 진(晉)나라는 황하를 건너 추격하였다. 초 장왕이 이 소식을 듣고서 되돌아와서 진(晉)나라 군대를 습격하였다. 그런데 정나라는 오히려 초나라를 도왔기 때문에, 황하에서 진(晉)나라 군대는 대패하였다.

10년, 진(晉)나라는 또 정나라를 공격하였는데, 그것은 정나라가 진나라를 배반하고 초나라와 가까워졌기 때문이다.

11년, 초 장왕이 송나라를 공격하자, 송나라는 진(晉)나라에 급히 구원을 요청하였다. 진 경공(晉景公)이 출병하여 송나라를 구하려고 하자, 백종(伯宗)이 경공에게 권고하기를 "하늘이 바야흐로 초나라를 흥성하게 하려는데, 공격해서는 안 됩니다"라고 말하였다. 그래서 장사(壯士)를 보내어 초나라를 속여 송나라로 하여금 항복하지 않게 할 생각이었다. 그 장사는 곽인(霍人)⁶⁸⁾ 해양(解揚)으로 자(字)가 자호(子虎)였다. 해양이 정나라를 지나자, 정나라는 초나라와 친선관계이므로 곧 해양을 체포하여 초나라로 압송하였다. 초나라 왕은 해양에게 수많은 재물을 상으로 주어 그와 약속하기를 그가 생각을 바꾸어서 송나라로 하여금 빨리 투항하게끔 말하도록 하였다. 여러 번의 강요에 의해서 해양은 하는 수 없이 그렇게

---

67) 郢都 : 지금의 湖北省 江陵縣 서북쪽에 위치한 楚나라의 都城을 말한다.
68) 霍은 지금의 山西省 霍縣 서남쪽에 위치한 나라였다. 周 武王의 아우 叔處가 받았던 봉지로 기원전 611년 晉나라에 멸망당하였다. 권35 「管蔡世家」의 〈주 6〉 참조.

하기로 하였다. 그래서 초나라 군에서는 해양을 망루에 오르게 하여 그가
송나라에 큰 소리로 말하게 하였다. 이때 해양은 결국 초나라 왕과 한 약
속을 어기고 진(晉)나라 왕의 명령을 전달하여 "진(晉)나라는 지금 전군
을 동원하여 송나라를 구원하러 오고 있으니, 송나라는 비록 위급하더라
도 제발 초나라에 투항하지 말라. 진나라의 군대는 오늘 곧 도착할 것이
다"라고 외쳤다. 초 장왕이 격노하여 그를 죽이려 하자, 해양이 "국왕이
명령을 할 때에는 의(義)로써 해야 하고, 신하는 명령을 받아 관철시키기
를 믿음으로써 해야 합니다. 제가 국왕의 명령을 받았으니, 죽는다 하더
라도 국왕의 명령을 버릴 수는 없습니다"라고 말하였다. 이에 장왕이 "네
가 나의 요구에 응답하였다가 배반하였는데, 너의 믿음은 어디에 있느
냐?"라고 물으니, 해양이 "제가 당신의 요구에 응답한 것은, 이러한 방
법으로 우리 국왕의 명령을 달성하기 위해서입니다"라고 대답하였다. 장
왕이 그를 죽이려고 하자, 그는 초나라 군인들에게 "신하된 자는 충성을
다하고서도 결국 얻는 것은 죽음이라는 것을 잊어서는 안 된다"라고 말하
였다. 초나라 왕의 동생들이 모두 초나라 왕에게 그를 사면하도록 권하므
로, 결국 초나라 왕은 해양을 사면하여 돌아가게 하였다. 진(晉)나라에
서는 그를 상경(上卿)에 임명하였다.

18년, 정 양공이 세상을 떠나자, 아들 도공(悼公) 희비(姬濞)가 왕위
를 이었다.

도공 원년, 허(鄦)[69] 영공(靈公)이 초나라에서 정나라를 비방하자, 도
공이 그의 동생 희곤(姬睔)을 초나라에 보내어 이를 해명하였다. 초나라
왕이 그의 해명을 믿지 않고 희곤을 감금하였다. 그래서 정 도공은 진
(晉)나라와 강화를 맺고 친해졌다. 희곤은 초나라에서 자반(子反)과 개
인적으로 친하게 지냈는데, 자반이 건의하여 희곤을 정나라로 되돌아가게
하였다.

2년, 초나라가 정나라를 공격하자, 진(晉)나라가 파병하여 구원하였
다. 이해에 도공이 세상을 떠나자, 그의 동생 희곤이 왕위에 오르니, 그
가 곧 성공(成公)이다.

성공 3년, 초 공왕(楚共王)이 "내가 정 성공에게 은혜를 입었다"라고

---

69) 鄦 : 작은 나라 '許'의 옛 이름. 지금의 河南省 許昌市 동쪽에 위치하였다.

말하고, 사람을 보내와 성공과 우호관계를 맺었다. 정 성공이 은밀히 초 공왕과 조약을 체결하였다. 가을에 성공이 진(晉)나라 왕을 조회하였는데, 진나라 왕이 "정나라는 몰래 초나라와 강화를 맺지 않았소!"라고 하면서, 그를 체포하였다. 아울러 난서(欒書)[70]로 하여금 정나라를 공격하게 하였다.

4년 봄, 정나라에서 진(晉)나라 군대의 포위를 걱정하자, 공자 여(如)가 성공의 서형(庶兄) 희수(姬繻)를 옹립하여 왕이 되게 하였다. 이해 4월에 진(晉)나라 왕이 정나라가 새로운 왕을 옹립하였다는 소식을 듣고, 성공을 석방하여 돌려보냈다. 정나라 사람들은 성공이 돌아온다는 소식을 듣고, 희수를 살해하고 성공을 영접해서 다시 왕위에 오르게 하자, 진나라 군대는 비로소 철수하였다.

10년, 정나라는 진(晉)나라와 수립한 맹약을 위반하고, 초나라와 결맹하였다. 진 여공(晉厲公)이 진노하여, 군대를 파견하여 정나라를 공격하였다. 초 공왕이 군사를 파견하여 정나라를 구하였다. 진, 초 양군이 언릉(鄢陵)에서 교전하였는데, 초나라 군대가 대패하였다. 진나라 병사는 또 초 공왕의 눈에 화살을 쏘아 상처를 입혔다. 곧 쌍방이 철수하였다.

13년, 진 도공(晉悼公)이 정나라를 공격하여, 군대를 유수(洧水)[71]에 주둔시켰다. 정나라가 성 안에서 방어만 하자, 진나라 군대도 철수하였다.

14년, 성공이 세상을 떠나자 아들 희운(姬惲)이 왕위에 오르니, 그가 곧 희공(釐公)이다.

희공 5년, 정나라 재상 자사(子駟)가 희공을 조회하였는데, 희공이 예로써 대우하지 않았다. 자사가 화가 나서 요리사를 시켜 독약으로 희공을 살해하고, 제후들에게 부고를 띄워 "희공께서 갑작스러운 병으로 세상을 떠나셨다"라고 하였다. 이어서 희공의 아들 희가(姬嘉)를 옹립하니, 이때 희가의 나이 겨우 5세였는데, 그가 곧 간공(簡公)이다.

간공 원년, 여러 공자가 모의하여 재상 자사를 죽이려고 하였는데, 자사가 이 일을 미리 알고서 오히려 여러 공자들을 모두 살해하였다.

---

70) 欒書: 晉나라의 執政大臣. 권33 「魯周公世家」의 〈주 115〉, 권35 「管蔡世家」의 〈주 42〉 참조.
71) 洧水: 지금의 河南省에 있는 雙洎河를 가리킨다.

2년, 진(晉)나라가 정나라를 공격하였다. 이에 정나라가 진나라와 맹약을 맺자, 진나라 군대는 철수하였다. 겨울에 정나라는 또 초나라와 조약을 체결하였다. 자사는 피살될까 두려워하여, 진나라와 초나라 양국과 서로 가깝게 지냈다.

3년, 승상 자사가 스스로 왕이 되려고 하자, 공자 자공(子孔)이 위지(尉止)로 하여금 자사를 살해하게 하고 그를 승상에 임명하였다. 자공이 또 왕의 자리에 오르려고 하자, 자산(子產)⁷²⁾이 "자사가 이렇게 하려다 뜻을 이루지 못하고, 당신에게 살해되었습니다. 지금 당신은 또 그를 본받으려 하는데, 이렇게 되면 어지러움은 끝날 날이 없습니다"라고 말하였다. 그리하여 자공은 자산의 말을 듣고 정 간공의 재상이 되었다.

4년, 진(晉)나라는 정나라가 초나라와 동맹을 맺은 것에 격노하여 정나라를 공격하자, 정나라는 또 진나라와 동맹을 맺었다. 초 공왕이 정나라에 구원병을 보내 진나라 병사들을 물리쳤다. 정 간공이 진나라와 조약을 맺으려 하자, 초나라는 또 정나라의 사신을 구금하였다.

12년, 간공이 재상 자공이 국가의 전권을 휘두르는 데 분노하여, 그를 죽이고 자산을 대신(大臣)에 임명하였다.

19년, 간공은 진(晉)나라로 가서 위(衛)나라 왕을 돌려보내주도록 요청하고, 여섯 읍(邑)을 자산에게 봉지로 주었다. 자산은 사양하고, 세 읍만 받아들였다.

22년, 오(吳)나라는 연릉(延陵)⁷³⁾ 계자(季子)⁷⁴⁾를 정나라에 파견하였다. 계자는 자산을 만났는데, 마치 옛 친구를 만나는 것같이 하면서 자산에게 "정나라의 집정자는 방종무례하여, 곧 큰 난리가 닥칠 것이고, 정권은 장차 당신에게 넘어갈 것입니다. 당신이 만약 정권을 잡는다면 반드시 예법에 따를 것입니다. 그렇게 하지 않는다면 정나라는 장차 망할 것입니다"라고 하였다. 자산은 계자를 극진히 대접하였다.

---

72) 子產(? -기원전 522년) : 公孫僑로서, 字가 子產이다. 諡號는 成子이다. 鄭나라의 執政大臣. 개혁을 실행하여 밭과 하천의 경계를 정돈하여 농업생산을 촉진시켰다. 按畝征賦 제도를 창립하고, 법률을 공포하여 비평적 의견을 청취하였다. 이러한 조치로 鄭나라의 정치를 쇄신하였다.
73) 延陵 : 吳나라 읍 이름. 지금의 江蘇省 常州市.
74) 季子 : 吳나라의 왕자 季札을 말한다. 延陵에 봉지를 주었기 때문에 延陵季札이라고 한다. 권31 「吳太伯世家」참조.

23년, 여러 공자들이 총애를 얻으려고 서로 살해하였고, 또 자산도 죽이려고 하였다. 공자 중에 어떤 이가 "자산은 인덕이 있는 사람이고, 정나라가 생존하려면 자산이 있어야 하니 죽이지 말라"라고 하여, 그를 죽이지 않았다.

25년, 정나라는 자산을 진(晉)나라에 보내어 진 평공(晉平公)의 병을 위문하였다. 평공이 "점(占)에 실침(實沈), 대태(臺駘)가 이상하게 나왔는데, 사관(史官)도 그들의 내력을 알지 못하는데, 당신은 그들이 무슨 신(神)인지 아시오?"라고 물으니, 자산이 대답하기를 "고신씨(高辛氏)에게는 두 명의 아들이 있었는데, 큰아들이 알백(閼伯)이고 작은아들이 실침(實沈)이었습니다. 그들은 깊은 숲속에서 살았기 때문에 서로 친하게 지내지 못했습니다. 그래서 날마다 무기를 들고 서로 공격하였습니다. 요(堯)임금은 그들이 서로 사이가 좋지 않음을 알고, 알백을 상구(商丘)[75]로 옮겨 신성(辰星)[76]에 제사 지내도록 하였습니다. 상나라 사람들은 이것을 계승하여왔기 때문에, 신성을 상성(商星)이라고도 하는 것입니다. 또 실침을 대하(大夏)[77]로 옮겨 삼성(參星)[78]에 제사 지내도록 하였습니다. 당(唐)[79]나라 사람들은 이것을 계승하고, 하(夏)나라와 상(商)나라를 섬겨왔습니다. 그 말대(末代)에는 당숙우(唐叔虞)라고 불렀습니다. 주 무왕의 읍강(邑姜)[80]이 대숙(大叔)을 임신하였을 때, 꿈에 천제가 그녀에게 '내가 너에게 아들을 줄 테니 우(虞)라고 이름짓고, 그에게 당(唐)나라를 주어 삼성에 제사 지내도록 하면, 그의 자손은 번성하리라'라고 말하였다 합니다. 대숙을 낳자, 손바닥에 무늬가 있었는데 '우(虞)'자와 같아 곧 우라고 이름 지었습니다. 이후에 주 성왕이 당나라를 멸하고, 대숙에게 그곳을 봉지로 주었기 때문에 삼성을 진성(晉星)이라고 부르는 것입니다. 이렇게 볼 때, 실침은 곧 삼성의 신(神)입니다. 또

75) 商丘 : 지금의 河南省 商丘縣으로 商나라의 시조 契이 거주하였던 곳이다. 周 初에 微子에게 이곳에 봉지로 주었으며 京邑을 商丘라고 하였다.
76) 辰星 : 즉 心宿를 말한다. 또는 商星, 大火라고도 한다. 28宿의 하나.
77) 大夏 : 지금의 山西省 太原市 서남쪽. 일설에는 山西省 翼城縣이라고도 한다. 권32 「齊太公世家」의 〈주 105〉 참조.
78) 參星 : 28宿 중의 하나.
79) 唐 : 唐堯 後代 劉累의 封國. 지금의 山西省 翼城縣 서쪽. 권39 「晉世家」의 〈주 5〉 참조.
80) 邑姜 : 周 武王의 正妃. 齊 太公의 딸.

옛날에 금천씨(金天氏)⁸¹⁾가 있었는데, 그 후예 중에 매(昧)가 있었습니다. 그는 현명(玄冥)⁸²⁾의 우두머리였으며, 윤격(允格)과 대태(臺駘)를 낳았습니다. 대태는 부친의 관직을 이어받아 분수(汾水)⁸³⁾와 조수(洮水)⁸⁴⁾를 통하게 하고, 대택(大澤)⁸⁵⁾의 제방을 개수하고 태원(太原)⁸⁶⁾에서 살았습니다. 전욱(顓頊)이 그를 칭찬하여 그에게 분수 유역에 봉지를 주고, 심(沈), 사(姒), 욕(蓐), 황(黃)⁸⁷⁾의 네 국가에서 그의 제사를 관장하도록 하였습니다. 지금은 진(晉)나라가 분수 유역을 통치하면서 이러한 나라들을 없애버렸습니다. 이렇게 볼 때, 대태는 곧 분수, 조수의 신입니다. 그러나 이 두 신은 국왕을 해칠 수 없습니다. 산천의 신령에게는 홍수나 가뭄의 재해를 만나면 그들에게 제사 지내 재해를 막아줄 것을 부탁하면 되고, 일월성수(日月星宿)의 신령에게는 풍우상설(風雨霜雪)이 제때에 내리지 않으면 그들에게 제사 지내 재난을 막아줄 것을 부탁하면 되는 것입니다. 국왕의 질병은 음식, 애악(哀樂), 여색(女色)에서 비롯되는 것입니다"라고 말하였다. 이에 평공과 숙향(叔嚮)은 모두 "잘 들었소. 정말 지식이 풍부하신 군자이시구려"라고 말하고, 풍부한 예물을 자산에게 선물하였다.

27년 여름, 정 간공이 진(晉)나라 왕을 조회하였다. 겨울에, 정 간공은 초 영왕(楚靈王)의 강대함을 두려워하여, 또 초나라 왕을 조회하였다. 이때 자산도 수행하였다.

28년, 정 간공이 병이 나자, 자산을 파견하여 제후들과 회합하고, 초 영공과 신(申)에서 동맹을 맺었다. 초나라 왕은 제나라의 대부 경봉(慶封)⁸⁸⁾을 살해하였다.

36년, 정 간공이 세상을 떠나자, 아들 정공(定公) 희녕(姬寧)이 왕위를 이었다. 가을에 정공이 진 소공(晉昭公)을 조회하였다.

---

81) 金天氏 : 전설상의 古帝 少昊의 나라 이름.
82) 玄冥 : 물을 다스리는 벼슬.
83) 汾水 : 지금의 山西省 중부의 汾河를 말한다.
84) 洮水 : 지금의 山西省 絳縣 서남쪽에 위치한 江.
85) 大澤 : 즉 臺駘澤으로, 지금의 山西省 太原市 남쪽에 위치하였다.
86) 太原 : 여기서는 고유명사가 아니고, 汾水 유역 일대의 高平原 지역을 말한다.
87) 沈, 姒, 蓐, 黃 : 당시 晉나라 境內에 있었던 나라. 위치는 정확히 알 수 없다.
88) 慶封 : 齊나라의 大夫. 권31 「吳太伯世家」의 〈주 20〉, 권32 「齊太公世家」의 〈주 177〉 참조.

정공 원년, 초나라 공자 기질 (棄疾)이 그의 왕 영공을 살해하고 왕위에 오르니, 그가 곧 평왕 (平王)이다. 평왕은 제후들에게 인덕을 베풀 생각으로, 영공이 점령한 정나라의 토지를 정나라에 되돌려주었다.

4년, 진 소공이 세상을 떠나자, 진 (晉)나라 6경 (六卿)[89]의 세력이 강대해지고 국가 권력은 쇠퇴하였다. 자산이 한선자 (韓宣子)[90]에게 "정권을 잡으면 반드시 인덕에 의해서 다스려야 하오. 정권이 무엇에 의해서 공고해지는지를 잊어서는 안 되오"라고 말하였다.

6년, 정나라에 화재가 발생하자, 정공은 재난을 막아달라고 신에게 제사 지냈다. 자산은 "덕정을 시행하느니만 못합니다"라고 하였다.

8년, 초나라 태자 건 (建)이 정나라로 도망왔다.[91]

10년, 태자 건이 진 (晉)나라와 모의하여 정나라를 습격하였다. 정나라에서 태자 건을 살해하자, 건의 아들 승 (勝)은 오 (吳)나라로 도망하였다.

11년, 정 정공이 진 (晉)나라로 갔다. 진나라는 정나라와 일을 꾸며, 주 왕실의 난신 (亂臣)들을 죽이고, 주 경왕 (周敬王)을 성주 (成周)[92]로 되돌려보냈다.

13년, 정 정공이 세상을 떠나자, 아들 헌공 (獻公) 희채 (姬躉)가 왕위를 계승하였다. 헌공이 재위 13년 만에 세상을 떠나자, 아들 성공 (聲公) 희승 (姬勝)이 왕위에 올랐다. 이때 진 (晉)나라의 6경이 강대해져 정나라의 영토를 침범하자, 정나라는 쇠약해졌다.

성공 5년, 정나라의 재상 자산이 세상을 떠나자, 정나라 백성들은 모두 통곡하였고, 마치 친척이 죽은 것처럼 비통해하였다. 자산은 정 성공 (鄭成公)의 작은아들이었다.[93] 그는 인자하였고 백성을 사랑하였다. 또 충성심과 진실로 국왕을 모셨다. 공자 (孔子)가 일찍이 정나라를 지난 적이 있었는데, 자산과 형제처럼 친하게 지냈다. 공자는 자산이 죽었다는 소식을 듣고, 눈물을 흘리면서 "그는 고인 (古人)의 유풍 (遺風)을 이어내려와 백성을 사랑하였던 사람이다 !"[94]라고 말하였다.

---

89) 六卿 : 晉나라의 范氏, 中行氏, 知氏, 韓氏, 趙氏, 魏氏를 말한다.
90) 韓宣子 : 韓起를 말한다. 諡號가 宣子이다.
91) 권40 「楚世家」 참조.
92) 成周 : 周 敬王이 세운 東周의 都城.
93) 子産은 鄭 成公의 종형제이므로, 이 대목의 기록은 『史記』의 잘못이다.
94) 孔子는 자주 子産의 정치에 대해서 이야기하였다. 『論語』에는 "孔子가 子産에 대

8년, 진(晉)나라의 범씨(范氏)와 중항씨(中行氏)가 진나라 왕에게 반란을 일으켰다가 정나라에 위급함을 알리자, 정나라는 그들을 구원하였다. 진(晉)나라가 정나라를 공격하여 철구(鐵丘)⁹⁵⁾에서 정나라 군대를 대파하였다.

14년, 송 경공(宋景公)이 조(曹)⁹⁶⁾나라를 멸망시켰다.

20년, 제나라의 전상(田常)⁹⁷⁾이 그의 국왕 간공(簡公)을 살해하고, 제나라의 재상이 되었다.

22년, 초 혜왕(楚惠王)이 진(陳)⁹⁸⁾나라를 멸망시켰다. 공자(孔子)가 세상을 떠났다.

36년, 진(晉)나라의 지백(知伯)⁹⁹⁾이 정나라를 공격하여, 9개의 성(城)을 탈취하였다.

37년, 정 성공이 세상을 떠나자, 아들 애공(哀公) 희역(姬易)이 왕위에 올랐다.

애공 8년, 정나라 사람이 애공을 살해하고 성공의 동생 희축(姬丑)을 옹립하니, 그가 곧 공공(共公)이다.

공공 3년, 삼진(三晉)¹⁰⁰⁾이 지백을 멸망시켰다.

31년, 공공이 세상을 떠나자, 아들 유공(幽公) 희이(姬已)가 왕위에 올랐다.

해서 말씀하시기를 子産에게는 군자다운 도리가 네 가지가 있으니, 자기의 처신을 공손히 하며, 윗사람 섬기기를 공경히 하며, 백성들을 봉양하기를 은혜롭게 하며, 백성들을 부리기를 義로써 한다라고 하였다(子謂子産有君子之道四焉, 其行己也恭, 其事上也敬, 其養民也惠, 其使民也義)"라고 되어 있다.
95) 鐵丘 : 지금의 河南省 濮陽縣 서남쪽.
96) 曹 : 姬姓의 제후국. 周 武王의 동생 叔振鐸에게 봉하였던 곳. 지금의 山東省 陶縣 서북쪽. 기원전 487년 宋나라에게 멸망당하였다.
97) 田常 : 본명은 恒이다. 『史記』에서 漢 文帝 劉恒의 이름을 피하여 '常'으로 고쳤다. 조상의 本姓이 陳氏이므로 陳恒, 陳常이라고도 한다. 齊나라의 大臣으로 齊 簡公을 살해하고 齊 平公을 옹립하고 스스로 재상이 되었다. 이때부터 齊나라는 田氏가 專政을 하였다.
98) 陳 : 권36 「陳杞世家」 참조.
99) 知伯 : 晉나라의 정권을 잡고 있던 大臣. 本名은 '荀瑤'이다. 知에 봉해졌기 때문에 '知伯' 또는 '知瑤'이라고 한다. 知伯이 三家에게 멸망한 후에 晉 哀公이 감히 간섭하지 못하자, 드디어 三晉의 세력으로 커졌다.
100) 三晉 : 춘추시대 말기에 晉나라가 韓, 魏, 趙 三家로 나뉘었기 때문에 三晉이라고 하였다. 三晉의 지역은 지금의 山西省, 河南省, 河北省의 서남부였다.

304

유공 원년, 한 무자(韓武子)가 정나라를 공격하여, 유공을 살해하였다. 정나라 사람들이 유공의 동생 희태(姬駘)를 옹립하니, 이가 곧 수공(繻公)이다.

수공 15년, 한 경후(韓景侯)가 정나라를 공격하여, 옹구(雍丘)[101]를 탈취하였다. 정나라는 경읍(京邑)에 성을 쌓았다.

16년, 정나라가 한(韓)나라를 공격하여, 부서(負黍)[102]에서 한나라 군대를 대파하였다.

20년, 한, 위, 조 삼가가 제후의 열위(列位)에 올랐다.

23년, 정나라가 한나라의 양책(陽翟)[103]을 포위하며 공격하였다.

25년, 정 수공이 그의 재상 자양(子陽)을 살해하였다.

27년, 자양의 무리들이 공동으로 수공 희태를 살해하고, 유공의 동생 희을(姬乙)을 옹립하니, 그가 곧 정군(鄭君)이다.

정군 희을이 왕위에 오른 지 2년째 되는 해에, 정나라의 부서 지역 사람들이 반란을 일으키고 한(韓)나라에 귀속하였다.

11년, 한나라가 정나라를 공격하여, 양성(陽城)[104]을 탈취하였다.

21년, 한 애후(韓哀侯)가 정나라를 멸망시키고, 영토를 병합하였다.

태사공은 말하였다.

"속담에 '권력에 의지해서 이익을 도모하면, 권세와 재물은 없어지고 서로의 관계도 멀어진다'라는 말이 있는데, 보하(甫瑕)가 곧 이와 같았다. 보하는 비록 정자(鄭子)를 살해하고 정 여공(鄭厲公)을 다시 옹립하였지만, 여공도 끝내는 맹서를 저버리고 그를 살해하였다. 이것은 진(晉)나라의 이극(里克)[105]과 다른 점이 어디 있는가? 순식(荀息)[106]처럼 절개를 지켜 자신을 희생하였지만, 해제(奚齊)[107]를 보전하지 못하기도 하는 것이다. 변란이 발생하는 것은 여러 가지 원인이 있었기 때문이리라!"

---

101) 雍丘 : 지금의 河南省 杞縣.
102) 負黍 : 黃城이라고도 한다. 권40 「楚世家」의 〈주 232〉 참조.
103) 陽翟 : 지금의 河南省 禹縣.
104) 陽城 : 지금의 河南省 登封縣 동남쪽.
105) 里克 : 晉 獻公 때의 大夫. 獻公이 죽자 荀息은 왕명을 받들어 奚齊를 옹립하였으나, 里克이 奚齊를 죽이고 惠公을 옹립하였다. 후에 惠公에게 살해되었다.
106) 荀息 : 晉 獻公 때의 大夫. 獻公이 죽자 그는 奚齊와 卓子를 옹립하였으나, 里克에 의해서 그들과 함께 살해되었다.
107) 奚齊 : 晉 獻公의 寵妃 驪姬의 아들.